박병엽
증언록1

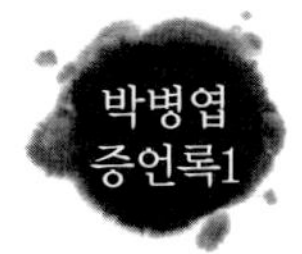

전 노동당 고위간부가 겪은 건국 비화

조선민주주의인민공화국의 탄생

구술 박병엽 **엮음** 유영구 · 정창현

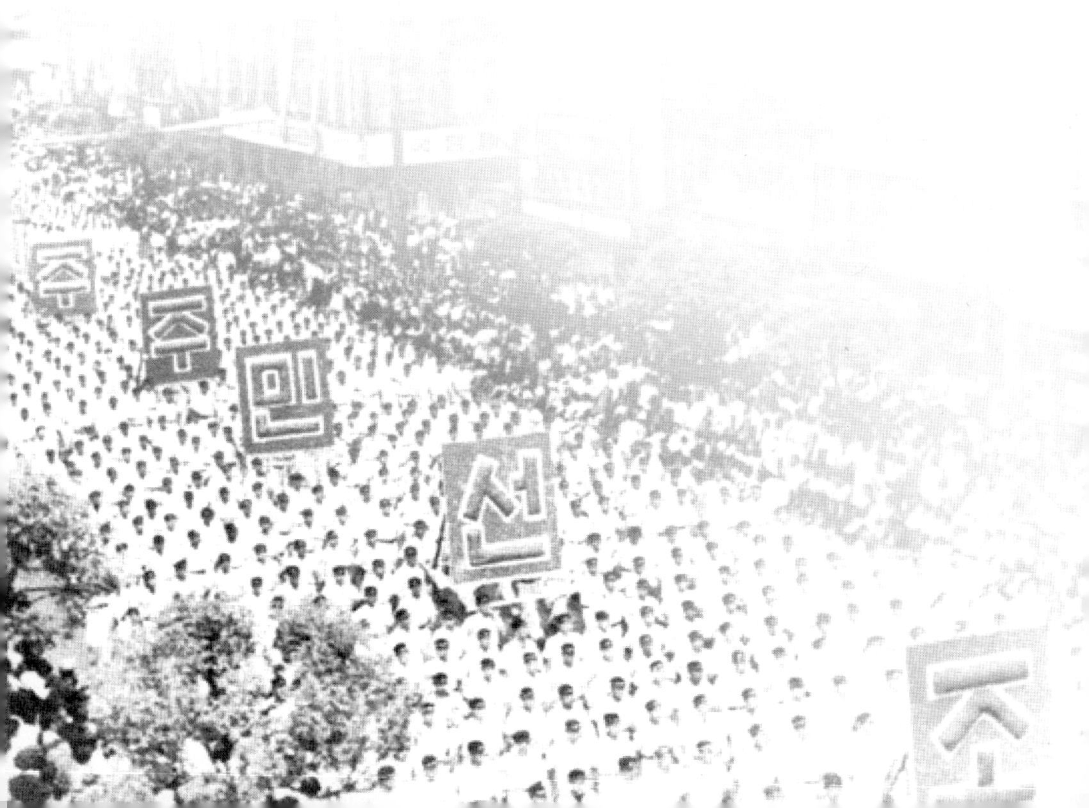

박병엽 증언록1

전 노동당 고위간부가 겪은 건국 비화
조선민주주의인민공화국의 탄생

2010년 9월   1일 초판 1쇄 인쇄
2016년 10월 10일 초판 3쇄 발행
2019년 9월 10일 초판 4쇄 발행

엮은이 ι 유영구 · 정창현
펴낸이 ι 윤관백
만든곳 ι 선인출판사

디자인 ι 디자인하나

주 소 ι 서울시 마포구 마포동 곳마루 B/D 1F
등 록 ι 제5-77호(1998. 11. 4)
전 화 ι 02) 718-6252, 6257
팩 스 ι 02) 718-6253
E-mail sunin72@chol.com
홈페이지 www.suninbook.com

ⓒ 선인출판사, 2010

정가 20,000원

ISBN 978-89-5933-370-7

박병엽 증언록1

전 노동당 고위간부가 겪은 건국 비화

조선민주주의인민공화국의 탄생

구술 박병엽 **엮음** 유영구 · 정창현

차례

현대사의 온전한 복원을 위하여

　상당히 긴 시간이 흘렀다. '그'와의 첫 만남은 1991년, 그가 세상을 떠난 해는 1998년, 그리고 그의 증언 파일(1991년~1992년, 1993~1994)년을 다시 꺼내 손본 것은 2009년 10월이다. 20여 년은 뫼와 물길이 두 번 바뀔 수 있다는 짧지 않은 세월이다. 그의 증언은 중앙일보의 기획연재물 「비록(秘錄) 조선민주주의인민공화국」(1991년 9월~1992년 12월, 총 115회)에서 큰 비중을 차지하며 매 회 인용됐지만 전 면모는 드러나지 않았다. 연재가 국내외의 다양한 증언을 인용하는 방식을 따른 탓이다. '그'는 연재에서 서용규(徐容奎)로 등장한다.

　기획연재 당시에 나는 30대 초반의 기자(중앙일보 편집국 북한부 기자 겸 동서문제연구소 연구원)였고 연재의 특별취재반에 속해 있었다. 「비록」은 독자들로부터 강한 반향을 일으켰고 전문가 사회에서 회자됐으며 특별취재반에 언론상을 안겨주었다. 이 연재는 단행본(상권 1992년, 하권 1993년)으로 출간된 후 북한 현대사에 관한 연구논문이나 책에서 자주 인용되어왔다.

북한연구자들이 주목한 증언

당시 박영석 국사편찬위원장이 "『비록 조선민주주의인민공화국』은 북한 역사의 복원 작업을 위한 새로운 시도로서 높이 평가받을 만하다"면서 "비록은 북한 역사의 진실을 밝힐 수 있는 수많은 사람들의 증언으로 이루어졌다는 점에서 그 사료적 가치 또한 매우 높다고 할 수 있다"고 평가(『비록』상권 추천사)할 정도였으니 연구자들의 인용은 자연스러운 일이었다.

스칼라피노(Robert Scalapino) 교수와 『한국공산주의운동사』를 공동 저술한 이정식 펜실베이니아대학 교수는 "비록의 증언자로 등장하는 그 많은 인물들은 모두 생생하고 귀중한 얘기를 해줌으로써, 지금까지 풀리지 않고 있었던 많은 수수께끼들을 시원하게 풀어주었다", "30여 년 전에 조선공산당사와 북한 연구에 발을 디딘 후로 많은 자료를 접해 왔으나, 연재물 매회에 나오는 신선하고 풍부한 '정보'를 대할 때마다 나는 감탄을 금할 수 없었고, 다음 회에서는 무슨 얘기가 나올 것인가 하고 기다리게 되었다"고 밝힌 바 있다(『비록』상권 추천사).

「비록」에 인용된 증언의 신뢰도를 놓고 학계에서 이런저런 말들이 있었지만, 남북한 현대사에 밝은 도진순 창원대 사학과 교수는 『비록』(하권)의 발문에서 증언의 가치를 다음과 같이 확인했다.

> "정부수립 이전 남북관계는 지도자들 간의 비공식 회합이 주도했음을 고려할 때 이에 대한 면밀한 파악은 한반도 전체 차원에서 정치정세를 조망하기 위해서나 지도자들의 정치적 구상을 이해하기 위해서 결정적으로 중요한 의의를 갖는다.
>
> 그러나 비공식회합은 자료의 절대적 빈곤으로 접근조차 어려웠다. 당시 이 부분을 특별히 주목하고 있는 미군 정보기관 G-2, CIC의 보고서도

결코 만족스러운 수준은 아니었다. 「비록」은 남북지도자들의 비공식회 동과 접촉에 대해 경탄을 금치 못할 정도로 소상하게 밝히고 있다."

그는 "특히 서용규의 증언은 그 범위가 매우 넓고, 논리적 기저가 일관되며 탁월한 구체성을 갖추고 있어 주목할 만하다"면서 "이러한 폭넓은 증언과 자 료의 발굴을 기초로 「비록」이 엮어낸 내용은 1945~48년 남북한 현대사, 특히 정치사 전반에 걸친 매우 포괄적인 것이다. 이 중에서 특히 주목해야 할 부분 은 북한 현대 정치사, 남북 정치지도자들 사이의 공식·비공식 회동을 포함한 남북관계사라고 생각한다"고 지적한 바 있다.

「비록」에 가장 빈번히 인용된 증언자 서용규. 그의 처지와 사정을 이해하 고 끝까지 비공개를 유지해준 분은 당시 중앙일보 편집국의 김영배 북한부장 (정치부장 겸직)이었다. 김 부장님의 안목과 식견, 세심한 배려가 없었다면 나 의 입장이 곤혹스러웠을 뿐 아니라 그의 증언을 장기간 채록하는 것이 어려웠 을 것이다.

나는 『비록』(상권) 말미의 기자좌담회에서 이렇게 말했다.

"한 가지 독자들에게 죄송한 것은 가장 많은 양의 증언을 제공해 준 서 용규씨는 유럽에 있지만 거주 국가와 본명 등을 본인의 사정으로 밝히 지 못한 점이다.

김일성과 박헌영의 비밀회동을 비롯한 북한 현대사의 굽이굽이를 체계 적이고도 정확하게 짚고 풀어준 서용규 씨의 증언은 국내외의 북한 전 문가들로부터 비상한 관심을 끌고 있지만 특별취재반은 그 분의 사정 상 비밀을 지킬 수밖에 없다는 점에 대해 양해를 바랄 뿐이다."

『비록』 단행본의 증언자 소개란에는 이렇게 되어 있었다.

"서용규(70세·가명) 전(前)노동당 고위관리로 현재 망명하여 유럽에서 살고 있다. 북한의 정권수립에서부터 최근의 사건에 이르기까지 권력의 최근접거리에서 직접 보아온 역사적 사실들에 대해 가장 폭넓고 상세하게 증언하고 있으나, 신변 안전상의 이유로 본명이나 그밖의 인적 사항을 밝힐 수가 없다. 현재로서는 조선민주주의인민공화국의 역사에 관한 가장 중요한 증언자라고 할 수 있다."

사후에 비로소 공개된 증언자의 실명

그의 실체가 일부나마 공개되기 시작한 것은 그가 세상과 이별을 한 1998년 이후였다. 일부 전문가들(김광운, 서동만, 정창현 등)의 책에서 그의 실명(實名) 박병엽(朴炳燁)이 언급된다. 전문가 몇몇은 그를 만난 적이 있다.

박병엽 선생님은 나와 만난 이래 신경완·서용규·황일호·신평길·최종민, 그리고 Q씨, S씨 등 여러 이름을 번갈아 사용했다. 그의 증언의 광범위성과 생생함으로 인해, 그리고 빈번한 가명 사용 때문에 그의 실체에 의문부호를 붙이는 전문가들도 있었지만, 그에 대한 관심과 의문도 세월의 뒤안길로 사라졌다.

국가정보원의 고위직을 역임한 바 있는 서동만 전 상지대교수(작고)는 "1990년대 이후 최고위급 망명자는 조국전선 부국장을 역임한 박병엽(가명－신경완, 서용규, 황일호, 신평길)이며, 그의 증언은 일부 연구자의 정리를 통해 몇 권의 책으로 간행된 바 있다"고 밝힌 바 있다. (서동만, 『북조선사회주체체제성립사: 1945-1961』(선인, 2005년) 37쪽. 서 교수는 박병엽의 증언에 근거한 몇 권의 책을 다음과 같이 적시했다. 중앙일보 특별취재반, 『비록 조선민주주의인민공화국』(상)(하), 중앙일보사, 1992 ; 신경완 증언·이태호 기록, 『압록강변의 겨울』, 다섯수레, 1991 ; 유영구, 『남북을 오고간 사람들』, 글,

1993 ; 정창현, 『곁에서 본 김정일』, 토지, 1999.)

한편 국사편찬위원회의 김광운 편사연구관은 "朴炳燁(1922~1998): 徐容奎, 신경완 등의 이름 사용. 심근경색으로 대한민국에서 사망"한 것으로 밝히면서 "북측 학자에 따르면, 그의 증언에 기초하여 서술된 저서는 대체로 과장된 것이며, 왜곡과 오류가 많았다고 한다. (2002년 10월 28일 중국 하얼빈 友誼賓館)"고 지적한 바 있다. 김광운, 『북한 정치사 연구Ⅰ: 건당·건국·건군의 역사』(선인, 2003) 41쪽 각주.)

나는 김 연구관이 중국 하얼빈에서 만났다는 북측 학자가 누구인지 모르겠으되 박병엽 선생님의 증언에 바탕을 둔 저서들에서 무엇이 '과장'이고 '왜곡'이며 '오류'인지가 자못 궁금하지만, 그게 사실이라면 언젠가는 밝혀지리라고 본다.

나는 「비록」연재 이후 「김정일의 북한」이라는 중앙일보 기획연재(1993년)를 통해 박병엽 선생님의 증언을 다시 등장시켰다. (중앙일보 출판국은 1994년 7월 김일성 주석이 갑작스럽게 사망하자 이 연재를 『한반도 절반의 상속인 김정일』이라는 '상업적' 제목의 단행본으로 출간했다.) 그런 연후에 나는 1994년 하반기 이래 중앙일보의 남북 교류협력사업의 담당에 따른 잦은 해외출장, 일본 도쿄 체류(1996년, 게이오(慶應)대학 지역연구센터 방문연구원) 등으로 인해 그를 점점 만나지 못하게 된다.

이 무렵 나는 박 선생님에게 남북한 현대사를 전공하는 소장 연구자들을 소개했고, 그분이 돌아가실 때까지 소장 연구자들이 그분을 자주 뵙고 베일에 가려진 현대사의 주요 장면에 대한 증언을 듣게 된다. 당시까지 박병엽 선생님의 증언을 녹음해둔 녹취록도 소장 연구자들에게 제공했던 것으로 기억한다.

박병엽 선생님은 『비록』 단행본에서 나 자신이 밝힌 바와는 달리, 1983년 이래 서울에서 쭉 지내셨다. 1922년 생인 그는 조선로동당 사회부와 대남연락부 등에서 지도원 · 책임지도원 · 과장 등을 거쳤고, 조선로동당 3호청사의 자료실에서 일한 적도 있다. 대외적으로는 재북평화통일촉진협의회 부장, 조국통일민주주의전선 부국장을 역임했으며, 마지막 직급은 당중앙위원회 부부장이었다.

이 경력을 보자면 냉전의 그늘 아래 그는 우리의 '적(敵)'이었다. (그러나 이 '적'은 냉전시대를 지배한 상대적 개념일 뿐이고, '우리'의 반대편에 서 있는 또 다른 '우리'인 것이어서 냉전에서 진정으로 벗어나면 더 이상 '적'일 수 없는 존재이다. "좌와 우는 스스로 좌이거나 우일 수가 없을 것이고, 그 마주보는 관계 속에서만 비로소 좌이거나 우일 수가 있을 것이다." (김훈, 『밥벌이의 지겨움』 2008년 개정판, 생각의 나무, 98쪽). 그런 의미에서 좌와 우는 상대적 개념일 수밖에 없다. 새가 온전히 날자면 왼쪽 날개와 오른쪽 날개를 모두 사용해야 하나, 냉전적 이념대결의 상흔에서 벗어나지 못한 우리는 좌우의 양 날갯짓에 여전히 서툴다.)

그런 그가 무슨 사연으로, 어떤 경로로 서울에 와서 자기 삶을 마치게 되었는지의 기막힌 사정은 이 자리에서 밝히지 않기로 한다. 다만 그와 나의 별난 인연이 『월간중앙』 1991년 6월호(곁에서 본 김정일)와 7월호(김정일 체제의 강점과 약점 그리고 인민항거)의 원고를 계기로 시작되었음을 언급할 필요는 느낀다.

『월간중앙』의 당시 편집부장이던 이근성 선배님이 이 원고를 입수하자마자 곧바로 나에게 이 원고를 월간지에 게재할 가치가 있는지를 검토해달라고 요청했고, 나는 원고 작성자를 직접 만나 몇 가지 사실을 확인하기 전에는 게재할 수 없다는 입장을 통보했으며, '은둔의 시절'이던 박병엽 선생님이 나와 만나지 않을 수 없었다.

지금도 나는 박 선생님이 서울에 계셨기에 북한 현대사 및 1980년대 초반까지의 북한 내부사정에 관한 파악과 이해가 깊어질 수 있었다고 생각한다.

'살아 있는 현대사 사전'

박 선생님은 나에게 '살아 있는 현대사 사전'이었다. 그와의 첫 만남이 이뤄진 1991년 봄, 처음엔 그의 기억을 되살리는데 주력했으나 어느 단계에 이르자 그는 구술을 쫓아가기 바쁠 정도로 많은 양의 증언을 쏟아냈다. 나는 그의 증언을 각종 자료와 대조하면서 그 사실성에 경이로움마저 느꼈다.

당시는 나 자신이 이른바 '특수자료(공산권자료) 취급인가'를 받아 적어도 5년 이상 김일성 저작류와 『로동신문』 『근로자』등 북측 정기간행물과 씨름해왔던 터였기 때문에 이북에 대해 나름대로 알고 있다고 생각하던 때였다. 더욱이 대학원에 다닐 때 일제시기에서 해방공간에 이르는 현대사를 연구할 기회도 있었다. 이러한 연구 배경 때문에 나는 감히 그와 몇 합을 겨뤄볼 심산(心算)이었다. 절제와 겸손을 몸에 익히지 못한 때였다.

그런데, 그와의 만남이 세 차례를 넘기면서 그의 '기억'과 '체험'은 자료를 뛰어넘는 것일 뿐 아니라 자료의 공백을 메워주는 놀라운 수준임을 알게 되었다. 그 충격과 감동은 지금도 생생하다. 고개가 절로 숙여졌다.

박 선생님으로서선 그가 쏟아내는 증언의 가치를 알아주고 증언을 깔끔하게 정리한 뒤 다음 만남에서 추가질문을 이어가는 젊은 기자에게 흥미를 가졌던 것 같고, 두 사람은 이내 신뢰의 관계로 발전하였다. 한 가지 밝혀둘 것은 박 선생님의 증언이 자신이 직접 경험한 내용과 노동당의 비밀문헌 및 자료를 학습한 내용을 기초로 하고 있다는 점이다.

김남식 선생님(작고)이 『남로당연구』를 통해 해방 후 좌익계, 특히 남로당에 대하여 속속들이 밝힘으로써 우리로 하여금 이남 현대사를 풍부하게 이해할 수 있게 해 주었듯이 박병엽 선생님의 증언은 이북 현대사를 이해하는 열쇠를 제공해주었다.

박병엽과 김남식, 두 분은 1950년대 강동정치학원과 송도정치경제대학에서 만난 적이 있다. 서울에서도 서로 만날 기회가 있었을 것이다. 다만 나는 두 분에게서 각각 상대방에 관한 이야기를 들었을 뿐이다. 그리고 한때 중앙일보의 북한문제 전문기자로 활동한 나에게, 두 분의 기억과 체험, 그리고 가르침은 중요한 지적 자양분(滋養分)이었음을 고백한다. 내 삶의 한켠에 자리 잡은 두 분의 '생의 흔적'과 '교훈'은 오래도록 나에게 남아 있을 것이다.

이 책은 조선민주주의인민공화국의 탄생과정에 관한 박병엽 선생님의 증언 대부분을 담고 있다. 나는 1991년 취재 당시에 이북의 해방 3년사를 해명하는데 핵심이 되는 100여 개의 질문을 만들었는데, 당시까지의 학계의 연구성과를 대체로 섭렵(涉獵)한 기초 위에서 작성한 것이었다. (질문지 작성과정에서 직접적인 도움이 되었던 연구논저는 고려대학교 아세아문제연구소 공산권연구실 편, 『북한의 공산화과정 연구』, 1972 ; 김남식, 『조선로동당연구(1945-1949)』, 국토통일원, 1977 ; 김남식, 『남로당연구』, 돌베개, 1984; 김남식 외, 『해방전후사의 인식 5 (북한편)』, 한길사, 1989 ; 김준엽 · 김창순, 『한국공산주의운동사』1-5, 청계연구소, 1986 ; 김창순, 『북한 15년사(1945.8-1961.1)』, 지문각, 1961 ; 서대숙(서주석 역), 『북한의 지도자 김일성』, 청계연구소, 1989; Robert A. Scalapino, Chong-Sik Lee (한홍구 역), 『한국공산주의운동사』1-3, 돌베개, 1986-1988 ; 櫻井浩 編, 『解放と革命: 朝鮮民主主義人民共和國の成立過程』, 아시아경제연구소, 1990 등이었다. 또한 중앙일보 지면에 연재를 시작하기 전까지 입수 가능한 1차 사료들을 광범하게 발굴 · 수집하였으나, 당시에 지면의 제약으로 인해 1차 사료들을 충분히 반영하지는 못했던 것으로 기억한다.)

박 선생님에게 북한 정권의 탄생과정은 '기억으로서의 역사' 일뿐 아니라 '체험으로서의 역사' 였다. 단순한 기억 정보는 뇌에서 사라질 수 있으되 체험은 좀체 머리에서 떠나지 않는 법이다. 이 땅의 해방동이가 65세에 이른 지금, 80세 노인들이어야 당시 15세 전후였음을 감안하면 이제 해방공간에 대한 '기억' 이나 '체험' 이 남아 있는 세대를 찾기는 어렵다. 이 점에서도 그의 증언은 귀하다.

해방 3년은 민족의 운명을 결정짓는 시공간이었으니 만치 이 시기의 자료와 증언의 중요성은 아무리 강조해도 지나치지 않는다. 역사의 온전한 복원(復元)을 위해서다. 증언은 자료의 공백을 메우는 중요한 역사서술의 수단이다. 미국·러시아 등지에서의 북한 현대사에 관한 '문서공개 열풍'이 사라진 지금, 추가적인 자료발굴이 여의치 않은 조건에서 이미 채록해놓은 증언이라도 공개할 필요가 있었다.

이 점을 일깨워준 전문가는 나와 각별한 인연을 지닌 정창현 주간(월간 『민족21』대표 및 편집주간, 국민대 겸임교수. 중앙일보 현대사전문기자 및 사단법인 현대사연구소 소장 역임)이다. 정 주간은 나에게 여러 차례 박 선생님의 증언을 정리해 출판할 것을 종용해왔으며, 나는 오랜 망설임 끝에 그의 설득을 받아들였다. 나는 정 주간에게 증언의 마무리 정리와 출판작업(일부 자료 및 사진 보완 등)을 공동으로 진행할 것을 단서조항으로 붙였다. 내가 1991년~92년에 박병엽 선생님의 증언을 정리해둔 파일을 정 주간은 십수 연간 보관하고 있었다.

이 점에서 그가 영락없는 역사학자라는 생각이 든다. 정 주간은 1994년 하반기부터 중앙일보의 현대사 전문기자로 일했고 1998년 무렵부터는 중앙일보 통일문화연구소에서 필자와 함께 근무했으며, 일찍이 대학원 학생시절부터 나와 친분이 있었다.

정 주간이 보관하던 증언 파일을 모아보니 200자 원고지 3,000매 정도였고, 일부 중복을 덜어내고 가지런히 정리해 보니 2,500매를 좀 넘는 분량이었다. 여기에 정 주간이 추가로 증언을 받아놓은 내용을 더해 2권의 책으로 묶었다.

정 주간은 내가 여러 가지 사정으로 박 선생님을 뵙지 못하던 1994년 하반기 이후 그가 황망히 세상을 떠난 1998년까지 그와 만났다. **(정 주간은 박병엽 선생**

님의 김정일 국방위원장에 관한 구체적인 증언을 간추려 『곁에서 본 김정일』(1999년)을 출간했으며, 그 후 『CEO of DPRK 김정일』(중앙북스, 2007년)에서 박 선생님의 '유의미한' 증언을 거듭 활용한 바 있다. 이 두 책에서는 박 선생님이 '비공개 귀순자' 신경완이라는 가명으로 인용되어 있다.)

나와 정 주간은 박병엽 선생님과의 특별한 인연이 가져다준 '현대사 복원'의 '역사적 과제'를 운명으로 받아들인다. 앞으로 통일과정과 그 이후에 해방공간에 대한 새로운 자료와 증언이 쏟아져 나올 것이다. 그때 가면 해방 3년을 서술하는데 사용된 모든 자료와 증언이 검증될 것이고 박 선생님의 증언도 이를 피할 수 없을 것이다.

나와 정 주간이 박병엽 선생님의 증언이 100% '사실'이라고 주장하려는 것은 아니다. 단지 "사실이란 결국 진실을 구성하는 조각그림"이라고 할 수 있고, "사실의 조합에 의하여 비로소 진실이 창조되는 것"이라고 할 때. **(신영복, 『강의: 나의 동양고전독법』(돌베개, 2004), 62쪽. 『詩經』에 관한 강의에서 문학의 세계와 시의 세계를 언급한 부분에서 인용.)** 진실을 밝혀내자면 사실의 재구성이 필요하고 이 책도 이 점에서 가치가 있다고 믿는다.

또한 해방공간에 이 땅에서 일어났던 일들을 재구성하면서 '드러난 일의 배후에 어떤 일들이 있었는지'를 냉정한 시선으로 들여다볼 필요성에서 이 책의 의미를 찾고자 한다.

이 책에는 해방공간의 수많은 정치적 사건들이 꼬리를 물고 등장한다. "한 사건은 그것의 앞뒤로 다른 사건들이 계열화됨으로써만 비로소 단순한 '존재'의 차원에서 '의미'의 차원으로 건너온다." **(이정우, 「진보의 새로운 조건들」 『담론과 성찰』1 (2009년 8월, 한길사), 184쪽.)**

이 책이 '역사적 사건들의 의미'를 찾는데 도움이 된다면 그 자체로 의미가 있지 않을까? 이 책에 서술된 증언에 일부라도 '오류'가 있다면 현대사 연구자들에 의해 교정되기를 바란다. 도진순 교수가 앞에서 말한 『비록』(하권) 발문에서 "증언회고류는 문헌자료에 나타나지 않은 생생한 현장감과 누락된 귀중한 사실들을 전하는 경우가 적지 않기 때문에 현대사 연구의 필수자료에 속한다. 다만 한국 현대 정치·경제·문화계 인사들의 수많은 증언·회고류의 저작에서 볼 수 있듯이 의도된 편향과 왜곡, 누락과 과장도 유념해야 할 것"이라고 지적한 것은 여전히 적절하다고 생각한다.

나와 정 주간은 이 책의 증언이 '사실(事實)의 기록'이라는 믿음을 갖고 있으며 적어도 '의도된 편향과 왜곡, 누락과 과장'에서는 벗어나 있다고 생각한다. 그러나 그렇다고 해서 '증언자의 주관(主觀)'이나 '정리자의 주관'에서 자유롭다고 말하려는 것은 아니다. "사실판단에서 가치판단으로 넘어가야 하는 시점에 시시각각 직면하는 것이 인생이다. 특히 서로 상충적인 이데올로기가 난무하는 시국이라면 더욱 그렇다."(송호근, **『독 안에서 별을 헤다』(생각의 나무, 2009), 19쪽.**)

해방공간의 무대는 한민족의 역사에서 이데올로기의 충돌이 가장 극심한 시대로 기억될 것이다. 따라서 사실판단과 가치판단의 사이에서 증언자나 정리자의 현실인식이 '객관성'을 획득하기는 쉽지 않다. 더군다나 해방공간의 정치역학을 보여주는 이 증언은 역사(인문학)와 정치(사회과학)에 걸쳐 있고, 사회과학에 속해 있는 한, 막스 베버가 강조한 연구자의 '인식의 합리성'과 '지적인 자기절제'가 필요하다. 이 때문에 정리자는 '자기절제의 차원'에서 '최소개입의 원칙'을 지키려고 노력했고 일부 증언은 사료(史料)와 약간 차이가 나더라도 그냥 두었다.

예를 들어 박병엽 선생님의 증언에서 조선공산당 북조선분국 제4차, 제5차 확대집행위원회의 개최일자가 잘못됐다는 도진순 교수의 지적이 있었고, 서동만 교수와 김광운 연구관이 자기 책에서 확대집행위원회의 개최일자에 관해 서술한 대목도 증언과 차이를 보이지만 증언을 있는 그대로 두었다. 논란의 여지가 있지만 실제로 어느 쪽이 옳은지를 조금 더 지켜볼 필요가 있다고 생각해서이다.

도진순 교수는 그밖에 홍명희의 최종 월북일자, 근로인민당의 위원장대리(백남운이 아닌 장건상) 등에 관한 증언도 오류라고 지적한 바 있는데 이것도 증언 상태를 유지하였다. 눈 밝은 현대사 연구자들이 앞으로도 박 선생님의 증언에서 미세한 오류를 더 찾아낼 것을 기대한다.

증언의 오류가 바로잡히는 과정에서 현대사의 복원도 제대로 이뤄질 것이다. 다만 정 주간의 추가 증언 채록과정에서 명백하게 구술자가 오류라고 인정한 것은 일부 수정했고, 객관적 자료로 입증된 사실에 대해서는 편집자주로 밝혀 놓았다.

역사적 기록이자 현재와 미래 가치

해방공간의 소용돌이를 다룬 이 책이 정치사나 정권수립사, 그리고 남북의 주요 지도자·세력들의 역학관계라는 측면에서는 풍부한 사실을 보여주지만 당시 노동자·농민들의 '민중적 관점'을 제대로 다루지 못한 점은 못내 아쉽다.

더욱이 이북에서의 공화국의 탄생이 '통일적 임시정부' 수립운동에서 출발했지만, 결과적으로 분단을 고정화하고 전쟁을 잉태하는 과정에 대해 설명할 기회를 갖지 못한 점도 마음에 걸린다. 그밖에도 아쉬운 대목이 더러 있지만 증언에 충실하자는 쪽으로 방향을 잡았음을 밝혀둔다.

한편 이 책이 '역사의 기록'이라는 과거의 측면 못지 않게 현재적 의미와 미래가치가 있음을 지적하고 싶다. 조선민주주의인민공화국의 탄생과정에 관한 해명은 이북 정권의 '존재근거'와 '정당화', 특히 그들의 대남·통일정책의 이해와 직결된다. 정권 수립시의 정강에 '조국통일'의 목표가 설정된 이래 김일성 주석은 생전에 '조국통일'과 그 사상적 기초로서의 '민족대단결'을 주장했으며 그의 '유훈(遺訓)'을 정치적 자산(資産)으로 삼고 있는 김정일 국방위원장도 '조국통일'과 '민족대단결'을 강조해왔다.

북측은 해방 3년의 기간에 통일정부의 수립과 민족통일전선의 형성을 일관되게 주장해왔으며, 이 책에는 그 과정이 한 편의 드라마처럼 펼쳐진다. 이 때문에 남북 간의 당국회담에 참석하는 정부당국자들은 물론이고 남북관계의 일선에서 활동하는 여러 분야의 민간교류 인사들, 그리고 시민·통일운동가들에게 이 책은 적지 않은 시사점과 지혜를 줄 것이다.

아울러 60여 년의 우리 역사에 대한 진지한 관심을 갖는 청년지식인들이라면 이 책에 눈여겨볼 대목과 습득할 지식이 많을 것이다. 우리 사회의 '성찰적(省察的) 지성인'에게는 이 책에 묘사된 해방공간 3년이 사유(思惟)의 좋은 텍스트가 될 수 있다. 역사에서의 '반복'과 그 '차이'를 반추·연역해볼 수 있는 실마리가 될 것이기 때문이다.

이 책의 글 마무리에 잘못이 있다면 그것은 오로지 '나의 몫'이다. "글이란 아무리 세상없이 잘나서 사람들을 놀라게 하는 몇 줄이라 하더라도 그 물적 바탕은 훈민정음 24글자를 이리저리 꿰어 맞추고 붙였다 떼었다 하는 것이다."
(김훈, 위의 책, 27쪽.)

그런데 직업적 글쓰기에서 여러 해 벗어났다가 참으로 오랜만에 글을 만져보니 '꿰어 맞추고 붙였다 떼었다 하는' 일도 어지간히 어려운 것임을 새삼 느낀다. 나의 '언어의 빈곤'은 '사유의 빈곤'에서 비롯된 것 일진데 '사유의 빈곤'은 모든 직간접적인 '경험의 빈곤'에 뿌리를 두고 있다고 생각한다.

이 책의 서술과정에서 느낀 나의 '언어의 빈곤'은 하루아침에 해결될 일이 아님을 안다. 독자들의 혜량(惠諒)을 바랄 뿐이다.

　이 책을 완성해가면서 많은 얼굴들이 스쳐갔다. 지난날에 만난 모든 인연들이 귀하고 그저 감사할 뿐이다. 사람은 누구나 고마운 이들에 둘러싸여 살면서도 행복을 느끼기는커녕 불필요한 고립감과 서운한 감정을 쌓아가다, 어느 날 눈 들어 돌아보니 곁에서 완전히 떠난 이들과 멀리서 머뭇거리는 이들 때문에 가슴 먹먹한 순간을 겪으면서 어느덧 다른 길로 접어든다.

　이 책을 펴내는 여정은 30대 초반에 출발했지만 50대 문턱에서 비로소 마침표를 찍는다. 나와 정 주간은 이 기간에 고락(苦樂)을 함께 했다. 세월의 쏜살같음에 새삼스레 옷깃을 여미면서, 모든 귀한 인연들이 모여 ‘나 그리고 주변’의 현재(現在)를 구성하고 있음이 이제는 확연히 느껴진다.

　이 책의 가치를 깊이 이해하여 세상으로 내보낼 결심을 해준 선인출판사와 편집부에 감사를 드린다. 끝으로 박병엽 선생의 영전에 이 책을 바친다.

2010년 여름 서교동 (사)현대사연구소 연구실에서

유 영 구

소련군의 진주

소련극동군이 일본 점령지역으로 참전하기 전 하바로프스크에서 있은 한 기념행사에서 극동군 사령관 바실리예프스키 원수가 연설하고 있다. 그의 오른쪽에 스티코프 중장이 서 있다.

소련군 및 군정 책임자들의
평양 도착

소련군은 1945년 8월 9일 일본에 대해 선전포고를 하고 한반도 북부도시 청진, 함흥, 원산을 거쳐 평양에 도착하였다. 소련군대의 평양 도착일은 흔히 8월 24일로 알려져 있으나 선발대는 8월 23일 저녁에 평양에 들어왔다. 더 구체적으로 보면 아주 적은 인원의 정찰선발대가 8월 22일 밤에 이미 평양에 진입하였고 선발대 본대는 23일 밤에 들어온 것이다. 당시 평양주민 일반에게 소련군대의 평양 도착이 8월 24일로 알려진 것은 이날 가장 많은 수의 소련군

치스차코프 제25군사령관은 8월 22일경 비행기로 함흥에 도착해 첫 번째 포고를 발표했다. 비행기에서 내린 치스차코프 사령관이 참모들과 이야기를 나누고 있다.

이 진주했기 때문이다. 소련군 제25군사령관 치스차코프 대장은 8월 25일 새벽에 평양에 도착하였다.

소련군대가 해주나 38선 분계선까지 내려온 것은 8월 28일에서 30일 사이이다. 9월 초에는 평양에 소련군 위수사령부가 들어선다. 일부 강원도 속초 같은 곳에서는 소련군대가 38선을 넘어 남하했다가 다시 38선 이북으로 올라가는 일도 있었다.

조선에 대한 사전정보 갖춘 소련군 간부들

치스차코프 사령관이 평양에 들어온 3~4일 뒤에 소련군 제25군 정치사령관(통칭) 레베데프 소장이 평양에 들어왔다. 9월 초에는 제25군 민정사령관 로마넨코 소장이 모습을 나타냈다. 소련군 극동방면군사령부 정치군사위원 스티코프 중장이 평양에 모습을 드러낸 것은 9월 20일경이었다. 로마넨코 소장 밑에는 이그나티에프 대좌가 있었고 그 아래에 스체치닌, 그 다음에 서울영사관과 일본대사관에 근무한 적이 있어 한국어에 능통한 발라사노프가 있었다. 그 밑에 그라초프라든가 정당관계를 직접 담당한 메크레르 중좌가 있었다. 그밖에도 주요 인사들이 몇 명 더 있었는데 대개 부장급들이었다.

소련군 제25군사령부는 군대 내의 정치부서인 정치문화부(흔히 정치부로 불리기도 한다)를 두고 있었으며 정치문화부 안에 인민정치부(민정관리총국으로 불리기도 한다)를 두었다. 정치문화부 책임자는 레베데프 소장이었고, 인민정치부 책임자는 로마넨코 소장이었다. 인민정치부 부책임자가 이그나티에프 대좌였고 스체치닌은 치안관계 책임자였다. 정당관계는 메크레르가, 공산주의청년동맹 관계는 페오토프가 각각 맡았다. 사회단체 및 대중단체는 투키닌이 담당했는데 그는 공청문제에도 관여했다. 그라초프는 종교계통를 담당하였다.

스티코프·로마넨코·레베데프·이그나티에프 등은 모두 소련군 극동방면군사령부에 소속되어 있었고 군 정치위원을 지낸 정치장교 출신들이었다. 특히 로마넨코와 이그나티에프는 소련공산당 중앙위원회의 약소민족국(후일 조선로동당이나 중국공산당 중앙부서의 하나인 대외연락부에 해당된다)에 근무한 경력을 갖고 있었다. 소비에트연방공화국의 입장에서 보면 극동지역의 전문가라고 한다면 중국과 일본, 한반도를 다뤄왔다고 할 수 있고, 그렇게 보면 이들이 소비에트연방공화국에서 손꼽히는 한반도 전문가라고 할 수 있다. 조선에 대한 어느 정도의 사전지식과 정보를 갖고 있던 인물들이 한반도 북부의 소련군정 지도자로 파견된 것이다.

치스차코프 사령관이 타고 온 비행기를 구경하기 위해 나온 함흥 시민들. 비행기를 구경하러 나온 시민들의 표정이 재미있다. 소련군은 비행기를 처음 본 시민들이 '하늘에서 내려온 새'라고 불렀다고 기록했다.

소련군의 진주과정

  소련군의 진주과정은 몇 단계로 나눠볼 수 있다. 첫 단계는 1945년 8월 9일 대일 선전포고일로부터 8월 15일 일본 천황이 항복선언을 발표할 때까지이다. 이 단계는 소련군 극동방면군사령부 소속의 '붉은군대'가 만주지역 및 한반도 최북단에서 일본 관동군 소속의 '황군'과 직접 교전하면서 진격하던 단계이다. 둘째 단계는 8월 15일 이후 한반도의 38선 이북지역에 진주하는 과정이다. 셋째 단계는 소련군이 이북을 점령해 일본 총독부의 통치권과 행정권을 조선인에게 이양시키는 시기이다.

1945년 8월 9일 일본에 대해 선전포고를 한 소련군은 만주와 한반도를 향해 진격했다. 중국 연길에 도착한 소련 제25군은 만주동부에 주둔했던 일본 관동군 산하 제3군 사령관 무라카미 게이사쿠(村上啓作) 중장 등으로부터 항복을 받았다. 사진은 소련 제25군 치스차코프 사령관이 연길에서 무라카미 중장 등으로부터 항복을 받기 위해 자리에 앉는 장면이다.

각 도에는 위수사령부가 설치되었고 중요한 시·군 소재지에는 분견대가 파견되었다. 위수사령부는 원래 각 도의 경비를 담당하는 경비사령부 격이었으나 관할 지역 내의 군기를 단속하는 헌병대와 비슷한 것으로, 이북식으로 표현하자면 경무부에 해당된다. 위수사령부 외에 점령군사령부가 따로 존재했고 각 지역의 점령군 사령관과 위수사령관은 한 사람이 겸직했다.

소련군은 8월 9일 대일 선전포고를 하는 즉시 소련-만주, 조선-소련 국경을 넘었다. 한반도 최북단의 경흥, 서수라 같은 곳에서는 소련군과 일본군 사이의 치열한 전투가 벌어졌고, 소련군은 8월 9일 밤에 이미 이 지역을 점령하였다. 서수라 전투에서는 수 십 명의 사상자가 났으며, 소련 연해주에 있던 항일빨치산 출신의 오백룡부대도 이 전투에 참가하여 빨치산 8~9명이 전사하였다. 가장 치열한 전투가 벌어진 서수라는 아오지 근처의 두만강 하구에 위치한 국경마을이다.

소련군대는 8월 10일 나진과 웅기(현재의 선봉)에 상륙하였다. 이 상륙작전에서도 사상자가 많이 발생하였는데 특히 웅기전투가 치열하였다. 그리고 8월 12일 새벽에는 청진 상륙작전이 전개된다. 원래 전투는 11일부터 시작되었지만 상륙이 본격적으로 시작된 것은 12일 아침 6시경이었다. 청진 상륙작전 때도 상당수의 소련군 병사들이 전사하였다. 청진 상륙작전에 성공한 소련군 부대가 계속 진격하여 일본이 항복선언을 발표한 8월 15일에는 길주, 명천까지 내려왔다.

이것은 함경북도의 거의 전역이 이미 해방 전에 소련군의 전투에 의해 해방을 맞이했음을 뜻한다. 이렇게 보면 함북 지역에서는 흔히 말하는 '진주'라는 과정이 없었다고 할 수 있다.

치열한 전투를 치르며 진주

소련군대는 한반도 최북단에 상륙하여 일본군 나남사령부를 무장 해제시키고 일본군 병사들을 포로병으로 취급했다. 소련군은 일본인 도지사, 헌병대 책임자 등을 전쟁포로로 체포해 감옥에 넣었다가 얼마 뒤 소련 영토내의 수용소로 끌고 갔다. 함북 지역에서는 소련군이 정식으로 '진주' 형식에 따른 일본 도지사 및 주둔군사령관으로부터 정권을 이양 받는 절차를 진행하지 않았다. 그러나 함경남도·평안남도·평안북도·황해도 등지에서는 도지사들이 정권을 소련군 측에 이양하는 절차를 진행하였으며 도지사들이 포로 취급을 당하진 않았다. 함북은 전통적으로 좌익운동이 활발하던 지역인 데다가 항일무장투쟁의 영향을 받은 곳이어서 소련군대가 들어오자마자 치안대·보안대·적위대 등이 조직되어 친일파를 철저히 처단하게 된다. 함북에서는 일본인들이 자기 재산을 고스란히 둔 채 몸만 빠져나가기도 바빴을 정도였다.

소련군대가 길주·명천 지역에 들어서면서부터 진주 단계에 들어간다. 원래 소련군은 성진(현재의 김책시) 상륙작전도 계획하였던 것으로 들었다. 그러나 일본측의 항복이 예상보다 빨랐기 때문에 성진 상륙작전은 실행에 옮겨지지 않았다고 한다. 소련군대가 길주·명천에서 대오를 정비해 기동로를 따라 선발대가 함흥에 도착한 것은 8월 22일 새벽이다(일부에선 21일에 이미 일부 병력이 함흥에 진입했다고 이야기하기도 한다). 소련군 제25군 치스차코프 사령관이 8월 22일 함흥에 도착하고 23일에 첫 포고를 발포한다. 함흥 주둔부대는 바로 청진 상륙작전을 전개한 그 부대이다. 이 부대는 더 이상 남진하지 않고 함흥에서 일단 정지했다.

그리고 8월 20일 저녁에는 원산에도 1개 사단이 상륙한다. 원산에 상륙한 부대가 21일인지 22일인지 두 패로 갈라져 2개 연대는 평양으로 향하고 1개 연대는 강원도 평강·춘천 방면으로 갔다. 소련군대는 만주를 거쳐 신의주 방

1945년 8월 9일 소련 해군병사들이 배 위에서 함경북도 북부지역 상륙작전을 준비하고 있다. 소련군은 8월 9일 대일 선전포고를 하는 즉시 소련-만주, 조선-소련 국경을 넘었다. 한반도 최북단의 경흥, 서수라 같은 곳에서는 소련군과 일본군 사이의 치열한 전투가 벌어졌다(왼쪽). 1945년 8월 말 청년학생들이 신의주에 진주한 소련군대를 환영하고 있다(오른쪽).

면으로 진입하지는 않았고, 8월 24일 평양에 도착한 부대가 다시 평안북도 신의주 방면과 황해도 해주 방면으로 갈라졌다. 치스차코프 사령관은 8월 25일 아침 일찍 함흥에서 군용비행기편으로 평양에 들어왔다. 소련군대가 황해도 해주에 도착한 것은 8월 25일 오후였고, 평안북도 신의주에 도착한 것은 26일이었다. 해주에 도착한 병력의 일부는 그곳에 남고 나머지 병력은 다시 사리원을 거쳐 개성까지 갔다. 이 시점까지는 아직 38선의 개념이 없을 때였다. 당시 평양에서는 소련군대가 김포비행장을 보았다는 이야기가 돌기도 했는데 아마도 개성을 보고 착각하지 않았나 생각된다.

소련군 제25군사령부는 8월 27일 밤 38선을 봉쇄하라는 지시를 하달했다. 일부에서는 8월 28일 새벽에 38선 봉쇄 지시가 하달된 것으로 알려져 있기도 하지만 실제로는 27일 밤 지시가 내려간 것이 분명하다. 이때 철원 이북에 위치한 평강 쪽으로 내려간 부대의 1개 중대가 27일에 이미 춘천에 들어가 있었는데 28일 새벽에 후퇴 명령을 받고 이날 낮에 철수하여 38선 이북지역으로 되돌아오는 일도 있었다. 이로써 소련군의 진주는 도 소재지를 중심으로 일단 락 된다.

그러나 당시까지는 아직 소련군 선발대만 각 도 소재지에 파견되었지 본대 는 도착하지 않은 상태였다. 대체로 해주, 원산, 함흥, 청진 같은 곳은 1개 사단 정도의 병력이 가 있었다. 그 다음에 본대가 파견되어 주둔하면서 위수사령부 가 설치됐다. 점령군이 각지에 도착하는 즉시 이미 위수사령부라는 이름으로 불렀다. 위수사령부는 도내의 경비, 주민생활 통제, 치안유지 등을 관할했다. 38선에 인접한 황해도에서는 금천·신마에 38경비사령부가 설치됐다. 동부 방면에서는 연천·평강·양양을 중심으로 38경비사령부가 설치되었다. 8월 27일까지도 경의선 열차와 경원선 열차가 남북을 오고갔다. 그러나 38선의 봉 쇄에 따라 8월 28일 새벽부터 교통, 우편, 전신전화 등이 모두 차단된다. 기차 가 불통됨에 따라 북으로 올라가는 사람들, 남으로 내려가는 사람들 모두가 걸 어서 38선을 넘나들었다. 이때부터 분단은 시작되고 있었던 것이다. 소련이 대일 선전포고를 한 뒤 20여 일이 지난 8월 28일경 소련군의 한반도 이북의 진주과정이 일단락 된 것이다.

>>>
소련군의 만행

소련군의 만행과 비행은 소련군 진주 초기에 특히 심각했다. 함흥과 신의 주에서 일어난 반공학생운동도 따지고 보면 소련군의 만행이 그 원인이었다. 소련 군인들이 만행을 저질렀던 배경부터 생각해 볼 필요가 있다. 제2차 세계

대전 시기에 소련군의 기본주력이 유럽전선으로 가는 바람에 극동전선에서는 병력보충이 용이하지 않았다. 전시에 병력이 부족하면 누구라도 군 병력으로 차출하지 않을 수 없는 법이다. 소련은 극동전선의 모자라는 병력을 보충하기 위해 형무소에 수감되어 있던 잡범들을 출옥시켜 활용했다.

이에 대해서는 소련군 병사들에게서 직접 이야기를 들은 적이 있다. 그들은 하바로프스크 형무소에 있다가 왔다거나 민스크 형무소·모스크바 형무소에 수감되어 있다가 전쟁통에 군에 합류하게 됐다는 등의 얘기를 하고 다녔다. 이들은 영웅적인 공로를 세워 훈장도 타고 자신들을 출옥시켜준 스탈린에게 보답해야 한다고 노골적으로 떠들고 다니기도 했다. 물론 이렇게 얘기하는 측은 일반 병사들이거나 일부 하사관들이었다. 장교 가운데는 그런 사람이 없었다. 이북 전역에 진주한 소련군대에 그런 유의 병사들이 얼마나 있었는지는 알 수 없으나 어느 곳에 배치된 부대에나 그런 군인들이 조금씩 있었던 것은 사실이다. 소련군대의 만행은 바로 이러한 병력구성의 특성에 따른 것이다.

소련군 병력의 특이한 구성

평양 시내에서는 밤이 되면 소련군 순찰병이 공포의 대상이 되기도 하였다. 순찰병의 일부가 약탈과 강간을 자행하여 8월 말~9월 초에는, 특히 부녀자들은 밤에 밖으로 나다니지 못했다. 더군다나 소련군의 횡포 때문에 이북지역의 조선인 치안대(적위대나 보안대라는 명칭도 사용하였다)와 마찰이 생겨 총질 사태까지 벌어지는 등 소련군은 진주 초기에 씻기 어려운 오점을 남겼다. 그 결과 이북 주민들에게 소련군대는 약탈자라는 인상이 심어졌다. 9월 6일경 소련주둔군사령부의 포고가 나오면서 소련군 병사들의 만행이 줄어들기 시작했다. 이 포고령에 따라 만행을 저지른 소련군 병사가 공개적으로 총살당하는 일이 몇 차례 있었다.

약탈이라는 측면에서 보면 그리 빈번하지는 않았지만, 소련군이 일부 양곡 창고와 공장의 기계들을 약탈해갔다. 당시의 혼란 상황에서 점령지의 식량·기계를 반출해갔던 것이다. 특히 만주지역에서는 일본인들의 적산재산을 닥치는 대로 소련령으로 가져갔지만 이북에서는 일부는 소련령으로 가져갔지만 상당 부분은 되돌려 주기도 했다. 쌀의 경우는 그들의 주식이 아닌데도 당장 식량공급이 필요하니까 양곡창고에서 약탈해 갖다 먹었다.

성진제강소 같은 곳에서는 기계 일부를 뜯어가 버렸고 수풍발전소의 발전기는 뜯어갔다가 다시 돌려줬다. 수풍발전소에서는 한 조선인 기술자가 발전기를 못 뜯도록 막다가 소련 병사의 총을 맞은 일까지 있었다. 이 기술자는 뒷날 이북 정무원의 전기공업성 부상까지 올라갔던 인물이다. 당시 소련 군인들은 일본인의 적산재산이기 때문에 가져간다고 주장했고 우리 쪽에서는 일본인

1945년 8월 24일경 소련군이 평양에 입성하자 시민들이 나와 구경을 하고 있다.

의 것이라 해도 사실상 우리 것이라고 맞섰다. 9월 중순에 이르면 소련군대의 명령계통이 어느 정도 잡히고 스탈린의 강력한 지시도 있고 하여 소련군의 만행은 점차 없어졌다.

38선 이북의 정치권 동향

치스차코프 대장은 8월 25일 평양에 와서 함흥에서 발표한 포고령과 같은 2차 포고령을 발표했다. 제25군사령부는 동평양 사동에 있는 일본군 평양주둔 군사령부가 있던 곳에 사령부를 설치했다. 이곳에 며칠 있다가 평양시내 평천리 구역에 있던 철도호텔로 주둔군사령부를 옮겼다.

당시 평안남도에는 조만식을 중심으로 하는 평남건국준비위원회(건준)가 있었고 현준혁·장시우·김용범·최경덕 등 공산주의자들이 활동하고 있었다. 8월 25일 평양에 소련 주둔군사령부가 설치되자 박정애·김용범 부부가 사령부를 방문하였다. 이들은 원래 일제 때 소비에트연방공화국이 조선에 파견한 공작원들이었다.

자생적으로 인민위원회 결성

조선 해방 후 감옥에서 갓나온 공산주의자들은 8월 26일부터 치스차코프 대장과 접촉하기 시작했다. 소련 주둔군사령부가 8월 27일 오후 건준 소속의 민족주의자들과 건준에 소속되지 않은 공산주의자들을 함께 초청함에 따라 주둔군 핵심인사들과 평양의 지도급인사들 사이의 첫 상견례가 이뤄졌다. 다음 날인 8월 28일 로마넨코 소장의 주도 하에 건준 위원들과 공산주의자들이 정

소련군이 평양에 들어오는 것을 맞이하기 위해 조만식 선생 등 평남 건국준비 위원회 간부들이 기다리고 있다.

식회담을 갖고 평남건국준비위원회의 해체와 평남인민정치위원회의 수립을 결정했다. 우익진영 인사들은 인민위원회라는 명칭을 달가워하지 않아 건준을 유지할 것을 주장했지만 소련군정 측과 좌익진영은 인민위원회라는 명칭을 고집했다. 이 과정에서 우익진영은 건준의 명칭이 정 싫다면 정치위원회로 하자고 수정 제의했고, 결국 절충에 따라 인민정치위원회로 결정했던 것이다. 그리고 치스차코프 대장의 입회 하에 일본인 평남도지사로부터 평남 인민정치위원회로 통치권이 이양되는 절차가 진행됐다.

곧 이어 치스차코프 대장은 9월 2일인지 3일에 신의주를 방문했다. 신의주의 경우에는 민족주의자들이 몇몇 있기는 하였으나 공산주의자들의 영향력이 상당해 인민위원회로 명칭이 결정됐다. 이는 민족주의자들이 평양에 집중되어 있던 상황과는 다른데서 오는 차이였다. 신의주에서 평안북도의 통치권 이양을 마친 치스차코프 대장은 9월 5일 혹은 6일경에 해주를 방문해 황해도 도지사의 행정권을 황해도 인민위원회로 이관했다. 황해도를 끝으로 9월 5~6일쯤 행정권 이양이 완료되고 소련군의 지방 진주과정이 종료된다. 이것으로 소련군의 점령 임무는 일단 완수됐다.

소련군사령부의 정치문화부(정치부) 안에는 인민정치부(민정관리총국)가
조직되어 있었다. 인민정치부는 당시 소련군 점령하의 여러 가지 정치현안을
조정하고 지휘, 감독하는 권한을 행사했다. 당시 각 도에 있던 주둔부대나 위
수사령부는 인민위원회 조직문제나 당 조직문제에 전혀 관계하지 않도록 되어
있었다. 위수사령부의 기본임무는 일본군의 무장해제와 치안유지 등에 국한됐
다. 지방정치와 행정은 소련군사령부 중앙에서 직접 관장했고 조선인으로 조
직된 인민위원회를 통해 간접적으로 진행되는 모양새를 갖추었다. 지방의 주
둔군이나 위수사령부는 지방의 정치와 행정조직에 간섭하지 않고 그들의 활동
을 보장하는 형식을 취했다. 그러나 사실상 위수사령부는 군정정책 위반이나
치안사범 적발 등의 명목으로 좌익 이외의 활동은 가능한 한 억제했다. 그러다

8월 26일 치스차코프 사령관(왼쪽에서 두번째)이 평양주둔 일본군 책임자에게서 '일본군의 무장해제와 치안권 이양'을 위한 항복 서명
을 받고 있다.

보니 자연히 좌익의 활동공간을 보장해주는 형국이 조성됐다.

조선 해방 전
항일빨치산파의 존재

흔히 항일빨치산파라고 하면 갑산파를 포함한 '범빨치산파'를 말한다. 항일빨치산파의 중심인물은 잘 알려진 것처럼 김일성이었다. 김일성이라는 이름에 대한 여러 가지 말들이 있는데 그의 빨치산동료들이 이름을 붙여주었다고 한다. 김성주에게 '일성'이라는 이름이 붙여진 것은 1931년의 초기 혁명활동 시기였다. 김성주가 만주 길림의 육문중학을 다니다 길림감옥에 들어갔다 나오는 등 공산주의청년운동을 할 때 차광수·김혁 등 그의 동지들이 김성주라는 본명 대신에 한일(一)자, 별성(星)자, 즉 하나의 별이라는 뜻에서 '한별동지'라고 부르다가, 해와 달을 상징하는 날일(日)자, 별성(星)자의 '일성동지'로 불렀으며, 나중에 '떠오르는 태양'이라는 뜻에서 '일성(日成)동지'로 바꿔 불렀다는 것이다. 당시 민족해방운동을 투신한 공산주의 혁명운동가들 사이에서 가명을 만들어 썼던 예는 매우 흔하다.

일제하에서 김일성에 대한 전설적인 이야기들이 항간에 많이 나돌아 다녔다. 그 대표적인 것이 축지법을 쓴다는 것이었다. 이런 유의 얘기가 유포된 것은 1930년대 중반 이후의 일이다. 즉 전설적인 김일성 장군에 대해 소문이 많이 나돌던 때는 김일성이 동만주에서 항일빨치산 활동을 활발하게 하던 시기였다. 동만주지역에서 시작된 소문이 함경도로 유포되고 이것이 조선 전체로 널리 퍼졌던 것이다.

　　1930년대 말의 식민지 조선의 상황은 가혹했다. 민족해방운동 과정에서 1930년대 말에 일어난 가장 큰 사건은 '혜산사건'(조선민족해방동맹사건)이었다. 이 사건으로 수 십 명이 연루되어 7~8명이 사형 당했고 몇 명은 무기징역을 받았다. 혜산사건은 1936년 5월 5일 동만주에서 결성된 조국광복회(회장 김일성)의 국내활동과 연결되어 있었다. 김일성은 자기 밑에 있던 연대장(당시 동북항일연군 제2군 6사 선전과장) 권영벽을 장백현 일대의 조국광복회 책임자로 파견했다. 권영벽, 마동희, 이제순 등이 혜산사건으로 사형당했다. 마동희와 이제순은 당초 갑산공작위원회에서 활동했는데 동만주의 항일빨치산부대로 들어갔다가 다시 나온 사람들이었다. 일제는 혜산사건을 터트리면서 김

1945년 7월 해방을 한달 여 앞두고 조선공작단이 결성됐다. 단장은 김일성, 정치위원은 최용건이었다. 1930년대 중반 이후 동북항일연군에 소속돼 활동하던 조선인유격대원(빨치산)들은 1940년 역량보존을 위해 연해주지역으로 넘어갔고, 1942년 8월 동북항일연군교도려(88특별여단)를 조직했다. 조선공작단은 해방을 앞두고 동북항일연군교도려에서 분리되어 조선인만으로 결성한 조직이었다. 중국공산당 자료에 따르면 1944년 8월 현재 연해주에 있던 조선인 유격대원은 100명이었다. 사진은 조선공작단 결성 직후 주요 간부들이 기념촬영을 한 것이다. 2번째 줄 왼쪽에서 3번째가 김책이다.

1940년대 초 동북항일연군 교도려가 활동하던 소련 하바로프스크에서 김일성, 최현, 안길이 기념촬영을 했다.

일성 빨치산부대와 관련 있는 사람들을 모두 사형시켰다. 갑산공작위원회에서 활동한 인물 중 무장대원이 아니었던 인물들, 즉 박금철·박달·이효순·김익선 등은 무기징역이나 20~30년형을 선고받았다.

김일성부대 결속력 두드러져

항일빨치산부대의 출현 과정을 보면 1931년 북간도 폭동사건·농민추수폭동 등으로 동만주·북간도 일대가 농민들의 폭동상황에 빠졌던 것과 밀접한 관계가 있다. 폭동이 끝나가면서 동만주·남만주 지역에서 청년들을 중심으로 한 무장대오가 형성되는데 안도(安圖)현에서는 김일성, 화룡(和龍)현에는 최현, 훈춘(琿春)에는 강건, 연길(延吉)에는 최춘국, 왕청(汪淸)현에는 김일 등이 그 중심인물들이었다. 김일의 경우는 김일성이 그를 의형제로 삼으면서 지어준 이름이고 그의 본명은 박덕삼이었다(그의 아들은 후일 정무원 철도부장을 역임한 박용석이다). 김일성은 1934년 4월 25일 안도현에서 5개 현 무장대오를 하나로 합치게 된다. 중국공산당 동만특위는 1936년(임춘추는 생전에 이를 1935년 12월로 기억하고 있었다)에 조선인 유격대책임자회의를 소집했는데 이 자리에서 항일빨치산의 핵심지도자 3인, 즉 김일성, 최용건, 김책이 처음 만나게 된다(김일성·최용건·김책이 처음 서로에 대해 알게 된 것은 1930년경이고, 실제로 만난 것은 1940년 12월 하바로프스크에서 열린 동북항일연군 간부회의였다는 자료가 있다).

김일성은 주로 동남만 5개 현에서 활동했고 최용건은 북만주, 김책은 주로 남만주에서 각각 활동했다. 이 가운데 김일성부대가 가장 크고 다음으로 최용건부대, 그리고 북만주에 간지 얼마 안 되는 김책부대가 가장 소부대였다. 이들 부대는 동만특위의 결정(이 결정은 코민테른의 지시에 따른 것이다)에 의해 1936년 초 주보중·양정우·위증민 등의 중국인부대와 함께 동북항일연군으로 합쳐진다. 동북항일연군은 그 뒤 1938년에 제1로군과 제2로군 등 방면군으로 개편된다. 동북항일연군은 1930년대 말~40년대 초에 관동군의 대대적인 토벌작전에 견디지 못하고 퇴각하면서 살아남은 유격대원들은 일부 연안으로 가거나 소비에트연방공화국 영토로 넘어가기도 했다.

소련령으로 넘어간 항일빨치산들은 소련의 도움을 받아 하바로프스크 근처에 야영소를 만들게 된다. 흔히 이곳에 대해 요즘 들어 '88특별여단' 혹은 '88정찰여단' 등의 이름으로 불리는 것 같은데 빨치산 출신들은 이곳을 '하바로프스크밀영'이라고 불렀다. 조선 해방 뒤 소련군정 측 인사들과 접촉할 때 '하바로프스크밀영'이라든가 '오얀스카야야영학교'라는 말은 들은 적이 있지만 '88특별여단'이라는 소리는 들은 적이 없다. 88특별여단, 88정찰여단은 이북 정권에 참여했다가 소련에 망명한 일부 인사들로부터 나온 이야기인데 소련 극동방면군사령부 측이 자신의 군사편제상으로 그런 명칭을 사용한 것으로 보인다.

하바로프스크밀영에는 최용건·주보중 등이 먼저 들어갔다. 제2로군으로 편제됐다가 제1방면군이 된 주보중부대와 제3방면군이 된 최용건부대는 거의

1942년 여름 하바로프스크에서 동북항일연군 교도려(소련에서는 극동군 88여단, 북에서는 국제연합군이라고 부름)가 결성된 후 소련·중국·조선인 간부들이 기념촬영을 하고 있다. 앞줄 오른쪽에서 2번째가 김일성, 3번째가 주보중이다.

전멸하다시피 하여 소련령으로 먼저 들어갔고 제2방면군이던 김일성부대는 좀 더 버티다 나중에 밀영에 합류했다(중국공산당 자료에 따르면 김일성부대가 소만국경을 넘은 것은 1940년 10월 20일경이다). 하바로프스크밀영에는 조선인이 60~70명 있었던 것으로 알려져 있고 김일성부대 출신의 빨치산이 가장 많았다고 한다. 제1방면군 주보중부대에 소속되어 있다가 부대가 전멸하는 지경에 이르자 서철(후일 이북에서 조선로동당 대남총국 부총국장 역임)이 4개월 동안 혼자 떨어져 헤매다가 천신만고 끝에 1939년 2월의 한겨울에 김일성부대를 찾아온 일화가 유명하다. 서철이 김일성부대를 찾아 왔을 때는 신발이 헤어진데다 옷은 다 찢어지고 몸도 꽁꽁 얼어붙어 사람인지 짐승인지 모를 정도였었다고 한다.

김일성과 함께 항일빨치산의 대표적인 지도자인 최용건은 평안북도 용천 출신으로 정주 오산학교를 나왔으며 당초 중국으로 건너가 의열단에 참여했던 민족주의자였다. 그는 중국에서 운남군관학교를 나와 황포군관학교의 교관까지 지낸 것으로 안다. 최용건은 황포군관학교 교관 시절에 중국공산당과 관계를 맺고 있다가 연안에 남지 않고 1930년대 초반에 중국 동북지역(만주)으로

왔다. 당시 최용건은 최용진(황포군관학교 출신)·이용호·석산·임해 같은 항일운동가들과 함께 북만주에서 항일빨치산부대를 조직해 무장투쟁을 전개했다. 이 빨치산대원들이 관동군의 토벌을 피해 소련 영토로 들어갔던 것이다.

항일빨치산파 중에서도 유독 김일성그룹의 단결력이 다른 그룹에 비해 두드러졌다는 사실이 중요하다. 김일성의 직계인 김일·최현·강건·안길·김광협 등은 주로 동만 5개 현 출신들이다. 이들은 항일무장부대가 크든 작든 1930년대 초반부터 줄곧 뭉쳐서 활동했다. 그러다가 동북항일연군 시절에 이들은 소대장·중대장 간부로 흩어져 활동하게 됐지만 끝까지 살아남아 소련령으로 들어가 재회하게 됐던 것이다.

이런 연유로 이들은 늘 자신을 지칭할 때 일심동체의 빨치산 출신임을 염

김일성은 해방 후에도 일제시기 동북항일연군에서 함께 활동했던 주보중과 교류했다. 사진은 정부 수립 후 김일성의 초청으로 방문한 주보중 부부가 김일성 가족과 함께 기념 촬영한 것이다.

두에 두고 '우리'라는 표현을 사용했다. 김일성 역시 '나'라는 말을 절대로 입 밖에 내지 않고 언제나 '우리'라고 말하곤 했다. 그들 빨치산 가운데 항일투쟁 과정에서 배반한 사람은 딱 한 사람 밖에 없었다고 자랑할 정도로 강한 결속력을 보였다. 이들은 생사고락을 같이하면서 사상의지적 통일을 이뤄냈던 것을 자랑스럽게 여겼으며, 이것이 훗날 조선민주주의인민공화국의 탄생과 통치과정에도 그대로 반영됐다.

>>> 항일빨치산과 갑산파의 관계

김일성 주위의 중심인물로는 김일·강건·안길·최춘국·최현 등이 있었다. 그 밑에 김광협·김창봉·최광·김동규, 그리고 조금 젊은 층으로 오제원·백학림·김익현·김철만·이두익·주도일 등이 있었다. 그리고 김일성파, 즉 범빨치산파로 분류되는 항일운동가들 중에 갑산파가 있다. 갑산파 인물들은 원래 1930년대 초반에 국내에서 적색농민조합운동을 전개하던 활동가들이 중심이 됐다. 이효순은 길주-명천 사람으로 이곳에서 농민운동을 했으며, 박금철·박달은 삼수-갑산 지역에서 활동을 했다. 갑산파에는 이들 외에도 허학순·허국봉·이송운·김익선·한상두·송광철 등이 포함된다. 이들은 1936년 2월에 김일성부대와 연결됐다. 처음에는 갑산공작위원회로 활동하다가 조선민족해방동맹으로 이름을 바꿨다. 조직 명칭을 바꿀 때 김일성과 연결이 되었던 것이다. 갑산파는 김일성부대의 보천보습격사건 때는 정찰업무를 수행하기도 했다.

1938년 체포된 조선민족해방동맹원들의 모습. 북 정권 수립 후 이른바 '갑산파'라는 정치세력을 형성한다.

'갑산파', 1937년 보천보전투 때 정찰업무

김일성부대와 갑산공작위원회 사이의 다리를 놓은 사람은 갑산공작위원회 조직원으로 활동하다가 빨치산부대로 찾아간 마동희였다. 갑산공작위원회의 핵심지도자 이효순의 친동생 이제순(적색농민조합운동 참가)도 국경을 넘어 빨치산부대에 합류했다. 그러다가 이 연계조직이 확대되면서 백두산 일대의 장백현에 조국광복회 지부를 결성한다는 결정이 내려지고 이에 따라 장백현위원회가 조직된다. 장백현위원회에서는 정동철이 주로 공작활동을 했고 김정일 국방위원회의 생모 김정숙도 장백현에 공작원으로 파견되기도 했다.

조국광복회 장백현위원회 조직이 점점 커지면서 빨치산부대의 연대장이던 권영벽이 장백현위원회 책임자로 파견됐다. 김일성부대와 갑산공작위원회의 연계가 확고해진 뒤 박달과 박금철이 빨치산부대를 방문해 김일성과 세 차례 만나기도 했다. 김일성은 갑산공작위원회에게 지하활동을 성과 있게 전개하기 위해서는 위장신분이 필요하다고 강조하고, 박달에게는 정보공작에 이용할 수 있게 순사시험을 칠 것을 권유한 사실도 있었다고 한다. 박달은 순사시험에 두 차례 응시했으나 떨어졌으며 혜산사건으로 체포된 뒤 일본인들의 고문으로 하

1938년 체포된 조선민족해방동맹의 책임자 박달과 박금철.

반신불수 신세가 되고 만다.

1954년 정월 초하루 날 당시 조선로동당 중앙위원회 부장이던 박금철이 당 간부 몇몇을 자택으로 초대해 연회를 베푼 일이 있는데, 그는 이날 김일성과 처음 만났을 때를 다음과 같이 회고한 바 있다.

"내가 1936년 2월에 마동희 동지를 따라 동만주로 넘어가 김일성 장군을 만났는데 당시 김일성 장군이 나이 지긋한 사람인 줄로만 생각하고 있다가 직접 만나보고 새파란 청년이어서 깜짝 놀랐다. 김일성 장군이 조국광복회의 사업방침을 설명하는 것을 듣고 보통 인물이 아니란 느낌이 들었다."

박금철은 혜산사건으로 함흥에서 체포되어 무기징역형을 받고 서대문형무소에서 복역하던 중에 해방을 맞아 출감했다. 그는 8월 16일 출감해 서울서 보름 남짓 있다가 서울의 공산주의운동의 전개상황이 복잡한 것을 보고 김일성의 입북을 예상하고 9월 초에 평양으로 들어왔다고 한다. 박금철은 평양에서

수소문 끝에 김일성의 집무실이 있던 동양척식주식회사 평양사무소를 찾아갔다. 그는 경비원에게 "김일성 장군에게 박금철이라는 사람이 찾아왔다"고 전해달라고 했는데 "김일성 장군께서 박금철이라는 사람을 모른다"는 대답을 듣게 된다. 잔뜩 화가 난 박금철이 흥분하여 "김일성 장군이 모일, 모처에서 만난 박달과 박금철을 모른단 말인가" 하고 경비원을 질타했고, 경비원이 김일성에게 이 사실을 다시 상세히 전하니 그제서야 김일성도 박금철을 기억해내고 뛰쳐나와 반가이 맞이했다는 이야기를 들었다.

김일성의 부상

10월 14일 평양공설운동장에서 열린 김일성환영대회에서 김일성 주석이 연설하고 있다.

김일성의 입북

　　김일성부대는 1945년 8월 말경에 원산으로 들어왔다고 한다(증언자는 추후 증언에서 김일성의 입국일자를 9월 중순으로 수정했다). 김일성의 입북 일자와 관련하여 김일성이 9월 19일에 원산에 상륙한 뒤 2~3일 묵은 뒤 평양으로 올라왔다면 9월 20일이 지나서 평양에 모습을 나타낸 것이 되는데 대동군 농촌이나 황해제철소를 방문한 시기를 설명하기 어렵다. 이곳을 방문한 날짜는 북측 사료에 분명히 나와 있다.

　　김일성은 평양에 체류하면서 농민들이 추석을 어떻게 쇠는지 보려고 추석날에 대동군의 한 농촌에 다녀온 일이 있음을 보여주는 일화가 있다. 김일성은

10월 14일 평양 환영대회를 마친 김일성이 만경대 생가를 방문해 친척과 악수하고 있다.

10월 14일 평양 환영대회를 마친 김일성이 만경대 생가를 방문해 일가 친척들과 기념촬영을 하고 있다.

대안에서 한 30리 떨어진 대하리에 갔다가 돌아오는 길에 배탈이 난 노인을 만나게 된다. 이 노인은 일제 때 징용 나갔다가 죽은 아들의 묘에 손자와 함께 다녀오다가 배탈이 나 길가에서 몹시 고생하고 있었다. 김일성은 이 노인을 차에 태워 자기 숙소로 데려와 응급치료를 받게 한 뒤 돌려보냈다고 한다. 평양 시내에 거주하던 이 노인은 며칠 뒤 감사의 뜻을 전하기 위해 떡을 해 김일성의 집을 찾아 나섰다. 당시 김일성의 숙소는 연하동의 동양척식주식회사 사택이었는데 그 노인이 이곳을 못 찾아 길을 헤매며 낙담하고 있다가 때마침 김일성의 부관처럼 따라 다니던 이효선을 만나 숙소를 찾을 수 있었다는 것이다. 이 일화로 보아 추석날에 김일성이 이미 평양에 있었다고 확인된다.

김일성은 추석날 이후 3일 지나서인가 강선제강소에 갔었는데 강선제강소에는 김일성의 첫 방문일자를 크게 써놓은 것을 본 적이 있다. 강선제강소를 가려면 만경대쪽을 지나 남포 길로 향하게 되는데 도중에 김일성생가 삼거리를 지나가게 되어 있다. 김일성은 이곳을 지나가다가 부관 김성국을 할아버지, 할머니에게 보내 자신이 평양에 이미 와 있다는 이야기는 하지 말고 손자 성주가 며칠 있으면 조국에 개선한다고 말해놓도록 지시했다는 얘기를 이북에 있을 때 들었다. 이 무렵 김일성은 강선제강소 외에도 송림에 있는 황해제철소 등 여러 곳을 방문한 것으로 이북에서는 알려져 있다. 원산사적지 해설원은 김일성이 8월말에 원산에 와서 수일간 머물다가 원산서 회의를 하고 항일빨치산 투사들을 지방에 정치공작원으로 파견한 뒤 평양으로 갔다고 설명한다.

(김일성이 만경대고향집 방문도 뒤로 미루고 평양병기제조소(10월 2일), 강선제강소(10월 9일) 등을 현지지도한 것은 10월 초로 이 부분은 날짜를 착각한 것이다.)

9월 원산 거쳐 평양 도착

처음에 원산항에 배를 대려다가 못 대고 몇 시간 물러났다가 다시 입항했다는 일화를 들었다. 김일성은 원산에 들어와서 각 지방의 상황을 알아보고 소련군 위수사령부의 신임장을 받은 뒤 그것을 빨치산출신 동료들에게 나눠주고 이들을 각 지역으로 파견했다. 김일과 이봉수는 평안북도로, 김책과 전창철은 함흥으로, 박영순은 해주로 각각 파견됐다. 이들의 임무는 각 지역 인민들의 일반 실정과 조선공산당 조직 및 활동실태를 파악하는 것이었다. 그 과정에서 각 지역 소련군 경비사령부의 협조를 얻어 지역 활동가들과 접촉을 가졌다.

김일성은 평양에 들어가기 전에 원산에 수일간 머물었다고 한다. 한 일주일 이상 있다가 9월 초에 평양에 들어온 것으로 알고 있다. 그런데 김일성이 평양에 입성하는 과정에서 치스차코프 대장이 원산까지 마중을 나왔다. 치스차코프 대장은 이주연과 출옥한 소련 파견 공작원 양영순을 데리고 김일성을 만나러 원산에 갔던 것이다.

김일성이 국내에 있던 인물 중 처음 만난 좌익활동가가 이주연과 양영순이었다. 치스차코프 대장과 김일성이 원산에서 만나는 과정에서 열차충돌사건이 벌어졌던 일은 유명한 일화이다. 당초 치스차코프 대장이 원산으로 오기로 했는데 기다려도 오지 않으니 김일성 측에서 기다리다 못해 출발했다. 바로 그때 치스차코프가 탄 열차가 맞은편에서 달려와 두 열차는 약간 충돌하고 말았다. 어수선하고 혼란스러웠던 때니까 그런 열차접촉사고도 있었던 것이다. 원산에는 당시의 그 열차가 역사사적물로 전시되어 있었다(이 열차는 현재 묘향산 국제친선전람관으로 옮겨 전시되어 있다). 1980년대 초반에 열차충돌사고 당시의 열차 기관사가 원산사적지의 해설원으로 일하는 것을 본 적이 있다. 이주연의 회상기에 보면 김일성을 처음 만났을 때 '새파란 젊은 사람이어서 놀랐다'고 쓰여져 있다.

동북항일연군 제2군 6사의 여성대원들. 가운데 서 있는 대원이 김일성 주석의 부인이자 김정일 국방위원장의 생모인 김정숙이다(왼쪽). 1930년대 후반 동북항일연군 대원들이 나무 껍질을 벗기고 '조선 독립 만세' 등의 구호를 새겨 넣고 있다. 북에서는 이런 나무들을 '구호나무'라고 부른다.

김일성파의 입북경로를 보면 주력 부대는 김일성과 함께 원산으로 들어오고 나머지는 소련군의 대일작전에 참가했다. 즉 하바로프스크밀영에 있던 일개 소대가 소련 극동방면군 전초부대에 합류하였다. 오백룡, 김좌혁 등 열댓 명 정도가 소련군의 대일전에 참가했다. 그리고 김광협, 강건, 임춘추, 이경석, 이두수 등은 하바로프스크에서 갈라질 때 주보중을 따라 만주 방면으로 들어갔다.

임춘추의 회고에 따르면, 당시 중국으로 떠날 때 김일성이 그곳에 가면 옛날 조직관계를 알아보고 동지를 찾아 데리고 입국하도록 지시했다고 한다. 주보중을 따라간 대여섯 명은 9월 중순에 입국하였다. 임춘추가 가장 먼저 들어오고 다음에 강건이 입국하였고, 김광협은 며칠 더 있다가 들어왔다. 강건은 입국하면서 곧바로 평양으로 들어왔다. 강건이 평양에 도착할 즈음에는 김책, 최현 등은 이미 지방사업차 떠나있을 때였다. 임춘추는 9월 중순에 들어와 9월 말에 강원도로 가서 조직사업을 했다고 들었다. 김일성은 9월 초 박금철을 만나서도 그를 평양에 두지 않고 지방으로 파견하였다. 이렇게 하여 김일성파의 주요 인물들은 평양에 거의 남아 있지 않고 대부분이 지방으로 내려가 각

지역의 당 조직사업을 맡았다. 이러한 조치는 김일성파가 당의 기층조직을 장악하는 발판을 마련하는데 적지 않은 영향을 주었다.

평양에서는 1945년 11월 17일 정치군사간부의 양성을 위한 평양학원이 설립됐다. 평양학원 1~2기생이 나오고 1946년에 이 학원의 명칭이 보안간부학교로 바뀌는 시점에 가서야 김일성파의 일부가 평양으로 돌아왔다. 그로부터 한참 뒤인 1948년 2월 조선인민군이 발족할 당시에 지방에 파견되었던 김일성파의 나머지 상당수가 평양으로 귀환했다. 한 가지 특이한 점은 최용건 인맥, 김책 인맥을 포함한 김일성파는 지방의 군당 책임비서로 정치생활을 출발했다는 것이다. 이영호·임춘추·이효순·이지찬·이찬선 등이 대표적인 예다.

항일빨치산파의 단결력은 만주에서의 항일운동 당시는 물론이고 하바로프

1944년경 훈련을 마친 동북항일연군 교도려의 조선인 대원들이 기념촬영을 하고 있다. 앞줄 왼쪽에서 2번째가 황순희(현재 조선혁명박물관 관장), 3번째가 김정숙이고, 김일성은 맨 뒤 중앙에 앉아 있다.

스크밀영에 있을 때나 평양에 입국하여서도 한결 같았다. 김일성이 중심이 되어 김책·최용건이 지도부를 이루고 있었다. 김일성·김책·최용건 3인은 평양에 와서 처음에는 한집에서 살았다. 이들의 숙소는 일제 때 동양척식주식회사의 간부사택이었다. 동척 사무실은 당중앙위원회로 쓰고 그곳에서 조금 떨어진 사택을 김일성 등의 임시거처로 사용했던 것이다.

항일빨치산파 가운데 맨 마지막에 입국한 것은 여성 빨치산들이었다. 김일성의 처 김정숙, 김일의 처 허창숙, 최용건의 처 왕옥환·양옥경, 최광의 처 김옥순, 강건의 처 박정숙, 최현의 처 김철호, 유경수의 처 황순희 등 여성 빨치산들이 한 열댓 명 됐다. 이들은 1945년 11월 말경 조금 쌀쌀할 때 한꺼번에 배를 타고 들어왔다. 이 귀국편에는 노인들인 김명화, 염보배(연형묵 전 총리의 고모)도 끼어 있었다. 1942년 생인 김정일도 그때 생모 김정숙과 함께 입국했다. 이들은 하바로프스크를 출발하여 웅기로 들어왔다. 이때 조명록(국방위원회 제1부위원장), 김익현 전 당중앙위원회 부장, 리오성(1970년대 초반 만경대혁명학원장) 등 소년빨치산들도 동행했다. 이들은 여성 빨치산들을 돌보거나 전령병을 하던 소년병들이었다. 이들은 웅기를 거쳐 청진으로 들어와 며칠 머물다가 청진에서 평양으로 들어왔다. 당시에도 청진에서 고원을 거쳐 평양으로 바로 들어오는 철도가 있었다.

한편 김일성은 소련군정의 지원 아래 10월 10일 조선공산당 이북5도 책임자 및 열성자회의를 평양에서 개최하기 위한 예비회의를 10월 5일부터 열었고, 이에 앞서 평양에서 주영하라든가 오기섭 등을 개별적으로 접촉한다. 당시는 김일성이 이북 전역의 실정을 알아본다고 가명으로 돌아다닐 때였다. 김일성은 '김영환'이라는 가명으로 황해도 해주까지 내려 갔다온 사실도 있다.

>>>
소련군정의 김일성 발탁의 배경

소련군 제25군 사령부가 38선 이북지역에 진주하고 치스차코프 대장, 로마넨코 소장이 입북한 뒤에 김일성을 이북정권의 지도자로 발탁한 것이 아니라 이미 이들의 입북 이전에 소비에트연방공화국은 김일성을 지도자로 내세울 생각을 했음이 명백하다. 우선 소련은 제2차 세계대전 당시에 이미 김일성의 항일빨치산활동에 대한 구체적인 정보를 갖고 있었다. 소련 측에서 볼 때 일본 제국주의하의 조선에서 마지막까지 항일빨치산활동을 견결히 유지한 능력 있는 공산주의자가 김일성이라고 판단할 만한 근거자료가 있다. 1930년대에 소련의 극동지역에서 발간되던 『태평양』이라는 잡지에 김일성이 지휘한 보천보전투 같은 것을 크게 다뤘다. 김일성 빨치산부대를 다룬 기사도 있었다. 이북에서는 이런 잡지들을 모두 모아 보관하고 있다. 소련에서 발간한 잡지에 김일성의 활동에 관한 기사가 게재된 만큼 소련 극동방면군사령부의 책임자급 인사들은 김일성에 대해 사전정보를 갖고 있었다고 할 수 있다.

또 하나의 중요한 증거는 1935년 말 모스크바에서 열린 제3국제당, 즉 코민테른 집행위원회의 7차 회의에 김일성의 항일빨치산부대에 관한 보고가 있었다는 사실이다. 이 회의에서 중국본토의 운동정세에 대하여는 중국공산당 대표가 보고하고 동북지역의 정세와 운동에 대해서는 중국공산당 동만특위 대표 위증민이 보고했다. 위증민은 동북지역의 반제민족해방투쟁을 설명하면서 조선인 무장활동에 관하여 상세히 언급했고, 이때 김일성의 항일빨치산투쟁도 소개했다. 이때 국제당은 위증민에게 중국인부대, 조선인부대를 가리지 말고 연합하여 동북항일연군을 조직하라는 지시를 내렸다. 위증민이 동북으로 돌아온 뒤인 1936년 초에 국제당의 지시에 따라 동북항일연군이 조직되었다. 김일성도 동북항일연군의 군사지도자로 참가했다. 그리고 국제당은 이미 위증민 등을 통하여 조선인 무장부대들이 만주일대에서 활동하고 있다는 보고를 여러 차례 받은 것으로 안다.

국제공산당, 김일성 활동 보고받아

이와 관련하여 소련공산당이 코민테른과의 연계아래 식민지·반식민지국 가들의 반제민족해방운동을 지도하는 약소민족국(혹은 동방국)이라는 기구를 두고 있었다는 사실도 상기할 필요가 있다. 약소민족국은 반제민족해방운동을 지원하기 위해 각종 정보를 수집하는 동시에 공작원을 파견하기도 했다. 조선 인부대에 소련공작원이 파견되었다는 이야기는 없지만 중국인부대에는 간간 이 소련공작원이 파견되어 협력활동을 전개하기도 했다. 이렇게 볼 때 소련공 산당 약소민족국의 관계자들이 김일성의 존재를 몰랐을 리가 없다.

다음으로 소비에트연방공화국과 김일성의 관계를 알 수 있는 결정적인 단 서가 하나 있다. 김일성은 1943년과 1944년 초의 2~3개월 간씩 모스크바에 체류한 적이 있다. 이를 두고 구체적인 내막을 알 수 없었던 상황에서 해방 후 에 이북에서도 김일성이 모스크바대학을 졸업하였다, 소련군사대학을 나왔다, 독소전쟁에 참가하였다, 조선 해방을 위해 모스크바 근교에 가서 낙하산교육 을 받고 하바로프스크밀영(소련은 88특별여단 명칭 사용, 중국은 동북항일연 군 교도려 명칭 사용)으로 돌아와 훈련을 시켰다는 등의 소문이 파다했다. 이 런 소문이 난무했지만 김일성 자신은 전혀 가타부타하지 않았다.

참고로 1961년 8월 무렵 임춘추를 만난 어느 자리에서 누군가가 임춘추에 게 "수상동지(당시에는 김일성을 이렇게 불렀다)께서 소련에서 군사대학을 나 오셨다는데 사실입니까"하고 물었더니 김일성의 항일부대에 참가했던 임춘추 는 이렇게 털어놓았다.

"수상동지께서 소련 군사대학을 나온 일은 없다. 그러나 1943년과 1944년 연초에 한번 씩 두 차례 모스크바에 다녀온 일은 있다. 당시 하바로프스크에 같이 있던 중국인 지도자 주보중과 함께 모스크바에 가서 2~3개월씩 체류한 일은 있었다. 이 이야기가 와전된 것 같다. 당시는 소련군의 공세가 시작되어 동구라파 해방전쟁이 과제로 등장하였던 시기였으므로 폴란드를 비롯해 동구라파 약소민족의 공산주의자들의 열성자회의 같은 모임이 모스크바에서 열렸다. 이 모임에 참석하기 위해 수상동지께서 모스크바로 갔었다. 그때 모스크바에서 어떤 교육을 받았는지는 같이 가지 않은 나로서는 알 길이 없다."

임춘추의 회고를 통해 김일성이 모스크바를 방문한 사실이 확인되었던 것이다. 그러나 이북에서는 공식적으로는 이에 관한 언급을 전혀 하지 않는다(김일성은 1990년대에 발간된 회고록 『세기와 더불어』에서 1945년 모스크바 방문 사실을 처음 밝혔다). 하여튼 이 사실을 보더라도 김일성이 소련공산당과 관계를 맺었음이 분명하다. 모스크바에 가서 누구를 만났는지는 모르지만 회의에도 참석하고 공산주의 이론과 역사에 대해서도 조금이나마 공부하지 않았나 생각된다.

김일성이 하바로프스크 밀영에 체류하던 시기에 소련 극동방면군사령부 산하의 정찰특수부대인 88특별여단은 원래 소련방 내무성 직속의 국경경비국 소속이었던 것으로 안다. 원동지역의 초기 경비국 사령관은 스티코프였다. 소련군에서 관할하기 이전 시기, 즉 국경경비국이 88특별여단을 관할하던 시기에 이 여단은 스티코프의 지휘 하에 있었다. 연해주의 극동방면사령부에서는 나중에 제25군으로 갔다가 이북지역 소련군정의 민정사령관으로 등장하는 로마넨코가 정치위원을 하기도 하였다. 이런 관계로 보면 스티코프 중장이나 로마넨코 소장은 이북에 들어오기 전부터 하바로프스크밀영에 체류하던 김일성이 어떤 인물인지를 알고 있었다고 보인다.

88특별여단의 대대장이었던 중국측 지도자 주보중이 소련의 국경경비국이나 극동방면사령부의 책임자들에게 동북항일연군 시절의 김일성에 관한 신상정보를 밝히지 않았을 리가 없다. 즉 김일성이 동북항일연군 제6사장, 제2방면군사령관, 제2군 정치위원을 역임했다는 정보를 소련 측에 밝혔을 것이 틀림없다. 동북항일연군의 중국측 지도자 양정우·위증민이 죽고 주보중이 1940년이 되자마자 소련령으로 퇴각한 뒤 마지막까지 동만주에 남아 활동하던 부대가 김일성부대였고 나중에 김일성이 만주에서 퇴각하여 소련령으로 들어갔는데 주보중이나 소련인들이 그를 모를 리가 없는 것이다. 김일성은 소련령에 들어간 뒤 소련군 편제에 배속됐음이 분명하다. 김일성이 소련군 소좌 계급장을 달고 있는 사진이 이를 증명한다. 김일성이 88특별여단에서는 물론 소련인들의 지시를 받으면서 활동했던 것은 분명하지만 오백룡·김동규·오진우 등 공작원들을 국내에 파견하는 등 항일민족운동의 끈을 놓지 않았던 것도 명백한 사실이다. 평양비행장까지 침투하여 정찰해간 일도 있다고 한다.

한편, 앞에서 언급한 바 있듯이 김일성이 원산에 상륙한 뒤 며칠 머물면서 항일빨치산 출신들에게 각 지방에서의 활동임무를 주어 정치공작원으로 파견할 당시, 김일성 자신이 이를 지시하고 집행한 것이지 소련군이 그 일을 집행하지는 않았다. 김일성이 소련 측과의 지원이나 묵인 하에 했던 지시를 받았던 간에 그러한 활동 자체는 독자적으로 한 것이다. 소련군이 원산에 들어와서 김일을 평안북도로, 박성철과 최춘국을 함경북도로 직접 파견했다는 이야기는 어디에서도 들어본 일이 없다. 이러한 각 지방에서의 정치공작에 대한 활동은 김일성 자신이 직접 했고, 이 구상은 적어도 입북 전에 준비한 것으로 보인다. 이런 점에서 보면 소비에트연방공화국이 한반도 북부에 소련군을 파견하면서 이 이전에 이미 김일성을 선택하여 그가 정국을 주도할 수 있는 여건을 만들도록 협조했다고 할 수 있다.

이러한 사실은 소련군 제25군사령관 치스차코프 대장이 평양에서 열차를 가지고 원산까지 환영 겸 마중을 올 때까지 김일성이 원산에서 기다리려고 했다는 점에서도 상징적으로 잘 드러난다. 미리 계획된 일이 아니라면 군사령관인 소련군 대장이 평양에서 원산까지 기차를 가지고 대위나 소좌에 불과한 조선인을 맞이하러 올 수 있었겠는가 하는 것이다. 또한 김일성부대의 입북을 조선의 하나의 항일지도부가 입국하는 것으로 생각하지 않았다면 점령군 사령관인 치스차코프가 움직일 필요가 없었을 것이다.

>>> 소련군정의 김일성 지원

김일성이 평양에 도착한 뒤 독자적인 사무실을 갖고 활동했다는 사실도 '김일성의 지도자발탁' 과 관련하여 중요한 단서가 된다. 제25군사령부는 평양의 평천리에 있던 철도호텔에, 로마넨코 민정사령부는 일제 시기 평양세무소에 각각 자리를 잡았다. 김일성은 중구역 연화동의 동양척식주식회사 평양지사에 사무실을 두고 그 옆의 동척사택을 숙소로 삼았다. 민정사령부와 김일성의 사무실은 중구역에 있었으나 거리가 상당히 떨어져 있었다. 동척 쪽에는 소련경비병도 있었지만 그 숫자는 얼마 되지 않았고 항일빨치산 출신을 비롯한 조선 청년들이 주로 경비를 담당했다. 소련군정 지도자들은 볼일이 있을 때면 김일성의 집무실을 방문하는 형식을 취하기도 하였다.

김일성의 입북 후 활동에서 눈에 띄는 것 하나는 주민들의 실정이나 산업시설의 현황을 살펴보기 위해 농촌이나 강선제강소, 황해제철소 등을 방문했다는 사실이다. 소련군정 측과 상의도 하고 승인도 받아 이러한 활동을 할 수 있었다는 점에서 소련군정의 강력한 지원이 있었고 이를 발판으로 김일성이 조선민주주의인민공화국 탄생의 주역으로 발돋움할 수 있었음을 보여준다.

입국 초기부터 지원

앞에서도 언급한 바 있듯이 김일성은 입북한 뒤 항일빨치산 출신의 자기 사람들을 모두 지방으로 보낸다. 당 창건을 위한 토대를 구축하기 위한 활동이었다. 이는 모두 소련군정 책임자들과 협의를 거친 일이었고 소련군정도 김일성에게 정치적 권한을 넘기기 위해 그러한 활동을 책임 있게 보장해주었다고 보아야 한다.

김일성은 지방에 파견되는 빨치산 동료들에게 첫째, 지방의 당 조직 착수, 둘째, 노동계급 내에서의 새로운 인재 발굴, 셋째, 기술자 · 전문가 발굴 및 추천, 넷째, 지방의 각종 실태 파악 등의 임무를 제시했다. 지방의 당조직 착수와 관련하여 노동자나 빈고농 속에서 당 조직을 만들 것, 이미 지방에 조직된 당 조직에 대해서는 그 조직을 깨거나 자료를 뺏는 식이 아니라 정비하고 협력해 중앙과 연계를 갖도록 하는 것이 중점 사업방향이었다. 노동계급에서 새 인재를 발굴하는 과제는 평양학원의 입학추천으로 실행됐다.

평양학원은 1945년 10월 18일 개교하여 11월 중순에 1기생을 배출한다. 당시 1기생들은 모두 빨치산 출신들이 각 부문이나 지방에 내려가서 활동하면서 발굴하여 추천한 사람들로 이뤄졌다. 평양학원은 1946년 2월에 보안간부훈련소로 바뀌는데 그 1기생들도 빨치산 출신들이 각 부분과 지방에서 선출해 추천한 인재들이었다. 지방당에서 후보자들을 보낸 것이 아니라 빨치산들이 직접 내려가 선발했던 것이다.

평양학원 1기생은 정치반 2개, 군사반 2개가 있었다. 정치반은 각 반 42명씩 해서 84명이 배출되었다. 교육 내용에는 소련공산당사, 철학, 정치경제학,

국제노동운동사 등이 포함되어 공산주의자로서의 소양교육이 중점을 이뤘다. 나중에 해방 후 조선, 조선민족해방투쟁 등의 과목이 등장했지만 제1기생 교육기간에는 이런 과목은 없었다. 군사반 2개까지 합하면 근 200여명의 핵심간부가 배출됐다. 1기생들 가운데 당료로 진출한 인물이 많았으며 6.25전쟁 때는 거의 모두 정치군관으로 나갔으며 전사자도 적지 않았다.

평양학원 · 보안간부훈련소 · 보안간부훈련대대를 운영하려면 소련에서 나온 사람들이나 빨치산만으로는 되지 않아 전문가, 기술자 인재를 찾는 일도 중요한 과제였다. 일제 때 학도병으로 나갔다가 해군에 복무했거나 비행기 조종사로 일한 사람들을 찾는 것이 그러한 예다. 빨치산 출신들이 지방에 내려가서 그런 인재를 찾아 소개장을 써서 보내면 김일성이 만나보고 "당신은 보안간부훈련소(평양)에 가서 무엇을 가르치시오. 당신은 수상보안간부훈련소(남포)에 가서 가르치시오. 당신은 비행보안간부훈련소(신의주)에 가서 가르치시오"라고 임무를 주는 식이었다.

그밖에 항일빨치산들은 지방에 내려가 토지관계 실태를 비롯해 지방의 여러 가지 실정을 파악하는 것을 주임무로 삼았다. 지방에 파견된 사람들의 숫자에 관한 공식적인 자료는 없으나 임춘추 등의 회고를 종합할 때 60여 명쯤이었던 것으로 안다. 이들은 평양학원이 보안간부훈련소로 바뀐 1946년 2월 무렵 1차로 평양으로 돌아오고 1948년 2월 조선인민군이 창설되기 직전에 대부분이 평양으로 올라왔다.

김일성이 당 창건사업을 주도적으로 전개하는 과정에서도 로마넨코 소장이나 레베데프 소장, 이그나티에프 대좌 등의 도움을 받았다. 함경북도에서 활동하던 주영하를 평양으로 불러들인다거나 김일성이 황해도 해주로 가서 김응기를 만나는 일도 소련군정의 지원 하에 이뤄졌다. 토착 공산주의자 가운데 가장 오랫동안 김일성과 인연을 맺는 이주연도 소련군정의 중재로 관계가 시작됐다. 이주연은 치스차코프 대장이 원산으로 김일성을 맞이하러 갈 때 동행한 인물 중 한 사람이었다(양영순, 박정애도 동행). 이주연은 뒷날 노동당 정치위원회 후보위원과 부수상까지 역임한다.

김일성이 소련 하바로프스크를 출발할 때 항일빨치산 대원들 가운데 김광협과 강건을 만주 방면으로 나아가는 중국측 지도자 주보중 대열에 보내기로 한 것도 소련과 김일성의 관계에서 주목되는 일이다. 소련의 지시 여부를 분명히 확인하기는 어렵지만 김일성의 구상은 자신들은 조선에 가서 건국사업을 주도하고 김광협, 강건 등 일부 대원들은 국민당군과 전투를 해야 하는 주보중 대열에 협력하도록 한 것이었다.

이와 관련하여 1946년 11월에 이북이 약 40여 일 동안 중국 동북지역의 해

10월 14일 평양 환영대회를 마친 김일성이 만경대 생가를 방문할 때 동행한 소련군 간부들이 김 주석의 할머니 이보익과 악수하고 있다.

방과정에 중대한 도움을 준 역사적 사실을 상기할 필요가 있다. 중국인민해방군의 동북부대가 만주 장춘지역을 해방할 때 주력부대의 일부가 함경북도에 진입했다가 우회하여 평안북도를 거쳐 남만주로 진격하였던 것이다. 이북은 중국인민해방군의 병력이동을 도왔을 뿐 아니라 원호물자를 공급하는 후방지원도 하였다. 장춘, 심양 등 만주의 거의 전역이 공산주의자들의 손에 들어간 뒤에야 김광협, 강건 등 조선인 간부들이 이북으로 돌아온다. 이를 두고 중국의 모택동 주석과 주은래 총리도 "중국해방전쟁에 조선 동무들의 피가 스며있다"라고 말한 적이 있으며 주보중은 동북인민정치위원회의 주석이 된 뒤 김일성에게 선물을 보내면서 "김 동지의 도움을 잊지 않겠다"고 했던 것이다.

당 · 정 · 군권 김일성이 장악

소련이 김일성을 이북 지역의 지도자로 발탁하여 내세웠던 것은 자국과의 관계뿐 아니라 김일성의 투쟁경력과 자질, 능력 등을 종합적으로 고려한 결과로 보인다. 88특별여단에는 김책 · 최용건 같은 인물도 있었으나 나이가 상대적으로 젊은 김일성을 발탁했던 것은 나름의 판단기준과 근거가 있었다고 할 수 있다. 소련군정이 조만식을 인민위원회 위원장에, 김일성을 부위원장 혹은 군사부장에 임명하려 한다는 이야기가 한 때 나온 적도 있었지만 공산주의자들 가운데서는 김일성을 최고 수뇌로 삼으려 했음이 분명하다.

또한 소련군정이 사실상 정권을 다 쥐고 있다시피 한 상황에서 허가이를 당 책임비서로, 김일성을 수상으로 각각 권력을 분산시키지 않고 김일성에게 당권 · 정권 · 군권까지 집중시킨 것도 특이하다. 1946년 2월 김일성은 북조선임시인민위원회 위원장을 맡으면서도 당 책임비서 직위는 그대로 갖고 있었다. 김일성은 곧이어 군 창건 준비과정에서도 주도권을 장악하게 된다. 허가이가 당 실무를 장악했다 하더라도 어디까지나 당의 최고책임자는 김일성이었다.

소련군정은 허가이를 비롯한 소련 국적 조선인들 가운데 똑똑하다는 사람들은 거의 망라하여 동행 입북했음에도 불구하고 김일성을 최고지도자로 내세웠다는 것은 아무래도 소련군정 종식 후에 들어설 국가를 소비에트연방공화국의 위성국가로 만드는 데는 김일성이라는 인물이 적합하다는 판단이 소련공산당 중앙에서 내려졌기 때문이라고 할 수 있다. 당시는 국제적으로 스탈린의 팽창주의가 기세를 떨칠 때였던 만큼 소련공산당 중앙이 동아시아의 세력판도와 관련하여 한반도 북부지역을 중시하고 있었다고 할 수 있다.

다만, 김일성의 부상이 소련군정의 지원에 힘입은 바가 매우 크다 하더라도 소련군정으로서는 자신의 정책 실현에 조선인의 적극적인 도움이 필요했던 것도 사실이다. 즉 소련군정이 이북지역에서 초기에 실시한 정책이 자신의 독단적인 생각과 판단에 의한 것으로만 보기는 어렵다. 이그나티에프 대좌를 비롯한 소련군정의 정치장교들이 아무리 조선의 실정을 안다고 해봐야 한계가 있을 수밖에 없었다. 그들은 군문의 정치장교였던 만큼 해방된 나라의 당 창건문제, 인민정권 창건문제, 토지개혁문제, 중요산업 국유화문제 등을 체계적으로 연구했다고 보기는 어렵다. 설사 이들의 머리에서 정책구상이 나왔다고 해도 소련 방식에서 벗어나기가 어려웠을 것이고 북한의 실정에 맞는다고도 할 수 없었다.

결국 현실적으로 조선의 실정을 잘 아는 조선인들이 초안을 잡아나가면서 소련군정 정치장교들이 의견을 제시하거나 그들로부터 동의를 받는 방식으로 각종 정책들이 채택된 것으로 알고 있다. 물론 조선인 정치지도자들이 각종 정치집회에서 채택한 모든 정책안은 소련군정에 상세히 보고되었고, 이는 다시 소련공산당 중앙에 보고됐던 것이 사실이다.

김일성환영대회

'김일성장군 개선환영 평양시군중대회'는 소련군정의 적극적인 계획과 협조에 따라 진행된 일이었다. 다만 환영대회 발기는 항일빨치산파인 김책·안길·최용건 등과 주영하·김용범·박정애 등의 국내파 공산주의자들의 동의를 얻어 한 것이었다. 1945년 10월 5일부터 8일까지 나흘 간 평양에서 열린 조선공산당 북부 5도당 책임자 및 열성자회의를 개최하기 위한 예비회의가 열리던 첫날에 김일성환영대회 개최문제가 처음으로 논의되었다. 이 자리에서 환영대회의 일자가 10월 14일로 잡히고 그 준비위원회가 조직된다. 한 쪽에서 대회장 준비를 맡기로 하고 다른 한쪽에서는 문예분과·동원분과·선전분과·조직위원회분과 등을 조직한다.

김일성환영대회 발기준비위원회 위원장으로 조만식이 추대됐고 부위원장에는 주영하·김용범·홍기주 등이 선출됐다. 문예분과 위원장은 한설야, 동원분과 위원장은 최경덕이 각각 맡았다. '김일성 장군의 노래'는 준비위원회의 위촉에 따라 이찬이 작사하고 김원균과 이면상이 작곡을 했으며, 청년조직에서는 환영대회 전부터 '김일성 장군의 노래'를 부르기 시작하였다. 음악가동맹인지 공산주의청년동맹에서 관계자들이 나와서 이 노래를 가르치고 보급시켰다. 작곡가 김원균은 뒷날 피바다가극단 단장, 이면상은 조선음악가동맹 위원장을 각각 역임한 바 있고 이면상은 이미 고인이 되었다. 10월 14일 환영대회 때는 이미 김일성 장군의 노래가 존재하였고 그날 방송에서도 이 노래가 흘러나왔던 것으로 기억한다.

김용범 사회, 조만식 축사

당시 평양에서는 김일성 장군이 이미 평양에 와 있다는 소문이 돌고 있었다. 특히 김일성 장군이 축지법으로 국경지대 두만강을 넘나든다는 전설 같은 얘기도 많이 있었다. 이것은 조선 해방 전에 김일성을 잡지 못한 일본군 때문에 나온 소문이기도 하고 항일빨치산 계통의 지하공작원들이 퍼트린 것이기도 하다.

해방 후에는 소련군과 같이 들어온 선발대, 즉 오백룡 등이 김일성 장군이 곧 조국에 개선한다는 이야기를 퍼트린 탓이기도 하다. 김일성은 이북지역에 들어와서도 공개적으로 나서지 않고 '김영환' 등 몇몇 가명을 쓰고 다녔지 곧바로 "내가 바로 김일성"이라고 드러내지 않았다. 그는 공산주의자들을 만날 때만은 자신이 김일성이라고 밝혔다. 그러다가 일반대중들 앞에서 김일성의 이름으로 공개된 것이 바로 '김일성환영대회'였다.

김일성환영대회 준비위원회를 구성할 때 평양시 군중대회니까 평남 인민정치위원회가 주도해야 한다는 견해와 10월 8~9일 5도대표자협의회에서 5도행정위원회를 만들었으니 이북 전역의 대표성을 갖는 5도행정위원회가 행사를 주도해야 한다는 견해가 있었으나 평양시에 국한시키기로 했다.

당시 언론들은 김일성환영대회에 40만 인파가 몰려들었다고 보도했지만 다소 과장이 있었던 듯하고 입추의 여지없이 동원되었던 것은 사실이다. 지금의 평양시 모란봉구역에 있는 김일성경기장 자리에 있던 공설운동장에서 환영대회가 열렸다. 공청원들이나 보안대원들, 적위대원들이 돌아다니면서 벽보를 붙이고 플래카드를 내걸었고 선전삐라도 대량 살포하였다. 조직적인 동원이 이뤄지기도 하였다. 김일성환영대회를 마치 '소련군환영대회'였던 것처럼 말하는 이들도 있는데 이는 사실과 다르다. 만일 소련군환영대회였더라면 아무리 조직적으로 동원하고 선전하더라도 소련군 병사들의 만행을 알고 있었던 평양 인근의 주민들이 그렇게 많이 참석할 리가 없었기 때문이다. 이 대회는 분명히 '김일성장군 개선환영 평양시군중대회'였다.

환영대회가 열린 날은 일요일이었는데 당초 오전 10시 반에 대회를 시작하기로 했으나 11시를 지나 점심 무렵 가까워져서야 시작할 수 있었고 오후 2시쯤 끝난 것으로 기억한다. 환영대회에서는 김용범이 사회를 보았던 것으로 기억난다. 김일성에 대한 소개도 역시 김용범이 했다. 첫 번째 연설에 나선 소련군정의 정치사령관 레베데프 소장은 약 5분이 좀 넘는 인사말을 하면서 김일성이 훌륭한 인물임을 강조했다. 다

'김일성 환영대회'에 축사를 하기위해 나온 조만식 선생(위). 환영대회에는 수만 명의 평양시민들이 나왔다. 이 사진은 운동장 옆 나무에 올라가 찍은 것으로, 사진사는 이 사진을 찍은 공로로 '공훈사진사' 칭호를 받았고, 사망 후에는 애국열사릉에 묻혔다(아래).

음에 조만식이 공식 환영사를 했는데 거의 30분 가량의 긴 연설이었다. 그 다음으로 김일성이 등단해 『김일성선집』에도 실려 있듯이 민족통일전선을 호소하는 연설을 했고, 꽃다발 증정도 있었다.

이 자리에는 소련군정 관계자들, 평남 인민정치위원회 관계자들, 항일빨치산 출신 등이 모두 나와 있었는데 이들에게도 모두 꽃다발이 증정됐다. 이날 김일성에게 꽃목걸이를 걸어주고 꽃다발을 안겨준 처녀는 당시 16~17세의 신진순이었다. 신진순은 뒷날 여류작가로 성장해 조선문학예술총동맹 부위원장이자, 1961년 조선로동당 제4차 당대회 이래 당 중앙위원회의 후보위원을 역임하기도 하였다. 시도 쓰고 소설도 창작하는 신진순 작가는 몸이 약한 편인 것으로 안다.

대회장에 등단하여 연설한 김일성이 너무 젊은데 놀란 나머지 군중들 속에서 소련군정이 내세운 '가짜 김일성'이라는 이야기가 일부 터져 나와 웅성거리며 동요가 일기도 했고, 대열을 이탈하려는 군중이 발생하면서 일부에서 충돌이 빚어지기도 했다. 환영대회 참석요인들에 대한 꽃다발 증정에 이어 주영하가 스탈린 대원수(당시에 모두 그렇게 불렀다)에게 드리는 편지를 낭독했다. 끝으로 조만식의 선창으로 "조선 독립 만세" "스탈린 대원수 만세"를 삼창했다. 대회가 끝나고 여기저기서 소동이 벌어지기도 했다. 심지어 소련군 병사가 발포하는 통에 총소리까지 울려 퍼졌으며 사람이 다치기까지 했다. 일부 반공주의자들이 반공산당구호를 들고 나오는 바람에 빚어진 사태였다. 약간의 불상사와 소동이 있었지만 대체로 원만하게 김일성환영대회를 마친 그날 저녁, 공산주의자들의 자축연이 열렸다고 한다. 이미 환영대회 전날 저녁에 평안남도가 주최하는 김일성환영 연회가 열린 바 있었고, 10월 16일인지 17일 저녁에는 김일성의 가족을 위한 연회가 열리기도 했다.

소련군정 하의
여러 정치세력들

북조선로동당 창당대회 직후인 1946년 8월 30일 당 고위간부들이 기념촬영을 했다. 오른쪽부터 허가이(소련파), 김일성 부위원장, 레베데프 민정사령관, 김두봉 위원장(연안파), 이그나티에프 대좌, 김책, 뒷줄 오른쪽부터 주영하(국내파), 박일우·최창익(연안파).

소련파

　소련파는 4개 그룹으로 나누어 볼 수 있다. 첫째 그룹은 88특별여단에 파견되었던 사람들이다. 둘째 그룹은 지하공작·정보공작의 일환으로 일제하의 조선에 파견되었던 공작원들로서 소련방 정보기관(KGB)의 안전정보계통과 군사계통의 두 부류가 있었다. 셋째 그룹은 소련 정규군 소속으로 군복을 입고 소련군대와 같이 입북했던 사람들이다. 군인들 부류 중에는 88특별여단에 파견되었던 사람도 있다. 넷째 그룹은 당사업, 정권기관, 언론기관, 교육기관에 종사했던 민간인들이다. 이들은 조선 해방 후 소련공산당 중앙위원회에 의해 선발되어 공작대 비슷한 명목으로 파견됐던 사람들이다. 88특별여단에 있던

1949년 3월 김일성 수상은 허가이 조선로동당 부위원장(오른쪽에서 2번째), 김책 내각 부수상과 함께 금강산을 방문했다.

사람들은 모두 군간부로 발령 받았다. 공작원 출신 중 일부는 당에서, 또 다른 일부는 안전정보계통에서 일했다. 민간인으로 온 사람들은 각자의 특성에 맞게 당기관·언론선전부문·정권기관·교육기관 등으로 흩어져 활동했다. 당시는 정권기관을 창출하고 당과 군대를 만들어야 했기 때문이었겠지만 해방 후 경제건설·복구사업에 필요한 기술자는 전혀 오지 않았다.

다양한 계통 소련파 인맥

군계통에 진출한 인물들로는 유성철, 김일성 비서를 지낸 문일, 그리고 인민무력부 부부장을 역임한 김봉률, 군 초기에 정치국장을 지낸 박길남, 정치국장을 오랫동안 역임한 전학준, 나중에 군단장을 지낸 김창국 등 열 두어 명이 포함된다. 1950~60년대 군총정치국 국장 최종학, 허가이의 장인 최표덕, 보위성 국장을 거쳐 군단장을 지낸 이춘백, 제2차 세계대전 당시 독소전에도 참가한 경력이 있던 인민무력부 부부장 김광진 등이 이에 속한다.

공작원으로 나왔던 사람들의 활동이 흥미롭다. 조선로동당 부위원장과 정부 부수상까지 지낸 박창옥도 원래는 공작원 출신이었다. 그는 소련에서 사범학교를 나온 뒤 공작원으로 흡수되어 교육을 받고 주로 하얼빈 등 북만주 일대에서 정찰공작을 수행했다. 조선 해방 후에 이북에 들어와서는 당선전부 부부장, 부장, 비서 등으로 쭉 성장했다. 소련의 사범학교를 나와 중학교 교장까지 하다가 공작원으로 활동하였던 유성훈은 이북에 와서 김일성종합대학 총장까지 했다. 한일무도 공작원 출신인데 해군사령관까지 지냈다.

진짜 전형적인 공작원들로는 김용범·박정애·주성훈·양영순·박일영 등을 꼽을 수 있는데 김용범과 박정애는 애초부터 공산당 활동에 참가했던 인물들이다. 방학세는 소련방 정보기관(KGB) 안전정보계통 및 내무계통의 공작원이었다. 방학세가 평양에 들어오면서 당시까지 내무계통을 책임지던 박일우가 일반내무계통만 맡게 되었고 방학세가 안전정보계통을 맡게 되었다. 이들과 함께 공작원 그룹에 속하는 함경도 출신의 김창수는 4세 때 소련령으로 들어가 내무성 안전군관학교를 나온 뒤 조선에 파견되어 활동하다가 함흥에서 해방을 맞이하였다. 김창수는 일제 때 공작활동 중에 국경을 넘다 총을 맞아 한쪽 팔이 불구였다. 김창수는 해방 뒤 방학세와 함께 안전정보계통에서 일하다가 방은 국가보위활동을, 김은 정보활동을 각각 분담해 맡았다. 특히 김창수는 조선로동당의 대남공작의 창시자로 첫 대남연락과장이었다. 그는 그뒤 오랫동안 대남연락부 고문으로 일했다.

박일영은 초창기에 내무성 부상을 하다가 김창수의 뒤를 이어 1950년대 중반에 당 대남연락부장을 역임한 정보통이다. 그밖에 내무성 안전부 정보국장을 오래 지낸 김춘삼, 정보국장을 하다가 당 대남연락부 과장과 부부장을 지낸 주성훈, 당 정보기관에서 일하다가 군 정보기관으로 옮겨간 양영순, 당 검열위원장까지 지낸 유연하, 그리고 이원길, 유연하의 6촌 동생 유인하 등이 대표적인 소련공작원 출신들이다.

민간인 출신 중에는 소련 사범학교 출신들이 많았다. 허가이는 함경도가 고향이지만 타시켄트에서 살다가 모스크바대학을 다녔고 졸업 후에는 구역당 비서로 활동하였으며, 1945년 12월 조선공산당 북조선분국 3차 확대집행위원회 이후에 입북했다. 소련방의 구역 당기관에서 일하다가 나온 인물들로는 허가이 외에도 김열·박영빈·박의완·김승환·이달진 등이 있었다. 김승환은 처음에 당에 있다가 교육기관으로 들어갔는데 초대 중앙당학교 교장을 역임하였다. 이달진은 중앙당학교에도 관여하고 나중에 당 부부장까지 하였다. 기석복 등은 언론기관에서 활동하였고 교육기관에 진출한 소련파 민간인 출신도 적지 않았다.

허가이는 국내에 들어오자마자 당 조직국장에 임명된다. 당 조직국장 자리에는 처음에 진반수가 부임했다가 잠시 이동화(김일성과 함께 입북한 소련군 군의관 출신, 소좌), 주영하를 거쳐 허가이에게 넘어갔던 것이다. 당 조직국장에서 물러난 진반수는 간부부장으로 자리를 옮겼으며, 허가이가 조직부위원장으로 승진한 뒤에는 김열이 당 조직국장을 맡았다. 김열은 6·25전쟁이 나기 전에 조선인민군 후방총국장으로 전출했고 그를 이어 박영빈이 조직국장이 되었다. 당 선전부는 박창옥·기석복 등이 장악했다.

이렇게 보면 전반적으로 소련파 인맥이 당사업을 관장했다고 할 수 있다. 이는 김일성이 내각과 군대건설에 치중하면서 중앙당 사업은 허가이에게 맡겼던 사정과 관련된다. 조선로동당 위원장은 김일성이었지만 1951년 당중앙위원회 제4차 전원회의 시기까지 당 내부사업은 모두 허가이가 주도했던 것이다.

>>> 조만식과 소련군정

조만식과 소련군정 지도자간의 첫 상견례는 1945년 8월 27일에 이뤄졌고 다음날 회의에서 평남 건국준비위원회가 인민정치위원회로 탈바꿈하게 된다. 조만식은 소련군정 관계자들과 계속 만나게 되지만 치스차코프 대장·스티코프 중장·로마넨코 소장 같은 군정 최고수뇌부와의 접촉은 그리 많지 않았고, 이들 밑에서 행정을 담당하던 쉬체티닌 등 실무진이 주로 많이 만난 것으로 알고 있다. 이 무렵만 해도 조만식과 소련군정이 상호 합작을 꾀하던 시기라고 할 수 있다. 조만식이 군정에 순응하고 협력했다고 할 수 있다.

1945년 10월 8일과 9일 양일간 평양에서는 이북5도 인민위원회 대표자협의회가 개최됐다. 이때도 조만식과 로마넨코, 쉬체티닌 등 사이에 합작이 상당히 잘 이뤄지고 있었다고 보인다. 이북5도 인민위원회 대표자협의회의 소집주체는 형식상 소련군사령부가 아니라 조만식 중심의 평남 인민정치위원회였다. 대표자협의회에서는 약 1개월 뒤에 설립되는 5도행정국을 위한 연락기구로 5도행정위원회가 조직되었다. 물론 조만식이 위원장으로 결정됐다. 이때 북조선임시인민위원회가 설립되었다는 이야기도 있는데 이는 잘못된 것이다. 5도행정위원회 구성까지도 소련군정 당국과 협의해서 한 것이었다. 김일성은 이북5도 인민위원회 대표자협의회 때 전혀 나서지 않았고 얼굴조차 비치지 않았다. 조만식이 5도행정위원회를 운영할 때 소련군정 지도자들이 몇 차례 접촉했는지는 알 수 없지만, 그가 당시에 5도행정위원회 위원장이면서 평남 인민정치위원회 위원장이었다는 점에서 보면 군정 지도부와 원활한 관계와 긴밀한 협조가 이뤄지고 있었다고 볼 수 있다.

초기에는 긴밀한 협조관계 유지

5도행정위원회는 소련군정 사령부와 지방 인민위원회나 행정기구 사이에 상호연락을 취하는 중계역할을 했다. 이 위원회가 권력기관이었다거나 지도력을 행사했다고 할 수는 없다. 소련군정 측은 매우 치밀하게 일을 추진해 나갔다. 이를테면 9월 말까지 지방행정기구를 군 단위까지 인민위원회 형태로 정립시켜 나갔던 것이다. 그리고 10월 5일 공산당책임자들의 예비회의를 개최했다. 10월 8~9 일에는 조만식도 참가한 이북5도 인민위원회 대표자협의회를 열어 연락기구로 5도행정위원회를 구성했다.

소련군정은 지방과의 연결체계가 확립되는 것을 확인하고서야 체계적인 준비절차를 거쳐 11월 28일에 5도행정국을 발족하게 된다. 정권기관 혹은 권력기구의 발족과정을 무리 없이 순차적으로 전개하였던 것이다. 그것도 조선의 명망가인 조만식을 앞세워서 진행한 셈이었다. 이 과정에서 물론 수많은 접촉과 회의가 있었다. 5도행정국 대표자들, 지방인민위원장들이 참석하는 공식 회의만도 한 달에 두 차례 이상 개최됐다. 회의는 평양공회당(부민회관)에서 열렸다.

조만식과 소련군정의 관계는 대체로 1945년 12월 말 모스크바삼상회의의 결정이 나오기까지는 비교적 원만했다고 할 수 있지만 갈등이 내연되어왔던 것도 사실이다. 무엇보다도 조만식은 소련 군인들의 만행에 대해 상당히 언짢아하였고 의견충돌도 있었다. 5도행정국을 설립할 때만 해도 조만식과 소련군정 지도자들 사이에 적지 않은 논쟁이 있었다. 조만식은 "북조선에서 독자적인 중앙기관을 만드는 것은 곤란하다. 정부수립의 때가 아니다. 남과 북이 합쳐진 뒤에 중앙권력기관을 만들어도 늦지 않으며 서울에 중앙정부가 서야 하지 않느냐"는 것이었다. 이에 대해 소련군정 측은 "5도행정국은 정권형태나

1945년 8월 말 조만식 선생이 소련군 25군 치스차코프 사령관과 만나 현안에 대해 협의하고 있다.

권력형태가 아니며 잠정적인 연락기구, 협의기구, 5도 대표들이 협의하는 조절기구"라는 주장을 펴며 조만식을 설득했다. 이 문제를 두고 상당한 논란이 있었으나 결국 5도행정국을 만드는데 일정한 합의를 보았던 것이다. 그러나 이런 논란과 갈등이 조금씩 쌓여가면서 1945년 12월 들어 조만식과 소련군정 측은 노골적으로 대립하게 된다.

조만식과 소련군정의 마찰은 무엇보다도 소련군의 만행과 약탈행위 때문에 시작됐다. 이 문제는 평남 건국준비위원회나 인민정치위원회에서 주요 현안의 하나였다. 특히 1945년 9월에 벌어진 평양고무공장의 기계탈취사건과 10월에 일어난 수풍발전소의 발전기를 뜯어간 사건이 문제가 됐다. 평남 인민정치위원회가 이 문제를 긴급현안으로 다루면서 소련군정 측과 대립을 야기했다. 조만식은 소련군의 처사에 항의하는 뜻에서 회의석상에서 퇴장하기도 했다. 인민정치위원회 내에서 정승헌 목사 같은 이는 소련군정의 입장을 대체로 지지해 내부적인 갈등도 빚어졌다. 당시 군정 측에서 이그나티에프·쉬체티닌·메크레르 등이 평남 인민정치위원회 회의에 참석했는데 조만식과 쉬체티닌이 상당히 자주 논쟁을 벌였다고 한다.

1945년 9월말에 불붙기 시작한 소작료 문제도 조만식과 공산주의자들 간의 갈등요인이었다. 3.7제와 4.6제를 둘러싼 논의가 무성했는데 마지막에 3.7제로 낙착됐고 조선민주당이 창당되면서 3.7제가 정책으로 굳어졌다. 조만식은 당초에 지주가 3을 갖고 소작인이 7을 갖는 것은 지주에게 너무 가혹하다고 생각해 4.6제를 주장했다고 한다. 조선공산당 북조선분국 내의 일부 공산주의자들은 2.8제로 하자는 과격한 주장을 내놓기도 했다. 처음에 3.7제가 합의되지 못하여 심각한 논쟁을 유발하였을 때 조만식은 "너희들 마음대로 하려면 해 보아라"고 반발하면서 이틀인가 인민정치위원회에 참석하지 않은 적도 있었다.

소련군 만행, 산정교회사건 등으로 틈 벌어져

　　1945년 11월 중순에 발생한 신의주 용암포사건도 조만식과 소련군정 간의 갈등을 불러왔다. 당시는 이미 5도행정위원회가 조직되어 평남뿐 아니라 이북 전반을 관할할 때였기 때문에 평북에서 일어난 일이지만 5도행정위원회에서 이 사건을 논의하게 됐다. 조만식은 신의주사건 토의 때도 하루 토론에 참석한 뒤 항의의 표시로 하루인지 이틀인지 5도행정위원회 회의에 불참했다. 그는 위원장직 사퇴의 뜻을 비치기도 하였다. 신의주 용암포사건이 학생들과 기독교인들을 중심으로 일어난 것인 만큼 이에 대한 조만식의 관심은 매우 높았다. 이 사건의 처리에 대한 부당성을 지적하는 조만식에게 반공·반소의 딱지가 붙기 시작해 급기야 12월 중순의 산정교회사건으로 조만식과 소련군정의 틈은 더욱 벌어지게 된다.

　　조만식과 소련군정의 갈등을 부채질한 산정교회사건은 뜻밖의 사건이었다. 조만식이 오랫동안 장로로 활동하던 평양 산정교회에 소련 군인들이 침입하는 예기치 못한 사건이 발생했던 것이다. 소련군 순찰대가 절도 용의자를 쫓던 중 용의자가 교회로 뛰어들자 그를 잡는다고 교회에 난입해 난동을 부리고 기물을 파괴했다. 이 용의자가 교회 신자였는지, 또 진짜 도둑질을 했던 것인지는 알 수 없으나 조만식은 자신과 인연이 깊은 교회에서 불상사가 일어나자 소련군정에 항의했다. 물론 사건 발생 당시에 조만식이 교회에 있었던 것은 아니라고 한다.

　　조만식은 로마넨코 소장에게 순찰대를 처벌하고 군정 당국자가 교회를 방문해 교인들에게 사과할 것을 요구했다. 군정 측은 경위조사 후 절도 용의자 체포를 위해 교회에 진입한 것이지 고의는 아니라는 결론을 내리고 조만식의 요구에 응하지 않았다. 당시 조만식은 상당히 마음이 상했다는 이야기를 그의 측근에게 들은 바 있다. 조만식은 소련군정 측이 사사건건 5도행정국의 업무와 활동에 간섭한 것을 못마땅해 했고 소련방이 북조선을 적화하려한다는 의혹을 가지기에 이르렀다. 특히 조만식은 자신이 이북5도를 대표하는 위원장인데 소련군정의 대좌급 실무자들과 접촉하면서 이들의 지시까지 받는 형국이니 마음이 편할 리가 없었던 것이다.

소련군정의 입장에서는 조만식이 이북지역에서 최고 명망가인 점에 감안해 그가 공산주의자는 아니지만 통일전선을 통해 이북에서 소련에 유리한 정권을 탄생시키려는 의도를 갖고 있었고 조만식을 지도자로 옹립할 수도 있을 것으로 생각했던 것으로 보인다. 그러나 소련군정 지도자들은 조만식과의 몇 차례 마찰과정을 통해 그를 고집불통의 노인이라는 판단 아래 점차 생각이 바뀌어갔다고 한다. 물론 그의 이용가치를 고려해 김일성이나 다른 인사를 통해 그를 설득하고 유인해나가는 정책을 구사했지만 모스크바삼상회의의 결정에 따른 신탁통치문제를 둘러싼 갈등사태에 들어가면서 더 이상 타협의 여지가 없다고 판단하기에 이르렀던 것이다. 소련군정이 조만식을 제거하기로 최종적으로 결정한 이면에는 그의 조직적 기반이 취약하고 명망성에 비해 자신의 정책적 대안이나 견해가 없는 점도 작용했던 것이 사실이다.

이북에서는 소련군정이 신탁통치문제를 공식적으로 발표하기도 전인 1945년 12월 28일 서울의 라디오방송을 통해 즉각 알려졌다. 당시에는 평양에서도 서울의 라디오방송을 들을 수 있을 때였는데 라디오방송이 AP통신을 인용해 신탁통치결정을 보도했던 것이다. 소련의 타스통신은 서방통신보다 이틀 늦은 12월 30일에 보도했다. 타스통신은 한반도에 대한 신탁통치 결정 사실을 보도하면서 '후견제'라고 발표했지만 이때는 이미 이북에서는 '신탁통치'로 받아들여 일부에서 이남에서처럼 반대여론이 나타나기 시작한 때였다. 물론 찬탁이다, 반탁이다 하는 대립적 구호는 이남에서 올라온 것이었고 이북에서는 전반적으로 처음에는 잠잠했다. 다만 조만식은 신탁 소식에 접하자 그렇지 않아도 소련군정의 소비에트화 야욕에 의혹의 시선을 갖고 있던 차에 반대소리를 높이게 된다. 특히 그는 서방측 보도가 '신탁통치'임을 밝히고 있는데 소련측이 '후견제'라고 하니 "이게 무슨 뚱딴지같은 소리냐, 무언가 흑막이 있는 게 아니냐"는 생각에서 즉각적인 자주독립국가 건설을 주장했다. 조만식을 비롯한 이북의 민족계열 인사들이 서방측 보도에 접하기 전에 타스통신 보도를 먼저 들었다면 어떠하였을까를 생각하게 된다.

당시 상황에서 한 가지 중요한 사실은 모스크바에서 외상회의가 진행되는 동안에 소련군정의 정치사령관 레베데프 소장이 모스크바에 가 있었다는 점이다. 레베데프 소장이 평양에 돌아온 것은 12월 31일이었다. 이날부터 소련군정 사령부는 몹시 바빠진다. 북조선에서 모스크바삼상회의의 결정을 지지하는 각종 단체의 성명을 유도해야 했기 때문이다. 다음 날은 정월 초하루였기 때문에 하루 늦춰 1946년 1월 2일 이북지역에서 모스크바삼상회의 결정을 지지하는 성명이 나오게 된다.

한반도에서의 신탁통치 결정을 둘러싼 소련군정과 조만식의 줄다리기는 팽팽했다. 레베데프 소장이 평양에 12월 31일 도착하고 그 전날 타스통신이 모스크바삼상회의 결정을 발표한 상황에서 이북의 정가도 술렁거렸다. 조만식은 서울 라디오방송을 듣고 12월 28-29일에 신탁문제를 알고 있었고 반대 입장을 갖고 있었다. 소련공산당 중앙위원회의 방침을 받아온 레베데프 소장은 평양 도착 당일부터 삼상회의 결정을 지지하는 설득작업을 전개했다. 1946년 1월 2일 모스크바삼상회의 결정의 지지발표를 하기까지, 즉 1945년 12월 31일부터 1월 2일까지 소련군정지도자들과 김일성 등은 조만식의 생각을 돌려놓기 위해 여러 가지 노력을 기울였다. 그러나 소련군정은 조만식의 결심을 바꾸지 못한 채 1월 2일 지지성명부터 일단 발표했고 1월 3일에는 5도행정국 회의와 평남 인민정치위원회를 개최했다. 이 회의석상에서 1월 2일자 성명을 비준하려고 했으나 소련군정과 좌익계열은 조만식 등 민족계열 인사들의 격렬한 반대에 부딪혀 비준을 받지 못하는 사태가 벌어졌다. 이 회의는 1월 3일부터 5일까지 계속됐다. 조만식이 신탁통치를 앞장서서 반대하니까 조선민주당의 조만식 계열 인사들인 김병연·이윤영·한근조 등 여러 사람들이 나서 끝까지 반대하였던 것이다. 주로 기독교 계열의 인사들이 많았다.

평남 인민정치위원회는 모스크바삼상회의의 결정에 대한 수용 여부를 둘러싼 갈등으로 완전히 분열된다. 평남 인민정치위원회는 1946년 1월 6일 이 결정을 지지하는 평양시 군중대회를 개최했고 이 집회에 조만식을 참석시키기 위해 안간힘을 썼다. 5도행정국 회의 및 평남 인민정치위원회 회의가 파탄 지경이 이르자 소련군정 지도자들과 김일성이 조만식을 설득키 위해 고려호텔을 방문했지만 조만식의 마음을 돌려놓을 수 없었다. 김일성이 조만식을 설득하려고 방문한 것만 해도 네댓 번 된다. 스티코프 중장·로마넨코 소장·레베데프 소장도 조만식을 찾아갔다. 마지막에는 일제시기 신간회 조직 때부터 조만식과 잘 알고 지냈고 조만식의 비서나 다름없는 측근 김병연과 친구 사이였던 이주연이 나서서 조만식을 설득하려 했으나 조만식은 방문을 잠근 채 그를 만나주지 조차 않았다. 결국 1월 5일에 평남 인민정치위원회에서 모스크바삼상회의 결정에 대한 지지성명을 다수결로 비준했고, 5도행정국 회의, 지방인민위원장회의 같은 데서도 조만식 계열의 반대에도 잇따라 비준하기에 이른다. 다수결에 의해 강제 비준 절차를 진행했던 것이다. 조만식은 1월 6일의 평양시 군중집회에 참석하지 않았다. 그는 1946년 1월 7일인가, 8일부터 회의 자체를 보이콧하기 위해 아예 출근조차 하지 않았다.

모스크바삼상회의 결정 이후 연금

한편 모스크바삼상회의의 결정 문제를 다루기 위한 조선민주당 확대위원회가 1월 12일인지 13일 인지에 고려호텔에서 개최됐다. 확대위원회 회의를 계기로 조선민주당 내부의 분열은 본격화한다. 조만식을 중심으로 김병연·한근조·이윤영 같은 인물들이 반탁파로, 홍기주·정성언·김성률·강양욱 등이 친공산당파로 각각 갈라서게 된다. 당시 이들은 민주당 부위원장들이면서 정치위원들이었다. 이 회의에서 홍기주 등이 퇴장해버리자 남아있던 위원들이 반탁 결의를 했던 것으로 들었다. 이 사건은 즉각 파문을 일으켰으며 소련군정 측과 조선공산당 북조선분국 측은 그 처리를 놓고 고민에 빠져들었다. 최용건과 홍기주가 나서서 조만식 계열을 설득하려 했지만 결국 뜻을 이루지 못했다. 당시 최용건은 분명한 공산주의자였지만 홍기주는 김일성이나 강양욱 등과의 관계가 바탕이 되어 친공·친소의 입장을 보였다.

조만식이 소련군정과의 논란에서 끝까지 굽히지 않고 주장한 것은 첫째, 신탁통치 반대(소련군정 측이 아무리 신탁통치가 아니라 후견제라고 설명해도 조만식은 후견이나 신탁이나 다 같은 것이라며 반대하였다), 둘째, 민주주의 실현, 셋째, 북조선을 중앙으로 하는 5도행정위원회나 당조직의 착수 반대(통일정부 수립에 역행하는 분열적인 행동을 그만두라는 것이었다) 등이었다. 그의 이러한 주장과 고집은 소련군정 측에서 볼 때 반소·반공으로 비춰졌고 급기야 정치무대에서 사라지는 불운을 맞게 되는 것이다.

소련군정과 좌익계열이 조만식에 대한 설득에 실패한 뒤 소련파는 그를 반공반소분자로 몰아붙이며 그에 대한 비판에 열을 올렸으며, 특히 허가이가 강경했다. 소련군정 측은 당시만 해도 조만식에 대하여 반공반소분자로까지는 규정하지는 않았다고 한다. 허가이를 비롯해 이동화, 진반수, 박영빈 등 소련파가 앞장서서 조만식을 반공반소분자라고 규정한 것이다. 김일성 진영에서도 조만식을 반공반소분자로 규정하지는 않았다고 한다. 당시는 이북사회에서 지도급인사가 단 한사람이라도 더 필요할 때였다. 허가이는 1945년 12

월에 입북하여 12월 12일에 개최된 조선공산당 북조선분국 3차 확대집행위원회에서 조직부국장을 맡았다가 주영하의 뒤를 이어 곧 조직국장이 된 인물이다. 주영하는 11월 24일 2차 확대집행위원회 때 이동화의 뒤를 이어 조직국장을 맡았었다.

허가이는 5도행정국 회의와 평남 인민정치위원회 회의에 참석하지는 않았으나 그와 뜻을 같이하는 최경덕(평양시당 책임자, 평남 인민정치위원회 및 5도행정국 위원), 김응기(황해도 인민위원장), 송봉옥(황해도 인민위원장), 강진건(함경도 인민위원장), 성태선, 김교영 등이 회의석상에서 공개적으로 조만식을 반공반소분자로 규정했던 것이다. 결국 조만식은 평남 인민정치위원회 위원장 및 5도행정국 위원장 직위에서 물러나고 평남 인민정치위원회 위원장은 홍기주, 5도행정국 위원장은 주영하가 각각 맡게 된다. 조만식과 소련군정은 1946년 1월 중순까지 평남 인민정치위원회와 5도행정국 사무실의 출근을 둘러싸고 대치상황을 보이다가 소련군정 측은 조만식을 연금하기에 이른다.

이 과정에서 조선민주당의 김병연 등의 우익계열 인사들은 고려호텔에서 열린 당 확대위원회 회의에서 반탁을 결의하고 당을 장악해놓고도 며칠 뒤 대부분이 월남해버렸다. 이에 따라 조선민주당의 개편작업이 본격적으로 진행된다. 최용건을 비롯해 홍기주·정성언·김성률·강양욱 등은 20여일 준비 끝에 2월 20일 무렵 당대회를 개최하여 최용건을 위원장으로 선출한다. 이렇게 하여 조만식은 2월말에 가서는 완전히 연금상태에 들어가 정치무대에서 제거된다.

이에 앞서 1월 20일경 북조선공산당 조직위원회(이북은 현재 1945년 12월 17일 이후 조선공산당 북조선분국은 북조선공산당 조직위원회로 바뀌었다는 입장은 취하고 있다) 집행위원회 회의가 열려 조선민주당 내 현안를 둘러싼 격론을 벌였다. 이 회의에서 조만식 처리문제와 관련하여 김일성 계열과 허가이

(당 조직국장), 태성수(『로동신문』의 전신 『정로』 책임주필), 김교영(당 선전책임자) 등 소련파 사이에 의견대립이 있었다. 소련파는 "조만식을 제거해야 한다. 그는 더 이상 이용가치가 없다. 우리가 그렇게 사정했는데도 독불장군으로 나오니 이제는 합작의 여지가 없다. 결국 조만식으로 인해 민주당이 분열까지 하지 않았는가"는 주장을 펼쳤다.

이에 대해 김일성이나 김책·최용건은 "아직 조만식을 제거할 단계는 아니다. 통일전선을 형성하기 위해 끝까지 설득해보아야 한다"는 입장을 보였다. 태성수가 『정로』에 "조만식은 반소분자"라는 글을 게재하려고 했고, 이에 대해 국내파 공산주의자인 박팔양 편집국장이 반대하고 나서 상당한 알력이 있었다는 소문이 자자했었다. 결국 1월 20일 이후에는 조선민주당을 개편해야 한다는 주장이 거세졌다. 조만식이 "아무 것도 하지 않겠다. 정치활동을 안 하겠다"고 나오니 1월 말쯤에 조선민주당을 최용건을 중심으로 한 친공친소파 위주로 개편하기로 하고 준비에 착수했던 것이다.

조만식과 소련군정의 관계는 전체적으로 보면 1945년 8월 말부터 12월 중순까지는 합작, 협력기간이었고, 그 뒤부터는 대치 공방상태를 지속하다가 1946년 1월 중순에 이르러 조만식의 연금이라는 불행한 사태가 벌어졌던 것이다.

>>> 조만식과 김일성

조만식과 김일성의 첫 만남은 1945년 9월말 평양의 요즈음 지명으로 평천구역의 로마넨코의 민정(사령)부가 있던 곳에서 이루어졌다. 이곳은 일제시기 평양세무소 자리였는데 메크레르 중좌가 조만식을 그곳에 데려와 로마넨코 소장, 레베데프 소장, 이그나티에프 대좌가 동석한 자리에서 조만식과 김일성은 첫 대면을 하였다. 그날 저녁에 식사와 함께 술도 한잔 할 요량으로 화방(花房)이라는 요리집에 갔는데 레베데프·이그나티에프 등은 가지 않고 메크레르가 조만식과 김일성의 동석식사 자리를 주도했다. 나중에 이날 있었던 일을 들어보니 조만식은 김일성의 나이가 자기 짐작과는 차이가 난다고 생각해서인지 아무런 대답도 하지 않고 고개만 끄떡였다고 한다.

우호적이었던 첫 만남

김일성이 훗날 어느 자리에선가 이날 일을 회상하면서 조만식이 한자로 '건국(建國)'이라고 쓰인 완장을 차고 머리 뒤쪽에 발짜(뒤통수에 나는 종기로 아주 오래가고 고치기 힘든 것이었다고 한다)가 나서 뭘 쓰고 있었고 단추를 달아 앞을 채우는 한복을 입은 채 별말을 하지 않았다고 말하는 것을 들었다. 김일성은 이날 겸손한 태도로 조만식에게 예절을 갖췄다고 한다. 이 자리에서 건국문제에 관해 이야기가 나와 김일성은 완전한 자주독립과 각계각층의 단결과 협력을 강조했고 조만식도 이에 대해 공감을 보였다고 한다. 이 자리에서 다른 참석자들이 김일성환영대회의 개최문제를 논의하였고 이 자리에서 조만식은 준비위원장을 맡는 것을 수락했다고 한다.

이북5도 인민위원회 대표자협의회가 열렸던 10월 8일인지 9일인지에 조만식과 김일성은 한 차례 더 만났던 것으로 들었다. 이날 저녁 강양욱·홍기주 등 기독교계 인사들이 자리에 합석했으며 김일성환영대회의 준비나 그밖의 문제들이 가볍게 언급된 것으로 알려져 있다. 그리고 10월 13일 저녁 평남 인민정치위원회가 김일성환영연회를 열었으며 이 연회에는 평남 인민정치위원회 위원들이 거의 다 참석했다. 연회가 열린 장소는 화방이 아니고 와타나베라는 일본 요리집이었다.

조만식과 김일성이 매우 가깝게 지냈음을 보여주는 비화가 적지 않다. 두 사람은 자주 만났던 데다가 서로 공명하는 점도 있어 가족적인 내왕도 상당히 있었던 것으로 안다. 김일성은 늘 겸손하게 행동하고 조만식을 위하는 발언도 자주 해 조만식도 김일성에게 상당히 호감을 가졌었다고 한다. 당시만 해도 김일성은 정치현안을 다루면서 공산주의자라는 인상이 들지 않는 정치적 발언으로 일관했다. 김일성을 어느 정도 신뢰하게 된 조만식은 10월 13일 저녁 환영연에서인지 10월 16~17일경의 김일성 가족을 위한 연회에서인지 김일성의 호를 지어주겠다는 이야기까지 했다고 한다. 무슨 호를 지어주었는지 알려지지 않은 것으로 보아 그냥 이야기에 그친 것 같다.

아무튼 조만식은 10월에 있었던 김일성환영대회나 환영연 같은 것을 잘해주었다. 환영사를 직접 작성하거나 김일성 계열에서 준비해준 것을 읽기도 하였다. 평남 인민정치위원회가 김일성 가족을 위한 연회를 베푼 것은 조만식 자신의 발의에 의한 것이었다. 원래 조만식은 김일성의 외가 쪽과 친분이 있었다고 한다. 조만식과 강씨 집안은 같은 교파여서 일제 때부터 가까웠던 것이다. 김일성의 외삼촌 강진석은 조만식과 같은 교인으로 조만식보다 선배였고, 강진석이 교사는 아니었지만 조만식이 오산학교에 재직 중이던 시절부터 잘 알고 지내던 사이였다. 김일성의 아버지 김형직도 조만식과 같은 숭실학교를 졸업했기 때문에 서로 약간은 아는 사이라고 한다.

또 만경대 칠골에 가면 김일성이 다녔던 창덕학교가 있는데 원래 이 학교는 김일성의 외가 친척인 강돈욱이 세웠고 학교를 만들 때 조만식이 도와준 인연이 있다고 알려져 있다. 조만식은 김일성의 이모, 외삼촌 등 어머니 형제들과 가까운 사이였던 것이다. 이러한 배경이 조만식과 김일성의 관계를 부드럽게 한 것도 사실이다.

한편 조만식이 주도하던 조선민주당의 창당과정에 김일성이 얼마나 깊이 간여했는지에 대해서는 지금까지 잘 알려져 있지 않는데 두 사람의 관계에서 이 문제도 매우 중요하다.

이북에서는 조선공산당 북조선분국이 만들어진 1945년 10월 중순부터 10월 말까지 보름동안 소련군정의 계획에 따라 조선민주당 창당을 위한 작업이 전개된다. 김일성의 가족을 위한 연회가 있었던 다음날 김일성은 조만식을 찾아가 민주당 창당문제를 처음으로 거론한다. 조선공산당 북조선분국이 창립된 지 이틀 뒤인지 소련군정 지도부와 김일성·최용건·김책·안길 등 4인이 만나 조선민주당 창건문제를 논의했다. 당시 조선공산당 외에 다른 정당을 창당할 필요성이 제기되었던 것은 평안남북도와 황해도 지역에서 기독교 계통의

1945년 9월 말 귀국한 김일성이 평양의 한 음식점에서 조만식 선생과 처음으로 만났다. 이 자리에서 김일성은 환영대회의 축사를 부탁했고, 조만식은 이를 수락했다.

민족주의 세력이 우세했던 데다가 이들 뿐 아니라 중소상공업자들이 많지는 않았지만 인텔리들 등 여러 계층이 존재하던 현실 때문이었다. 이들을 노동계급의 정당인 조선공산당에 묶을 수는 없었던 것이다. 이래서 통일전선을 위한 조직으로 중소부르조아지·소시민 정당을 만들게 되었던 것이다. 함경도 쪽은 기독교보다는 오히려 동학의 영향력이 강했기 때문에 뒷날 천도교청우당이 만들어졌다.

조만식에게 정당 결성 권유

소련군정 지도부와 김일성 등 4인의 협의에 따라 안길은 10월 중순에 당·정부 간부양성소로 문을 연 평양학원 원장을 맡기로 하고 나머지 3인, 즉 김일성·최용건·김책이 조선민주당 창건에 달라붙었다. 우선 김일성은 조만식과 만나 "선생님도 정치가로서 하나의 정치세력을 형성해 토대를 마련해야 하지 않겠습니까"라며 민주당 창건의 필요성을 건의했다고 한다. 종교인·민족주의자·중소자산계급·지식인(소학교 교원이나 기술자)들을 중심으로 당을 만들어 공산당과 함께 건국사업에 이바지하자고 설득했던 것이다.

그러나 조만식은 김일성의 제안을 반대하였다. 조만식은 "남북이 합쳐지지 않은 상태에서 우리만 따로 당을 만들면 갈라서자는 것 아니냐. 안 된다"고 해서 그날은 실패했다는 것이다. 훗날 김일성이 밝힌 바로는 "첫날 우리가 찾아가 이 문제를 논의했는데 이때 조만식에게 '당이 없고 조직이 없으면 아무것도 못한다. 정치지도자들은 모두 정당조직을 가져야 한다. 미국이나 소련을 보더라도 그렇지 않느냐', '당신이 대통령이라도 할 수 있게 정치적인 배경을 가져야 한다. 우리가 도와드리겠다'고 했지만 그는 '북조선에서 따로 정당을 만드는 것에 반대한다. 지금 38선이 막힌 것만도 기가 막힌 데 정당을 따로 만들면 결국 분열을 조장하는 것 밖에 안 된다'고 주장했다"고 한다.

김일성은 다음날 이그나티에프 대좌 등과 함께 다시 조만식이 기거하던 고려호텔로 찾아갔으나 조만식의 생각에는 변함이 없었다. 조만식은 소련군정 지도자와 함께 찾아온 김일성에게 "김 장군, 왜 노랭이들 하고 같이 오느냐. 뭣하러 노랭이를 데리고 오느냐. 나는 노린네가 싫으니 데리고 가시오"라고 했다고 한다. 김일성은 그 다음부터는 소련군정 관계자들을 데리고 가지 않고 조만식과 인연이 깊은 이주연·최용건과 함께 조만식을 찾아갔다. 조만식에게 조선민주당 창건을 여러 차례 권유했던 인물은 김일성·김책·최용건이라 할 수 있다. 결국 이들의 집요한 설득으로 조만식은 10월 23~24일쯤 당 창건에 대하여 반쯤 수락하게 된다. 당시 조만식은 5도행정위원회 위원장으로 일할 때였다. 조만식의 반승낙을 받는 과정에서 김일성은 "북조선에서 먼저 애국세력을 결집시켜 당을 만들고 이를 기반으로 통일을 촉진하고 나중에 남에서 만들어지는 정당과 손잡고 합당할 수 있지 않느냐"고 설득했다고 한다.

조선민주당 창건에 대해 조만식의 반승낙이 떨어지자마자 관계자들이 당 강령, 선언 등의 준비작업에 착수했다. 김일성 측에서는 김책이 나섰고 조만식 측에서는 한근조인지, 김병연인지가 나서 자주독립, 민주주의 실현, 자주통일을 주 내용으로 하는 강령을 만들게 된다. 양측 인사들이 모여 강령 토의를 하고 10월 30~31일경에 조선민주당 창립대회 일자를 광주 학생의거의 날인 11월 3일로 하기로 정했다. 창립대회 장소는 일제 때 종로학교가 있던 곳, 지금의 평양학생소년궁전 앞 금성고등중학교(현재 금성제1중학교) 자리에서 하기로 결정했다.

이처럼 10월 중순에서 말까지 김일성은 거의 매일 저녁 고려호텔에 찾아가 조만식을 만났다. 당시 김일성이 자기 사무실보다도 고려호텔에 더 자주 들락거린다는 말을 들을 정도였다. 일부에서는 김일성이 조만식에게 자신도 민주당의 부위원장으로 참가하겠다고 해놓고 약속을 깼다는 지적이 있는 것 같은

데 이는 조금 과장된 얘기가 아닌가 싶다. 김일성이 아마도 "우리도 민주당에 참가하겠다"고 말했을 가능성이 있는데 당시에 김일성·최용건·김책·안길 등 빨치산출신 4인 지도부는 늘 자신들을 일컬어 '우리'라는 표현을 사용했다. 혹시 우리 중에 일부가 민주당에 참여한다는 식으로 말하지 않았나 싶다. 실제로 김책과 최용건은 민주당에 참가했다. 김일성이 민주당에 들어간다는 계획은 애초부터 없었던 게 분명하다. 다만 조만식이 김일성에게 입당을 권유했을 때 그로서는 안 들어간다는 얘기를 분명하게 하기는 어려웠을 것이다.

조만식과 김일성이 약간의 마찰을 빚은 것은 1945년 11월 중순 신의주 용암포사건 직후가 아닌가 싶다. 김일성은 신의주사건이 일어나자 수습 차 신의주에 갔다 돌아와서 조만식을 만났는데 조만식이 그에게 "사건의 발단이 소련 군정과 공산당 측의 잘못에서 비롯된 것인데 어째서 학생들과 민족진영 인사들을 가두느냐"고 항의했다고 한다. 또 김일성이 신의주의 학생들 앞에서 "나는 공산주의자다"라고 처음으로 밝힌 데 대해 항간에서 말이 많았던 사실이 있다. 김일성은 이전까지는 공산주의를 지지하면서도 통일전선을 강조하는 입장을 취하였는데 신의주사건을 계기로 자신의 입장과 정치노선을 사실상 공개해버렸던 것이다. 김일성과 조선민주당을 함께 만들어나갈 것을 생각하던 조만식은 속았다는 생각에 불쾌하였을 게 틀림없다.

김일성이 1945년 12월 17일 조선공산당 북조선분국 3차 확대집행위원회에서 책임비서가 되자 조만식은 그에게 심한 배신감을 느꼈다고 한다. 일례로 김일성이 북조선공산당 책임비서에 취임한 이후 산정교회사건으로 마음 상한 조만식이 각종 회의에 참석하지 않자 김일성이 조만식을 찾아갔더니 조만식은 "김 장군이 나를 속였다"면서 "나처럼 조선옷을 입고 오겠으면 찾아와도 좋지만 노랭이 옷을 입으려면 오지 말라"고 물리쳤다고 한다. 당시 김일성은 한겨울이라 견장을 떼어낸 소련군복 외투를 입고 다녔다. 조만식이 김일성을 이처럼 박대하기도 했지만 그들 두 사람이 크게 다투거나 언쟁을 벌였다는 이야기는 들은 적이 없다.

신탁통치 문제로 소원한 관계

신탁통치 문제로 소련군정과 완전히 결별한 조만식은 김일성과도 소원한 관계에 빠진다. 1946년 1월 중순에 이르면 두 사람이 결별하다시피 한다. 김일성이 2월 음력설에 이주연과 같이 세배인사차 조만식을 만나러 갔으나 끝내 만나지 못했다고 들었다. 그 뒤로 몇 차례 만날 기회는 있었던 모양인데 예전 같은 사이는 아니었다고 한다. 특히 김일성이 제2차 미소공동위원회에 임시정부 수립에 관한 제의서를 제출하기 전에 조만식을 찾아뵈었다는 이야기도 있다. 미소공동위원회 미국 측 대표 브라운 소장이 평양에서 조만식을 만나기 전에 김일성이 조만식을 한번 더 설득하기 위해 찾아갔었다는 것이다. 이때가 조만식과 김일성의 마지막 만남이었던 것으로 안다.

일설에는 1948년 4월 남북연석회의에 김구·김규식이 참가하기로 하자 김일성이 이들의 입북 직전에 조만식을 만나러간 적이 있다는 이야기도 있지만 확인하기 어렵다. 참고로 소련군정 측이 1946년 초에 반탁분자들을 다잡아들여 시베리아로 끌고갈 때 조만식을 데려가지 못하도록 한 장본인이 바로 김일성이라고 들었다. 아마도 앞으로 설득만 하면 정치적 이용가치가 여전히 있다고 판단했기 때문이었을 것이다.

김일성은 훗날인 1953년 7월 2일 허가이자살사건 직후에 열린 조선로동당 정치위원회에서 "우리가 조만식을 설득해 민주당을 만들 때 얼마나 애를 쓴지 아는가. 내가 그에게 사실 빌다시피 하면서 당을 만들 것을 권유하고 힘들여 쟁취한 사람인데 이 사람들(허가이를 비롯한 소련파 일부)은 말이지 조만식을 그저 헌신짝처럼 버리자고 주장했어"라고 발언한 적이 있다. 김일성은 또 다른 기회에도 조만식에 대하여 언급한 적이 있었다. 1956년 4월 조선민주당 3차대회에서 당시까지 당위원장이던 최용건이 탈당하여 조선로동당으로 당적을 옮기는 사건이 있었는데, 그 해 2월에 열린 조선로동당 정치위원회에서 김일성은 이렇게 발언했다.

"최용건 동지가 이제는 할 일을 다했으니 우리 당으로 와야겠다. 내가 언젠가 이야기했듯이 우리가 민주당을 만들 때 얼마나 힘들었는지 아는가. 내가 고려호텔에 찾아가 조만식에게 무릎을 꿇고 빌다시피 했다. 그것도 한두 번이 아니다. 수십 번이라고 해도 과언이 아닐거다. 지금은 김책 동지가 죽고 없는데 우리는 사실 김책 동지에게 민주당으로 가라고 했다. 그때 최용건 동지는 군대를 책임져야 했기 때문에 민주당에 가기 힘들어 그렇게 합의했다. 그런데 김책 동지가 당 강령도 만들고 11월 3일 조선민주당 창당대회에서 서기장도 되고 정치부장이 되었는데 이 사람이 며칠 해보더니 도저히 못하겠다고 나자빠졌다. 원래 계획은 조만식이나 기독교와 관계가 있던 최용건 동지를 임시로 부위원장 자리에 앉혔다가 곧 김책 동지로 바꾸고, 최 동지를 민주당에서 빠져나오게 할 계획이었는데 차질이 생겨 결국 최용건 동지가 오늘날까지 고생했다."

>>>
국내파 공산주의자들

이북의 국내파 공산주의자들 가운데는 정치적으로나 조직적으로 중앙적인 위치나 지위를 가진 인물이 없었다. 이북의 대표적인 공산주의자로는 오기섭·주영하를 꼽을 수 있지만 이남의 박헌영 등과는 명성에서 견줄만한 사람이 없었다. 이북의 공산주의자들은 대체로 자신이 활동하던 지방적인 한계를 벗어나지 못했다. 즉 중앙적인 정치적 기반이나 명성과 리더십을 가진 인물이 없었던 것이다.

주영하는 함경남도, 오기섭은 함남(강원 북부), 현준혁은 평안남도 등 대개 지방 차원의 활동가들이었다. 오기섭은 자기 지역에서 노동운동과 농민운동을 지도한 활동가였지만 현준혁은 평남에서 공산주의 활동을 한 적이 없었다. 이남의 박헌영은 경성콤그룹의 지도자였으며 공산주의청년동맹 중앙위원장 출신이었기 때문에 조선 해방 후 조선공산당을 재건하고 곧 최고책임자가 됐지만 이북에는 그런 정도의 인물이 없었다. 만일 단 한 명이라도 박헌영과 대등한 정도의 공산주의자가 있었더라면 김일성의 입북 이전에 이북에서도 이남의 장안파 공산당 같은 중앙적인 당조직이 만들어졌을 것이지만 사정이 그렇지 못했다.

파벌 얽혀 내부 구성 복잡

이북의 국내파 공산주의자들의 또 다른 특징은 내부 구성이 매우 복잡했다는 점이다. 화요파니 콤그룹이니 ML이니 하는 구파벌이 복잡하게 얽혀 있기는 이남이나 마찬가지였다. 일제 하에서 제1차 조선공산당에서 3차 당에 이르기까지 활동했던 공산주의자들도 중앙의 파벌과 연계되어 있었던데 그쳤지 지방에서 실질적인 운동토대는 약했다. 물론 오기섭의 경우는 원산에서 활동해오면서 조직적 기반을 갖고 있었지만 나머지 사람들은 그렇지 않았다. 적색노동조합이나 적색농민조합 관련자들은 대체로 지역 활동가로서 중앙에서는 그리 널리 알려진 인물이 없었다.

이북지역 공산주의자들을 파벌로 분류하면 화요파가 가장 많았고 다음으로 콤그룹이었으며 ML파가 가장 적었다. 이북의 공산주의자들 가운데는 해방과 함께 형무소나 예방구금소에서 출옥한 사람들, 피신했다가 돌아온 사람들,

대화숙에 관여했던 사람들, 친일은 하지 않았지만 보신책으로 대화숙에 관계했던 사람들, 직업을 얻어 일시적으로 운동과 멀어졌던 사람들(이를테면 이남의 이승엽이 인천에서 식량조합장을 했듯이 장시우는 평양에서 포목조합장을 했다), 그리고 완전히 친일로 빠져 앞잡이 노릇을 하던 사람들 등 여러 부류의 인물들이 뒤섞여 있었다. 그밖에 일제 하에서 조선공산당과 전혀 관련이 없이 친일행각만 벌여놓고도 해방이 되자 좌익임을 자처하고 나선 기회주의자들도 여럿 있었다.

더군다나 일제 때 고등계형사 노릇을 하던 친일반역자들이 취조과정에서 얻어들은 공산주의의 조직·이론·사상, 그리고 각종 좌익사건에 관한 정보 등을 무기 삼아 공산주의자를 자처하고 나서는 웃지 못할 촌극도 있었다. 나중에 자료를 보고 안 일이지만 이남에서는 고등계형사 출신이 공산주의자로 바뀐 사례는 없었지만 이북에서는 함경도에서 형사노릇 하던 사람이 황해도로 건너와 변성명을 하고 공산주의자로 둔갑한 일 등이 실제로 있었다. 이처럼 해방 직후 이북지역 공산주의자들의 대오는 매우 복잡하였다.

그 다음으로 이북지역 공산주의자들의 실제적인 역량을 따져볼 필요가 있다. 그들은 통일적인 조직노선이나 정치노선을 갖지 못하고 제각기 독불장군식으로 좌우경적 경향을 보이면서 노선상의 혼란을 자초하였다. 이북 공산주의운동의 초기 혼란은 8·15 직후의 사회적 혼란에 버금가는 것이었다. 일부에서는 38선이 막힌 상태에서도 서울의 박헌영만 바라본다거나 파벌투쟁에 쉽게 휩쓸리는 경향이 나타났다.

해방 후 이북지역의 초기 공산주의운동은 지역적으로 심한 차이를 보였다. 먼저 함경북도의 경우를 보면 해방 이전에 여러 가지 노동운동과 농민운동, 만주지역에서의 항일무장투쟁 등의 영향을 받아 공산주의운동의 영향력이 가장 강력한 곳이었다. 함북에서는 소련군이 진주하고 해방이 되자 감옥에서 여러

운동가들이 출소하였다. 적색농민조합사건에 관련된 강진건, 경성콤그룹 출신의 장순명, 혜산사건(갑산공작위원회사건)과 장백사건 관련자인 허국봉·김익선·한상두·이효순 등이 대표적인 인물들이었다. 갑산파의 대표적인 인물인 박금철도 서대문형무소에서 나와 함북으로 돌아갔다. 함북에서는 혜산사건·장백사건 관련자들과 적색농조·적색노조운동 관계자들이 감옥에서 나오면서 지방의 군 단위까지 포진하게 된다. 도당이 조직되자 곧 길주·명천·청진시당 등 지방 공산당조직이 활발하게 만들어졌다. 이처럼 함북에서는 민족주의운동이 거의 발을 붙이지 못하였고 공산주의운동이 활발하게 전개되었던 것이다.

함경남도 역시 공산주의운동이 활발하던 곳이었다. 적색농조에 관계했던 김재룡, 화요파 출신의 송승관, 이봉수, 그리고 정재달, 이해욱 등 형무소나 예방구금소에서 나온 단천, 길주, 명천 등지의 농민운동 출신의 공산주의자들이 있었다. 이들이 지방 군당부터 만들기 시작해 비교적 순조롭게 도당을 만들어 갔다. 강원도(당시는 아직 함남) 원산에서는 오기섭을 비롯해 원산 철도국사건에 관련되어 형무소에 들어갔다가 예방구금소에서 나온 김원봉, 문태화 등이 유명한 공산주의자들이었다.

평안남도의 해방 초기 공산주의운동의 정세는 매우 복잡하였다. 현준혁은 평양에서 활동하지는 않았던 인물이지만 고향이 평남 개천인 까닭에 대구, 서울 등지에서 활동하다가 해방되면서 평양으로 돌아왔다. 그는 8월 18일인지 19일에 평양에서 공산당 조직을 만드는 주도적인 역할을 하였다. 장시우는 초기에 현준혁 그룹에 가담하지 않았다. 이주연은 원래 함경도 사람으로 단천적색농민조합사건의 주모자였으며 8월 16일 평양형무소에서 나오면서 평양에 주저앉았다.

초기 인민위원회 결성에 주도적 역할

그밖에 국내파 공산주의자로는 최경덕·박정호·한설야·김광진·장종식·김욱진 등과 일제시기 소련으로부터 파견되었던 김용범·박정애·양영순 등이 있었다. 이들 가운데 김광진은 당시 서울에 있던 백남운처럼 경성제국대학 경제학과 교수 출신으로 식민지사회의 경제사 분야의 권위자였다. 이런 사람들이 뒤섞여 평남과 평양에서 활동했으며 공산주의자들의 구성이 상당히 복잡했던 것이다.

특히 현준혁은 자신을 중심으로 몇몇 공산주의자들을 불러모아 평양시 대동강변 경상동 쯤인가에 있던 유명한 과부냉면집 2층에서 공산당 조직을 만들었다. 당시에 형무소에서 출소한 공산주의자들은 형무소에 안 갔다 온 사람들을 대단치 않게 여기는 분위기가 있었다. 처음에는 현준혁이 선수를 쳐 평양에서 당 조직을 만들었지만 여러 공산주의자들이 나타나고 모여들면서 공산당 조직을 확대하는 문제가 떠올랐고 9월 10일 무렵 이들을 총망라하는 조선공산당 평남지구위원회가 구성된다. 현준혁이 비서로 선출되었고 제2비서로 장순명과 장종식이 뽑혔다.

그런데 이로부터 한 달이 지난 10월 10일 이북에서 중앙당 조직이 창건될 무렵 함북과 함남에서는 군당 조직이 거의 다 조직되었지만 평양시에서는 하부당 조직이 제대로 만들어지지 않았다. 평양에서는 동구역당·남구역당·서구역당 등 몇 개 꾸려지기는 했지만 구역당 체계를 완전히 갖추지 못하였다. 이는 평남지구에서 공산주의자들의 내부 상황이 매우 복잡했기 때문이다. 게다가 평남 건국준비위원회와의 관계, 민족주의자들과의 관계, 소련군정과의 관계까지 뒤얽혀 있었다.

평안북도에서는 김재갑·정두연·백용구·이황 등 공산주의자들이 중심이 된다. 그런데 가짜 공산주의자들이 많이 출현한 곳이 평북이었다. 고등계형사 출신이 군당 책임비서를 맡기도 하였다. 이런 경향은 황해도도 마찬가지였다. 소련군대가 들어가기 전까지 약간은 잡탕이 섞인 채로 도당이 조직되지만 나중에 김일이 신의주에 가서 한달 남짓 활동하면서 공산주의자들 내부가 수습됐다. 해방 직후 평북에서는 민족주의운동 세력이 강하여 공산주의자들과 대치상태를 보였으나 9월 중순이 되면서 상당수의 민족주의자들이 월남해버렸다.

황해도에서는 김응기 · 송봉욱 · 김덕영 등의 공산주의자들이 활동하였다. 김응기는 원래 경상북도 사람이지만 일제 때 가족이 함북으로 이사를 했고 함북에서 적색노조운동에 가담했다가 옥살이를 했으며 해방되면서 형무소에서 나와 가족이 정착해있던 황해도에 자리를 잡은 건실한 공산주의자였다. 송봉욱은 화요파 출신이었고 김덕영 등은 해방 후 형무소나 예방구금소에서 나온 사람들이었다. 그밖에 만주 등지에 피신했다가 귀환한 사람들도 있었다. 황해

1945년 8월 15일 평양에서 결성된 조선공산당 평남지구위원회의 주요 간부들. 앞줄 왼쪽부터 박정애 · 김용범 부부, 현준혁 위원장.

도에서는 초기부터 지역 공산주의자들의 활동이 활발하게 전개되어 큰 혼란은 없었다. 분파활동이 부분적으로 있기는 했으나 대개는 가짜공산주의자들이나 변절자들 때문이었다.

해방 후 이북에서는 공산당이 득세하니까 가짜공산주의자들이 공산당의 이름을 내걸고 불법행위와 월권행위를 자행하는 일이 빈번히 벌어졌다. 이들의 비행은 소련군의 비행에 못지 않았다. 지주집의 창고를 습격하거나 물품을 빼앗고 일본인이 남겨놓은 적산재산을 멋대로 강탈하는 행위를 저질렀다. 해방 직후 적위대를 조직하여 설쳐 되던 사람들의 상당수가 문제가 있었다. 공산주의자들의 월권행위에 대한 저항이 폭발한 것이 신의주 용암포사건이나 함흥사건이라 할 수 있다.

그리고 공산주의자들의 초기 활동과정에서 인민들과의 관계가 매우 중요한데 일제시기 이북지역에서 유독 공산당에 관한 악선전이 심하여 일반주민, 특히 노인들의 공산당에 대한 인식은 매우 나빴다. 게다가 불법행위와 월권행위까지 벌어지니 형편이 좋지 않았다. 일제시기의 공산당에 대한 악선전 중에는 "공산주의는 내 것, 네 것 없이 밥도 함께 먹고 네 처, 내처 없이 공처제로 살자는 것"이라는 내용까지 있었다. 10월 10일 이전 공산주의자들의 초기 행태를 보면 적지 않게 문제가 있었던 게 사실이다. 소련군정에 무조건 맹종하면서 이를 업고 출세해보자는 편향이 나타났다. 공산당조직에서 간부를 임명할 때 갖가지 분파활동이 심했던 것도 문제였다. 이러한 초기 공산주의활동의 문제점들은 대체로 1945년 12월 조선공산당 북조선분국 3차 확대집행위원회 이후 정리되기 시작해 1946년 2월쯤 가서는 당 규율이 잡히게 된다.

초기 공산주의운동에서 지방의 대표적 인물들 가운데 10월 10일 이북지역의 당 중앙 조직이 나오면서 사라진 사람들도 있다. 함남의 정달헌, 평북의 김재갑·백용구 등이 대표적인 예다. 이들은 대체로 이북지역의 당중앙 조직 결성을 원칙적으로 반대했던 인물들인데 일제시기 대화숙에 관계했거나 애초부터 과거 경력에 결함이 있었다. 그래도 초기에는 당 간부대열에 있다가 나중에 탈락해버리고 만다. 정달헌은 조선공산당 북조선분국 창립 당시 집행위원 17명에는 포함되지 못하고 함남도당 집행위원에 머물렀다가 훗날 조선공산당과 조선신민당이 합당할 때 아예 탈락하였다. 오기섭 등도 북조선분국 창립 때 격렬히 반대했지만 중요 직위를 가졌던 데 비해 정달헌 등은 과거 경력 때문에 이름 없이 사라지게 된 것이다.

굴곡이 많았던 오기섭

해방 후 원산이나 함흥에서 활동하던 오기섭이 평양에 들어온 것은 김일성이 조선공산당 북조선분국을 창립하기 위해 예비회의를 소집했던 10월 5일 이전이었다. 오기섭은 9월 말쯤에 평양에 와서 김일성과 만나 여러 가지 논의를 하면서 평양에 머물게 된다. 오기섭에 앞서 함경남도의 주영하도 평양에 와 김일성과 북조선분국 문제를 둘러싼 협의를 가졌다. 또 평양에서 건국준비위원회에 관계하던 이주연도 김일성과 협력관계를 갖고 있었다. 이주연은 국내파 공산주의자들 가운데 김일성으로부터 가장 신임을 얻는 인물로 치스차코프 대장이 김일성을 맞이하러 원산에 갈 때 양영순·박정애와 함께 가기도 하였다. 이주연은 조선공산당 북조선분국 창립 당시부터 김일성의 입장을 지지하였으며, 뒷날 당정치국 후보위원 및 당중앙위원회 검사위원, 내각 재정상과 부수상까지 두루 거치게 된다. 김일성과 협력관계를 가졌던 최경덕도 직업총동맹 위원장·북조선임시인민위원회 노동국장, 공산당과 신민당 합당 이후 2차 당대회까지 중앙위원 등을 역임했으나 6.25전쟁 후에 병사하였다.

오기섭은 기본 노동계급 출신으로 소비에트연방공화국의 약소민족동방노력자대학(이 학교는 원래 하바로프스크에서 창립되었다가 나중에 모스크바로 옮겨갔다)을 나왔으며 견결히 공산주의운동을 하였고, 코민테른(국제당)의 임무를 띠고 봇짐장사를 하면서 부산까지 왕래하는 등 지하활동을 활발히 전개한 인물이었다. 해방되면서 신의주감옥에서 나와 곧장 자신의 근거지인 원산, 함흥에 돌아가 활동을 시작했다. 오기섭이라는 인물은 프롤레타리아트 밖에 모르던 사람이었다. 언제나 마르크스-레닌주의를 입에 달고 다녔고 밤낮 프롤레타리아트만 외쳤다. 원칙주의자라기보다는 훗날 완전히 '독경적인 원칙주의자'라는 평을 받았다. 보통 때 이발하거나 면도를 한 단정한 모습을 찾아보기 어려웠으며 옷도 한 달에 한번쯤 갈아입는 정도였으며, 이렇게 하는 것이 프롤레타리아트의 전형이라고 생각하는 사람이었다. 당 회의에 참석할 때도 그런 모습으로 나타났다.

그는 해방 당시 김일성보다 열 살 이상 위로 40대 중반이었는데 담배를 몹시 많이 피웠으며 재떨이를 비울 줄 모르는 정도여서 그의 사무실 책상에는 늘 꽁초가 수북히 쌓여 있곤 했다. 오기섭은 주변사람들로부터 다소 괴팍하고 고집이 세다는 평을 들었다. 사무실에서 문서류를 아예 쳐다보지도 않고 내팽개치는 바람에 관료주의적 행태를 보인다는 비난을 받기도 하였다. 동방노력자대학을 나왔다고는 하나 말솜씨나 행동이 무식하고 상스러운 데가 있었다. 사무실 책상 위에 다리를 얹어놓는 버릇이 있었는가 하면 사람들 앞에서도 아무데나 가래침을 뱉는 버릇이 있었다.

오기섭은 조선공산당 북조선분국의 창립에 대하여 마지막까지 반대했다. 그는 "분국 창설이 국제당의 조직원칙에 위배된다. 레닌주의적 조직원칙에 위배된다. 뻬아다니크의 조직원칙(뻬아다니크는 볼셰비키당에서 공산당조직론, 즉 유일당 원칙에 관한 이론을 정립한 인물)에 위배된다"는 주장을 펼쳤다. 그가 조선공산당 중앙의 박헌영의 지시로 그런 주장을 펼쳤다기보다는 조직이론과 기본원칙의 입장에서 자신의 주장을 굽히지 않았다. 분국 창립에 반대하였던 장시우, 장순명, 주영하 등은 예비회의 단계에서 찬성에서 돌아섰지만 오기섭·이주하·정재달·백용구 등 몇몇 인사들은 끝까지 반대했다. 서울 중앙을 고집하였던 것이다. 화요파 출신들이나 박헌영 직계라 할 수 있는 이주하 등은 박헌영을 지지하는 경향을 보였으나 오기섭은 특별히 그런 것 같지는 않았다. 이는 오기섭이 공산주의 활동을 하면서 박헌영이나 화요파·경성콤그룹 등과 특별한 조직적 관계를 가진 적이 없었다는 사실과 관련이 있다. 오기섭은 서울에 가본 적이 없는 것으로 알고 있다.

오기섭에 대한 당내의 비판이 만만치 않았는데 그가 좌경노선으로 비판받은 데에는 그럴 만한 이유가 있었다. 우선 정치노선 상으로 서울에 이미 당중앙이 있다는 점을 들어 이북지역에 중앙조직을 만드는 것을 계속 반대했고 민주기지 창설노선에도 반대했기 때문이다. 다만 다른 일부 공산주의자들처럼 박헌영과의 관계 때문에 그런 태도를 취했던 것은 아니었다.

다음으로 조직노선과 관련하여 1948년 9월 당 중앙위원회 전원회의에서 좌경으로 비판받았다. 이 시점까지 오기섭은 조선공산당 북조선분국의 제2비서 겸 노동국장, 북조선인민위원회의 노동국장을 역임하는 등 노동문제의 책임자로 일했다. 그는 1946년 정월께 공산주의청년동맹을 민주청년동맹으로 개편할 때 공청과 민청을 따로 두어야지 합쳐서는 안 된다고 주장했다. 근로단체 조직문제에서도 농민동맹의 중심세력을 토지개혁에 앞장섰던 빈농·고농 중심의 농민위원회로 해야 한다고 주장했다. 이것은 농민대중조직으로 만들어진 농민동맹에서 중농과 부농을 떼어내 버리자는 것이었다. 빈고농 위주의 농민조직을 만들어야 한다고 주장했던 것이다. 이로 인하여 조직론상의 좌경주의로 비난받았다.

특히 심각한 문제를 야기했던 것은 사회주의국가의 직업동맹과 자본주의국가의 노동조합을 같은 성격으로 파악해 정권에 대한 반대투쟁이나 기업에 대한 임금인상투쟁을 주장한 것이었다. 실제로 국영기업체인 함흥비료공장이나 수풍발전소에서 북조선인민위원회를 상대로 파업을 전개하는 사태가 벌어지기도 하였다.

오기섭은 1948년 9월 전원회의에서 민청문제, 농민동맹문제, 직업동맹문제 등과 관련한 좌경노선으로 인해 대대적인 비판에 직면했다. 그는 이 자리에서 눈물을 흘리며 잘못했다고 반성했다. 그는 이때의 비판 후에 철직됐다가 6·25전쟁 말기에 지위가 어느 정도 회복되어 3차 당대회에서 중앙위원에 선출되었고 1956년에는 수매양정사업을 담당하였는데 무명을 강제 공출하는 과정에서 문제를 야기해 일선에서 후퇴했고(1957년 8월 해임), 그 뒤 건강이 나빠져 요양소에 다니다가 1950년대 말인지 60년대 초인지에 병사했다. 오기섭의 정치활동과정을 일별해 보면 김일성과의 권력투쟁에 의해 희생당한 것으로 보는 항간의 일부 견해는 잘못된 것이라고 할 수 있다. 그는 정치노선과 조직노선상의 좌경적 견해와 태도 때문에 김일성뿐 아니라 다른 공산주의자들로부터도 비판받았음이 분명하기 때문이다.

현준혁 암살사건

현준혁은 평남 개천의 소지주 집안 출신으로 경성제국대학을 졸업하였고 좌익운동으로 오랫동안 형무소에 구금됐던 인물이다. 대학졸업 후에 대구에서 교원생활을 하면서 주로 인텔리운동, 학생운동, 공산주의운동에 참여했다. 대학시절부터 공산주의이론을 연구했기 때문에 이론에는 밝았지만 노동운동이나 농민운동의 경험이 없어 정치적 실천에 밝은 사람은 아니었다. 그는 또 반제운동에서 출발해 공산주의운동에 참가했기 때문에 다분히 민족주의 성향이 강했다. 한편 현준혁은 소지주 집안 출신인 까닭에 프롤레타리아적 계급성보다는 부르조아민주주의적인 경향을 보였다. 그의 민족주의 성향이 소련군의 만행과 비행에 대한 저항심을 불러일으켰고 소련군정 측과 마찰을 빚었다. 현준혁과 함께 활동한 적이 있는 사람들로부터 그가 포용력이 없고 섹트주의적 경향마저 있었다고 말하는 걸 들었다.

그는 본격적인 민족반역행위나 친일행위를 하지는 않았지만 일제 때 대화숙에 관여하던 보신주의적인 인물들에 대해서도 묵인할 줄 모르는 사람이었다. 그런데 당시 평양을 중심으로 한 평안남도 지역의 공산주의자들 내부에도 대화숙에 관여했던 사람들이 있었고(평양 보안서장 송창겸은 대화숙에 참여했고 장시우는 평양 포목조합 이사장을 지냈다), 소련파·화요파·적색노동조합파 등이 뒤섞여 매우 복잡한 상황이었다.

암살 배후 논란

현준혁 암살사건의 배경에는 그의 출신성분, 공산주의자들 내부의 복잡성, 그의 친일파에 대한 강경론 등이 복합적으로 작용한 것으로 볼 수 있다. 현준혁은 해방 뒤 평양에서 공산당을 조직했다가 9월 중순에 조선공산당 평남지구위원회로의 개편에 착수하지만 그는 논쟁의 중심에 있었다. 그를 비서로 선출하는 과정에서 지주 아들이라는 이유로 반대하는 잡음도 일부 있었다. 평남지구위원회를 구성한지 4~5일 뒤에 회의가 열렸는데 이 자리에서는 주로 공산당원들과 소련 군인들의 비행·불법행위에 관한 비판과 조직문제를 둘러싸고 논쟁이 벌어졌다. 보안대나 적위대를 조직할 때 자기파 인물들을 간부로 채우려고 다투기도 하였다. 처음에는 적위대로 출발했다가 나중에 보안대로 바뀌었고, 일부에서는 치안대라고도 했다. 구역 당조직을 만드는 과정에서도 잡음

현준혁은 현재 평양 애국열사릉에 묻혀 있다. 묘비에는 사망일이 1945년 9월 3일로 되어 있다.

이 적지 않았다.

현준혁의 경우 소련군대의 비행에 대한 강한 반감을 갖고 있었고 자연히 소련군정과 사이가 좋지 않았다. 그는 조선공산당 평남지구위원회나 평남인민 정치위원회의 회의석상에서 소련군정에 대한 반감을 드러냈다. 이렇게 갈등이 빚어지니까 현준혁 반대파들이 평남지구위원회나 평남인민정치위원회에서 그에게 지주 아들이라고 걸고넘어지거나 반소분자 딱지를 붙였다. 현준혁은 9월 25일인지 26일(9월 초의 착각으로 보임) 인민정치위원회에서 소련군정 관계자들과 심하게 다투었는데 주로 평양시 위수사령부 부사령관이던 코메탄트와 논란을 벌였다(위수사령관은 샤신 소장이었다). 그는 소련군정 관계자들 앞에서 자신의 생각과 주장을 굽히지 않았던 것이다.

현준혁이 로마넨코 민정사령부에 가서 회의를 마친 뒤 돌아오다가 암살당하던 날도 조만식과 현준혁은 코메탄트와 심하게 논쟁한 것으로 알려져 있다.

이 날은 소련군이 신암리의 평양고무공장, 동평양의 평양제사공장, 평천리의 철공장 등의 기계를 뜯어간 것을 다시 갖다 놓으라는 게 쟁점이었다. 평양고무 공장과 평양제사공장은 일본인들의 적산재산이 아니라 조선인들의 것이었다.

또한 평양시 적위대장(나중에 보안대장)에 임명된 송창겸을 둘러싼 논란이 있었다. 현준혁은 "송창겸이 대화숙에 관계한 사실은 평양사람이라면 누구나 다 아는 사실인데 그런 사람을 어떻게 치안책임자로 임명하는가"라며 반박했 지만 대세에 밀려 송창겸이 그대로 임명되었다. 현준혁은 공산주의자들과도 관계가 원만치 못했던 데다가 민족주의자들과도 관계가 좋지 않기는 마찬가지 였다. 현준혁은 조만식과는 잘 지내는 편이었지만 공산당 측의 불법행위에 대 한 민족주의자들의 비난이 높았고 그 비난이 현준혁에게 몰렸던 것이 사실이 다. 특히 기독교인들은 공산당 측의 불법행위나 교회탄압과 관련하여 공산당 책임자 현준혁을 미워하는 분위기가 있었다.

현준혁은 9월 28일(그의 사망일은 9월 3일로 확인됨) 로마넨코 사령부에 서 소련제 쓰리쿼터(삼륜차)를 타고 돌아오다가 총에 맞아 죽었다. 현장을 직 접 보지 못해 정확히 상황을 묘사할 수는 없지만 차 앞좌석에 운전수와 조만식 이, 뒷편에는 현준혁을 비롯해 평남인민정치위원회의 홍기주 등이 함께 타고 있었다고 한다. 평양 종로거리를 조금 지나 지금의 김일성광장 입구 근처에 이 르렀을 때 사람들이 붐벼 '무슨 일이 있는가' 해서 일행들이 차에서 내렸다고 한다. 바로 차에서 내리자마자 현준혁은 인파 속에서 튀어나온 괴한의 총에 맞 았다. 흔히 알려져 있듯이 차 안에서 총을 맞은 것이 아니라 차에서 내린 상황 에서 총을 맞았다는 것이 당시 목격자에게서 들은 이야기이다. 총을 쏜 괴한이 현준혁을 겨냥한 것인지 조만식이나 홍기주를 겨냥한 것인지를 잘 알 수 없었 다고 한다. 몇몇 사람이 싸움짓거리를 하면서 차량 통행에 지장을 주어 현준혁 이 탑승한 차가 섰는데, 이때 차량을 세운 사람들이 민족사회당 쪽이었다는 이야기가 있다. 괴한은 총을 쏘자마자 잠시 사람들이 어수선해진 틈을 타 달아났고, 후일 범인이 체포되었다는 말도 돌았지만 어떻게 처리했는지를 전혀 듣지 못했다.

현준혁 암살사건을 놓고 민족주의자들은 그와 장시우·송창겸의 관계를 아니까 공산주의자들의 소행이라고 주장하였고, 소련군정과 공산당 측에서는 민족진영 측의 소행이라고 주장하였다. 소련군정은 처음에 수사를 한다면서 요란스럽게 떠들어 됐지만 곧 유야무야되고 말았다. 아무튼 군정 측과 평양보안대는 사건의 책임을 슬쩍 민족진영으로 떠넘기고 범인 체포의 노력도 기울이지 않았다.

백주에 노상에서 벌어진 암살의 범인을 잡지 못한 것을 두고 항간에는 말이 많았다. 당시 들은 이야기로는 코메탄트가 송창겸에게 "당신 부하를 시켜 현을 처리하라"고 넌지시 말했고 송이 이에 힘입어 자신의 부하에게 암살을 지시했다는 것이었다. 송창겸이 장시우의 지시를 받았다는 얘기도 있었는데 장시우는 후일 자신은 그런 지시를 내린 일이 전혀 없다고 부정했다. 송창겸은 머지않아 보안대장에서 제명됐다. 송창겸의 과거 경력이 문제였고 현준혁 암살사건의 관련 사실을 알만한 지위에 있던 사람들은 알고 있었던 데다가 적위대원들이 교회에 가서 설쳐되면서 주변의 미움을 샀던 것이다. 장시우는 이북에서 감옥에 들어간 적이 없으며, 1957~8년경 상업상을 역임하다가 과오(국영상업망을 잘못 관리하여 상품공급에 차질을 빚고 한쪽에서는 상품이 쌓여 변질되어 수해지역에 한 달 정도 된장·간장을 비롯한 생필품 공급이 끊기는 불상사가 일어났다)로 물러나 순천과수농장 지배인을 했으며 아마 1960년대 중후반에 사망했을 것이다.

김일성 입국 전 암살사건 발생

현준혁 암살사건과 관련하여 항간에 김일성의 사주설이 떠돌기도 하는데 이는 전혀 사실이 아니다. 이 사건 당시에 배후를 둘러싼 갖가지 풍문이 있었는데 민족사회당의 단독범행설, 민족사회당과 민족주의자들의 결탁설, 코메탄트와 보안서장 송창겸의 결탁설(코메탄트의 송창겸 매수설), 민족사회당과 송창겸의 연계설 등이 거론되었다. 민족사회당(대동단을 지칭. 대동단은 염응택, 일명 염동진이 해방 직전 평양에서 결성한 단체로 1945년 9월 현준혁 암살사건 후 월남해 백의사를 재조직했다)과 관련된 중요한 테러행위로는 1946년 3월 1일 평양역전 광장에서 열린 3·1운동 기념식 때 일어난 김일성에 대한 폭탄투척사건이 있었다. 폭탄투척 사건의 범인은 만주에서 일본 관동군의 끄나풀을 하던 자로 당시에 민족사회당 당원이었다. 이 사건을 계기로 민족사회당은 해체 당하게 된다. 만일 민족사회당 측이 현준혁 암살사건의 주역이라고 한다면 과연 이들이 현준혁을 쏘려고 했던 것인지 조만식을 쏘려고 했던 것인지는 명확하지 않다. 현준혁과 조만식 등이 차에서 내리자마자 워낙 짧은 순간에 이뤄진 일이었기 때문이다.

민족사회당은 중국에서 아나키스트적인 테러활동을 하다가 일제 밀정 노릇까지 하던 이웅(이용으로 알려져 있기도 하다)이라는 인물이 해방 직후 평양으로 들어와 당 간판을 내걸면서 활동을 시작했다. 그는 중국 등지에서 들어온 50~60명을 끌어들여 모란봉 뒷산 밑의 일본 적산건물에 당사무실을 차렸었다. 그는 자신의 부하들을 적위대에 들여보내 불법적이고 좌경적인 약탈행위를 일삼으면서 문제를 일으켰으며 소련군정과 공산당 측에 의해 해체 당하고 만다. 그런데 바로 이 민족사회당 당원들이 현준혁 암살사건의 현장에 여럿 있었다는 이야기를 당시의 목격자들에게서 들은 적이 있다.

>>>
연안파의 입북

연안파는 중국지역에서 조직된 조선독립동맹의 인맥을 지칭한다. 중국의 해방지구였던 연안에서 조직되어 활동했다고 해서 연안파라는 이름이 붙여졌다. 1942년 제2차 세계대전의 와중에 중국 연안에 와 있던 조선·일본·베트남의 공산주의자들은 모두 독립동맹과 유사한 조직을 만들게 된다. 일본 공산주의자들과 애국적 반전주의자들은 반제동맹을 만들어 활동하였다. 당시 전시하에서 공산주의자들은 제국주의자들로부터 대대적인 타격을 당하고 중국에 와 있었다. 일본반제동맹의 위원장은 당시 연안으로 옮겨와 활동하던 일본공산당 당수 노사카 산죠(野坂參三)였다.

베트남의 호치민(胡志明)은 자신이 이끌던 공산당 지하조직을 베트남에 두고 지도부만 연안에 와 있었는데 일국일당원칙에 따라 연안에서 하나의 통일전선조직으로 베트남독립동맹을 만들었다. 당시 제2차 세계대전의 소용돌이 속에서 어느 나라에서나 공산주의자들이 주동이 되어 반제통일전선을 결성하였던 사정과 관련이 있다. 중국도 중국공산당 외에 중간파 통일전선체로서 민주동맹을 결성하였고, 이런 분위기 속에서 연안에 와있던 조선공산주의자들은 조선독립동맹을 결성하였던 것이다.

그런데 조선독립동맹에 가담한 구성원을 보면 일본이나 베트남과는 다른 점이 있었다. 일본이나 베트남의 반제동맹이나 독립동맹은 운동의 정통성을 가진 공산주의자들이 중심이 되어 조직한 데 비해 조선인들의 경우는 사정이 달랐다. 즉 1927년 이후 3차 공산당(ML당)에 가담했던 공산주의자들이 징역살이를 하고 나와 당이 파괴된 상태에서 활동하기 어려우니까 중국으로 건너가 청년조직을 만들어 활동하다가 연안에서 독립동맹을 만들게 되었던 것이다. 조선독립동맹의 주석은 국어학자로 이름이 높았던 김두봉이 맡았다.

입국 후 뿔뿔이 흩어져

조선독립동맹의 군사조직인 조선의용군도 하나의 무장대오로 오랜 투쟁을 전개한 조직으로 보기 어렵다. 김원봉이 결성한 민족혁명당의 군사조직이던 의용대가 약화 분열되던 중 1941년에 무정을 중심으로 한 화북지대가 만들어져 활동을 전개하다가 조선독립동맹이 결성되면서 화북지대는 독립동맹의 산하 무장조직인 조선의용군으로 개편되었다. 조선의용군의 주요 군사지도자는 사령관 무정, 정치위원 박일우, 참모장 박효삼, 1지대장 김웅, 2지대장 이일룡, 그리고 동북지역 근처에 와있던 3지대장 이상조 등이었다.

조선독립동맹이나 조선의용군 참가자들은 부인하겠지만 이 조직들은 만주지역의 동북항일연군처럼 적구환경에서 결성된 것이 아니라 연안이라는 해방지구에서 만들어졌다는 점도 연안파를 언급할 때 빠트릴 수 없다. 물론 이들의 투쟁은 인정되어야 하겠지만 조직 자체의 특성을 간과해서는 안 된다. 이런 조직이었기 때문에 연안파는 조선 해방 뒤 동북지역의 항일빨치산들과는 달리 뿔뿔이 흩어져 몇 차례로 나뉘어 소규모 분파처럼 입북하게 된 것이다. 더욱이 일제 시기의 3차 공산당은 노동계급에 뿌리박은 당이 아니라 상층 지도부만으로 출발했다가 무너진 것이었기 때문에 국내의 민족해방운동과의 연계가 없어 기반이 취약할 수밖에 없었다.

연안파의 김두봉, 한빈 등 조선독립동맹 지도부가 입북한 것은 1945년 12월 중순이었지만 대체로 그 이전부터 몇 개의 그룹으로 나뉘어 들어왔다. 중국 공산당 출신이자 조선의용군 지도자였던 무정이라든가 박일우 · 박효삼 · 김웅 등은 독립동맹 지도자들보다 먼저 입북했다. 무정이 입북한 것은 9월 중순이라고 들었는데 정확한 날짜는 모른다. 무정은 박효삼 · 김정수, 그리고 나중에 강동정치학원 정치위원을 지낸 박아무개 등 몇 사람과 같이 들어왔다고 한다. 그로부터 한달 쯤 지나 박일우가 들어왔던 것 같다. 무정이 연안의 의용군을 두고 '무졸(無卒)장군'으로 입북한 것은 조선은 해방되었으나 중국에서는 아직 해방전쟁이 치열하게 벌어지고 있었기 때문이다.

이들은 연안파가 모두 입북하면 보조를 맞추어 따로 정치조직을 결성한다거나 하는 생각을 갖고 있지는 않은 듯하다. 무정이 조선공산당 북조선분국의 제2비서로 정치활동을 시작한 것이 그 증거이다. 나중에 연안파로 분류되기는 했지만 무정·박효삼·김웅·방호산·노천영 등은 연안파의 당조직으로 결성된 신민당에 당적을 두지 않았던 것으로 안다.

12월 중심인물 입국

조선독립동맹 지도부가 이북에 들어왔을 때는 이미 조선공산당 북조선분국이 지방 당조직을 정비해나가던 시점이었다. 특히 지방당 조직에 일제 때 형사 노릇을 하던 자들까지 숨어 들어와 활동하는 등 오가잡탕이던 상황에서 항일빨치산 출신들의 지방 파견으로 당 조직이 다소 자리를 잡아가던 상황이었다. 형무소나 청주예방구금소에서 출옥한 청년공산주의자들, 이를테면 적색농민조합운동·적색노동조합운동 관련자들·혜산사건 관련자들·학생운동 출신들 등과 해방 직후 적극적으로 나서기 시작한 핵심노동자들 등으로 지방 당조직이 정비될 때가 12월 중순이었다. 이런 정비과정이 어느 정도 마무리되면서 비로소 12월 17일에 조선공산당 북조선분국 3차 확대집행위원회가 개최됐다.

한편 독립동맹 세력이 들어오지 않은 조건에서 농민이나 소시민이 많은 정황을 고려해 조선민주당부터 창당하였던 것이다. 독립동맹 지도부는 산정교회 사건이 일어나기 며칠 전에 들어왔으니까 12월 15일 이전에 평양으로 온 것으로 기억되는데 이때는 이미 민주당도 자리를 잡아나가던 시점이었다. 이때 평양에 들어온 연안파 인원은 30명 남짓이었던 것으로 안다.

독립동맹 지도부가 입북한다는 연락은 12월 10일쯤 있었고, 이에 주영하 · 이주연 · 장순명 · 장시우 등 조선공산당 북조선분국 관계자들이 이들을 맞이하러 신의주로 갔다. 신의주 시당과 인민위원회 주최로 독립동맹 지도자들을 환영하는 연회가 열렸다. 이들은 신의주에서 하루 여장을 풀고 12~13일 무렵 기차로 평양에 도착했다.

이들이 저녁 늦게 도착한 평양역에는 김일성과 소련군정 관계자들도 마중 나와 있었다. 조만식은 평양역에 나가지 않은 것으로 안다. 주영하가 신의주까지 마중 나간 것은 그가 ML계에 관계한 일이 있어 최창익이나 한빈을 아는 인물이었기 때문이다. 독립동맹 지도부가 평양에 도착하는 날 일화가 하나 있다. 말이 좀 많은 편인 한빈이 기차에서 내리자마자 "김일성 동지는 나오지 않았는

중국 연안에서 활동하던 조선의용군이 귀국을 앞두고 기념촬영을 하고 있다.

가. 왜 안보이냐"고 하자 곁에 있던 주영하가 "아니, 저쪽에 계신다"며 소개했
다. 한빈은 "저렇게 젊은 사람인가"라며 깜짝 놀랐다고 한다. 이날 저녁 여장
을 푼 곳은 고려호텔과 대동여관이라는 곳이다. 호텔 현관에서는 김두봉이 이
들을 맞이하였다. 이날 고려호텔에서 일단 피로연을 갖고 12월 16~17일쯤에
조선공산당 북조선분국과 5도행정위원회 합동으로 일본인들이 경영하던 다마
야라는 큰 요리집에서 조선독립동맹의 입국 환영연회를 베풀었다. 이 연회에
는 김일성을 비롯한 공산당 간부들과 소련군정 지도급 인사들이 참석했다.

연안파 인사들은 상당히 성대한 환영대회를 열어줄 것으로 기대했다가 크
게 실망했다는 뒷이야기도 있다. 중국의 국경도시 안동(지금의 단동)까지 와서
선발대가 미리 들어왔던 것도 환영대회를 예상했기 때문이었다고 한다. 그러
나 일반시민들이 참가하는 환영대회는 열리지 않았다. 이에 대해 최창익이나
한빈이 불만을 나타냈다고 하며, 특히 한빈은 "김일성에게도 환영대회를 열어
주었는데 공산주의 선배인 우리에게는 왜 소홀한가. 국내공산주의자들은 매사
가 이런 식인가"하며 불만을 터트려 김창만과 다툼이 벌어지기도 했다. 김창
만이 나서 한빈에게 "당신이 뭘 한 게 있냐. 누가 당신을 알아준다고 우쭐대느
냐"고 한마디하면서 한빈과 김창만이 서로 재떨이를 던지는 지경까지 이르렀
다. 최창익·한빈·이유민·장지민 등 독립동맹의 주류 인사들이 자신의 정통
성을 인정받으려고 했지만 사정이 여의치 않았던 것이다.

신의주 무장해제사건

중국에서 입북한 조선의용군이 신의주에서 무장해제 당하는 사건은 1945

년 12월 중순에 일어났다. 소련군이 진주한 상황에서 독자적인 조선인 무장부대가 무장을 갖춘 채 입국하는 것은 여러모로 어려운 문제를 일으켰다. 신의주에서 무장해제 당한 군사지도자들이 어떤 인물들인가를 살펴볼 필요가 있다. 조선의용군 출신인 김호(1946~49년간에 서울에서 지하공작을 수행한 인물), 김강 등 네댓 명이 중국의 국경도시 안동(지금의 단동)까지 와서 그곳에서 조선의용군 압록강지대를 만들었다고 한다.

당시 안동은 해방지구였기 때문에 이것이 수월했다. 압록강지대에 합류한 사람들은 여러 부류였던 것으로 알고 있다. 일본군에 소속돼 있던 조선 청년들, 징용에 나갔던 사람들, 만주에서 일본 밀정 노릇하던 사람들, 그리고 일제하 조선에서 일본순사를 하거나 친일파였다가 만주지역으로 도망쳤던 사람들 등 문제가 많은 사람들이 상당히 끼어 있었다. 압록강지대 지대장인 김호나 정치위원인 김강은 아무 문제가 없었으나 참모장이던 한 아무개는 일제시기 스파이활동을 한 것이 나중에 확인될 정도로 문제 있는 사람들을 마구잡이로 끌어 들였다고 한다.

당시 조선의용군 압록강지대 책임자인 김호과 김강이 먼저 신의주에 와서 조선의용군의 입북의사을 타진했다. 평북 위수사령부는 이 문제를 처리하기 어렵다고 판단하여 평양에 보고했고 평양의 제25군사령부 참모장이 신의주로 급히 갔다. 당시 조선의용군은 일본군에게 뺏은 무기로 무장하고 있었는데 25군 참모장은 "들어오는 것은 허가하겠는데 다만 입북 후에 무장을 해제해야 한다"는 뜻을 밝혔다. 의용군 측이 소련군의 조건을 수락함에 따라 압록강지대는 일단 신의주로 들어왔다.

이들이 신의주에 들어온 12월 중순에는 신의주 용암포사건으로 신의주와 평안북도지역이 상당히 소란스러울 때였다. 조선의용군 압록강지대 사람들은 신의주에 들어와 불법적으로 시가지를 행진하는가 하면 무장해제에도 응하지 않으려 했다. 김호·김강 등은 시가행진을 하지 않도록 종용했으나 한 아무개가 중심이 되어 무장한 채 신의주 시내를 한 바퀴 도는 소동을 일으켰다. 그래서 평북 위수사령부가 보안대를 동원하여 어느 중학교 운동장에서 야영하던 조선의용군 압록강지대를 강제로 무장해제하고 반항하는 자는 아예 신의주에서 추방했다. 그 직후에 김호·김강 등은 곧 평양으로 들어왔다.

>>> 연안파와 신민당 창당

조선독립동맹 관계자들의 중심은 누가 보더라도 공산주의자들이었다. 일제하의 조선공산당 출신들과 중국공산당 당적을 갖고 있는 인물들이 많았다. 이들 독립동맹 지도자들이 1945년 12월 중순에 입북하면서 중대한 현안이 발생했다. 사실상 별개의 공산주의 조직을 갖고 있던 이들을 당 차원에서 조선공산당 북조선분국과 일대 일로 통합할 것인가, 아니면 이미 조직된 공산당에 독립동맹원들을 개인별로 흡수할 것인가 하는 문제였다. 일본의 반제동맹위원장 노사카 산죠는 일본제국주의의 패망 이후 일본공산당 중앙위원회 위원장에 취임했고 베트남독립동맹 위원장 호지명은 베트남공산당 위원장이 되었던 사례가 있다. 마찬가지로 조선독립동맹 관계자들도 공산당에 입당해야 한다는 분위기가 있었지만 문제는 이들이 입당하더라도 이미 주류를 형성하기는 어려운 형국이었다는 것이다.

독립동맹 측은 1946년 1월말쯤 평양의 북선흥업이라는 예전의 일본인광업회사 2층 건물에 사무실을 얻어 조선독립동맹의 간판을 걸었다. 그들 내부에서 간판을 걸자, 말자로 옥신각신하다가 이미 내 걸린 간판을 도로 떼는 소동도 있었다. 공산당 측에서는 "이제 와서 새삼스럽게 조선독립동맹이 무언가. 건국의 마당에 독립동맹이라는 이름은 걸맞지 않는다"는 의사표시를 하기도 했고 독립동맹 내부도 이 문제로 사정이 복잡했다.

1945년 12월 17일 조선공산당 북조선분국 3차 확대집행위원회 회의에서 김일성이 책임비서로 선출된 지 얼마 지나지 않아, 모스크바삼상회의 결정이 나오기 2~3일 전쯤에 집행위원회(집행위원 17명)에서 독립동맹에 관한 문제가 논의됐다. 무정·박일우 등 연안파 인사들도 이 회의에 참석했는데 독립동맹 내부가 복잡한 상황에서 공산당과 합칠 것인가, 별개의 조직을 만들 것인가를 놓고 설왕설래했다. 국내파 공산주의자들 가운데 정달헌이나 오기섭은 "공산주의자가 공산당에서 활동해야지 무슨 딴 조직을 만들 수 있겠는가"라는 단순논리를 펴면서 공산당에 들어와 함께 일할 것을 주장했고, 김일성 계열은 전혀 다른 의견을 내놓았다.

독자정당 결성문제로 격론

김일성 계열은 "합치는 것은 쉽다. 어느 때라도 합치면 된다. 그런데 현 정세로 보아 대중적 기반을 갖추는 문제에 눈을 돌려야 한다. 공산당의 조직적 기반이라고 해봐야 노동계급과 빈고농 밖에 없어 몹시 제한적이다. 우리가 민주당을 통해 일반 농민과 소시민층을 흡수하고자 하고 있지만 민주당 조직은 주로 종교인을 중심으로 한 것이어서 지방 정치조직으로는 약하다. 따라서 독립동맹은 공산당과 합치지 말고 계급적 토대를 조금 달리하는 공산당의 우당 하나를 만드는 게 낫다"고 주장했다. 밤을 세우다시피 한 토론 끝에 무정·박일우 등이 김일성의 의견을 수용했고 소련군정 측도 같은 의견이어서 대체적인 결론이 내려졌다.

이날 결론에 따라 독립동맹의 신당 창건을 추진하기로 하는 한편, 독립동맹 관계자들을 중앙 및 지방의 행정기관에 배치하기로 결정했다. 중앙에서는 5도행정위원회에, 지방에서는 인민위원회나 보안서에 각각 배치했다. 독립동맹이 지방에 연고가 없었던 사정을 감안하여 지방 행정기관에 파견된 동맹원들이 신당 창건사업에 나설 수 있는 토대를 마련해주었던 것이다. 북조선공산당 집행위원회에서의 이러한 합의에 기초해 1945년 12월 말에는 공산당 지도부와 독립동맹 지도부가 연석회의를 갖기도 했다.

이 과정을 거쳐 1946년 2월 중순경 평양의 한 중학교 강당에서 조선신민당 창립대회가 개최됐다. 한 5백여 명이 참가하지 않았나 싶다. 조선신민당의 지방 당조직을 만드는 과정에 조선공산당이 적극 협력하기로 한 합의에 따라 공산당 측에서 선발한 지방 당대표들이 평양 창립대회에 올라왔다. 창립대회에서 당위원장에 김두봉, 부위원장에 최창익, 한빈 등이 선출됐다. 이 대회를 계기로 조선신민당의 간판이 내 걸린 것이다. 신민당 중앙의 당직자는 40여명 정도(공산당의 중앙 당직자는 1백20여명 정도)였고 당중앙위원회에 조직부 · 선전부 · 총무부 · 간부부 · 사회부 등 대여섯 개의 부서가 있었으며 청년부, · 산업부 등은 없었다.

신민당의 중앙간부들은 공산당이 주관하던 모스크바삼상회의 결정 관련회의에 참석하거나 5도행정위원회 회의에 참석하는 등 본격적인 정치활동을 전개했으며, 지방에 파견된 인물들, 이를테면 평북 보안서장으로 간 장지민이나 함남 인민위원회 위원장 김이상 등은 공산당 지방조직과의 협력 아래 신민당 도당, 일부에서는 군당까지 만들어 나갔다.

조선신민당 조직을 만들 때 또 다른 조직상의 문제도 발생했다. 언제나 문젯거리를 만들어온 한빈은 처음에는 공산당에 들어가야 한다고 주장하더니 신민당이 창당되니까 이제는 서울에도 신민당 당부를 조직해야 한다는 주장을 펼쳤다. "이렇게 된 바에야 북쪽에는 명칭만 있게 하고 서울에 특별당부를 만드는 데 힘을 쏟자”는 식이었다. 최창익 같은 지도자는 한빈과는 의견이 전혀 달랐다. 아무튼 한빈은 나름대로 야심가여서 “이북에서야 공산당이 모든 걸 하고 있지 않느냐. 그러니 우리는 이남에서 해야 한다. 이남에 우리와 같은 토대를 갖고 있는 ML파 공산주의자들이 있지 않은가”라는 식의 논리를 폈다. 그는 이북에서 자신들이 발언권이 없으니 이남에 가서 박헌영 등과 협력하여 조직을 만들어 활동해야겠다는 견해를 갖고 있었던 것이다.

한빈은 조선신민당이 창당된 뒤 혼자서 서울을 들락날락하면서 38선에 단독루트를 만든다고 동분서주했다. 그는 강원도 어느 쪽에 단독루트를 만들어 1948년 남북연석회의 때 이남의 자기측 인사들의 입북루트로 사용하기도 한 특이한 사람이다. 이 과정에서 신민당의 공식입장은 “서울에서의 활동은 좋으나 당 중앙위원회의 결정에 따라야 한다”, “왜 자유주의적 행동을 하느냐”며 한빈의 행동에 대해 비판적이었다. 연안파 지도자들은 1956년 조선로동당에서 반종파투쟁이 전개되기 전에는 대부분 당 중앙위원이었으며, 한빈은 1차 당대회 때 중앙위원이었다가 2차 당대회 당시에는 이미 부위원장이면서도 종파분자로 낙인찍혀 비판받게 된다. 그는 자신의 독불장군식 행보와 활동으로 인해 이북의 권력무대에서 가장 일찍 사라지는 한 사람이 되었던 것이다.

>>>
무정의 등장과 몰락

무정이라는 인물에 대하여 여러 가지 이야기와 평가가 있지만, 그는 일찍이 황포군관학교와 연안군정대학 포병과를 나온 중국공산당원으로서 조선의용군을 조직해 그 책임자로 활동했던 훌륭한 인물이었음에는 틀림없다. 그는 입북한 뒤 조선공산당 북조선분국의 3, 4차 확대집행위원회에서 제2비서로 정치활동을 하다가 1946년 2월에 보안간부학교와 보안간부훈련대대가 설립되면서 이곳 포병사령관으로 전출하여 군사지휘자로서의 길을 걷기 시작했다.

무정은 입북 후에 김일성과 상당히 가까이 지냈으며 항간에 나도는 알력 같은 것은 당시에 별로 들어보지 못했다. 오히려 연안파 지도자들의 입북 후에 독립동맹 세력을 둘러싼 현안이 발생했을 때도 무정은 오히려 조선공산당 북조선분국 제2비서로서 김일성 등과 상당히 일치된 견해를 보였던 것으로 기억한다.

그러나 역시 무정은 군사 면에서는 남다른 능력과 식견이 있었으나 정치적 식견이나 능력은 부족한 편이었다. 그러다 보니 자연히 조선공산당 북조선분국에서 자주 현안으로 떠오른 정치노선이나 조직노선 등 기본문제에 대해서는 약할 수밖에 없었다. 그가 당에서 보안간부학교·보안간부훈련대대라는 군사부문으로 자리를 옮긴 것도 이런 사정이 반영되었기 때문이다. 보안간부학교는 군관양성소 역할을, 보안간부훈련대대는 군사지휘부의 역할을 각각 담당한 군사기관이었다. 보안간부훈련대대에는 대대부라는 게 있어서 이북 각 지역의 훈련소를 관장하였다. 이것이 1948년에 창설된 조선인민군의 모체이다.

보안간부훈련대대의 대대장은 최용건이었고, 무정은 포병사령관으로 임명됐다. 조선인민군 창설 뒤에는 강건이 총참모장으로 보임되었고 무정은 군단장으로 이동하였다. 인민군 창설 당시는 군단이라기보다는 훈련지휘소라는 말을 썼고 무정은 제2지휘소 사령관에 임명되었던 것으로 기억한다. 제1지휘소 사령관은 김웅이었다. 이렇게 볼 때 무정은 이북의 입장에서 볼 때 조선인민군 창설에 공이 있는 지도자였다고 할 수 있다.

평양 애국열사릉에 있는 무정의 묘. 김무정은 1951년 8월 병으로 사망했다. 그는 1990년대 후반 복권돼 이곳으로 묘가 이장됐다. 그의 아들은 제2자연과학출판사 간부로 활동했다.

성격 급하고 자유주의적 경향

무정이라는 인물의 약점은 성격이 급한데다가 고집이 세고 자유주의적 경향이 많아 다른 지도자들과 적응하기 어려웠다는 점이다. 그는 중국인민해방군에서 포병사령관을 하고 조선의용군 사령관을 지냈다고 해서 다소 우쭐거리는 모습을 보였고 자신의 군사능력을 과신해 상부의 조직적 명령보다 자신의 판단을 우위로 생각하는 경향도 있어 자주 비판받았다. 사람이 좀 산만하고 조직성이 부족하다는 평가가 많았다. 최창익이나 박일우 같은 사람들이 민족해방투쟁시기에는 무정보다 하위에 있었던 것으로 생각되는데 이들은 정치위원이 됐지만 무정은 그렇질 못하였다. 무정의 정치적 식견에 문제가 있었던 것이다.

그가 김일성과의 경쟁관계 때문에 도태되었다는 식의 평가는 사실과 다르다. 무정에게는 국내의 토대도 없었고 조직적 기반도 없었다. 다른 한가지 특이한 점은 연안파의 최창익, 박일우 등이 무정을 지도자로 추대하려는 움직임을 전혀 보이지 않았다는 사실이다. 항일빨치산 출신의 최용건이나 김책이 김일성을 지도자로 모시는 태도와는 큰 차이를 보였던 것이다. 김책이 김일성과 어떤 관계였는지를 보여주는 일화가 많다. 1945년 11월 김책이 평양에 들어와 활동할 때인데 김책의 장남 김국태가 삼베옷을 입고 짚신을 신고 아버지를 만나러 온 일이 있었다. 공산주의자의 자식인 김국태는 집도 없이 거지나 다름없는 유랑생활을 해왔었다. 김책은 아들을 만나자 그 자리에서 "가자. 장군님한테 인사하러 가자"고 하였는데 당시 20세 나이의 김국태는 "아버지. 이런 남루한 차림으로 어떻게 장군님을 뵈러 갑니까"라고 말했다고 한다. 그러자 김책은 "아니다. 장군님은 지금 너의 모습을 그대로 보면 더 좋아할 것이다. 가자"면서 김일성에게 데리고 갔다. 김일성은 뒷날 김책 이야기만 나오면 이 일을 회상하며 김책의 인간됨됨이를 설명하곤 하였다. 그럴 정도로 김책은 언제나 김일성을 내세웠던 것이다. 이에 비해 무정은 명성은 높았으나 최창익 등 연안파 지도자들과도 깊은 관계를 맺지 못하였다.

무정이 정치적으로 치명적인 문제에 봉착한 것은 6.25전쟁 시기였다. 개전 당시에 무정은 2군단장이었고 1군단장은 김웅이었다. 2군단 참모장은 항일빨치산 출신인 김광협이었고 2군단 예하에 2사단·5사단·7사단이 있었다. 2사단장은 중국인민해방군 출신 이종의, 5사단장은 항일빨치산 출신 오백룡, 7사단장은 조선의용군 출신 김창덕이었다. 전쟁수행 임무로 볼 때 1군단(1사단·3사단·4사단)은 직접 서울방면으로 진격하고 2군단은 동부전선으로 진출하여 서울로 우회하기로 되어 있었다. 2군단의 7사단만은 동해안을 따라 강릉·삼척·울진 방면으로 쭉 내려가는 것이었고, 2사단과 5사단 및 경탱크독립여단(여단장 김정수)은 일단 춘천을 공략하고 양평을 거쳐 서울 방면으로 진출해 1군단의 서울 진입 전에 먼저 서울의 서남쪽을 차단하기로 되어 있었다.

2군단의 주역할은 이남 국방군의 퇴각로를 차단하는 한편 후방지원을 끊어버리는 것이었다. 일종의 서울 포위 내지 압축작전을 쓰려했던 것이다. 서울로 직접 진입하는 부대의 도하작전과 계속적 진군을 보장하려는 것이었다. 이것이 이른바 개전 첫 단계의 기본전략계획이었는데 무정의 2군단이 이 역할을 제대로 수행하지 못했다. 의정부와 양평 방면에서 국방군의 저항이 심하여 계획대로 진군하지 못했고, 특히 경탱크부대가 제 역할을 못하는 불상사가 벌어졌다. 이에 대하여 나중에 2사단과 5사단이 책임추궁을 당했는데 속도가 늦어진 것은 순전히 무정의 지휘 오류라는 게 드러났다. 참모장 김광협과 5사단장 오백룡이 "경탱크로는 산악지대로는 못 간다. 평야지대로 가야 한다"고 주장했지만 무정이 산악지대로 내몰아서 제 속도도 못 내고 결국 탱크만 희생하게 되었던 것이다. 한강도하작전도 안하고 바로 서울로 진입하는 바람에 결과적으로 국방군이 한강을 방어하는 한편 수습해서 올라올 수 있는 시간적 여유를 주었다. 한쪽에서는 끊어버리고 다른 한쪽에서는 도하작전을 전개하면 큰 저항 없이 국방군이 무너질 것으로 생각했던 최고사령부의 계획에 큰 차질이 빚어졌던 것이다.

전쟁 때 과오로 해임, 심장병으로 사망

무정은 서울진격작전 때까지만 해도 큰 과오로 비판받지 않았는데 대전해방전투를 거쳐 낙동강 계선까지 갔다가 후퇴할 때 최고사령부 쪽에 연락을 하지 않는 과오를 저질렀다. 또한 나중에는 평양방어 명령을 받고도 임무를 제대로 수행하지 못했던 데다가 만주지역까지 곧장 후퇴했으며 후퇴과정에서 많은 희생을 내었다. 무정은 만주에 들어갔다가 후퇴병력을 수습해 6군단을 다시 조직해 전투를 수행했는데 전세 악화의 위급한 상황에서 과거 중국에서 단련된 여단장급 지휘관 두세 명을 쏴 죽이고 일반 하전사도 즉결 처분하는 등의 과오를 저질렀다. 조선인민군 총참모장 강건이 폭격으로 사망한 것도 무정이

작전명령대로 수행하지 않아 이를 수습하고자 전선에 나갔다가 돌아오는 길에 폭격 당했다는 이야기가 자자했다. 군단장 무정은 평양방어를 포기하고 재빨리 퇴각한 데 비해 5사단장 오백룡이나 군단참모장 김광협은 끝까지 버티다 후퇴할 때는 자기 부대병력을 데리고 빠져나와 대조를 보였다.

1950년 12월초 전황이 어려운 상황에서 만포 별오리에서 조선로동당 중앙위원회 3차 전원회의가 열리게 된다. 이에 앞서 11월 24일인가에 보통 장령회의로 통칭되는 조선인민군 전체군관회의가 열렸다. 이 군관회의에서 주로 1단계 군사작전과 2단계 후퇴에 대한 총화가 이루어졌다. 김일성을 위시하여 당시 2군단의 오백룡·김광협·군단정치부장 박금철을 비롯한 많은 군사간부들이 2군단장 무정을 비판했다. 무장의 지휘오류가 폭로됐을 뿐 아니라 지휘관과 하전사를 사살한 사건도 집중적으로 다뤄졌다. 최고사령부에서조차 모르고 있었던 사살 건에 대해서는 현장 목격자들이 참석해 폭로했고 무정은 할 말을 잃었다. 서울에서 3일씩이나 도하작전이 지연되어 진격속도가 늦춰졌던 것도 무정의 책임으로 돌려졌다. 그가 인민군을 사살한 것은 군벌주의로, 작전명령을 그대로 이행하지 않은 것은 자유주의로 비판되었다. 군관회의에서는 무정을 군법재판에 회부해야 한다는 주장이 쏟아져 나왔고 그러한 결정이 내려졌다.

12월초 당중앙위 3차 전원회의에서 김일성은 보고를 통해 무규율·무질서·자유주의·군벌주의를 엄중하게 비판했다. 정치부문에서 비판받은 인물은 강원도당 책임비서 림춘추, 전선사령부 문화부장 김일을 비롯한 여럿이었다. 이들에 대하여 당초에는 출당이 거론되기도 했으나 출당하지는 않고 엄중 경고와 철직 정도에서 수습됐다. 림춘추는 한두 달 간 땅굴 속에서 자기비판서를 쓰고 나서 내무성 경비국 예하부대의 문화국 연대장으로 가고, 김일은 서너 달 뒤에 철도경비국 부국장으로 갔다. 그런데 무정은 서너 달 자기비판을 하는 동안에 심장병이 생기고 말았다. 무정이 처음에는 병이 난 줄도 모르고 일을 계속하겠다고 하여 강계 소재의 후방예비대(예비훈련부대) 여단장으로 배치됐다. 이 부대는 흔히 강계에 있었다고는 말하지만, 사실은 처음에 만주지역에 있다가 전세가 다소 안정되자 강계와 희천 사이의 전천쯤에 와서 주둔하였다.

무정은 후방예비대 여단장으로 부임한지 한 달도 채 못 되어 심장병 판정을 받아 1951년 초에 평양 인민군중앙병원에서 요양했다. 인민군중앙병원은 평양 용성구역에 있었는데 이곳에서 치료하기가 어려워지자 그는 1952년 언제인지는 불확실하지만 신병 치료차 중국으로 들어갔다. 그는 언제인지는 불확실하지만 신병 치료를 위해 중국으로 들어갔다. 그는 중국에서 치료를 받고 병세가 호전되자 다시 평양으로 돌아왔다. 그러나 평양으로 귀환한 뒤 다시 병이 재발되어 얼마 후 결국 사망하였다. 림춘추·김일 등이 훗날 정치적으로 회생한 데 비해 무정은 병을 얻어 일찍기 최후를 맞이했던 것이다.

조선공산당 북조선분국

조선공산당 북조선분국의 창립과정
북부 5도당 책임자 및 열성자회의
북조선분국 제2차 확대집행위원회
북조선분국 제3차 확대집행위원회
사회단체와 공청 · 민청논쟁

조선공산당 북조선분국 창설을 위한 서북5도당대회가 열렸던 건물은 현재 사적관으로 이용되고 있다.

조선공산당 북조선분국의 창립과정

　이북지역 일부에서 1945년 8월 말에 공산당 지방조직이 출범한 곳도 있지만 대체로 9월 초부터 당조직이 본격적으로 등장하기 시작하였다. 조선공산당 북조선분국은 이북에서 공산주의 조직운동이 전개된 지 한달 반 정도의 시일이 경과하고서야 비로소 나오게 된다. 분국을 조직한 주체세력·주동세력이 김일성 계열, 즉 김일성 중심의 항일빨치산그룹이었다는 것은 당시의 당조직 내부 상황을 아는 사람이라면 누구도 부인할 수 없는 사실이다. 이북의 공산주의자들은 분국 조직을 창건하는 과정에서 상당한 우여곡절을 겪게 된다. 공산주의자들의 파벌 다툼에서 야기된 갈등, 분국창설 주역들과 소련군정 측과의 관계, 조선공산당 서울중앙과의 관계에서 오는 복잡한 사정 등이 문제로 떠올랐다.

분국 창립의 배경

　북조선분국 창립과정에서의 여러 가지 우여곡절에는 몇 가지 배경이 있었다. 그 배경으로는 첫째, 38선으로 남북이 갈리어 양쪽의 정세가 판이하게 달라졌다는 점, 둘째, 서울에서 조선공산당 중앙이 먼저 조직되었고 한편으로는 이북지역에서 북조선분국이 나오기도 전에 지방당 조직들이 먼저 만들어졌다는 점, 셋째, 분국조직이라는 것이 어느 나라 공산주의운동에서도 전례가 없었다는 점 등이 작용했다.

　당시 정세는 매우 유동적이었다. 박헌영을 비롯한 국내파 공산주의자들은 38선이 그어지고 이남에는 미국군대가, 이북에는 소련군대가 각각 진주한 상황에 대한 차이점을 정치적으로 명백하게 인식하지 못했다. 소련군대가 진주한 이북과 미국군대가 진주한 이남의 정세 차이를 구분하지 못했던 국내파 공산주의자들과 이러한 정세 차이를 중시한 김일성을 비롯한 항일빨치산파의 견해차는 처음부터 뚜렷했다. 특히 조선공산당 서울중앙이 따로 조직되지 않았더라면 서울과의 관계에서 힘든 문제가 발생하지 않았을 터인데 사정은 전혀 그렇지 못했다. 더군다나 이북에서 북조선분국이 먼저 나오고 지방 당조직들이 만들어졌다면 별문제가 없었겠지만, 이것 역시 형편이 전혀 달랐다. 국내파 중심의 지방 당조직에서는 모두 제각기 경성콤그룹·화요파·적색노조 등 파벌 중심으로 움직이고 있었던 것이다. 각 도마다 중심파벌이 다르면서도 각각 서울중앙과 관계를 맺고 있었다.

경성콤그룹 출신인 함경북도의 장순명뿐 아니라 함경남도의 주영하·정달헌·이주하·오기섭 등과 평양의 국내파 공산주의자들은 모두 서울중앙의 박헌영과 관계를 맺고 있었다. 오기섭을 제외한 대부분이 서울을 다녀왔다고 들었다. 서울중앙이 결성되고 이북지역에서도 지방 도당이 조직된 실정에서 이북 공산주의자들의 중앙 조직인 북조선분국을 만드는 것은 저항에 직면하지 않을 수 없었다. 게다가 당시 국내파 공산주의자들은 교조주의적·독경주의적 경향을 보여 일국일당원칙에서 벗어나려는데 대해서는 격렬히 반대했다. 마르크스-레닌주의의 교조나 문장을 외우는 사람들이 많았고, 박헌영의 「8월테제」나 코민테른의 「12월테제」를 금과옥조로 여기는 인사들이 많았다. 이런 상황에서 이북지역에 별도의 당중앙이라 할 수 있는 북조선분국을 창립하려는 시도는 저항에 부딪치지 않을 수 없었던 것이다.

조선공산당 북조선분국의 창립은 몇 단계의 과정을 거치게 된다. 첫 단계는 김일성이 입북하자마자 이북 각 지방에 항일빨치산 공작원들을 파견하는 것으로 시작된다. 김일성이 입북하기 전에 지방수준에서 당조직이 이미 만들어지기 시작했으므로 그는 자신의 동지들을 각 지역에 보내 지방 당조직의 실태, 노동계급의 정황, 지방의 실정 등을 파악하도록 하고 노동자들 속에서 새로운 간부들을 선발하도록 지시했다. 평양학원이나 보안간부학교 입학생들과 토지개혁의 중요한 활동조직이었던 노동자선전대는 모두 항일빨치산그룹에 의해 선발된 것으로 알고 있다.

이들은 지방에서 김일성에 대한 선전사업도 하였다. 김일성은 원산에 도착하는 즉시 자신의 동지들을 일부 지역에 보냈고 평양에 들어온 뒤에도 계속 파견해 1945년 12월에 이르면 항일빨치산 출신들은 거의 다 지방에 내려가 있었으며, 1946년 2월 보안간부훈련소가 설립되면서 이들 중 일부가 평양으로 올라왔고 1948년 2월 조선인민군이 창설될 때 나머지 전부가 평양으로 돌아오게 된다.

국내파 설득에 실패

다음 단계는 김일성이 평양에서 자리를 잡아가면서 평안남북도, 함경남북도, 황해도 지역의 공산당 간부들과 개별적으로 접촉하는 과정이다. 김일성이 평양에서 가장 먼저 접촉한 공산주의자는 김용범과 박정애였고, 그 다음에 이주연 · 김응기 · 주영하 · 오기섭 등을 잇달아 만났다. 처음에는 개별적으로 도 단위의 책임자와 부책임자들과 만나 상견례를 했고 이어서 도 단위의 간부들과도 집체적으로 만났다. 대체로 9월말까지 이러한 만남이 계속되었다. 그리고 9월 28일부터 사흘 동안 각 도의 책임자급 공산주의자들 2~3명이 참여한 평양 비공식회의가 열렸다. 이 비공식회의에서 이북지역에 공산당을 창건하기 위한 책임자 및 열성자회의를 소집하는 문제가 논의됐다. 이 자리에서 자연스럽게 책임자 및 열성자회의를 소집하는 주체문제가 현안으로 떠올랐고 김일성이 이북의 공산주의자들을 개별적 혹은 집체적으로 만나는 과정에서 형성된

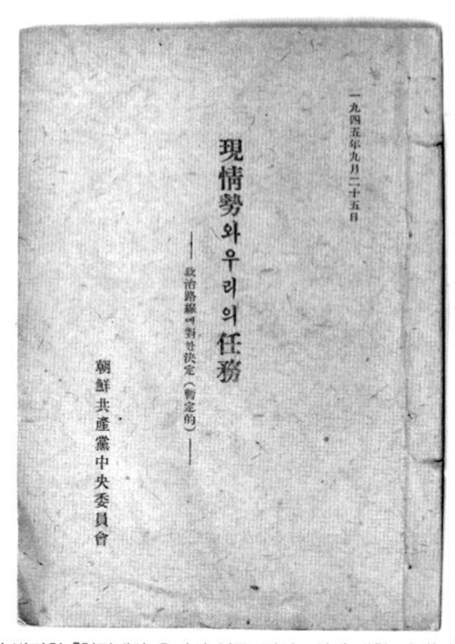

조선공산당이 「8월테제」를 일부 수정해 발간한 『현정세와 우리의 임무—정치노선에 대한 결정(잠정적)』. 원래 1945년 8월 20일 경 정태식, 박극채 등 조선공산당의 이론진이 작성해 '조선공산당재건준비위원회' 명의로 발표된 이른바 〈8월테제〉를 9월 20일 일부 내용을 수정해 조선공산당중앙위원회 명의로 다시 발간(9월 25일)한 것이다.

'중앙지도부' 가 소집주체가 됐다.

사실 9월말에는 이미 김일성이 집무하던 구 동양척식주식회사 평양사무실이 '중앙지도부' 로 불리었다. 처음에는 항일빨치산 출신들이 김일성의 집무실에 갔다 올 때면 언제나 지도부 또는 사령부에 갔다 왔다고 말하는 경향이 있었으나 이들의 영향으로 도당이나 군당에서까지도 그렇게 부르게 됐다. 또한 김일성이 지방의 공산주의자들을 만나는 과정에서 김일성이 있는 곳이 중앙지도부로 인식되기 시작했다고 할 수 있다. 이러한 내막은 그동안 별로 알려져 있지 않았는데 이제는 현실적으로 인정해야 한다. 다른 사람은 몰라도 적어도 공산당 내부나 공산주의청년동맹에서는 김일성 중심의 조직을 중앙지도부라고 분명히 불렀다. 중앙지도부는 그 구성과정에서 처음에 김일성 · 김책 · 최용건 · 안길 등 항일빨치산 출신들과 국내파 공산주의자들인 주영하 · 오기섭, 그리고 연안파인 무정, 소련공작원 출신 김용범 등으로 이뤄지지만, 9월 말 시점에 이르면 김일성·안길·주영하·오기섭·김용범 등이 중앙지도부를 이루고 있었다.

당시 북조선분국 창설에 앞서 당 조직노선과 정치노선에서 결정적으로 중요한 국제정세문제가 논란거리였다. 훗날 김일성이 회고하는 것을 들어보니 당시 논의의 초점은 이북에는 사회주의국가의 소련군대가 진주해 있고 이남에는 자본주의국가의 미국군대가 주둔해 있기 때문에 공산주의운동의 관점에서 보면 이북은 해방구이고 이남은 '미해방구'라는 사실을 인민대중들에게 어떻게 인식시킬 것인가 하는 점이었다고 한다. 김일성에 따르면 당시에 이북에 공산당 중앙을 조직하자는 제안을 내놓을 수 없었다고 한다. 국내파 공산주의자들이 모두 서울중앙을 지지하였기 때문이다. 그래서 김일성은 "어떻게 하면 공동보조를 맞출 수 있겠는가. 서울중앙과 조직적 연계를 갖고 공동보조를 맞춰야 하지 않겠는가. 다만 이북과 이남의 정세가 다른 만큼 조직노선과 정치노선이 달라야 하지 않겠는가"라며 수십 시간 동안 설득작업을 폈다고 한다. 이런 내용의 이야기는 훗날 김일성이 여러 자리에서 한 적이 있다. 박헌영과 만나서도 그의 「8월테제」의 정세인식에 문제가 있다는 점을 지적해 주어도 끝내 못 알아듣다가 나중에 만났을 때는 자기가 잘못 생각했다고 자기비판하더라는 이야기도 김일성에게서 들었다. 오기섭도 정세상황을 제대로 인식하지 못했다고 한다.

김일성과 이북의 공산주의자들이 여러 날 논의한 끝에 이북에서의 당 중앙조직 건설에는 합의하지 못하고 지방 당조직이 공동보조를 취할 수 있도록 하기 위해 공동협의기구를 구성한다는 정도로 합의하였다. 이렇게 해서 공동협의기구를 만들기 위한 이북지역 당조직들의 열성자회의라도 개최해야 할 게 아니냐는 데까지 이르렀다. 또한 열성자회의를 개최하기 위한 발기인회의를 먼저 열어야 한다는 의견이 제기됐다.

발기인회의 소집문제를 둘러싸고 주영하나 오기섭은 중앙당(즉 서울중앙)의 승인이 없으면 안 된다는 주장을 폈다. 이들은 "누구의 권한으로 발기인회의를 여는가"하고 문제삼으면서 중앙당의 위임을 받든지, 아니면 중앙당이 직접 소집해야 한다고 주장했다. 38선 이북에 소련군대가 들어와 있다고 해도 서울중앙을 중심으로 해서 지방 당체계가 갖추어져 연락을 주고받는 상황인 만큼 북부지역 당 열성자회의를 중앙에서 소집하던지 중앙의 위임을 받은 권한대행자가 소집해야 한다는 것이었다. 이 문제에 대해 합의가 이뤄지지 않자 일부에서 다시 "그러면 본회의를 열지 말고 예비회의를 갖자"고 강력히 수정제의를 하였고 결국에는 예비회의를 갖는 데까지는 합의했다.

9월 29~30일쯤 일단 각도 책임자들로 열성자회의 소집을 위한 발기인위원회를 구성하게 된다. 이때도 일부에서는 발기인위원회에 대하여 서울중앙의 승인을 받도록 하자는 주장을 제기하기도 했으나, 일단 발기인위원회를 구성하고 발기인들이 10월 2일경 각도에 내려가 대표들을 선발, 소집하여 10월 5일부터 예비회의를 갖자는 것에 합의했다. 이러한 합의를 이행하는 과정에서도 각 도의 당조직들이 서울에 개별적으로 연락해 "평양에서 회의를 소집한다는데 가야 되는가"하고 문의한다는 이야기도 들렸다. 그동안 김일성도 직접 자신의 의사와 소련군정의 입장을 관철하기 위해 10월 초에 황해도 해주 등지를 다녀오기도 했고 여러 공산주의자들과도 활발하게 접촉했다.

이런 과정을 거쳐 평양에서는 1945년 10월 5일부터 북부 5도당 책임자 및 열성자회의를 위한 예비회의가 열렸다. 예비회의에는 이북의 지도급 공산주의자들 57명이 참가하였다. 예비회의 첫날엔 정세토론이 있었다. 미군과 소련군이 각각 진주한 이남과 이북의 특수성에 관한 것이었다. 서울의 박헌영이 「8월테제」를 통해 조선은 소련·미국·영국 등 연합국들에 의해 해방되었고 이 나라들은 모두 진보적 민주주의국가라면서 동일시하였음은 널리 알려진 일이다.

그런데 오기섭·정달헌 등 이북의 국내파 공산주의자들도 박헌영의 견해를 받아들여 소련이나 미국은 다 같은 민주주의국가라는 인식을 보였다.

이에 대해 김일성 측은 소련군은 사회주의국가의 군대이고 미군은 자본주의국가의 군대이므로 남북의 정세는 다르며, 따라서 서울과 북부는 조직노선과 정치노선이 달라야 한다는 주장을 펼쳤다. 김일성은 훗날 1956년의 조선로동당 3차 대회 때나 1966년의 2차 당대표자회의 때 공개적으로 옛일을 들춰가며 "소련군의 성격과 미군의 성격을 가릴 줄도 모르는 자들이 공산주의운동을 한다고 나섰었다"고 새삼 문제삼은 적이 있다.

예비회의에서의 두 번째 토론거리는 각 지방의 당 조직과 그 활동에 관한 것이었다. 김일성은 예비회의에 앞서 자신의 항일빨치산 동지들을 지방에 파견해 지방의 당 사정에 관한 보고를 받고 있었다. 김일성은 이를 바탕으로 각 도별로 정황을 검토하는 토론을 하면서 "지금 당은 공산당이라고 할 수 없다. 코민테른의 「12월테제」가 지적한 조선공산주의운동의 결함을 고치지 못하고 있다. 지금 공산당원이 몇 명되지도 않지만 모두 지식인이나 학생 출신이고 노동자, 농민 등 기본계급 당원은 없지 않은가"라며 문제점을 집중 부각시켰다. 김일성이 이처럼 지방 당사정의 문제점을 거론하자 국내파 공산주의자들은 자신들에 대한 비판으로 인식하고 이를 접수하지 않아 논란이 벌어졌다.

예비회의에서는 세 번째로 조직노선에 관한 토론이 있었다. 김일성은 예비회의에서 당초의 생각대로 "해방군대인 소련군이 진주한 유리한 조건을 이용하여 혁명을 전진시켜야 하므로 혁명의 지도부·참모부인 당의 활동에서 이북이 이남과 같을 수는 없다. 전략과 전술이 달라야 하고 조직노선이 달라야 한다. 따라서 북부 5도당은 통일적인 조직과 정치노선, 그리고 전술상의 공동보조를 맞추어야 한다. 이를 위해서는 북부 5도당은 서로 연계를 가지고 연합해야 한다. 결국 정권도 그렇게 되어야 한다"는 의견을 개진했다. 처음에는 북부

5도의 협의체 정도를 제기하다가 정권부문에서는 5도 인민위원회 대표자협의회로 그쳤지만 당부문에서는 북부 5도당을 지도할 수 있는 중앙지도부를 내와야 한다고 주장했던 것이다.

김일성의 이러한 주장으로 예비회의는 마치 벌집을 쑤셔 놓은 것처럼 의견이 분분했고 토론이 중구난방으로 되었다. 국내파 공산주의자의 대표자 격인 오기섭·김재갑·정달헌·이주하 등이 김일성의 견해에 정면으로 반발했다. 이들은 1국1당의 원칙을 강조하면서 "서울에 엄연히 당중앙이 있는데 이북에 별도의 당중앙을 만드는 것은 분파 행동이다. 별도의 당중앙 조직의 건설은 조선공산주의운동에서 분파 행위를 근절하도록 지시한 코민테른의 「12월테제」에도 어긋난다"고 들고일어났던 것이다. 김일성 측은 이런 분위기를 잠재우기 위해 "이북에서는 소련군이 와있는 조건에서 공산당이 집권당이 되지 않았는가. 인민위원회가 집권하지 않았느냐. 이에 비해 이남에는 미군이 공산당을 제재하고 있고 인민위원회가 조직되어 있다고는 하나 타격을 입지 않았는가. 이처럼 이남과 이북이 서로 다른 조건에서 어떻게 조직노선과 정치노선이 같을 수 있는가"하고 주장했다. 이에 대해 국내파 공산주의자들 가운데 예비회의 자체가 불법이라고 들고 나오는 사람까지 있었다. 그래도 일단 10월 5일에 시작된 예비회의는 8일까지 계속되었다.

김일성과 박헌영의 비밀회담, 그리고 담판

김일성은 북조선분국을 창설하기 위한 북부 5도당 책임자 및 열성자회의의 예비회의가 진행되는 동안에 자신과 소련군정의 의사가 관철되지 않고 난관에 봉착하자 박헌영에게 밀사를 보냈고 그래도 잘 되지 않으니까 박헌영을 직접 만났던, 지금까지는 전혀 알려지지 않은 이야기가 있다. 김일성은 예비회의에서 국내파 공산주의자들의 반대에 부딪치자 "당신네들의 생각이 정 그렇다면 박헌영의 허락을 받기 위해 주영하·장순명 동지를 서울에 보내자"고 제의했고 10월 6일 저녁에 이들을 서울로 파견하였다.

이에 앞서 소련군사령부는 서울의 소련영사관의 프리얀스키 영사와 샤브신 부영사를 통해 이북의 당중앙 설립 추진에 관한 정보를 박헌영에게 사전에 귀띔해 주었다. 같은 무렵 김일성 측도 서대문형무소에서 해방을 맞이해 서울에 있다가 평양으로 올라온 갑산공작위원회 출신의 박금철을 박헌영에게 보냈다. 그 뿐 아니라 형무소에서 출소한 뒤 박헌영이 조선공산당을 창건할 때 인민공화국(인공) 조직에 참가했다가 9월말에 이북으로 올라온 김교영과 이순근을 박헌영에게 파견하는 등 김일성은 박헌영에게 여러 경로로 의사를 전달하기도 했지만 박헌영은 김일성 측의 의사를 받아들이지 않고 있었다.

결국 10월 6일 저녁 주영하와 장순명이 소련군 지프를 타고 평양을 출발해 38선을 넘었고 7일 아침에 서울에 도착하였다. 처음에는 서울에 있다 평양에 온 이순근도 함께 보내려고 했지만 본인이 반대해 주영하와 장순명 두 사람만 파견하였던 것이다. 이들이 서울로 갈 때 김일성은 "박헌영 동지를 만나 이야기가 잘 안 되면 38선 인근에서 나와 만나자는 말을 전달해 달라"고 말함으로써 박헌영과 직접 만날 뜻을 밝혔다. 주영하와 장순명은 박헌영을 만난 뒤에 서울의 소련영사관을 통해 평양의 소련군사령부에 "박헌영이 김일성을 만나기 전에는 입장을 밝히지 않겠다고 한다"는 취지의 전문을 보내왔다.

소련군정과 김일성 측은 이에 대해 "개성 북방의 소련군 38경비사령부에서 만나자"는 답신을 보낸다. 이리하여 김일성과 박헌영이 첫 대면을 한 것은 10월 8일 저녁이다. 예비회의는 원래 10월 7일 끝내려고 했다가 8일 오전에 가서야 10월 10일부터 북부 5도당 책임자 및 열성자회의를 개최하기로 결정하고 마무리됐다. 당초 예비회의를 10월 7일에 끝내려고 했던 것은 8일부터 9일까지 양일 간 5도 인민위원회 대표자협의회를 개최하기로 되어 있었기 때문이다. 공산당 책임자들 중에 이 대표자협의회에 참석할 인사들이 있었기 때문에 8일 오전에 서둘러 예비회의를 결속지었던 것이다.

김일성은 10월 8일 오전까지의 예비회의를 끝내고 오후에 개성으로 향했으며 이날 저녁에 소련군 38경비사령부 관사(이전의 역 관사)에서 박헌영을 만나 밀담에 들어갔다. 다음날 새벽녘까지의 대여섯 시간의 집중 논의 끝에 박헌영은 몇 가지 조건을 붙여 김일성의 제안을 일단 수용하게 된다. 즉 형식상 조선공산당 서울 당중앙위원회의 양해를 구한다, 중앙위원회가 이미 구성된 발기인위원회에 열성자회의 소집권한을 위임한다(나중에 중앙위원회에서 이를 정식 토의하여 승인한다)는 양해가 이루어졌던 것이다. 이런 우여곡절 끝에 10월 10일에 소집하기로 한 열성자회의가 열릴 수 있게 된다. 김일성과 박헌영의 비밀회의에 참석했던 사람들은 박헌영이 데리고 온 권오직 · 이인동 · 허성택과 김일성 측이 서울로 파견했던 주영하 · 장순명, 그리고 김일성과 함께 개성으로 내려간 소련군정의 로마넨코 민정사령관과 이주연 등이었다. 비밀회의가 끝난 뒤 박헌영과 허성택은 서울로 돌아가고, 권오직과 이인동은 서울중앙의 옵서버 자격으로 북부 5도당 책임자 및 열성자회의에 참가하기 위해 김일성, 로마넨코 등과 함께 평양에 왔다.

북부 5도당 책임자 및 열성자회의

평양에서는 1945년 10월 10일부터 13일까지 북부 5도당 책임자 및 열성자회의가 소집됐다. 열성자회의의 정식 의제는 북부 5도당의 정치노선과 조직노선에 관한 문제였고, 정치노선과 관련하여 주로 정세상황이 논의됐다. 예비회의 때는 사회자에게 발언권만 얻으면 하고 싶은 대로 다 이야기하는 중구난방 식이었지만 열성자회의는 공식 회의였던 만큼 약간의 격식이 지켜졌다. 주제 토론 발표자와 의견 발표자가 있었고 일반 참석자들은 발언권과 대표권을 행사했다. 열성자회의에서의 특이점은 정식 보고자가 없었다는 사실이다.

김일성은 주제발표를 하거나 토론에 참가하기도 했지만 정식보고를 하지는 않았다. 이 때문에 지금 이북에서 열성자회의 개최일인 10월 10일을 당 창건일로 삼고 있으면서도 정작 이 회의의 공식 보고문서가 없다. 이 회의에서 서울중앙을 지지하는 국내파 공산주의자들은 "서울의 정치노선인 박헌영의 8월테제를 그대로 승인해야 한다"고 주장했다. 이에 대해 김일성 측은 "남과 북이 서로 다른 정세 하에 있는데 어떻게 정치노선이 같을 수 있는가. 북부는 북부대로 별도의 정치노선을 담은 결정서를 채택해야 한다"고 주장하였다. 이 과정에서 김일성은 자신의 견해를 줄기차게 펼쳤으며 발언하기 위해 여러 차례 앉았다 일어섰다를 반복했다.

정치노선 문제와 함께 혁명의 성격 문제도 주요 이슈였다. 「8월테제」에서는 조선 혁명의 성격을 부르조아민주주의혁명으로 밝히고 있었는데 이 회의에서는 혁명의 성격은 이남이나 이북이 같지 않느냐는 견지에서 '자본민주주의'라는 표현이 나오기도 했다. 그리고 김일성은 혁명기지 건설문제를 제기하기도 했으나 주목받지 못했고 이 문제는 훗날로 미루어진다.

열성자회의의 공식 대표는 57명이었지만 방청객까지 합하여 약 1백 80명 정도가 참석했다. 당시는 이북 전체의 공산당원 숫자가 1천명은 넘었으나 2천명이 안될 때였다(이 시기 소련측 자료에 따르면 이북지역 공산당원의 수는 2,124명으로 되어 있다). 이북의 공산당원 숫자는 1945년 12월 17일에 열린 3차 확대집행위원회 때까지도 4천여 명이 채 못 되었다. 3차 확대집행위원회 이후에 가짜 당원 3분의 2가 제명되었던 사실을 감안하면 열성자회의 당시에 제대로 자격을 갖춘 공산당원은 고작 5백여 명 남짓이 아니었나 생각한다. 참석자들은 도급 간부들과 군당위원장 정도의 공산주의자들이었다.

김일성, 74차례나 발언

　예비회의에서도 집중적으로 토론됐지만 본회의에 와서도 중요하게 취급된 문제는 역시 북조선분국 조직문제였다. 김일성 측이 박헌영과의 비밀회의에서 합의한 내용, 즉 서울중앙의 지도를 받는, 조직형태상의 중간지도기관으로서의 북조선분국 창립을 양해한다는 합의 내용을 설명했으나 정달헌 등이 이를 반대하고 나섰다. 정달헌은 그러한 중요한 결정은 당중앙위원회의 토론을 거쳐야지 어떻게 총비서 박헌영 개인과의 합의로 결정할 수 있느냐며 반대하였던 것이다. 국내파 공산주의자들 상당수는 자신이 대단한 마르크스-레닌주의

1945년 10월 10일 북부5도당 책임자 및 열성자회의가 열렸던 건물의 2층 내부 모습. 현재 이 건물은 당창건사적관으로 쓰이고 있다.

자인 양 제각기 몇 차례씩 발언하면서 12월테제, 8월테제, 조직론, 1국1당원칙 등을 장황하게 설명했다. 이런 분위기에도 불구하고 결국은 분국 창립에 관한 합의가 이루어진다.

그러나 정치노선을 둘러싸고는 서울중앙이 채택한 「8월테제」를 그대로 받아들여 승인해야 한다는 입장과 그것이 이북 실정에는 맞지 않으니 새로운 정치노선을 채택해야 한다는 입장이 팽팽히 맞섰고, 「8월테제」에 준하여 새로 만들자는 정도의 절충적인 합의에 도달했다. 김일성측의 정치노선은 1945년 11월의 2차 확대집행위원회에 가서야 공식으로 합의된다. 열성자회의에서는 적어도 김일성 측의 후퇴가 명백했다. 요즘 와서 이북에서는 열성자회의를 당 창립대회로 부르면서 종파분자들의 반대를 무릅쓰고 김일성의 조직노선에 따라 북조선분국(이것도 북조선중앙국으로 고쳐 부른다)이 창립됐다는 말만하지 열성자회의 회의록을 고문서실에 두고 공개하지 않으며 이를 구체적으로 언급하지도 않는다. 이는 김일성의 정치노선이 열성자회의에서 관철되지 못했던 사정과 관련이 있는 것으로 보인다.

열성자회의에서 또 다른 논란거리는 좌경분파 행동에 대한 비판 결의문제였다. 즉 이영·최익한·정백 등 서울 장안파에 대한 비판 결의가 문제로 등장하였던 것이다. 실제로 장안파 그룹이 이북 공산주의자들의 지지를 얻기 위해 공작을 한 흔적이 있었다. 박헌영 지지파는 열성자회의에서 "지금 장안파가 준동하고 있으니 이에 대한 별도의 비판결정서를 채택해야 한다"고 주장했고, 일부에서는 "장안파공산당이 이미 다 해체되고 없는 마당에 이제 와서 별도의 비판결정서를 채택할 필요가 있겠는가"라며 반론을 폈다. 결국 별도의 비판결정서를 채택하는 것으로 결론이 났다. 또 다른 하나의 문건, 즉 당 총비서 박헌영 동지에게 보내는 편지를 채택하는 문제에서도 약간의 논란이 일었다. 이 편지는 스탈린 대원수에게 보내는 편지와 문구가 비슷하게 작성됐다.

그리고 열성자회의에서는 결정서 초안작성위원회의 위원으로 주영하·안길·김웅기·이봉수·장순명·김교영과 소련파 이동화·태성수 등이 선출됐다. 이들이 각 결정서의 초안을 작성하는 과정에서도 우여곡절 끝에 소련군정과 미군정간에는 명백한 차이가 있다는 것과 소련군이 들어와 있는 특수지역인 북부에 분국을 조직한다는 것 외에는 대개 「8월테제」의 기본내용을 그대로 갖다 베껴놓게 된다. 김일성이 주장한 민족통일전선이라는 표현은 채택되지 않았고 인민전선이라는 표현이 사용됐다. 다만 김일성이 강조한 노동계급성을 강화해야 한다, 분파행동을 중지해야 한다, 당기구를 강화해야 한다는 등의 내용은 조직 강화에 관한 결정서에 반영됐다. 초안작성위원회에서는 안길이 김일성의 의견을 관철시키려고 하다가 대세에 밀렸다. 김일성은 예비회의에서 30여 차례, 열성자회의에서 무려 40여 차례를 합하여 74차례나 발언에 나서는 등 회의에 열정적으로 임했다.

열성자회의에서는 마지막으로 분국 창립 결정에 따른 지도기관 선거도 있었다. 집행위원 17명과 책임비서, 제2비서를 선출하는 과정에서도 약간 옥신각신하였다. 집행위원으로 김일성·안길·김용범·박정애·주영하·장순명·강진건·오기섭·최경덕·김웅기·송봉옥·이순근·김교영 등이 선출되었다. 항일빨치산 출신의 핵심인물인 최용건과 김책은 집행위원에 들어가지 않았다. 책임비서에는 김용범이, 제2비서에는 무정과 오기섭이 각각 선출됐다. 김일성이 책임비서로 추천되기도 했으나 그의 사양으로 그 자리가 김용범에게 돌아갔다. 김용범이 책임비서로 선출된 것은 그의 국내기반이 충분치는 않았으나 소련공산당 중앙의 약소민족국이 그를 공작원으로 파견할 정도로 믿을만한 인물이었다는 점, 국내파 공산주의계열의 파벌에 속해있지 않았다는 점, 해방 직후 북부중심지 평양에서 당의 조직적 기반을 구축해나갔다는 점 등의 배경이 작용했다. 소련군정과 김일성 측은 이러한 배경을 감안해 그를 강력히 추천했던 것이다.

　김일성이 책임비서 자리를 사양한 것은 우선 나이가 젊은데다가 당책임자로 국내 활동가를 내세울 필요가 있었기 때문이었고, 특히 당시만 해도 38선이 유동적이어서 조선공산주의운동의 중심지를 평양으로 끌어오려고 했던 소련공산당의 전략을 곧바로 집행하기 어려웠던 사정도 작용했다. 북조선분국의 집행부서장 자리는 조직부장에 주영하, 선전부장에 김교영, 간부부장에 이동화, 청년부장에 김욱진, 노동부장에 최경덕, 농민부장에 이순근, 부녀부장에 박정애, 교육부장에 한설야, 총무부장에 박정호 등으로 채워졌다.

>>>
북조선분국 제2차 확대집행위원회

　1945년 10월 10~13일에 열린 북부 5도당 책임자 및 열성자회의에서 조선공산당 북조선분국이 창립되었지만 그 명칭이나 노선을 둘러싼 논란의 불씨는 남아 있었고 여전히 체계가 덜 잡혀 있었다. 박헌영의 서울중앙을 지지하는 사람들은 「8월테제」 이야기만 하였고 김일성 측을 지지하는 인사들은 통일전선을 강조하고 '지탱점'('민주기지'라는 표현은 나중에 등장한다)을 건설해야 한다고 주장하는 형편이었다. 이 무렵에는 일단 조직은 만들어놓은 상태였기 때문에 당장 시급한 것이 이북 실정에 맞는 정치노선을 확정하는 일이었다. 당의 정치노선에 대한 혼선을 정리하고 정확한 노선을 확립할 필요성이 절실히 요구되었던 것이다. 이북 당중앙이 만들어진지 한 달이 넘어서면서도 당이 대중들 앞에 정치적 목표나 투쟁과업, 강령적 지침을 제시해주지 못하였기 때문이다.

이러한 필요성 때문에 1945년 11월 23~24일 평양의 북조선분국(일제 때 동양척식주식회사의 평양지사 건물) 회의실에서 당 북조선분국 제2차 확대집행위원회 회의를 열게 된다(참고로 조선중앙통신사 편, 『해방 후 10년 일지』(1955년)에는 제2차 확대집행위원회 개최일이 11월 15일로 되어 있다).

북조선분국에서는 제2차 확대집행위원회가 열리기 전에 정치노선을 둘러싼 논란이 끊이지 않았다. 김일성은 당 내외의 여러 인사들과 접촉하면서 자신의 정치노선을 관철시키고자 노력했다. 특히 농민단체·노동자단체·청년단체 등을 건설하고 여기에 자신의 정치노선을 접맥시키려고 했다. 정치노선을 둘러싼 당 안팎의 혼선이 적지 않았기 때문이다. 확대집행위원회가 정식으로 소집되기 전인 11월 20~21일 양일간 예비토론회가 열리기도 하였다. 예비토론회에는 분국 집행위원회 성원들과 도책임자들·열성자들·군책임자급 이상은 거의 모두 참석했다. 또한 분국 중앙의 간부들과 중앙급 공청 간부들도 참석하였다. 이렇게 하다보니 참가자수가 분국 창설 때보다 많은 1백 20여명쯤이었던 것으로 기억한다.

4대 당면과업 토론

제2차 확대집행위원회를 위한 예비토론회에서 사회는 주영하와 안길이 맡았다. 김일성은 이 자리에서 4대 정치노선을 발표했는데 원제목은 「4대 당면과업에 대하여」였다. 친일파·민족반역자를 제외한 광범한 민족통일전선에 기초한 민주주의인민공화국의 수립을 주장한 김일성의 보고에 제시된 4대 당면과업은 다음과 같다.

첫째, 인민적인 민주개혁을 실시해야 한다고 하면서 토지문제, 산업문제, 노동문제, 평등권문제, 선거제도문제 등을 언급했다. 둘째, 민주개혁을 실시함으로써 이북에 혁명의 근거지, 즉 '지탱점'(사실상의 민주기지 창설을 의미한다)을 창설해야 한다고 주장했다. 셋째, 친일파·민족반역자를 숙청하고 일제가 뿌려놓은 잔재를 제거해야 한다는 것이었다. 넷째, 민족통일전선의 기치 아래 전 민족이 단합, 단결해야 한다고 강조했다. 이를 위해서는 힘 있는 사람은 힘을, 지식 있는 사람은 지식을, 돈 있는 사람은 돈을 내야 하며 나라와 민족, 그리고 민주를 사랑하는 사람들이 힘과 지혜를 합쳐야 한다고 역설했다.

이러한 4대 정치노선은 김일성과 김책·안길이 이마를 맞대고 만들었으며 안길이 초안을 작성한 것으로 알려졌었다. 소련군정에서 이 초안을 만들어주었다는 이야기도 있지만 소련 사람들은 적어도 지탱점이나 근거지라는 말을 몰랐다고 할 수 있다. 아마 김일성그룹이 만든 초안을 갖고 다시 로마넨코사령부 측과 토론을 하고 의견을 나눴다고 보는 것이 옳을 것이다. 이 4가지 과업을 하나씩 이틀 동안 토론했던 것이다. 예비토론회를 마치고 하루 쉰 뒤인 11월 23~24일 양일간 확대집행위원회가 열린다.

제2차 확대집행위원회가 개최되던 시기에 북조선분국 책임비서였던 김용범은 이미 병세가 위중했고 이 때문에 김일성은 공식으로 임명된 일은 없지만 수석 제2비서격으로 당에서 활동을 했다. 당시 당내에서는 대개 김일성에게 '장군'으로 호칭하였으며 간혹 어떤 이들은 '사령관'이라는 호칭으로 부르기도 했다. 김일성은 당 북조선분국의 공식적인 직함을 갖고 있지 않았으나 실제로는 분국사무실에서 업무를 보고 있었다. 참고로 북부 5도당 책임자 및 열성자회의를 마친 다음날인 10월 14일에 분국 사무실에 '북조선중앙국' 간판이 걸렸지만 이게 시빗거리가 되자 이틀 뒤에 '북조선분국' 간판으로 교체하는 해프닝이 있었다.

11월 24일 회의가 끝나고 당일 오후에 회의 참석자를 대상으로 한 조직 강화와 관련한 강습이 진행됐다. 열성자회의에서 채택된 조직 강화에 대한 결정서 집행을 위한 행사였다. 이 강습회의 기본내용은 중앙의 당 간부를 준비할 것, 당원의 성분을 개조할 것, 공장 등의 노동계급 속에서 당원을 확충할 것, 간부대열을 정비하고 노동계급성을 강화할 것, 당원들은 노동계급 속으로 들어가야 한다는 것 등이었다. 조직 강화에 대한 요강서인지 지도서인지 하는 등 사본 책자를 배포하고 주로 이것을 기초로 진행하였다. 이 책자에는 세포조직에 관한 규정, 리당·면당 조직에 관한 규정 등이 실려 있었다.

"당시에 그대로 나둬서는 죽도 밥도 안 되겠더라"

당시에는 아직 당규약이 없을 때였다. 당규약은 1945년 12월의 제3차 확대집행위원회에 가서야 요강이 만들어진다. 요강이 최종적으로 다듬어지고 완전히 당규약으로 성문화된 것은 1946년 8월 조선공산당과 조선신민당의 합당 이후의 일이다. 아무튼 강습회는 2~3시간 진행됐었다. 안길과 주영하가 강습회를 공동으로 진행했으며 안길이 주로 발언했다. 이렇게 하여 제2차 확대집행위원회가 완전히 끝나게 된다.

참고로 제2차 확대집행위원회가 개최될 무렵의 당 안팎의 사정을 잠시 들여다 볼 필요가 있다. 11월 3일에 조선민주당이 창당됐고 이 무렵에는 김일성과 조만식, 공산주의자들과 민족주의자들의 합작이 실현됐다. 적어도 11월에는 민주당도 활발하게 활동했다. 11월에 공산진영과 민족진영의 관계에서 약간의 우여곡절은 있었지만 그래도 기본적으로는 합작이 실현된 시기였다. 그런데 공산당 북조선분국 내부에서 조직적인 혼란이 나타났다. 10월 중순에 당이 창건되고 11월 말에 정치노선이 확립되었지만 이를 관철하기 위해 투쟁할 조직대열이 제대로 정비되지 않았던 것이다. 당조직만 짜였지 명령체계나 당규율이 서질 않아 한마디로 중구난방이었다. 도당은 도당대로, 군당은 군당대로 제각각 행동했고, 중앙당의 명령이 제대로 관철되지 않는 지방할거주의 경향이 심했던 것이다. 특히 함경남도, 강원북부, 평안북도 등에서는 그런 분위기가 지배적이었다. 더욱이 서울중앙 지지파요, 무슨 파요 하면서 '박헌영 만세' 나 '오기섭 만세'를 부르는 곳도 있을 정도였다. 따라서 당내에서 민주주의적 중앙집권제를 시급히 확립해야 할 필요성에 직면했다.

조선공산당 북조선분국이 12월의 제3차 확대집행위원회를 개최하기 전까지 전체 당원 수는 4천 2백명에 불과했다. 이 당원들도 대개는 인텔리·사무원 출신이 대부분이었고, 공장 노동자와 농민은 수적으로 미미했다. 실제로 해방 후 노동계급 속에서 열성분자들이 많았기 때문에 이들을 중심으로 당세포를 조직하는 문제가 심심치 않게 거론되었으나 실제로는 그리 먹혀들지 않았다. 김일성이 지방에 다녀보고 직접 확인하거나 지방 파견자들의 의견을 종합해볼 때 이렇다 할 당 세포조직이 만들어지지 않고 있음이 분명하였다. 제2차 확대집행위원회에서 정치노선을 다시 확립하였지만 당 내부형편이 말이 아니었던 것이다.

김일성은 훗날 "당시에 그대로 나둬서는 죽도 밥도 안 되겠더라"고 회상한 바 있다. 게다가 공산당 간부들, 이를테면 군당위원장들 가운데 일제 때 친일파, 면서기나 순사를 하던 사람들도 있었다. 상황이 이 지경이었기 때문에 노동자들 속에서 당 세포조직을 하라고 지시가 내려가도 집행이 되지 않았던 것이다. 지시를 제대로 집행하지 않는 면에 가보면 면당위원장 자신이 문제가 있는 경우가 허다하였다. 이들이 권세나 피우고 월권행위·일탈행위를 하면서 노동자들의 당세포 영입에는 관심을 기울이지 않았던 것이다. 당내부 형편이 이러하였기 때문에 민주주의인민공화국 수립이나 민주기지론 등의 방향을 제시하여도 당이 지도적인 역할을 할 수가 없었다. 이런 상황에서 김일성이 직접 당을 맡아 틀고 앉아야 한다는 의견이 나오게 된다. 당시 이북의 상황이 그러하였다. 북조선분국 제3차 확대집행위원회 개최의 필요성은 이러한 요구에서 제기되었던 것이다.

북조선분국 제3차 확대집행위원회

　　북조선분국 제3차 확대집행위원회의 일차 과제는 분국의 조직지도체계를 공산당의 요구에 맞게, 공산당의 조직원칙에 맞게 올바로 수립하는 것이었다. 제3차 확대집행위원회가 개최된 또 다른 배경에는 곧 열릴 예정이던 모스크바 삼상회의도 자리잡고 있었다. 이 삼상회의에서 조선문제 처리를 위한 구체적인 방침이 나올 예정이었던 만큼 그 집행에 있어서 공산당이 확실히 주도권을 장악할 필요성이 있었고, 이 때문에 당조직을 정비할 필요성이 제기됐던 것이다. 김일성의 입장에서나 소련 측의 입장에서 보더라도 삼상회의에서 결정될 조선문제의 처리방식은 전조선적인 혁명전략과 관련되는 문제였다. 그럼에도

1945년 12월 북조선분국 제3차확대집행위원회를 앞두고 김일성, 김책 등 북조선공산당의 주요 간부들이 현안을 논의하고 있다.

불구하고 당시 상황으로는 삼상회의에서 어떤 결정이 나더라도 공산당이 주도적인, 향도적인 참모부 역할을 하기 어렵다는 문제의식이 팽배하였다. 이것이 제3차 확대집행위원회를 소집한 또 하나의 이유였던 것이다.

당 지도부 개편 필요

그러나 더욱 중요한 점은 북조선분국이 이제는 실질적인 당중앙의 역할을 해야 한다는 문제의식이 높았다는 것이다. 북조선분국의 창립에 즈음하여 김일성이 당의 직책을 전혀 맡지 않았던 것은 국내파 공산주의자들에 대한 우대, 민족통일전선 형성의 중재자 역할의 필요성, 전국적 판도에서의 정세의 유동성 등 때문이었다. 특히 소련군대가 진주해 있는 이북에 당중앙을 두어야 한다는 제안을 박헌영이 받아들이지 않고 있었을 뿐만 아니라 그는 이북에 분국이 만들어진 뒤에도 이를 승인만 하였을 뿐 당중앙의 입장에서 분국에 대해 아무런 조치도 취하지 않았다. 이러한 정황에서 소련군정이나 분국의 김일성 계열 지도자들은 남과 북의 당조직을 통합하고 당 중앙위원회를 평양에 두는 것이 불가능해진 만큼 이북에서 만이라도 분국이 실질적인 당중앙의 역할을 해야 한다는 결론에 이르게 되었던 것이다.

또한 삼상회의의 결정이 나오면 박헌영도 이에 매달리지 않을 수 없으며, 결국 전국적 범위의 실질적 당중앙이 소련군대가 있는 평양에 설치될 가능성이 한결 높아졌다는 인식을 가졌던 것이다. 이런 정세를 반영하여 분국의 강화와 조직체계 정비(중앙집권적 조직체계, 민주주의적 중앙집권제 원칙, 당규율 확립, 당세포 확대와 노동계급성 담보, 평양학원 등을 통한 간부양성 등)가 당면과제로 부상했으며, 당 지도부의 개선과 관련하여 김일성이 주도권을 장악하는 과제가 부각됐다. 12월 17~18일 양일간의 제3차 확대집행위원회는 이러한 요구를 반영한 것이었다.

　　제3차 확대집행위원회에는 집행위원들 뿐 아니라 도 및 군 단위까지의 책임자들과 열성자들이 참석하여 참석자 숫자는 제2차 위원회 회의 때보다 조금 많은 1백40~50명쯤 되었다. 이 회의에서 김일성은 「각급 당단체들의 사업에 대하여」라는 제목의 정식보고를 행했다. 제2차 확대집행위원회의 회의 보고인 「4대 당면과업에 대하여」는 『김일성전집』에만 실려 있고 『김일선선집』에는 빠져 있지만 「각급 당단체들의 사업에 대하여」는 두 책에 모두 실려 있다. 김일성의 보고에서 중요하게 다뤄진 것은 당조직들의 기본적인 결함에 관한 내용이었다. 즉 지방할거주의, 자유주의, 중앙집권적 기율의 무시, 무규율, 종파적 행위 등에 관한 비판이 포함되었다. 또한 당원의 성분조사에서 노동계급성이 낮고 사무원과 지식층의 비중이 높다는 것이 드러났기 때문에 노동자들 속에서 당조직을 만드는 문제도 중시되었다.

　　김일성·안길·주영하·오기섭, 무정 등이 주석단에 앉아 회의를 진행하였다. 첫날 오전회의에서 김일성은 3시간동안 실례를 하나하나 들어가며 보고를 한 뒤 토론에 들어갔다. 특별한 토론신청 없이 손들고 그냥 자기 의견을 밝히는 자유토론이었다. 이 회의에서 비판이 집중된 것은 신의주사건이었다. 이것은 김일성의 보고에서도 중요한 부분이었다.

　　김일성이 신의주사건 때 신의주를 다녀왔기 때문에 이 사건을 실례를 들어가며 검토했다. 신의주 용암포사건에 관련된 면당위원장은 일제 때 면서기 출신이었고 당사업은 제대로 안하고 월권행위만 일삼았을 뿐 아니라 적위대·치안대에도 문제 있는 자들을 끌어 모았다. 용암포사건 때 학생들이 적위대원들과 치안대원들의 횡포를 정당하게 지적했는데도 면당위원장이 당원들을 부추겨서 학생들과 당원들 간의 싸움이 벌어지게 했다는 것이다. 김일성은 또 평안남도 인민위원회 보안부장을 하던 한모라는 자는 일제 때 헌병끄나풀이었다는 것(이 자는 나중에 총살된다), 황해도의 한 군당위원장은 일제 때 만주에서 고

등계 형사부장을 지낸 자라는 것, 함남 어느 산골에도 형사부장 출신이 자리를 틀고 앉았고 다른 곳에서는 일제의 경무보까지 활개를 치고 있다고 문제점을 지적했다.

당시 김일성의 보고는 당내 간부대열에 그런 불순분자가 있다는 실례를 구체적으로 담고 있었으나, 훗날 『김일성선집』 등에 게재할 때는 그러한 자세한 실례는 제외하고 대체적인 이야기만 수록하게 된다.

김일성의 보고 다음으로 토론이 이어졌는데 토론에서도 심각하게 제기된 문제는 간부대열의 정비에 관한 것이었다. 주요 토론자들은 전창철 · 김동규 · 임춘추 · 한익수 · 한천수 등 항일빨치산 출신들과 박금철 · 이효순 · 김익선 · 허학송 · 허국봉 등 갑산파 및 혜산사건 관련자들이었다. 제3차 확대집행위원회에서는 사실 국내파 공산주의자들이 주눅이 들다시피 하여 발언하지 않았다. 당시 활발하게 발언했던 사람들 상당수는 군당위원장들이었다. 공청 출신들도 이야기를 많이 했다.

회의에서는 지방당의 모순, 당원들의 비행, 노동자영입 소홀 등의 문제점이 지적되는 동시에 종파주의문제도 언급되었다. 함경남도 일부에서는 오기섭의 지시가 아니면 중앙지도부의 명령이라도 집행하지 않는 분위기가 있었기 때문이다. 박성철을 비롯한 함남에 파견됐던 사람들과 분국 중앙의 부장급 인물들이 오기섭에 대해 신랄하게 비판했다. 자신을 전형적인 프롤레타리아트로 주장해온 오기섭 비서는 일본식 노동화 '지까다비'를 신고 다니면서 상당히 지저분한 외모를 오히려 '프롤레타리아적'인 것으로 생각하는 사람이었다. 김일성도 훗날 오기섭을 첫 대면했을 때 그가 때 잔뜩 낀 레닌모를 쓰고 악수를 청하면서 "나, 조선의 프롤레타리아치요"라고 인사하더라는 이야기를 두고두고 했다.

제3차 확대집행위원회 회의에서는 오기섭에 대한 인신공격에 가까운 비난이 쏟아졌다. 예를 들자면 "당신 같은 프롤레타리아트가 어디에 있는가, 프롤레타리아트야말로 가장 선진적인 계급이지 비위생적이고 남루한 게 어째 프롤레타리아적인가, 노동자계급을 오히려 모독하는 게 아닌가"하는 얘기였다. 이전 같으면 상상할 수 없을 정도의 비난이 오기섭에게 퍼부어졌던 것이다. 황해도의 김응기 등은 주로 품성문제, 종파주의 및 지방할거주의를 비판했다. 첫날 회의는 거의 이런 문제로 보냈고 비교적 일찍 끝났다. 회의 일정이 이틀로 잡힌 것은 제3차 확대집행위원회 자체를 오래 끌어갈 생각이 아니었음을 보여준다.

이 회의에는 소련파도 참가했는데 허가이는 입북 이틀인가 사흘만에 참석했으며 김일성과 같은 시기에 들어온 이론가 태성수도 참석했다. 12월 18일 오전까지 계속 토론한 뒤에 결정서를 채택하게 된다. 결정서 초안 작성에는 안길·주영하·허가이·태성수 등 결정서 기초위원 6명이 참가하였다. 소련에서 구역당급 책임비서까지 지내다 입북한 허가이는 이때부터 당사업에 뛰어들어 자신의 의견을 관철시킨다. 안길이 조직 강화에 대한 결정서를 낭독한 뒤에 이를 통과시키고 점심을 먹었다. 오후에는 지도부 일부를 개선(改選)하였다. 이 문제는 처음부터 회의 의제에 들어 있었던 것이다.

김일성 책임비서에 선출

18일 오후 회의에서 김용범은 신상발언을 통해 자신이 책임비서로 선출되어 그동안 일을 해왔지만 능력도 모자라고 건강 악화로 직무를 계속 수행하기 어려우니 사임하고 싶다는 입장을 피력하였다. 그런 후에 김용범은 김일성을 책임비서로 추대할 뜻을 밝혔고 아무도 이에 대해 반대 의사를 표명하지 않는 가운데 박수로 만장일치로 통과되었다. 사실 회의 분위기로도 그렇고 김일성 계열의 기세에 압도되어 국내파 공산주의자들 가운데 누구 하나 반대할 엄두를 내지 못하였다. 당시의 이북 사회의 분위기는 '김일성 장군의 노래'를 흔하게 불렀고 "김일성 장군은 절세의 애국자, 만고의 빨치산, 민족의 영웅"이라는 구호를 외치는 판이었다. 당 내부를 보더라도 김일성이 북조선분국 창립의 실질적인 장본인인 데다가 북부 5도당 책임자 및 열성자회의와 그 예비회의에서 수십 차례 발언에 나섰고 당내 지도자들과 여러 면담을 가졌으며, 제2차 확대집행위원회에서는 정치노선에 관하여 보고하는 등 실질적인 중앙지도부 역할을 하고 있었기에 이견이 있을 수 없었다. 김일성이 책임비서로 선출되고 김용범은 새로 조직된 당 검열위원회 위원장을 맡게 된다.

조직문제를 마친 뒤에 일단 공식회의 일정은 끝났지만 제2차 확대집행위원회 회의 때와 마찬가지로 당규약과 유사한 내용의 강습회가 밤늦게까지 진행되었다. 당규약의 전문은 없었으나 당생활 규정이라든지 당원의 권리와 의무, 당세포 운영의 기준, 면당 위원에 대한 기준, 각급 단위의 당회의 진행방식 등에 대하여 세부적인 강습을 하였다.

제3차 확대집행위원회에서부터 이북 당중앙의 명칭은 '공산당 북조선조직위원회'로 바뀌었다. 서울중앙을 지지하는 인사들은 '조선공산당 북조선조직위원회'이라고 했으나 서울의 박헌영이 지도하는 공산당과 차이를 두고 독자성을 강조하기 위해 공식적으로 공산당 북조선조직위원회라고 부르기 시작하였다. 공식문서상으로도 이 명칭을 사용했다. 조직 명칭도 바뀌고 책임비서도 교체했던 것이다.

이북에서는 정권 수립 이후에도 이 명칭을 둘러싸고 몇 차례 문제된 일이 있다. 1965년 무렵 중앙당학교의 교수 가운데 당건설사를 담당하던 김택형 교수가 이것을 제대로 구분하지 못해 철직당하는 일까지 있었다. 당건설문제 토론회에서 김 교수는 명칭을 제대로 구분하지 못해 어물쩍 넘어가려고 하였다. 공산당 북조선조직위원회, 조선공산당 북조선조직위원회 어느 쪽으로 불러도 괜찮다는 식이었다. 이 토론회에 참석했던 한 학생이 김 교수의 설명에 대해 강력히 이의를 제기하였다. 이 학생은 중앙당 선전부 강아무개 부부장으로 재교육을 받으러 중앙당학교에 와있었으며 제3차 확대집행위원회 당시에 회의를 기록하는 서기로 일했던 인물이다. 강 부부장은 "그게 무슨 소리냐. 당시에 박헌영의 서울공산당과 엄격하게 구분하기 위해서, 그리고 분국 명칭 때문에 서울당의 하급 당처럼 취급되던 폐단을 없애기 위해서 공산당 북조선조직위원회라는 명칭을 만들었던 것인데 대체 무슨 말을 하는거냐"며 김 교수를 거세게 비판하였다. 이 자리에서 김 교수의 의견에 동조하던 네댓 명도 모두 철직 또는 출당조치를 당하였다. 이 일말고도 1964~65년 무렵 당 전원회의의 집중지도사업 때 강원도당 책임비서 김원봉이 '조선공산당 북조선조직위원회'라고 언급하다가 집중비판 당한 일이 있었다. 그만큼 당내에서는 이 명칭 문제가 심각한 원칙 문제로 취급되었던 것이다.

사회단체와 공청·민청논쟁

해방 직후 이북에서는 공산주의청년동맹·여성동맹·직업동맹·농민동맹 등의 사회단체들이 속속 등장하였다. 이들 단체들 중에서 공청과 직업동맹의 사정이 조금 복잡했다. 농민동맹의 경우는 함경도 길주·명천·단천 등의 적색농민조합운동의 영향으로 운동의 뿌리가 깊었던 데다가 농민운동 활동가들이 많은 편이어서 조직적으로 별반 문제가 없었다. 농민동맹 위원장은 강진건이었는데 농민운동 출신들은 비교적 순수했고 항일빨치산 세력과 금방 결합되었다. 농민동맹 내에서 천도교청우당(1946년 2월 결당)과 그 전신인 천도교 종무원의 영향력이 비교적 컸고 이들이 농민운동 내에서 우경적 흐름을 주도하였다. 다만 천도교청우당의 지도자 김달현이 항일빨치산 세력과 합작을 해왔기 때문에 별문제를 일으키지는 않았다.

여성동맹은 공산당의 여성 지도자 박정애가 일찍부터 선두에서 주도했기 때문에 파벌이 형성되는 일이 없었다. 박정애는 1945년 11월에 조직된 여성동맹 위원장으로 선출되었다. 더욱이 김일성의 처 김정숙까지 여성운동에 발 벗고 나서면서 여성동맹은 더욱 활력을 띠었으며 특별한 내분이나 문제가 없었다. 김정숙은 해방 뒤 입북하면서 곧바로 평양에 오지 않았고 1945년 12월 조선공산당 북조선분국 3차 확대집행위원회에서 공산당 북조선조직위원회가 조직되기 이전에는 청진에 머물면서 여성운동에 참여했던 경력이 있다.

국내파 중심으로 공청 결성

그리고 공산주의청년동맹을 집중적으로 살펴보면, 해방 직후 이북에서는 공청을 따로 결성할만한 조직적인 기반이 갖춰지지 않았다. 서울에서는 1925년 박헌영이 주도한 공청운동의 전통이 있었고 공청 활동가들 대부분이 서울에 있었으므로 공산주의계열의 청년운동을 전개할 조직적 기반이 있었다고 할 수 있다. 그러나 이북의 토착공산주의자들 가운데는 공청을 주도할 조직적 기반을 갖고 있는 인물이 없었다. 이 때문에 항일빨치산 세력이 입북하기까지는 공청 조직이라고 할 만한 게 거의 없었다. 부분적으로 함남·평북 같은 곳에서 공청을 표방하고 나선 소그룹들이 있기는 했지만 도 단위의 조직은 출현하지 못했던 것이다.

이북에서의 공청운동은 항일빨치산 세력이 들어온 이후 당 창건운동과 함께 시작되었다고 보아야 한다. 빨치산세력에게서 임무를 부여받은 청년들이 공청운동을 주도했던 것이다. 공산당 북조선분국 창설전인 1945년 10월 초 무렵 평양에서 공청준비위원회가 비밀리에 발족되어 조직 착수에 들어갔다. 항일빨치산 출신들인 김익현·김성국·박우섭·정만금·김원주 등이 공청운동에 적극 가담했다. 공청준비위원회가 발족되자 이들이 중심이 되어 도 조직을 결성하기 위해 각 도로 급파된다. 이들과 결합된 청년들은 주로 해방 후 출옥한 청년학생 출신들, 말하자면 일제 때 학생운동이나 독서회사건으로 투옥되었다가 함흥 형무소, 신의주 형무소, 평양 형무소 등에서 나온 사람들이었다. 일부 지방에서 소그룹 형태로 공청운동을 개시한 청년들도 이에 가세하였다.

공청준비위원회는 평양 시내의 기독교청년구락부(지금의 만수대예술극장 뒤) 자리에 사무실을 잡았다. 중앙에 먼저 준비위원회를 조직하고 각 도에 지방조직을 결성했다. 지방조직 건설과정에 항일빨치산 세력과 국내 세력이 서로 연계하면서 도 조직을 내오기 위해 애를 썼다. 조직 내에 종파적인 성격은

1946년 1월 17일 평양에서 열린 조선민주청년동맹 결성대회 직후 주요 간부들이 김일성과 함께 기념촬영을 했다. 민주청년동맹은 조선 공산청년동맹을 비롯해 조선민주당과 독립동맹청년조직을 통합한 청년조직이다.

없었지만 나름대로 조직상의 문제는 많이 있었다.

첫째, 이북에서 공청운동이 전개되자 서울중앙이 지도력을 행사하려고 사람을 파견하였는데 평양에는 박헌영의 지시를 받은 김아무개가 왔다. 둘째, 일부 공산주의자들이 일제 때 징병 또는 지원병으로 갔다 온 청년들을 배척하는 자세를 보였다. 일제 하에서 공부께나 하고 똑똑한 젊은이들은 거의 대부분 일본군대에 갔다 왔고 공청운동의 조직 경험자들도 제대로 없는 마당에 징병·지원병 출신의 청년들을 배척하는 분위기가 형성되면서 갈등이 일어나지 않을 수 없었다.

셋째, 노동자계급 등 기본계급 속에서 활동해야 했음에도 불구하고 노동자들을 무식쟁이로 배척하고 중학교를 졸업한 지식청년들에게만 관심을 보이는 편향도 나타났다. 이 과정에서 정체불명의 청년들이 공청운동에 참가해 혼란이 발생하기도 했다. 넷째, 일부 청년들이 적위대를 조직해 공청 완장을 차고 공공연하게 불법·탈법행위를 자행하여 빈축을 사곤 하였다. 다섯째, 공청조직 외의 다른 청년조직들도 우후죽순처럼 도처에서 만들어졌다. 예를 들어 해방청년동맹, 애국청년동맹, 건국청년동맹 등이 등장하였고 유학생·학병 출신들이 이 단체들을 주도하였다. 일부는 만주에서 협회·단체에 가맹해 활동한 경험이 있는 청년들도 끼어 있었다.

1945년 11월 조선민주당의 창립과 때를 같이해 민족주의청년운동 조직이 만들어지고 종교계에서도 청년조직화를 시도하는 형국이었다. 이 때문에 지방에서는 공청과 여타 청년조직 간에 갈등이 빚어지기도 하였다. 공청 조직의 초기에는 이런 문제들로 난관에 빠졌고 운동이 진척되지도 못 하였다.

청년조직 갈등 해소 민청 결성

공청지도자가 각 도에서 결성된 뒤, 1945년 10월 10~13일 북부 5도당 책임자 및 열성자회의에서 조선공산당 북조선분국이 창립된지 열흘 뒤인 10월 23일에 평양에서 공청열성자회의가 열렸다. 약 60여명의 청년 지도자들이 참석한 이 회의에서 북조선공산주의청년동맹의 창립이 선포되고 위원장에 김익현, 부위원장에 박우섭·송희철·김원주 3인이 선출되었고 21명으로 중앙집행위원회를 구성하였다. 서울측이 사람을 파견해 지도력을 행사하려고 했지만 이북 공청은 "무슨 소리냐. 너희는 너희끼리 이남에서 공청을 만들어라. 우리는 우리대로 공청을 결성한다"는 입장을 보였다.

김일성도 공청열성자회의에 참석하여 청년들을 민주주의 깃발 아래, 공청의 깃발 아래 결집시켜야 한다, 조직 발전과정에서 관문주의적 태도를 취해선 안 된다, 민주주의정권 수립에 청년들이 앞장서야 한다는 등의 내용으로 약 40여 분간 연설하였다. 김일성은 공청 초기의 활동과정에 남달리 큰 관심을 갖고 공청원들을 고무시켰다. 그는 북조선분국 창립 준비를 하는 기간에도 매일 한밤중에라도 한 차례씩은 공청준비위원회 사무실에 들러 공청원들을 격려하고 식대를 건네주곤 하였다.

공청원들은 당시에 모두 열성자들이어서 사무실에서 일하다가 그대로 책상이나 의자에서 아무렇게나 잠들기 일쑤였다. 평양의 11월 밤은 제법 쌀쌀했기 때문에 한밤중에 사무실에 들른 김일성이 조용히 자기 외투나 담요를 덮어주고 가는 일도 잦았다. 그는 일제시기 길림에서 청년조직 결성을 경험한데다 항일빨치산 활동 시기에도 청년조직의 역할이 컸던 사례와 전통이 있었기 때문인지 그의 청년조직에 대한 관심은 남다른 데가 있었다.

한편 공청이 청년들의 조직이다 보니 활동과정에서 폭력사태도 빈발하였다. 지방 공청 사무실의 기물들이 파손되기도 했으며 특히 평북 신의주나 함남, 원산 등지에서 그런 일이 잦았다. 1945년 12월에 발생한 신의주사건 당시에 김일성이 신의주를 방문해 사태를 수습한 뒤에도 공청 중앙은 평북(신의주

공청 책임자는 한영철)에 조직을 정비하러 갔다가 분위기가 살벌해 도망치다시피 평양으로 되돌아온 일까지 있었다. 평북 애국청년동맹(위원장 김성완, 반공단체)과 평북 공청간의 알력으로 이날 폭력적인 충돌이 벌어졌기 때문이다.

당시 신의주에서는 세력 상으로 볼 때 공청이 약세였다. 애국청년동맹 간판을 내걸은 몇몇 사람들이 중학생들을 동원해 공청과 세력싸움을 전개했던 것이다. 애국청년동맹 부류의 반공단체들이 적위대 및 공청과 충돌하였고 사무실 습격사건이 빈발하였다. 군중을 놓고 쟁탈전을 벌이는 양상보다는 이념투쟁에 기초한 세력 다툼에 경사되어 있었다. 우익 청년단체들은 소련군정의 후원을 받는 공청에 불만을 품고 있었다. 공청은 합법조직이었지만 반(半)공개로 활동했으며 맹원을 받는 과정은 비공개적으로 진행되었다. 11월쯤에나 가서야 조직이 공개되었다. 일부 지방에서는 신의주처럼 공청 내부사정이 복잡해 중앙의 권위가 먹혀들지 않는 경우도 있었다. 1945년 11월~12월에 접어들면서 공청 조직에서도 차차 규율이 잡혀갔다.

공청의 관문주의 오류 비판

해방공간에서의 청년운동과 관련하여 한 가지 덧붙일 것은 1945년 11월에 결성된 조선민주당도 자신의 청년조직을 만들려고 당 중앙기구에 청년부를 두었다는 점이다. 1945년 12월 이후 활동을 개시한 조선독립동맹측도 독자적인 청년조직을 만들려고 시도하였다. 천도교청우당의 전신인 천도교 종무원의 청년부도 청년조직을 만들기 위해 움직였다. 이런 상황에서 공산당 북조선분국 제3차 확대집행위원회에서 본격적으로 공청문제가 의제로 등장하였다. 당시 얼마 되지도 않는 청년 활동가들이 공청 · 민주당청년회 · 독립동맹청년회로 갈라져 있는 형국이었다. 공청 조직의 관문주의로 인해 참여의 기회를 잃은 청년들이 다른 청년조직으로 흘러들어 갔던 것이다. 공청 측이 무식쟁이라고 배척한 문맹의 노동자와 농민 출신들이나 징병이나 지원병 출신의 청년들이 다른 청년조직으로 눈을 돌렸다. 공산당의 입장에서 보면 공청의 관문주의적 오류가 이만저만이 아니었던 것이다.

제3차 확대집행위원회에서 북조선조직위원회 책임비서로 선출된 김일성은 "현 단계는 민주주의혁명단계이다. 따라서 민주주의 깃발 아래 청년들을 뭉치게 해야 한다. 현 시기는 민주국가 건설에 매진할 때이니 청년들 속에서 공산주의 냄새를 피울 필요가 없다. 공산당이 청년들 전체가 민주국가 건설에 참가하도록 보장해야 한다"고 강조하였다.

그런데 김일성의 이러한 주장에 대해 오기섭 등이 반대하고 나섰다. 오기섭 등은 "김일성 동지의 발언은 우경기회주의적인 것이다. 그건 사루마다(일본말로 남자팬티 지칭)까지 다 벗어주는 게 아니냐. 공산주의를 포기하겠다는 것 아니냐"고 반론을 제기해 논쟁이 벌어졌다. 오기섭 등 국내파 공산주의자들뿐 아니라 허가이·태성수·박영빈 등의 소련파도 공청 조직의 유지를 강조하였다. 이들 소련파가 소련방에서 공청 조직에서 활동한 적이 있었기 때문이다. 이들은 공청 조직은 그대로 두고 민주청년 조직을 따로 만들던지 민주당으로 하여금 청년조직을 만들게 하고 공산당과 민주당의 청년조직을 연합하는 청년단체협의회를 만들자는 주장을 펴면서 이 청년단체협의회를 공산당이 지도하면 되지 않겠는가 하는 것이었다.

이에 대해 김일성 등은 청년조직을 유일조직으로 만들어 민주개혁에 적극 참가하도록 해야 한다는 주장을 펼쳤다. 당시 이북에서는 기독교세력이 여전히 강한데다가 설사 최용건이 민주당에 들어가 있다고 하더라도 민주당에 대한 공산당의 주도권이 확실치 않은 마당에 민주당에 청년조직이 뜨면 청년들이 그쪽으로 쏠리지 않겠는가 하는 입장을 개진하였던 것이다. 김일성그룹은 무엇보다도 소수의 공청 청년들로는 민주개혁을 본격적으로 착수하기가 어렵다고 보았던 것이다. 김일성그룹은 자신의 입장을 관철시키기 위해 며칠을 두고 국내파 일부와 소련파 지도자들을 설득해나갔다.

이 회의가 끝난 뒤 12월 하순에 집행위원회 회의를 거듭하여 공청을 발전적으로 해소하고 민주청년동맹을 새로 결성한다는 결론에 이르게 된다. 전체 청년들의 유일조직으로 민주청년동맹을 만들고 이를 공산당이 지도한다는 내용이었다. 이는 청년전위조직으로서의 공청 조직을 보존할 것이 아니라 민주국가 건설을 위해 광범한 청년층을 한데 묶는 민청 조직으로 탈바꿈하기로 결정했던 것이다. 이 과정에서 당 책임비서인 김일성은 공청 사무실에 가서 청년운동의 주체인 공청 간부들과 여러 차례 회의를 가졌고 도급 책임자들을 평양으로 불러들여 대 여섯 차례 설득작업을 펴기도 하였다.

1945년 12월말 모스크바삼상회의의 결정이 나온 뒤인 1946년 1월 3일에 민주청년동맹 결성준비위원회가 비공개로 결성되었다. 이때부터 대중적 청년조직의 결성을 위한 활발한 움직임이 있었는데 그 과정이 하도 복잡해서 당시 공청 중앙에서 사업하던 나 자신도 일일이 기억하지 못할 정도로 바쁜 나날을 보냈다. 열흘 이상 지난 1946년 1월 16~17일에 평양의 기독교청년구락부에서 민주청년동맹 결성을 위한 북조선민주청년단체대표자회의가 전격적으로 열렸다. 회의에 참석한 인원은 공청 때보다 많은 1백 20명쯤이었고 준비위원장 김욱진이 보고를 하였다. 아마 이 시기에 민청이 결성되지 않았더라면 이북 청년들을 반탁진영으로 몰아넣었을 소지가 컸다고 생각한다. 처음부터 민청은 공산당의 외곽단체가 아니라고 선전함으로써 민주당 차원의 청년조직을 만들어질 소지를 없앴다.

이런 사정을 감안해 공청 중앙의 활동가들은 모두 민청 중앙에서 떠나는 조치가 취해졌다. 이 바람에 나도 평양학원으로 보내졌는데 평양학원은 원래 1945년 11월에 문을 열었지만 우리는 12월 말쯤 도중에 끼어 들어갔다. 공청 중앙의 김익현·박우섭·정만금 등 지도자들은 모두 보안간부훈련소로 전출되었다. 공청 조직을 움직이던 사람들이 그대로 남아 민청을 움직이면 민청이 공산당의 청년조직으로 비쳐질 소지가 컸기 때문에 공청 활동가들을 다른 조직으로 전출시켰던 것이다. 그 결과 민청 위원장에는 공산당 계열의 김욱진, 부위원장에는 공산당 계열의 조용희, 민주당 계열의 홍갑식, 청우당 계열의 김영환 등이 선출되었다.

민청 출범 이후에는 공청 시기의 관문주의적 오류를 극복하고자 가입 희망자는 모두 받아 들였다. 공청에서 민청으로 전환됨에 따라 청년들의 분열을 막을 수 있었고 반탁운동의 조직적 싹을 자를 수 있었으며, 민주기지 창설을 위한 청년조직의 통일을 달성했다고 할 수 있다. 이 청년조직은 6·25전쟁의 와중인 1951년에 이남의 민주애국청년동맹과 합쳐져 조선민주청년동맹으로 바뀌는 또 한번의 조직 차원의 변화가 일어난다. 1951년 2월경 민청·여맹·직맹이 남북연합대회를 거쳐 단일조직으로 바뀌었던 것이다.

직업동맹 결성 때도 논란

그밖에 오기섭의 영향 아래 있었던 직업동맹에서는 여러 가지 문제가 표출되었다. 직업동맹은 일제 때 원산총파업 등을 주도했던 적색노동조합운동 출신들이 주도권을 장악하고 있었다. 1945년 10월 말까지는 각 지방의 노동조합이 제각각 분산되어 있었고 북조선 차원의 조직은 물론 도 차원에서도 제대로 조직된 게 없이 도토리 키재기 식으로 노조가 난립하였다. 조직적인 토대가 상당히 복잡한 가운데 조선공산당 북조선분국이 창립되면서 근로단체들도 북조선적인 중앙을 가져야 한다는 문제의식 속에서 11월에 직업동맹 북조선분국이 만들어지게 된다.

북조선적인 직맹 조직이 결성될 때 직면한 가장 큰 문제는 직맹의 임무와 활동문제였다고 한다. 또한 공산당의 직맹에 대한 지도, 직맹의 성격, 그리고 직맹 조직내의 관문주의와 분파주의 등 여러 가지 문제들이 있었다.

오기섭은 직맹을 우선시하는 입장이었다. 그는 직맹 구성원은 철저히 공산주의사상으로 무장한 정수분자들로 뽑아야 한다는 태도를 보였다. 사실 직맹은 노동자들의 대중조직이므로 노동자의 복지와 민주국가 건설을 위해 일할 사람이라면 누구나 조직에 참가할 수 있어야 함에도 불구하고 관문주의를 범했던 것이다. 오기섭은 또한 직맹과 당은 대등한 관계 내지 숫자가 많은 직맹의 우위라는 주장을 폈다. 직맹에 대한 당의 지도를 거부하고 '당의 인전대로서의 대중조직' 노선을 거부하였다. 오기섭은 다음으로 직맹의 임무와 활동문제와 관련하여 직맹이 노동자의 복지와 이해관계를 대변해야 하므로 기업가와 공장주, 심지어 국영기업의 경우 국가조직에 대해서도 투쟁해야 한다는 견해를 갖고 있었다. 그가 평양방직공장·평양제사공장·평양고무공장 등으로 하여금 파업하도록 선동하는 일까지 있었다. 이는 일제 때 노동조합의 임무와 활동이나 해방 후 민주국가 건설시기의 직맹의 그것이 같다는 식이었다.

오기섭은 이러한 인식과 판단 때문에 노동자들이 민주기지 건설의 선봉에 서서 민주국가 건설에 참가해야 한다는 김일성의 입장과는 배치되는 태도를 보이게 된다. 따라서 오기섭이 직업동맹 북조선분국을 지도하는 동안에는 직맹 내부의 사정이 매우 복잡하였다. 1945년 12월 당 북조선분국 제3차 확대집행위원회에서는 공청문제 뿐 아니라 직맹문제도 집중 토론되었다. 오기섭은 이 자리에서 상당히 비판을 받고 직맹에서 물러났으며, 최경덕이 그의 뒤를 이어 직맹 책임자가 되었다. 직맹은 이처럼 복잡한 과정과 사상투쟁을 겪었지만 일찍부터 조직적 토대가 굳건했기 때문에 공산당 외에 다른 정당의 영향력은 없었다.

북조선로동당과
북조선인민위원회

1946년 11월 3일 첫 인민위원회 대의원 선거를 앞두고 북한 전역에는 선거를 독려하는 선전물들이 나붙었다. 사진은 함경북도 청진시 중앙거리에 설치된 것이다.

북조선임시인민위원회

  이북에서 북조선임시인민위원회가 설립될 때 정말 말들이 많았다. 1945년 12월 조선공산당 북조선분국 제3차 확대집행위원회에서 분국을 공산당 북조선조직위원회로 바꾸어 이북 당의 독자성을 부여한 것은 38선을 중심으로 당을 분열시킨 것이라며 이북에 독자적인 정권기관을 만들면 곤란하지 않는가 하는 지적들이었다. 남과 북을 망라한 임시정부가 수립될 때까지는 행정기관인 5도행정국을 유지시키면 될 터인데 새삼스레 완전한 정권기관을 만들 필요는 없지 않은가 하는 것이었다. 더군다나 모스크바삼상회의의 결정에 따라 곧 개최될 미소공동위원회에서 임시정부 수립문제가 구체화될 것을 굳이 정권기

1946년 2월 북조선임시인민위원회 창립 경축 평양시군중대회에 각종 플래카드를 든 군중들이 참여했다.

관의 창립을 서두를 필요가 없다는 게 초점이었다. 특히 오기섭·정달헌을 중심으로 한 국내파 공산주의자들이 반발에 앞장섰다. 이들은 임시인민위원회의 수립이 자칫하면 나라의 분열행동이 된다는 점을 지적하였고 조선공산당 서울중앙과의 협의를 통한 결정이 필요하다는 입장을 보였다.

5도행정국의 설립에 직접 관여했던 소련군정 측도 당초에는 과도적이기는 하지만 완전한 정권기관의 모양을 갖춘 북조선임시인민위원회를 만드는 것까지는 생각하지 않았던 것으로 안다. 군정 측은 이북지역을 5도행정국으로 통치하다가 모스크바삼상회의의 결정에 따라 임시정부가 수립되면 5동행정국의 기능을 이 정부에 이양하면 될 것으로 생각하였다. 이 때문에 허가이·이동화 등 소련파는 5도행정국을 유지하다가 미소공동위원회가 개최되면 임시정부를 설립하는 단계로 나아가야 한다고 주장하였다.

소련군정 동의에 의한 위원회 설립

그런데 1945년 12월의 제3차 확대집행위원회에서 북조선조직위원회 책임비서에 선출된 김일성을 주축으로 한 항일빨치산 세력은 임시인민위원회의 필요성을 본격적으로 제기하였다. 이들은 임시정부 수립을 전제하더라도 이북지역에서 민주기지를 창설하기 위한 과업을 한시라도 지체해서는 안 된다는 입장을 개진하였다. 임시정부 수립 전에라도 나라를 건설할 수 있는 토대나 모형을 만들어가야 한다는 주장이었다. 이는 바로 근거지창설론이다. 임시정부가 수립되더라도 민주개혁의 토대를 뒤집지 못하기 위해서는 이북에서 먼저 판을 치고 기선을 장악할 필요가 있다는 것이었다. 완전한 권력을 행사하는 중앙적인 정권기관이 나와야 하는데 5도행정국은 협의·조절기구의 성격이 강하니 이러한 조직 갖고는 안 된다는 이야기였다. 강력한 집행권을 갖는 정권기관을 만들어 민주개혁을 본격적으로 추진하자는 주장은 논란을 불러일으켰다.

항일빨치산 세력과 국내파·소련파 공산주의자들이 이러한 입장 차이로 논란을 벌이다가 김일성측의 주장이 어느 정도 설득력을 발휘하는 시점에서 소련군정 측도 이를 지지했고 이에 따라 임시인민위원회 수립은 일사천리로 진행되었다.

이로써 1946년 2월 8일 평양에서 북조선 각 정당·사회단체, 각 행정국 및 각 도·시·군 인민위원회 대표 확대협의회가 개최되었고 이 자리에서 공산당 북조선조직위원회 책임비서 김일성은 「북조선임시인민위원회 조직에 대하여」라는 보고를 하였다. 김일성은 이 보고에서 "우리가 임시인민위원회를 조직하겠다고 발기하니 소련군정도 동의했다"라고 말했다.

북조선임시인민위원회가 흔히 소련군정 측의 주도로 만들어졌다는 식의 얘기가 많은데 엄밀히 말하면 공산당 내부에서의 심각한 토론 끝에 당 결정이 내려지고 이를 소련군정 측이 추인했다고 할 수 있다. 5도행정국 설립 때에는 로마넨코·레베데프·쉬체티닌 등이 직접 지휘하였지만 2월 8일 임시인민위원회가 수립될 때에는 소련군정 지도자들은 방청하기만 했지 이래라 저래라 간섭하지 않았다. 북조선 각 기관 대표 확대협의회가 2월 8일 시점에 열린 것은 미소공동위원회가 열리기 전에 토지개혁을 실행하려는 내밀한 계획에 따른 것이었다. 임시정부의 수립 전에 어떤 나라가 건설되어야 하는지의 모형을 이 북에서 먼저 만들어가자는 주장이 전면적으로 관철된 것이다. 이에 따라 '임시'라는 용어가 붙여졌다. 임시인민위원회는 민주개혁을 강력히 추진할 수 있는 강력한 정권기관을 세우기 위한 조치였다고 할 수 있다. 북조선임시인민위원회의 위원장에는 김일성, 부위원장에는 김두봉, 서기장에는 한병옥이 각각 선출되었다.

토지개혁

북조선임시인민위원회가 조직되면서 곧바로 토지개혁법령 작성위원회도 구성된다. 토지개혁법령을 완성하는 즉시 1946년 2월 27일에는 농민대회를 소집하였다. 토지개혁법령은 농민대회의 요구를 임시인민위원회가 받아들이는 형식으로 채택되었고, 3월 5일 주민들에게 토지개혁법령이 공포되었다. 그리고 3월 20일 서울에서 제1차 미소공동위원회가 열리자 김일성은 북조선임시인민위원회 위원장 자격으로 3월 23일에 20개조 정강을 발표하게 된다.

만주에서의 경험 토대로 실시

이북에서 발표된 20개조 정강은 김일성이 직접 작성한 것이었고 그의 친필원고가 사료로 보관되어 있다. 이 정강도 소련군정 측이 만들어준 것이라는 얘기들이 있는데 이는 사실과 다르다고 생각한다. 20개조 정강의 내용을 보면 이를 알 수 있다. 예를 들어 일본통치의 일체 잔여의 철저한 숙청, 민주주의적 제 사회단체의 자유로운 활동조건 보장, 토지의 무상몰수와 무상분배, 소작제 철폐 등의 내용은 소련군정이나 소련파 지도자들에게서는 나오기 어려운 것들이다. 소련방에서 나온 조선인들은 지방의 당·행정·교육기관에서 일하던 사람들이어서 정치가라기보다는 당·행정·교육 실무가들이며 정치적 식견은 떨어진다고 볼 수 있다.

소련군정의 스티코프·로마넨코·레베데프·발라사노프·이그나티에프 등은 군대 정치위원으로 정책적인 두뇌를 지니고 있었다고 하더라도 역시 군인은 군인이었으므로 민주개혁의 제 정책을 그들이 작성했다고 보기는 어렵다. 20개조 정강은 김일성 그룹이 소련방의 본을 따면서 자신들이 만주에서

1945년 3월 5일 한 농민이 토지를 분배받고 환하게 웃고 있다.

1946년 여름, 북의 농민들이 밭머리에서 좌담회를 갖고 있다(위). '토지는 농민의 겄' 이라는 토지개혁 포스터(아래).

겪은 체험을 근거로 작성한 것이지 소련군정이 주는 각본대로 읽은데 불과하다고 볼 수는 없다. 이들이 소비에트연방공화국을 모범으로 삼았던 것은 사실이지만 중국의 신민주주의론의 영향도 많이 받았다고 할 수 있다.

건국사상총동원운동

이북에서는 1947년부터 인민경제계획에 의거한 계획경제를 운용하기 시작하였다. 당시 노동자·농민들의 의식수준이 낮아 경제계획의 실천에 어려움이 예상됐기 때문에 이들로 하여금 새 나라의 주인이라는 자각을 불러일으키는 것이 당면과제로 등장하였다. 이북 전역에서 '건국사상총동원운동' 을 전개

1946년 가을 쌀을 수확한 농민들이 3.7제에 따라 수확량의 30%를 현물세로 내기 위해 저울로 쌀의 무게를 달고 있다.

인민위원회에 낼 면포를 쌓아놓고 농민들이 만세를 부르고 있다.

한 것은 이 때문이다. 노동자·농민들에게 봉건적 유습이 강하게 남아 있었고 개인주의적 사고도 적지 않았다. 씨족관념이나 도박·투전 버릇, 그리고 분배 받은 토지에서 생산된 곡물을 제멋대로 처리하는 태도 등이 나타났다. 북조선 임시인민위원회는 이런 상태를 그냥 두고는 계획경제도, 인민주주의혁명도 완수할 수 없다는 결론을 내리게 된다. 남녀평등권법령이나 노동법령 등 제반 민주개혁 조치들을 통해 제도 개선은 이뤄졌지만 낡은 사상잔재로 인해 제대로 시행되지 못하는 상황이었다. 이에 따라 이북 주민 전체를 대상으로 한 사상개조운동에 돌입하게 된다.

김일성은 1947년 11월 초 도·시·군 인민위원회선거를 치른 뒤인 11월 25

일에 열린 북조선임시인민위원회 3차 확대위원회에서 낡은 사상의식을 개조하기 위한 건국사상총동원운동을 전개할 것을 역설하였다. 11월 28일의 북조선로동당 중앙위원회 3차 회의 및 12월 3일의 당중앙위 상무위원회 14차 회의에서 건국사상총동원운동의 구체적인 방안이 협의되었고 이 운동의 전개를 결정하였다. 이에 따라 12월 초에 북로당 중앙위원회 명의로 건국사상총동원운동을 전개할 데 대한 호소문이 발표되었다. 호소문은 노동자, 농민 등 근로대중이 낡은 사상의식과 봉건유습에서 벗어나 애국사상으로 무장함으로써 새 조국 건설에 이바지해야 한다는 내용을 담고 있었다. 호소문이 발표되자 북조선민전을 비롯한 각 사회단체에서 잇달아 지지성명을 발표하게 된다.

또한 이 운동을 전개하기 위한 군중운동과 조직사업도 본격적으로 시작된다. 건국사상총동원운동을 선전하기 위한 선전대가 이북 전역에 파견되었다. 지방에 파견된 선전대는 각종 강연회에서 낡은 봉건유습의 잔재를 일소하기 위한 사상개조를 바탕으로 증산운동·절약운동·애국운동을 전개하자고 호소하였다.

애국미헌납운동, 문맹퇴치운동 등 활발

애국운동의 첫 시발은 애국미헌납운동이었다. 이 운동의 발기자는 황해도 재령군에서 농사를 짓던 김제원 농민이었다. 김제원 농민은 현물세를 낸 뒤 자신이 처분할 수 있는 곡물 가운데 식량 사용분을 남겨두고 나머지를 소달구지에 실어 나라에 헌납했다. 당시에 공사 중이던 김일성종합대학의 신축에 보태 쓰라는 것이었다. 북로당 중앙위원회가 건국사상총동원운동을 전개할 것을 호소한 며칠 뒤에 김제원 농민의 애국미 헌납을 계기로 애국미헌납운동이 이북 전역에서 전개되었다. 벌방지대를 중심으로 전개된 애국미헌납운동은 쌀농사를 지어 현물세를 낸 뒤 남는 식량을 흥청망청 소비하기보다는 절약하여 국가 건설에 보탬이 되도록 애국심을 발휘하자는 운동이었다. 애국미 헌납으로 모아진 비용은 김일성종합대학의 신축에 충당하도록 했다.

노동자들 속에서도 애국미헌납운동과 유사한 운동이 벌어졌는데 정주(철도)기관구의 김회일 기관사의 모범을 따라 배우는 철도부문의 증산경쟁운동이 그것이다. 1947년 1월 하순에 시작된 철도부문의 증산경쟁운동은 각 공장·기업소로 확대되었다. 김회일은 노력혁신자로서 무사고와 수송량 기록 갱신으로 전후에 내각 철도상을 거쳐 1980년대 초 정무원 부총리 겸 교통위원장까지 올라간 인물이다. 이 운동은 증산 외에도 공장·기업소의 기술자들과 노동자들로 하여금 자신의 기계작업대를 아끼고 제때에 정비하자는 운동이기도 하였다.

그리고 1947년에는 이북 전역에서 '47년 인민경제계획'을 완수하기 위한 돌격운동이 벌어졌는데 이것 역시 건국사상총동원운동의 일환이었다. 이것

현물세를 내기 위해 농민들이 수확한 쌀을 달구지에 실어 운반하고 있다.

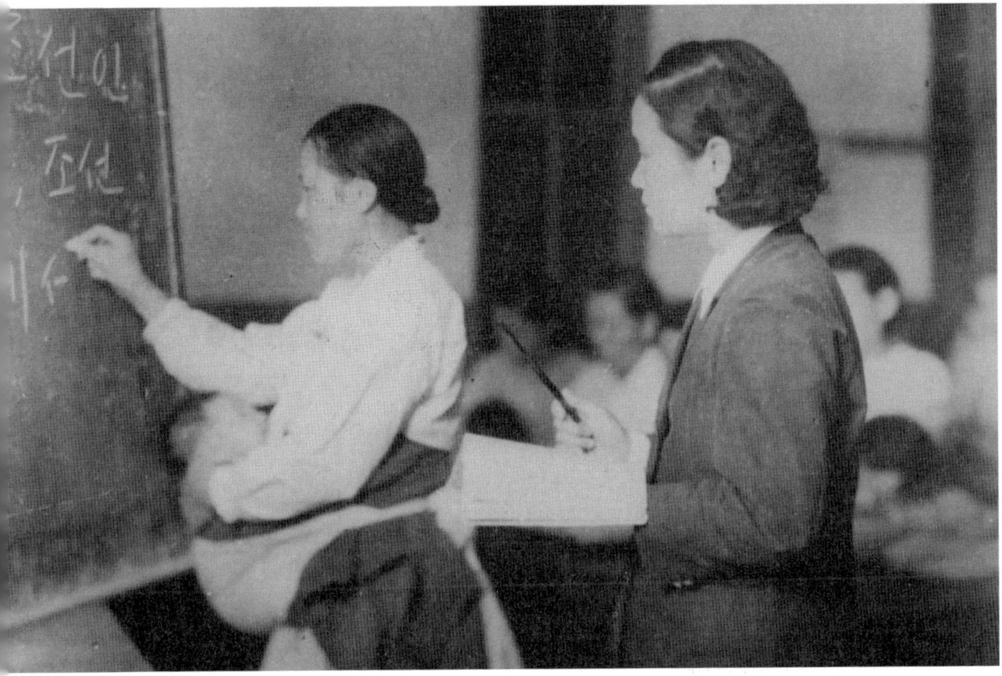

에서는 "교육이 없으면 인민들은 진보할 수 없습니다"란 김일성 북조선임시인민위원장의 연설 이후 전국적으로 문맹퇴치운동이 벌어졌다. 김일성종합대학 여학생이
부들을 대상으로 한글을 가르치고 있다(위). 할머니를 비롯한 수많은 여성들이 한글 공부를 하고 있다(아래).

은 증산운동이었는데 증산운동에는 반드시 절약운동이 따라다녔다. 1947년 7월에는 흥남비료공장 노동자들이 전국의 공장·기업소 노동자들에게 증산경쟁운동을 일으키자고 호소함에 따라 이 운동은 더욱 본격화됐다. 이 호소는 해방 2주년에 '47년 인민경제계획'을 완수하기 위해 각 공장·기업소들이 경쟁적으로 증산에 나설 것을 촉구한 것이었다.

1947년 9월경에는 건국사상총동원운동의 일환으로 농촌지역에서의 문맹퇴치운동이 활발하게 전개되었다. 문맹퇴치운동은 문맹 퇴치와 함께 애국사상을 무장하는 운동으로 진행된다. '가갸거겨'만 배우게 할 것이 아니라 글자를 가르치면서 그 속에 애국사상을 의식적으로 담자는 것이었다. 농촌에서는 각 부락 단위로 한글학교가 1천 개 이상 운영되었다. 1947년 겨울부터 1948년 봄 사이의 농한기 3~4개월 동안에 문맹퇴치운동이 집중적으로 전개됐다고 할 수 있다. 전체적으로 볼 때 건국사상총동원운동은 1946년 12월에 시작되어 1948년 초까지 전개됐으며 애국운동·증산운동·절약운동 등과 함께 애국사상과 민주사상을 불러일으키는 사상개조운동이었다.

>>>
보안간부훈련대대

조선인민군의 창설은 보안대에서 출발한다. 해방 직후 각처에서 건국준비위원회나 인민위원회 등이 자발적으로 설립되었고 그 밑에 질서유지를 담당할 치안대·보안대·적위대 등의 자치치안기구가 생겨났다. 면 소재지에 옛 일본 주재소 자리에 치안대·보안대 등 치안기구가 자리를 잡았던 것이다. 그러다가 10월 중순에 5도행정국이 설립된 후 이북 전역을 관장하는 5도행정국위원회로 변화되면서 그 부서의 하나로 보안국이 설치되었고 각 도·군에 산재해 있던 치안대·적위대 등 명칭의 치안기구가 거의 모두 보안대로 단일화되었다. 보안대 조직이 완전히 틀을 잡은 것은 1946년 2월 8일 북조선임시인민위원회가 설립되면서부터였다.

5도행정국위원회가 하나의 협의·조절기구였다면 북조선임시인민위원회는 이북의 중앙적인 정권기관이었기 때문에 이북 전역의 치안부문 전체를 장악하는 보안부를 두었다. 이를테면 북조선임시인민위원회 산하에는 보안부, 도 인민위원회 산하에는 보안국, 군·면 인민위원회 산하에는 보안서와 보안대가 각각 자리를 잡음으로써 보안부-보안국-보안서-보안대 체계가 확립되었던 것이다. 각지의 치안대·적위대는 완전히 사라지고 보안대로 일원화된 셈이다.

해방 후 북은 새로운 간부 양성에 힘을 쏟았다. 이를 위해 북은 평양학원과 북조선중앙보안간부학교, 중앙정치간부학교 등 전문기관을 설립 운영했다. 1948년 6월 12일에 열린 북조선로동당 중앙당학교 창립 2주년을 맞아 주요 당간부들과 학교관계자들이 기념촬영을 하고 있다. 중앙당학교는 평양학원 정치반을 모태로 1946년 6월에 출범한 북조선공산당 중앙당학교가 이름을 바꾼 것이다.

보안대는 치안과 질서유지를 담당하는 첫 무력기관이었다. 1946년 2월에 가서야 인민위원회라는 정권 형식 아래 치안담당기구가 체계화됐던 것이다.

보안대로 치안기구 단일화

그런데 중앙적인 행정기관으로서의 보안부를 설치한 뒤에 전국적인 치안유지를 맡은 보안대 병력이 따로 있어야 한다는 문제가 제기되면서 별도의 보안부대를 추가로 창설하게 된다. 각 지역을 담당하는 군 보안서나 면 보안대 등은 자기 구역 내의 치안을 맡았을 뿐이므로 전국적인 의미에서 경비가 필요한 지역과 시설에 대한 보안부대가 별도로 필요했던 것이다. 예를 들어 38선 경비를 소련군이 다 맡을 수 없는 실정이어서 38경비대라는 보안부대를 따로 만들었다. 또한 중요한 생산시설이나 공장의 경비도 필요했고 철도보안대 같은 것도 필요하였다. 그밖에 수상보안대라는 명칭의 해상보안부대도 만들어야 했다. 이렇게 되자 이를 통괄하는 중앙적인 부대기구도 필요해졌다.

전국적인 의미에서의 보안부대를 만들고 이를 통괄하는 중앙기구인 보안대대본부는 1946년 2월 중순에 만들어졌고 그해 8월에 가면 보안훈련대대본부로 바뀌게 된다. 보안대대본부 사령관은 북조선임시인민위원회의 보안부장 최용건이 겸직하였고 대대본부에는 훈련부·항공부·수상부 등의 부서를 두었고 그 예하에 각 부대를 편성하여 주요 지역에 배치하였다. 각 도청 소재지에는 보안대대본부의 직속부대가 주둔하였다. 한 개 대대병력이나 중대병력 정도가 있었는데 도마다 실정이 조금씩 달랐다. 함흥시를 예로 들면 함경남도 보안국, 함흥시 보안대가 있었고 이에 덧붙여 중앙 보안대대본부의 직속 명령계통을 받는 보안대가 별도로 있었다.

중앙 보안대대본부의 직속 명령계통을 받는 보안대에 참가한 성원들은 노동자·농민들 가운데 핵심들을 뽑아 충원하였다. 대체로 지방에 파견된 항일빨치산 출신들이 이들을 충원하였다. 빨치산 출신들이야 당이나 군대에 가야 했으므로 대대장이나 중대장으로 배치되지는 않았다. 초기 공청 활동을 하던 청년들 일부도 보안대로 흡수되었다. 1946년 2~3월 보안대대본부 산하의 보안대를 조직할 무렵에만 해도 중국에서 활동하던 조선의용군 출신들이 많이 나오지 않을 때였기 때문에 보안대 간부로 임명된 사람들 가운데는 일본군 학병 출신들이 많았다. 일례로 보안간부훈련소 간부들 가운데 전술부장은 소련파 유성철이었지만 통신부장은 일본군 장교출신이었다. 통신장교는 기술자가 아니면 안 되는 사정 때문이었다.

일본군 장교 출신들 중에도 양심적으로 공산당의 초기 활동을 참여한 사람들이 있었고 노동자·농민 자제들 중에 고학으로 대학을 다니다가 학병으로 나간 사람들도 적지 않았다. 이들은 귀국 후 곧 공산당에 가입하거나 공청에 가입해 활동했었다. 보안대가 조직될 때 이런 이들이 많이 참여했다. 보안대에 일제 순사 출신들을 배치할 수는 없었기에 학병 출신들이 많이 참가했던 것이다. 1946년 중후반에 입북한 조선의용군 관계자들도 보안대 조직에 흡수되었다. 보안대대 본부 산하의 보안대를 처음 조직할 때 지휘관은 일본군 장교 출신들이 많았고 대원들은 거의 노동자·농민 출신이었다. 보안대대본부의 최상층부는 항일빨치산 출신들이 장악했다. 한 가지 특기할 사항은 만주군 장교 출신들은 의심을 많이 샀다는 점이다. 일본군 장교 출신이라도 남방에 가 있다온 사람은 괜찮았지만 만주 관동군에서 근무하던 장교 출신들은 친일파 취급을 받았다. 관동군이나 만주군 출신들은 항일빨치산이나 중국 공산주의자들을 토벌하는 작전에 참가했을 개연성이 매우 높았다고 할 수 있다.

보안대대본부의 설치 직후 당장 보안대원들에 대한 훈련이 필요해졌다. 그래서 개천에 보안대대본부 훈련소(간부훈련소가 아닌 대원훈련소)가 설립되었고, 그 분소가 강계·신의주·정주 등에 생겼다. 또한 평양에 철도경비대 훈련소가, 사리원에 3·8 경비보안대 훈련소가 각각 생겼다. 이들 훈련소가 출범한 것은 1946년 2월 말에서 3월 초쯤이다.

지휘관 양성 위해 평양학원 설립

한편 지휘관 양성은 다른 계통을 밟게 된다. 우선 1945년 11월 중순 평양학원이 설립되었는데 이것은 정치·군사간부학교라 할 수 있다. 평양학원에는 정치반 1개와 군사반 2개가 있었다. 군사반 2개 중 하나는 일반 군관급 학급이었고 다른 하나는 조금 높은 군관급 학급이었다. 정치반 학급은 거의 1백여 명에 이르렀고 군사반 학급은 이보다 조금 많은 1백 20~30명쯤이었다. 출범 당시에는 3~4개월의 단기교육을 시켰다. 평양학원은 처음에 남포 오학리에 있

1948년 10월 1일 북조선로동당 중앙당학교 제6기 졸업기념 사진첩.

었는데 이곳은 일제 때 히다치전기의 통신기계를 생산하는 약전계통 공장이었다(발전기 등 강전계통 공장은 대안 기우리에 있었다). 일본인들은 큰 공장에 기능공양성소를 두었는데 바로 히다치전기의 오학리 기능공양성소를 평양학원으로 사용했던 것이다. 오학리 기능공양성소는 기숙사까지 갖추고 있어 평양학원 자리로는 안성맞춤이었다.

평양학원 정치반은 당 간부 양성기지의 성격을 지녔었는데 당체계가 서고 국가간부가 필요해지자 새로운 정치학교, 당간부학교로 발전될 필요가 있었다. 정치반은 1946년 6~7월에 평양의 사동구 쪽으로 옮겨져 중앙당학교로 정식 개교한다. 이에 앞서 평양학원 군사반의 일부는 기우리 쪽으로 가서 보안간부학교로 출범하게 된다. 평양학원의 교육과정이 종료된 것은 1946년 5월말이었다. 당시 살림살이를 모두 나누어 정치반은 평양 사동의 중앙당학교로 바로 가고, 군사반의 일부는 6월에 기우리(뒤에 지명이 대안리로 바뀌었다)의 보안간부학교로 갔었다. 군사반의 일부는 오학리 쪽에 남아 보안간부학교 분교 비슷한 지위로 그대로 머물러 있었는데 이쪽이 고급반이었던 것으로 기억된다.

기우리 보안간부학교의 교장은 박효삼, 부교장은 박성철이었으며 유성철이 전술주임에 임명되었다. 보안간부학교는 보안대의 정식 군관·지휘관 양성학교였다. 보안간부학교에는 전술반·통신반·훈련반 등이 있어 해당 군사교육을 담당하였다. 보안간부학교의 창설 때는 정규과정이 2년이었고 6개월반, 1년반이라는 속성반이 있었다. 2년짜리 정규반이 그 뒤 3년 과정으로 바뀌었다.

보안간부학교 학생들은 보안대대본부의 각 지역 훈련소를 나온 사람들, 즉 기초훈련과정을 거치면서 군사능력이 인정된 사람들 가운데 추천 받아 선발하였다. 보안간부학교를 마치면 기본적으로 소위 계급장을 달도록 되어 있었다. 일부 예외도 있었으나 소위 양성이 기본이었다. 보안간부학교 교원은 조선의용군 출신들, 항일빨치산 출신들이 맡았다. 보안대대본부 사령관은 최용건이었지만 의용군 출신들이 군 계통에서 책임자 자리에 많이 앉았다. 그리고 교원들 가운데는 일본군 장교 출신들도 상당수 있었다. 일본군대에 갔다 와 항공기술이나 통신기술, 해군의 선박관련 기술을 갖고 있는 사람들이 추천받았던 것이다. 그리고 보안간부학교의 교육내용은 소련의 것을 그대로 베껴 사용하였다.

군관학교의 전신 보안간부학교

보안대대본부는 1946년 8월에 보안훈련대대본부로 바뀌었다. 보안기관은 보안훈련대대본부로 바뀌면서 대대적으로 확장된다. 훈련소도 개천훈련소(제1)·원산훈련소(제3)·나남훈련소(제4)·사리원훈련소(제5)·평양훈련소(제2) 등으로 늘어났고 신의주 항공훈련소와 남포 해상훈련소까지 만들어진다. 개천·나남·원산은 육군 교육훈련소였고 사리원은 38경비보안훈련소, 평양은 철도보안훈련소였다. 신의주 항공훈련소는 원래 1946년 초부터 있던 것을 확대하였다. 개천훈련소를 비롯한 훈련소들은 그 자체가 하나의 부대였다. 명칭은 훈련소지만 내용적으로는 일개 부대 주둔지였던 것이다. 개천훈련소의 경우는 몇 개의 대대 병력을 갖추고 있었다. 개천훈련소의 첫 소장은 안길이었다가 나중에 김일로 바뀌었으며, 훗날 인민무력부 부부장을 지낸 김봉률이 포병담당 부소장을 맡았다. 원산훈련소장은 의용군 출신의 박아무개였는데 인민군 7사단장으로 6·25전쟁에 참가했다가 전사하였다. 나남훈련소장은 항일빨치산 출신의 이두수였는데 그는 다리를 절었다. 사리원의 38경비보안훈련소장은 김창봉이었다.

이 훈련소들은 1947년 6월에 이르면 집단군 사단으로 변한다. 1947년 6월에 집단사령부로 전환되면서 조선인민군의 발전이 본격화된다. 인민군의 창설과정은 보안대대본부에서 시작해 보안훈련대대본부를 거쳐 인민군 집단사령부 단계를 거쳤음을 보여준다. 보안훈련대대본부 이후부터는 이미 각 훈련소가 지방의 주둔부대로 자리를 잡아나가다가 사단으로 바뀌었던 것이다. 그리고 1948년 2월에 조선인민군이 창설되면서 집단사령부 산하 사단들이 제1지휘소, 제2지휘소 편제 아래 놓이게 되는데 이 지휘소가 군단 급이 되는 것이다. 인민군 창설 당시에는 군단이란 명칭은 없었다.

인민군 집단사령부 사령관은 최용건이 맡았고 참모장에는 강건이 임명되었다. 인민군 창설일은 준비를 충분히 거친 뒤 열병식을 갖고 선포했다는 의미가 있을 뿐이지 병력, 군사편제 등은 그 이전에 몇 단계를 거쳐 준비되었던 것이다. 병력 측면에서 보면 1946년 8월에 보안훈련대대본부로 되면서 일시에 확대되어 훈련소당 2천명 내외의 병력을 확보하고 있었다. 나남훈련소가 일본군의 주둔지가 있었던 배경 때문에 규모가 가장 컸으며, 평양훈련소는 말로는 철도보안훈련소였지만 실제로는 군부대였다. 사리원 38경비보안훈련소는 나중에 내무성 경비대로 바뀐다.

1946년 6월에 설립된 기우리 보안간부학교는 인민군이 창설된 그해 9~10월 즈음에 평양 사동 쪽으로 이동해 제1군관학교가 되었다. 제1군관학교에서는 인민군 장교, 즉 초급지휘관을 양성했다. 보안간부학교 분교처럼 운영되던 남포 오학리 간부학교는 1949년 초에 만경대 쪽으로 옮겨가 제2군관학교가 되었다. 이곳은 군내의 문화부 정치간부를 양성하는 학교로 탈바꿈했다. 그 다음으로 1949년 8~9월경 회령의 일본군 경비대 주둔지에 제3군관학교를 만들었으며 이곳은 제1군관학교와 제2군관학교의 성격을 반반씩 섞어 놓은 군간부 양성학교였다. 다만 유격대훈련 비슷한 게 포함된 특징이 있었다. 지휘관 양성 체계는 이러한 경로를 거쳤다.

한 가지 덧붙이자면 6·25전쟁이 끝난 뒤 만경대의 제2군관학교는 정치군관학교와 대대장급 이상 지휘관을 양성하는 육군대학(1972년부터는 김일성군사대학으로 변경된다)으로 나뉘어졌다. 신의주 항공훈련소는 인민군 창설에 따라 공군군관학교로 변경되었고 후일 공군대학으로 바뀌었으며, 신의주에서 함북 청진 쪽으로 옮겨졌다. 남포 해상훈련소도 해군군관학교로 변경되었고 전후에 해군대학으로 바뀌었으며, 평양 용성구역에 있다가 멀리 함북으로 옮겨졌다.

제1차 미소공동위원회

제1차 미소공동위원회에 대한 북측의 대응은 몇 가지 방향으로 진행되었다. 공산당 북조선조직위원회는 모스크바삼상회의의 결정에 따라 임시정부 수립 문제를 다루는 미소공위가 제때 개최되어 과제를 수행할 수 있도록 적극 지원하는데 관심을 집중하였다. 모스크바삼상회의의 결정 관철 문제가 당시의 가장 중요한 과제였다. 공산당 북조선조직위원회 제4차 확대집행위원회(1945.12.31)에서는 주로 모스크바삼상회의의 결정을 지지하는 문제가 다뤄졌지만, 그 뒤에는 제1차 미소공동위원회 대책 문제가 다루어졌다.

구체적으로 보면 1946년 1월 하순의 집행위원회 회의에서는 미소공위에 대처하는 전반적인 전략전술문제가 토의되었고 3월 21일에 열린 집행위원회 회의에서는 1월 결정사항을 일부 총화하면서 임시정부수립에 대한 대책안을 논의하였다. 이 회의에서는 3월에 시작된 토지개혁 실시 경험을 부분적으로 총화하기도 했다.

미소공위에 대한 북측 대응의 흐름을 보면 한 축은 미소공위 지지 결의문을 내고 이를 전달하는 방문행사 등의 군중운동 · 청원운동을 전개하는 것이었고 다른 한 축은 임시정부의 수립 전에라도 민주기지·혁명기지의 창설을 위해 기본토대를 닦는 것과 관련이 있다.

임시정부 수립의 토대를 닦는데서 가장 중요한 것은 정권문제를 해결하는 것이었고 다음으로 토지개혁이 중요하였다. 1946년 1월 하순의 공산당 북조선 조직위원회 집행위원회 회의에서는 정권문제와 토지개혁 과제가 토의되었다. 미소공위에 대처하는 전략전술문제를 협의하는 과정에서 논란이 적지 않았다. 미소공위가 곧 임시정부를 수립할 터인데 북조선에서 정권기관을 내올 필요가 있겠는가, 그리고 토지개혁 같은 개혁조치는 통일임시정부 수립 후에 전국적으로 전개해야지 무엇 때문에 이북에서만 먼저 실시하려고 하는가 등의 반론이 만만치 않았다. 한마디로 김일성 측의 민주기지 창설노선을 부정한 것이다.

1946년 3월 제1차 미소공동위원회 기간에 평양시민들이 '소미공동위원회 경축 평양시민대회'를 마치고 거리를 행진하고 있다.

미소공위 대비 20개조 정강 발표

김일성 측은 미소공위가 열리기 전에 민주혁명을 일정정도 추진해야 한다, 혁명을 추진하려면 그 추진체인 정권부터 창립해야 하기 때문에 북조선임시인민위원회라는 임시적인 권력기관을 만들어야 한다고 강력히 주장하였고, 이를 관철시켜 내었다. 심각한 토의가 사나흘 계속된 끝에 북조선임시인민위원회 창설과 뒤이어 토지개혁을 실시하기로 결론지었던 것이다.

북측 김일성은 특히 임시정부 구성문제, 정강정책문제가 중요하다고 보고 미소공위가 임시정부문제를 본격적으로 논의하기도 전에 20개조 정강을 내놓았다. 20개조 정강은 앞으로 수립될 임시정부가 결정하게 될 정강의 틀을 제시한 것이었다. 미소공위 개최 3일 만인 3월 23일에 20개조 정강이 발표된 것은 미소공위에서 임시정부 수립문제를 본격적으로 토의하기에 앞서 북측이 이니셔티브를 쥐려고 했던 것으로 평가할 수 있다.

토지개혁은 1946년 3월 한달 동안에 전격 추진되었는데 그 시행과정에서 미소공위 개최를 지지하고 청원하는 군중운동을 병행하였다. 3월 21일에 열린 북조선조직위원회 집행위원회 회의에서 임시정부 구성문제가 본격적으로 토의됐다는 것은 앞서 지적한 대로이다. 임시정부는 중앙인민위원회 형태의 권력구조로 하고 각 도의 정권형태는 인민위원회로 한다는 것, 입법기구는 최고인민회의와 각 도 인민회의로 한다는 것 등이 주로 논의되었다. 국가기관의 구성원에서 친일파·민족반역자들은 제외하고 무장으로 항일독립운동을 전개한 인사들을 골간으로 한다는 내용도 포함되었다. 이 과정에서 소련파·국내파·빨치산파가 논쟁을 벌이기도 했다. 결론적으로 공산당의 임시정부 수립의 기본안을 가지고 미소공위에서 만들어질 임시정부 수립에 적극적으로, 주동적으로 참가하기로 하였다.

한편, 임시정부 수립과 관련하여 서울 좌익세력과의 공동대처, 즉 행동 통일과 공동전략을 모색하는 것도 주요 과제로 제기되었다. 이는 이남 지도자들과 협의해야 한다는 것을 뜻한다. 3월 하순의 북조선조직위원회 집행위원회 회의에서 이러한 결론이 내려지자 4월 초에 박헌영을 평양으로 불러들이게 된다. 남조선공산당의 박헌영과 주로 임시정부 수립문제, 정강정책 문제 등에 합의하는 한편, 이남 공산당 측과의 합의만으로는 부족하다는 판단아래 4월말에는 여운형을 평양으로 불러들인다. 박헌영과 여운형이 각각 평양을 방문했던 시기의 중간에 백남운이 이북을 다녀갔다. 여운형의 방북 뒤 4월말에는 홍명희가 이북을 다녀갔다.

남쪽 지도자들의 연속적인 이북 방문은 임시정부 수립을 위한 공동전략을 짜기 위한 것이었다. 다만 홍명희의 역할만은 달랐다고 할 수 있다. 홍명희는

1946년 5월 1일 노동절 행사 주석단에 김일성 북조선임시인민위원장을 비롯해 소련군과 임시인민위원회의 주요 간부들이 앉아 행사를 지켜보고 있다.

적극적이진 않았지만 반탁진영에 속해 있었고 김구·김규식과 가까운 사이였다. 그러니 논의구조가 다를 수밖에 없었다. 홍명희에게는 반탁진영 인사들을 임시정부에 참가시키도록 하는 역할이 주어졌다. 공산당 북조선조직위원회 측은 임시정부의 구성에서의 세력관계를 2:1로 하자는 방안, 즉 이북 1, 이남좌익 1, 이남우익 1로 하자는 안을 갖고 있었는데 이남우익 1은 바로 홍명희 등을 의식한 것이었다. 홍명희에게 이남의 반탁진영을 유도하여 임시정부에 참가하도록 끌어들이라는 과제를 부여했던 것이다. 1947년의 제2차 미소공위 때는 반탁진영도 서약서를 쓰고 임시정부에 참가하는 것으로 합의하기도 했으나 제1차 미소공위 때만 해도 반탁진영의 태도는 완강하였다. 이 때문에 이남의 반탁진영 일부를 돌려세우는 문제 역시 중요한 과제였다.

미소공위의 대응 가운데 이북에서 벌어진 군중운동도 빼놓을 수 없다. 당시 군중대회를 열면 대체로 필수적으로 따라 다니는 게 스탈린 대원수에게 보내는 편지, 김일성 장군에게 보내는 편지 및 결의문이었다. 이 세 문건은 어느 군중대회에서나 늘 채택되었다. 작은 집회나 큰 집회, 지방집회나 전국적 집회, 어느 곳이나 어느 때나 세 문건은 필수적이었다. 물론 기본문건은 집회의 결의문이나 진정서였지만, 스탈린과 김일성에게 보내는 편지가 결의대회 명으로 채택됐던 것이다. 어떤 때는 연판운동을 전개하기도 했다.

공위 결렬 후 "김구 타도! 이승만 타도!" 벽보

이를테면 20개조 정강이 발표되자 이북 전 주민은 미소공위에 보내는 연판운동을 전개하였다. 전국적인 연판운동은 많지는 않았다. 1946년 1월에 모스크바삼상회의 결정을 지지하는 연판운동이 처음으로 전개됐다. 이때는 이북 전역에서 집회가 속속 열렸는데 민청은 민청대로, 농맹은 농맹대로, 직맹은 직맹대로 집회를 가졌고 행정기관이 나서 전국 혹은 단위별로 집회를 열었다. 그리고 3월 20일에 미소공위가 열리자 이를 경축하는 지지촉구대회가 열렸으며, 미소공위의 3호 성명, 4호 성명이 나오고 북조선임시인민위원회의 김일성 위원장이 20개조 정강을 발표하자 임시정부 수립을 촉구하는 연판운동이 벌어졌다. 연판운동에서는 주민들이 개별적으로 도장을 찍는 절차가 있었다.

미소공위가 1946년 5월 임시정부 수립에 합의하지 못하고 결렬된 이후에는 미소공위 재개를 촉구하는 군중운동이 벌어지게 된다. 몇 차례 진정서를 제출하기도 했다. 이런 운동은 늘 이북 전역에서 동시다발적으로 진행되었다. 군중운동 진행과 함께 대표단을 구성해 미소공위 대표단을 방문하는 일도 있었다. 미소공위 소련대표부로 찾아가 진정서를 제출하고 미국대표단이 평양에 오면 숙소를 방문해 항의하거나 진정서를 제출하였다. 이것은 미소공위의 재개를 촉구하는 운동이라고 할 수 있다.

1946년 5월 1일 노동절을 맞아 평양 시민들이 마르크스·엥겔스·레닌·스탈린·김일성의 대형초상화를 메고 거리를 행진하고 있다.

제1차 미소공동위원회가 결렬되자 평양 시내에 "김구 타도! 이승만 타도!" 벽보가 엄청나게 나붙었다. 이전에도 이런 구호의 벽보가 평양 시내에서 간혹 발견되기도 하였지만 미소공위가 깨지면서 갑자기 이런 벽보가 늘었다. 이 상황은 평양에만 국한되지 않고 이북 전역에서 벌어졌다. 김규식을 비난하는 벽보도 있었지만 그가 나중에 좌우합작운동에 앞장서자 그를 비난하는 벽보는 자취를 감추었다. 물론 미처 떼어내지 못하거나 지우지 못한 벽보도 흉하게 남아 있었다. 이남의 반탁우익진영에 대한 비난 벽보가 곳곳에 남아 있다가 1948년에 남북협상문제가 제기되면서 전역에서 벽보를 지우는 일대소동이 일어나기도 하였다. 남북협상에 임박해서는 벽보 제거 검열이 전역에서 벌어지기도 했다. 특히 검열대는 김구·김규식을 비난하는 벽보가 그냥 붙어 있으면 엄중히 처벌할 것이라며 집중단속에 나섰던 것이다.

북조선로동당 창립대회

북조선로동당을 창립하는 과정에서의 중요한 기점은 1946년 7월 29일에 열린 공산당·신민당 연합중앙위원회였다. 양당 지도부가 내부적으로 합당에 합의한 것은 7월 22일이었고 이날은 이북에서 좌익 통일전선체인 북조선민주주의민족통일전선이 결성된 날이기도 하였다. 양당 지도자들의 사전합의에 따라 북조선신민당이 7월23일에 북조선공산당과의 합당을 제안하였다. 이남에서 인민당 측이 공산당·인민당·남조선신민당의 3당 합당을 제의했듯이 이북에서는 신민당 측이 합당을 제의하는 형식을 취하였다.

그러나 양당 지도부가 7월22일에 합당을 합의하고서부터 29일에 연합중앙위원회가 열리기까지 순탄하게 일이 진행됐던 것은 아니다. 공산당 일부에서 신민당과의 합당에 대하여 반대하는 의견이 있었기 때문이다. 당시 북조선공산당은 당원수가 27여만 명에 이를 정도로 큰 규모로 발전했었고 신민당은 당원 9여만 명의 열세를 보였다. 실제 세력 면에서도 양당의 차이가 컸는데 중앙도 그렇지만 지방 당으로 내려갈수록 그 차이가 더욱 컸다. 그러다 보니 공산당 내에서 신민당과의 합당을 선뜻 받아들이지 않으려는 분위기가 있었던 것이다. 중앙지도부 내의 반대뿐 아니라 평북, 함북 등 도당에서 중앙의 결정에 이의를 제기하기도 했다. 그러나 합당 반대 움직임은 개별적인 것이었고 조직적으로 이뤄진 것은 아니어서 양당 연합중앙위원회가 열리는 7월 29일 무렵에는 대체로 사태가 진정되었다. 연합중앙위원회에서는 '아래로부터 위로 올라오는 방식'으로 합당을 진행하며 최종적으로 8월 말에 중앙 수준에서 북조선로동당 창립대회를 갖기로 합의하였다.

노동당과 신민당의 합당

7월 29일의 결정에 따라 8월 들어 면 단위에서부터 합당대회가 열렸다. 공산당은 면당 조직을 다 갖추고 있었지만 신민당은 면당은 없는 경우가 많았고, 더러는 군당도 조직되지 않은 곳이 있을 정도였다. 신민당 지도부가 1945년 말에 귀국한 데다가 독립동맹 간판을 신민당 간판으로 바꿔 단 것이 1946년 2월 16일의 일이었고, 6월 말에서야 당대회를 개최하였기 때문이다. 신민당이 지방조직을 만들어가는 과정에서 공산당의 도움을 얻기도 했었다. 아무튼 1946년 8월 초순에 면 단위에서 공산당·신민당 합당대회가 치러졌고 이 자리에서 면당 대표들이 선출되었다. 이들 대표를 군 단위로 다시 소집하여 군의 공·신 합당대회를 열었다. 이어서 군당의 대표들을 도 단위로 재소집하여 도의 공·신 합당대회를 치렀다. 이처럼 '면―군―도'에서 합당 절차가 진행됐고,

이 절차가 대체로 마무리된 것은 1946년 8월 20일께였다.

양당의 합당에 따라 북로당의 당원 수는 36~37만 명에 이르게 된다. 도당대회에서 당 창립대회 대표로 뽑힌 숫자는 8백여 명을 넘었고, 이들은 8월 28일부터 30일까지 평양에서 열린 북조선로동당 창립대회에 참가하였다. 원래 공산당과 신민당의 당원 숫자는 3대 1의 비율이었는데 도당대회에서의 대표 선출에서 양당 출신을 같게 했는데, 이는 7월 29일 연합중앙위원회의 결정사항이었다. 공산당원들의 입장에서는 불만을 제기할 소지가 있었다. 당시에는 당 조직생활이 초보 수준이었기 때문에 지방 당에서 중구난방식의 분위기가 있었고 중앙의 결정에 반발하는 경우도 있었다.

대표 선출과정에서 일부 공산당원들은 신민당 측의 대표들에게 인신공격

1946년 8월 28일 북조선공산당과 조선신민당이 합당해 북조선로동당이 창당됐다. 사진은 북조선로동당 창당대회 모습. 김두봉 위원장, 김일성 부위원장, 박정애, 레베데프 민정사령관, 발사사노프 소군정청 정치고문 등이 참석했다.

성 발언하면서 "신민당 측에서는 대표 자격이 없는 사람들도 선출되는 반면에 공산당 측에서는 능력이 있어도 제한된 숫자만 대표가 된다는 건 문제가 있다"고 불만을 터뜨렸다. 신민당측 일각에서는 "공산당에 참여했다가 신민당이 결성될 때 그쪽을 지원한다는 명분으로 신민당에 들어갔는데 이제 와서 공산당원이 아니라고 홀대하면 되냐"고 반발하였다. 이러한 반발이 근거 없는 것은 아니었다. 지방에서는 신민당의 창립과정에서 공산당원들이 당적을 옮겨 지원하는 일이 적지 않았기 때문이다.

북로당 창립대회의 진행에서 특기할 만한 사항이 몇 가지 있다. 우선 13개 항목으로 이뤄진 당 강령의 제3항에서 "북조선에서 토지개혁의 성과를 더욱 공고히 하고 전 조선에 토지개혁을 실시할 것"을 규정한 점이다. "전 조선에서의 토지개혁 실시"를 당 강령에 포함시킬 지에 대해서는 상당한 논란이 있었다. 당 규약상의 당원의 의무에서는 "전 조선에서의 토지개혁" 언급이 빠지고 "북조선에서의 토지개혁 성과를 공고히 하기 위해 노력한다"는 내용으로 되어 있었다. 그리고 당 강령의 내용을 보면 북로당은 대중정당을 지향한 것이었지 계급정당적 성격을 띤 것이 아니었다. 오기섭·이봉수를 비롯한 몇몇은 이에 대해 "당 강령이 우경적"이라며 비판하기도 했다. 이들은 프롤레타리아트의 근본적 이익이 반영되지 않았다면서 "북로당의 강령이 혁명적이지 못하다"는 비판을 퍼부었다. 그러나 이들은 소수 의견이었고 다수는 "당 강령이 민주세력의 당면한 정치적 요구를 담고 있다"는 데 동의하였다.

"아직은 전위분자임을 내세울 때는 아니다"

당 규약은 제1장 총칙, 제2장 당원과 당원의 권리 의무, 제3장 당 조직체계와 당 조직의 임무, 제4장 당규율 등 4개장으로 구성되었다. 당 재정 부분은 별개의 제5장으로 하자는 의견도 있었지만 제4장 말미에 붙이는 것이 낫다는 견해가 지배적이었다. 제1장 총칙에는 주로 당의 성격과 목적, 당의 구성원, 당의 조직원칙이 명시되었다. 당의 성격은 근로대중의 정당이고, 근로대중의 이익의 대표자이고 옹호자라는 것이 명시됐다. 그런데 이를 둘러싸고도 "당원이 근로대중의 전위분자여야 하지 않는가"라는 문제제기가 있었지만, "아직은 전위분자임을 내세울 때는 아니다"는 쪽으로 결론이 났다.

당의 조직원칙으로 민주주의적 중앙집권제 원칙이 명시되었고, 이와 관련하여 하급기관은 상급기관에 복종하고 각급 당 단체는 중앙에 복종하고 소수는 다수의 의견에 복종한다는 등이 포함되었다. 다만 "개인은 조직에 복종한다"는 부분은 빠졌다. 이것은 논란이 일었던 문제인데 당 창립대회 시점에서 당원들 개개인에게 조직에 복종할 것을 요구할 정도에 와있지 못하다는 이유 때문에 잠정적으로 유보된 것이다.

제2장에서는 당원의 자격과 관련, 입당 지원자의 보증인의 조건인 '1년 이상 당생활'을 둘러싸고 일부는 "보증인의 당생활 연한을 1년으로 잡은 것은 너무 약한 게 아니냐"는 의견이 있었으나 "공산당과 신민당활동을 해온 당원들 가운데 당생활 연한이 1년 이하가 수두룩한데 새로 당원을 늘려나가는데 곤란하지 않느냐. 앞으로 몇 년 지나 기존 당원들의 당생활 연한이 길어지면 그때 가서 고칠 수도 있다"는 입장이 관철되었다. 당원의 의무는 7개항, 권리는 5개항으로 되어 있었다. 의무는 대체로 공민이 헌법을 준수해야 하는 정도의 수준으로 규정되어 당원 생활하기가 까다롭지 않도록 조치했다.

제3장에서는 당대회를 1년에 한차례, 당 중앙위원회 전원회의를 분기별로 한차례 열도록 규정하였다. 당중앙위원회 안에 당내의 정치적 지도를 위한 '정치위원회'(정치위원 5인)를 두고 당중앙위 전원회의와 전원회의 사이에 일상적인 사업을 지도하기 위한 '조직위원회'(조직위원 13인)를 두는 것으로 되어 있었다. 당위원장과 부위원장은 정치위원들 가운데서 선출하고 별도로 비

서를 두기로 했다. 중앙위원회 사업을 원활하게 집행하기 위하여 조직부·선전선동부·간부부·노동부·농민부·사회부(통일전선부의 성격)·재정경리부 등의 중앙부서를 두기로 되어 있었다. 도당도 중앙당과 마찬가지로 각 부서를 두는 것으로 되어 있었지만 사회부는 두지 않았고 재정경리부는 재정경리과를 설치하도록 되어 있었다. 당 규약은 그밖에 중앙이나 도당에 검열위원회를 두도록 규정하였다. 또한 당의 최말단 기층조직으로 당원 5명 단위의 세포조직에 대해서도 규정하였다.

제4장 당기율 부분에서는 당원들로 하여금 조직규율을 엄수하도록 하기 위해 매우 엄격한 내용을 포함시켰다. 규율을 위반했을 때는 견책·경고·엄중경고·출당의 책벌을 받는다는 것이 그것이다. 마지막 재정 부분에서는 입당시 의연금 5원을 내도록 하였다. 매월 납부하는 당비는 5백원 이하의 수입대상자는 수입의 1%, 5백원~1천원 수입대상자는 수입의 2%, 1천원 이상의 수입을 지닌 당원은 수입의 3%를 각각 내도록 하였다.

북로당 창립대회의 마지막 날에는 당중앙위원회 선거가 있었는데 전형위원 15명이 중앙위원 대상자를 선별한 뒤 찬반토론을 거쳐 중앙위원을 확정하였다. 중앙위원 43명, 후보위원 12명, 검열위원 11명이 각각 선출되었다. 중앙위원 선출과정에서 2명에 대한 반대토론이 있었지만 그런 대로 넘어갔다. 당중앙위원들을 보면 항일빨치산파·소련파·연안파·국내파로 구성되었는데 이들 가운데 빨치산파가 가장 적었고 연안파가 가장 많았다. 빨치산파에서는 김일성·김책·안길·김일 정도가 중앙위원으로 뽑혔다.

중앙위원 선출이 끝나고 결정서를 채택한 뒤에 별도로 「국치일에 대한 보고」가 있었다. 오기섭이 열변을 토했는데 그 내용이 일제에 협력한 친일파·민족반역자들을 맹공하는 것이었던 만큼 박수소리가 컸다. 오기섭의 보고에 이어 끝으로 남조선에서의 합당사업에 대한 보고 및 토론이 있었고 이에 대한 결정서가 채택되는 것으로 3일간의 북로당 창립대회의 여정은 끝나게 된다. 남조선 합당사업의 보고자는 최창익이었고 토론자로 7명이 나섰던 것으로 기억된다.

토론과정에서의 쟁점은 박헌영이 이영·서중석 등 당대회 소집을 요구하던 대회파를 출당한 것이 옳은 조치였는가 그렇지 않은가 하는 것이었다. 김창만·박훈일 같은 일부 연안파 인사들이 "박헌영의 조치가 잘못됐다"고 주장했지만 박헌영의 결정을 지지하는 쪽으로 결론이 났고 결정서에 반영되었다.

북로당 창립대회를 마친 다음날, 8월 31일에 북로당 제1차 중앙위원회 전원회의가 열렸는데 이 자리에서 김두봉·김일성·주영하·최창익·허가이 등 정치위원 5명이 선출되었다. 당위원장에는 김두봉, 부위원장에는 김일성·주영하, 당비서에는 최창익·허가이가 각각 뽑혔다. 당 조직위원회의 위원들에는 정치위원 5명과 김책·안길·박일우·김창만·최경덕·오기섭 등을 포함해 13명을 선출하였다. 그리고 9월 5일인지 6일에 당 창립 경축대회가 열리는 것으로 북로동 창립대회의 대단원이 막을 내렸다.

>>>
제2차 미소공동위원회

제2차 미소공동위원회는 1947년 5월 21일부터 서울 덕수궁 석조전에서 열렸다. 미소공위의 재개는 미국과 소련의 결정에 따른 것이었지만 그 배경에는 남과 북에서 전개한 미소공위 재개투쟁도 일정하게 작용했다고 할 수 있다. 제2차 미소공위는 순조롭게 출발했으나 전도가 불투명하였고 8월 말에 결국 공위가 결렬되었다.

1947년 5월 21일 서울에서 1년 만에 제2차 미소공동위원회가 열렸다. 김포비행장에 도착해 스티코프 소련대표단장이 비행기에서 내려오고 있다.

　　제2차 미소공위를 생각해볼 때 중요한 것은 1947년 6월 11일에 발표된 11호 성명, 즉 "남북조선 제 민주정당 및 사회단체와의 협의에 관한 규정"이었다. 11호 성명에서 임시정부 구성을 위한 협의대상 문제가 본격 제기됐던 것이다. 11호 성명에 따라 각 참가단체들에게 질문서를 배포하게 된다. 이전 기간에 반탁활동을 했더라도 임시정부 협의 대상에 참가하겠다고 신청하면 협의 대상에 참가시킨다는 결정이었다. 미소공위는 6월 25일 서울에서, 6월 30일에는 평양에서 각각 참가 신청한 정당 및 사회단체의 대표들을 초청해 합동회의를 개최하겠다는 뜻을 밝혔다.

　　북조선로동당은 11호 성명이 나오자마자 6월 13일에 정치위원회를 열어 이 문제를 토의하였다. 북로당이 임시정부 수립과정에서 정치적으로 관철해야 할 요구를 집중적으로 검토했다. 이 회의에서 임시정부 구성문제, 국체문제 등을 결정하게 된다. 이날 토의를 거쳐 6월 14일 북조선민주주의민족통일전선

(민전) 산하 정당·단체들의 열성자대회가 평양에서 열렸다. 북조선인민위원회 위원장 김일성은 열성자대회에서 임시정부 수립과 관련하여 북조선의 정당·단체들이 무엇을 요구할 것인가에 관한 기조연설을 하였다. 그는 6월 25일 서울에서, 6월 30일 평양에서 각각 '민주제정당 및 사회단체 대표들의 합동회의'를 개최하는 것이 결정된 만큼 평양의 합동회의에서 무엇을 요구할 것인지를 집중적으로 언급하였다. 이튿날 북조선민전 가맹 정당·단체들은 일제히 11호 성명에 대한 지지성명을 내었다.

미소공위에 제출할 해답서 준비

당시 정황으로는 평양에서 열릴 합동회의에 대한 대책 수립과 이에 기초한 미소공위에 제출할 해답서(解答書)를 준비하는 것이었다. 북로당은 6월 16일

1947년 2차 미소공동위원회에서 기조연설을 하고 있는 하지중장.

에 제7차 중앙확대위원회를 열어 해답서 초안의 내용을 결정하였다. 해답서 초안은 미소공위의 질문서에 따라 "조선 임시정부 및 지방정치기구의 구성 및 원칙(임시헌장)"과 "조선민주주의 임시정부의 정책" 두 부분으로 구성되었다. 그 내용에는 북조선임시인민위원회가 1946년 3월 23일에 내놓았던 20개조 정강의 취지와 이북에서의 제반 개혁조치가 포함되었다. 북조선 민전은 확대회의를 열어 임시정부문제의 협의 참가를 위한 청원서를 토의했다. 이날 토의에 따라 이북의 39개 정당·단체들은 합동으로 미소공동위원회에 청원서를 제출했던 것이다. 북로당은 6월 28일에 정치위원회를 열어 해답서 초안을 검토하고 중앙확대위원회로 초안을 넘겼다. 7월 1일에 열린 제8차 중앙확대위원회에서는 해답서 초안이 최종토의, 결정되었다.

당시 조선민주당이나 천도교청우당은 북조선민전에 소속되어 통일전선체 안에서 북로당과 공동보조를 취하였다. 북조선민전에서 합동 토의에 들어가기 전에 북로당에서 정치위원회나 중앙확대위원회가 열려 입장정리를 하였듯이 민주당과 천도교청우당도 중앙위원회를 열어 미소공위에 대한 대책을 마련하였고 북조선민전에서 좌익정당·단체들과 공동 토의해 결정을 내렸던 것이다. 민주당이나 천도교청우당은 이 결정으로 당내의 결정 집행방안을 만들어나가는 과정을 밟았다. 이렇게 볼 때 이북에서는 북로당과 민주당, 천도교청우당이 미소공위 대책에서 공동보조를 취했다고 할 수 있다.

1947년 6월 30일 오후 2시 평양의 북조선인민위원회 회의실에서 미소공위 대표들과 참가대표들의 합동회의가 예정대로 개최되었다. 첫날 회의는 스티코프 소련측 단장의 식사와 브라운 미국측 단장의 개회사로 간단히 막을 내렸지만, 이날 오후 4시 30분에 평양시 인민위원회 광장에서 20여만 명이 참가한 미소공동위원회 경축 평양시민대회가 열렸다. 미국대표 브라운 소장도 이 행사에 참가해 연설했는데 상당히 우호적인 발언을 하였다. 합동회의는 7월 1

1947년 중앙청에서 2차 미소공동위원회 대표단장인 브라운소장이 개회사를 읽고 있다. 그 옆은 스티코프 중장.

일 계속되었으며 7월 2~3일에는 평양에서 미소공동위원회 본회담이 열리기도 하였다.

미국대표 브라운은 7월 2일 조만식을 만나기도 했다. 브라운 단장이 조만식을 만났을 때 북로당 지도자들이나 소련군정 관계자들이 배석하지는 않았다. 브라운 단장과 조만식 사이에 구체적으로 어떤 대화가 오갔는지는 알기가 어렵다. 다만 브라운 단장이 조만식을 남쪽으로 보내줄 것을 소련 측에 요청했으나 거부당했다고 당시에 회자되었다.

〈자료〉

브라운 · 조만식 주요 대화 내용.

브라운 : 소련이 미소공위와 협의하기 위한 목적으로 당신이 서울에 가는 것을 허가한다면 기꺼이 조선민주당의 대표로서 행동할 것인가?

조만식 : 그것이 내가 원하는 바이다. 나는 그 외에 다른 희망이 없다.

브라운 : 소련인들이 서울에 가는 것을 허락하지 않으면 당신은 평양에서 미소공위와 기꺼이 협의할 것인가?

조만식 : 글쎄. 내가 결정하기는 어렵다. 내가 그 회담에 참석하는 것은 별로 어려운 문제가 아니다. 그러나 내가 안전한 상태에서 회의에 참석할 수 있을지, 발언한 후에 위험한 상태가 될지 모른다. 나의 희망은 서울에 가는 것이다.

브라운 : 아직 얘기되지 않은 당신의 의견 중 내가 알아야만 하는 것이 있다면 말하시오.

조만식 : 특별한 것은 없다. 나의 희망은 가능하면 빨리 서울에 갔으면 한다는 것이다.

미국 대표들이 평양에서 한 활동은 합동회의를 주재하고 경축 군중대회에 참가하는 정도였지 따로 북조선인민위원회 간부들이나 특정 정당·단체들의 간부들과 공식적으로 접촉하지는 않았던 것으로 안다. 다만 공식적인 합동회의나 미국대표 환영연회가 열린 자리에서 이들과 이북 지도자들이 만나는 정도였다. 따라서 북로당이나 민주당·천도교청우당측이 브라운측과 따로 만나 임시정부 수립에 대한 입장을 전달한다거나 하는 일은 전혀 없었다.

평양의 합동회의에 앞서 이남에서는 6월 25일 오후 중앙청 회의실에서 4백 25명의 대표가 참가한 가운데 스티코프 단장의 사회로 서울 합동회의가 열렸었다. 미소공위의 11호 성명에서 6월 23일까지 청원서를 내라고 하니까 이남에서는 4백 25개의 정당 단체들이 청원서를 제출했는데 이 가운데 태반은 유령단체였다. 좌익진영은 70여 개인데 반탁우익진영은 3백 개가 넘는 혼란상을 보였다. 이 때문에 남조선민전은 이남에서 협의대상 참가정당·단체의 수를 "좌우 각각 5:5 로 하자"는 입장을 천명하기도 하였다. 우익진영에서 듣지도 보지도 못한 유령단체들이 우후죽순처럼 생겨났기 때문이었다.

"반탁진영은 협의대상이 될 수 없다" 성명

이북에서는 미소공위를 통한 임시정부 수립을 촉구하는 군중운동이 활발히 벌어졌다. 가장 대표적인 것은 1947년 7월 21일에 열린 민전 결성 1주년 기념대회였다. 이 대회는 몽양 여운형이 7월 19일에 피살된 데 대한 추도와 항의 자리이기도 했으므로 추도문과 항의문이 채택되었다. 이 대회는 또한 미소공위를 통한 임시정부 수립을 촉구하는 자리였다. 특히 이남의 반탁진영에서 참가한 유령단체들은 협의 대상에서 배제해야 한다고 목소리를 높였다.

스티코프 단장은 7월 10일에 열린 미소공위회담에서 반탁운동에 참가한 정당·단체 24개의 협의대상 배제를 주장한데 이어 이날 "반탁진영은 협의대상이 될 수 없다"는 성명을 발표했다. 7월 27일에는 남과 북의 각지에서 미소 공위 개최 및 임시정부 수립을 촉구하는 군중대회가 열렸다. 이남에서는 남로당이 주도한 '미소공동위원회 재개 경축 및 임시정부 수립 촉진 인민대회'가 열렸는데 이 행사를 흔히 '7·27 대회'라고 한다. 인민대회는 이남 전역에서 개최되었고 북조선민전도 지지 메시지를 보내는 등 남북의 좌익이 공동대처하였다.

북로당은 제2차 미소공위에 대하여 제1차 때보다 조직적으로 대처했다. 제2차 미소공위 시기에는 제1차 때와는 달리 임시정부 '협의대상' 문제나 질의서·해답서가 제기됐기 때문이다. 임시정부 수립문제가 구체적인 일정에 오른 만큼 조직적인 대응이 필요하였다. 6월 14일 북조선민전에서의 김일성의 연설, 6월 16일 북로당 제7차 중앙확대위원회 개최 뒤인 6월 20일경 북로당은 대남부문 책임자 임해를 서울에 파견했다. 임해는 근로인민당의 여운형, 백남

7월 평양에서 열린 미소공동위원회 회의장에서 김일성 북조선인민위원회 위원장이 방북한 아놀드 미국대표단장과 인사를 나누고 있다.

1947년 6월 25일 스티코프 중장을 비롯한 소련대표단이 허헌 남로당 위원장 등과 환담 후 기념촬영을 하고 있다(위). 스티코프 소련대표단장, 하지 중장, 브라운 미국 대표단장이 환하게 웃고 있다. 그러나 제1차 때와 마찬가지로 미국과 소련은 임시정부 수립을 위해 협의할 정당 · 사회단체 선정 문제로 대립했다(이래).

운과 민주독립당의 홍명희 등을 만나 북로당 및 북조선민전의 입장을 전함으로써 공동보조의 노력을 기울였다. 당시에는 근로인민당이 결성된 지 얼마 되지 않은 데다가 근민당이 남조선민전에 소속되어 있지도 않았기 때문에 북로당으로선 근민당과의 공동보조를 위해 직접 사람을 파견했던 것이다. 북로당의 결정이나 해답서가 공개되기는 했더라도 그 구체적인 내용과 배경, 의도 등을 이남의 일부 정치지도자들에게 구체적으로 설명할 필요가 있어서였다. 미소공위에 제출할 해답서 상의 공동보조를 취할 필요성이 있었기 때문이다. 당시는 1946년 하반기의 남조선 좌익3당(공산당, 인민당, 신민당)의 합당과정에서 여운형, 백남운 등이 남로당의 박헌영 측과 멀어질 대로 멀어져서 북로당이 직접 나서지 않을 수 없었다.

남로당은 당시 이북에 머물던 박헌영이 직접 지시를 내려보내어 남조선민전의 활동방향을 지도하고 있었기 때문에 북로당이 남로당과의 공동보조를 위해 사람을 파견할 필요는 없었다. 특히 박헌영이 북로당 정치위원회나 중앙확대위원회에 참가하여 미소공위에 대한 대책을 함께 논의했기 때문에 남과 북의 노동당의 입장은 거의 통일되어 있었다고 할 수 있다.

박헌영은 북로당 정치위원회나 중앙확대위원회에서 남로당이 북로당과 다른 입장을 갖고 있다고 말한 바가 없으며 대체로 북로당의 결정을 지켜보는 입장이었다. 남로당의 해답서는 북로당의 해답서를 참고해 만든 만큼 공동보조를 취한 것이었다고 할 수 있다. 물론 남과 북의 노동당이 완전히 독자적인 활동을 할 때였기 때문에 남로당이 북로당의 '지도'를 받을 처지는 아니었다. 그러나 공동보조를 취하려는 노력은 다각적으로 이뤄졌다고 할 수 있다.

미소공위와 정당·단체들의 합동회의에도 불구하고 미소공위는 접점을 찾지 못하였고 1947년 10월 결렬되기까지 미국과 소련은 공방을 계속하였다. 이를테면 합의사항을 공동성명으로 발표하기로 하였다가 미국이 7월 17일 단독

성명을 발표하고 소련도 7월 21일에 스티코프 단장의 기자회견을 여는가 하면, 7월 31일에 브라운 단장이 기자회견을 갖자 스티코프 단장이 8월 4일에는 다시 기자회견을 열어 자신의 입장을 옹호하는 식이었다. 스티코프 단장은 급기야 8월 20일의 공동위원회 석상에서는 이남에서 좌익정당 지도자들이 대량 체포된 데 대한 항의성명을 발표했다.

미국과 소련은 8월과 9월초에는 각자 상대측에 공개서한을 보내기도 하였다. 미국은 조선 문제를 미·영·중·소 4개국의 토의에 붙이자고 제안하였고 몰로토프 소련 외상은 모스크바삼상회의의 결정을 근거로 미국의 새로운 제안을 거부하였다. 이에 미국 대표는 9월 23일 조선 문제의 유엔 상정에 관한 성명을 발표했고, 소련 대표는 9월 26일 공동위원회에서 미국과 소련 군대의 48

1947년 서울에서 열린 2차 미소공동위원회 1차 회담을 마치고 평양으로 가기 위해 김포비행장에 나온 소련대표단. 브라운 소장, 스티코프 중장, 레베데프 소장, 토마스 월링턴 대령 등이 보인다.

47년 5월 제2차 미소공동위원회가 개최되자 평양에서는 모스크바삼상회의 지지대회가 대대적으로 열렸다.

년 초까지의 완전철수 및 조선인의 손에 의한 정부 수립을 제안하였다. 이에
미국 대표는 10월 18일 유엔에 제출한 조선문제안을 소련 측에 알리면서 양국
간의 교섭 중지를 천명함으로써 미소공동위원회는 결국 결렬되었다.

>>>

인민위원회 선거와
북조선인민위원회

이북에서 선거문제가 본격적으로 논의된 것은 1946년 8월 말 북조선로동
당 창립대회 이후의 일이었다. 북로당이 창립되자 9월 초 당 정치위원회와 조
직위원회에서 최우선적으로 인민위원회 선거를 기획하게 된다. 정치위원회와
조직위원회가 구성된 뒤 첫 회의 의제가 당 창립대회의 총화 및 인민위원회 선
거 실시 문제였던 것으로 기억된다.

9월 5일에는 북조선임시인민위원회 제2차 확대위원회가 열렸다. 확대위원
회에서도 역시 북조선 도·시·군·면·리 인민위원회의 구성과 선거 실시에
관한 토론이 벌어졌고 결정서가 채택되었다. 그 다음날 북조선민전 중앙위에
서 인민위원회 구성 및 선거 실시에 관한 북조선임시인민위원회의 결정을 지
지하는 회의를 가졌다. 제2차 확대위원회나 북조선민전 중앙위 회의는 모두
공개적인 회의였다.

북로당 창립 후 선거 실시 결정

9월 10일쯤에는 북조선임시인민위원회에서 행정기관의 성격을 갖는 선거
지도위원회를 구성하는 한편, 북조선민전에서 사회단체의 성격을 갖는 선거선

전위원회를 구성하였다. 선거지도위원회는 선거 규정에 따라 선거를 실시하는 구체적인 실무를 맡았다. 선거 규정은 소련에서 선거를 치러본 경험이 있는 소련파 사람들이 중심이 되어 작성하였다. 선거선전위원회는 중앙에서 만든 제강을 중심으로 강연·토론회 등 선전활동만 전개하였다. 이때부터 이북은 온통 선거 분위기에 휩싸이게 된다.

중앙선거위원장은 주영하가, 중앙선거선전위원장은 김창만이 각각 맡았다. 중앙선거지도위원회가 만들어지자마자 각 도·시·군·면·리 선거지도위원회가 단계적으로 구성되었다. 선거지도위원회는 시·군 단위에 선거지도위원을 파견하였다. 각 지역에서는 북조선민전이 주축이 되어 각급 선거선전위원회도 조직되었다. 각급 선거선전위원회는 선거선전대를 각 지역에 파견하

1946년 10월 16일 평안남도 강동군 선거구에서 인민회의 대의원에 출마한 김일성 북조선임시인민위원회 위원장이 선거구 모임에 나와 당원들의 환호에 오른손을 들어 답례하고 있다.

여 본격적인 선거채비에 들어갔다. 선거선전대는 민청원·학생·교원·선진 노동자 등이 주축이 되었다.

선거선전사업 다음에 선거인명부 작성에 착수하였다. 당시만 해도 호적이 일부 없어진데다가 그나마 일제 때 작성된 주민현황 기록들도 일부는 없어져 나이 파악에 어려움이 있었고 선거인명부 작성이 쉽지 않았다. 또 농촌지역에는 문맹자 숫자가 거의 절대적으로 많아 어려움이 가중되었다. 당시에 흑백함 선거로 찬반투표를 진행했던 것은 문맹자가 많았던 사정과 밀접한 관련이 있다. 선거선전대가 가장 애를 먹은 것은 문맹자들에게 인민위원회 위원 후보자의 이름을 제대로 가르치는 일이었다. 선거선전대가 노인이나 부녀자들에게는 입후보자 이름과 '민주선거'라는 글귀를 쓴 쪽지를 나눠주고 이를 보고 외우게 하는 등 웃지못할 일도 많았다. 선거사업은 문맹퇴치사업과 결부되어 진행됐다고 해도 과언이 아니다.

입후보 추천도 중요한 과제였다. 북로당이 독점하지 않기보다는 여러 측면을 고려하여 인민위원 입후보자들을 안배하였다. 이를테면 북로당·민주당·청우당의 정당별 안배, 남녀 계층별 안배 등에 신경을 썼다. 일단은 북조선민전에서 선거세칙에 따라 인구비례 당 인민위원 입후보자들을 결정하는 협의회를 열어 입후보자를 결정하였다. 협의회 토의를 앞두고 북로당 중앙의 조직부에서 입후보자를 추천하였고 이 추천을 근거로 토의하는 형식이었다. 즉 첫 단계로 북로당 군당에서 민주당·청우당 군당과 협의해 입후보자를 내정한 뒤에 북로당 중앙의 조직부에 보고하면, 둘째 단계로 조직부가 이를 1차로 심의해 결정된 사람을 북조선민전 중앙에 통보를 하고, 셋째 단계로 북조선민전이 이 입후보자를 군단위의 민전조직(민전조직에는 지역의 정당·사회단체가 다 포괄되어 있었다)에 추천하여 군민전 확대회의에서 공개 토론하도록 했던 것이다.

도 대의원에는 중앙간부들이 대거 포함되었고 상당히 알려진 공산주의자들이었던 반면에 군 대의원들은 대부분이 지역 사람들이었다. 그러다 보니 군 대의원들의 절대 다수는 농민·노동자들이었다. 이게 또 문젯거리였다. 군 대의원(인민위원)으로 입후보된 농민·노동자들을 노골적으로 무시하는 사람들이 적지 않아 선거에 지장이 있었다. 10월 초순쯤에는 군 민전 확대회의에서 최종 입후보자를 결정하여 공시하였는데 농민·노동자 출신의 입후보자들을 놓고 반론이 많았다. 주된 반대 이유는 "어떻게 문맹자를 인민의 대표로 선출하겠는가" 하는 것이었다. 북로당 중앙은 각 군당에게 군 인민위원 입후보자로 빈농·고농 출신을 추천할 것을 요구했고, 이에 따르다보니 마지막 공개토론 때에 입후자로 결정된 사람들 가운데 빈농·고농 출신이 많았는데 이들 대부분은 문맹자였다. 이 문제가 입후자 선정과정에서 가장 큰 논란을 빚었다.

1946년 북조선인민회의 대의원 선거를 앞두고 북조선민주주의민족통일전선은 각계각층의 집회를 열고 주민들의 선거 참여를 독려하였다.

사전에 투표 예행연습

선거선전대원들이 군 인민위원 입후자들 중의 문맹자들에게 며칠 밤을 새다시피 하면서 글씨를 가르치는 해프닝도 속출하였다. 최소한 인민위원 입후자들에 대해서는 선거기간 중에 문맹퇴치를 완료했던 것으로 안다. 아무튼 이북에서의 민주선거는 난리 같은 소용돌이 속에 전개되었다. 선거가 임박해서는 농악대를 앞세운 선거선전대가 돌아다니면서 잔치 분위기를 연출하기도 했다.

다음으로 정당 비율과 관련하여 평안남도의 맹산, 영원 등 일부 산골에서는 천도교가 큰 영향력을 갖고 있었고, 청우당이 북로당보다 더 큰 정치세력이었다. 이들 지역에서는 "청우당이 더 큰 데 왜 북로당 출신의 인민위원 숫자가 많은가" 하는 반발이 있었다. 이런 지역에서는 군 민전 확대회의가 격렬한 토론장으로 돌변하였다. 이를 수습하느라고 북로당과 청우당 중앙에서 사람이

1946년 11월 3일 평양 시민들이 북조선인민회의 대의원 선거를 하기 위해 투표소 앞에 줄지어 서 있다.

파견되어 지역의 대립 세력들을 화해시키기도 하였다. 북로당과 민주당·청우당 간의 문제 때문에 북로당 창립 후 얼마 되지 않아 당전원회의에서 '우당과의 관계' 문제가 토의된 적도 있다.

　　선거과정이 순탄했던 것만은 아니다. 선거를 조직하는 일꾼들로서는 처음 치르는 것이니 만치 우여곡절이 많았다. 투표 경험이 전혀 없는 농민·노동자들에게 사전에 투표 예행연습까지 시키는 경우가 많았다. 흑백투표함을 마련해놓고 천으로 둘러져진 투표소에 들어가 흑백함에 투표용지를 넣는 연습까지도 시켰다. 노인이나 부녀자들이 엉뚱하게 백함에 넣을 것을 흑함에 넣을까봐 취해진 조치였는데, 노골적으로 "입후자가 훌륭한 인민의 대표이니 흑함에 투표용지를 넣어서는 안 되고 반드시 백함에 넣어 찬성표를 던져야 한다"고 예행연습을 시켰던 것이다. 그러나 투표 자체는 엄격한 비밀투표로 치러졌다. 그러

투표를 마친 평양 시민들이 축하행사를 하고 있다.

다 보니 사전연습이 더욱 필요하였다.

선거과정에서 지하에 숨어있던 반공단체들이 선거 방해활동에 나섬으로써 어려움이 적지 않았다. 이북의 반공주의자들은 1945년 말 모스크바삼상회의의 결정이 나오고 1946년 3월에 토지개혁이 실시되면서 대거 월남하였거나 삼상회의 결정의 반대로 인해 소련군대에 의해 시베리아로 끌려갔기 때문에 공개적인 반공조직은 남아 있지 않았다. 다만 근근이 반공활동을 하던 학생들 중심의 지하단체들이 일부 남아 있었다.

더욱이 선거를 방해하기 위해 이미 월남했던 반공청년들이 일부 다시 월북하기도 했다. 강원도, 황해도·함남·평남 등의 해안지역에서는 선거선전단계에서 이전에 월남했던 서북청년단 청년들이 비밀리에 북으로 들어와 강연회를 방해하는 활동을 벌였다. 이들은 선거를 위해 준비해놓은 '선거장'을 비밀리에 파손하면서 돌아다녔다. 입후자가 '무식쟁이'라거나 '누구 집 머슴'이라는 소문을 유포하기 위해 전단을 뿌리거나 벽보를 붙이는 일도 있었다. 반공청년들에 의한 테러로 사망한 선거선전대원도 몇 명 있었다. 선거선전대의 숙소나 선거사무실이 습격 당한 예도 있었다. 그러나 이런 방해 때문에 선거를 치르지 못할 정도는 아니었고 부분적인 사례에 그쳤다.

선거를 치르는 데 있어서 또 하나의 어려움은 당시만 해도 만연되어 있던 봉건적인 씨족관념이었다. 이북에서도 씨족 집성촌이 적지 않았다. 이를테면 어떤 인물이 면이나 군에서 인민위원 후보로 나설 때 그 집안과 앙숙이던 쪽에서는 '무조건 반대' 입장을 보였기 때문이다. 선거선전위원회는 이런 폐단을 있어서는 안 된다고 역설하고 다녔다.

1946년 11월 3일 이북 전역에서는 도·시·군 인민위원회 선거가 실시되었고 이듬해 1월 7일 면·리(동) 인민위원회 선거가 곧 실시된다는 발표가 있었다. 인민위원회 선거는 단일입후보자에 대한 찬반투표로 진행되었는데 드물

1946년 11월 평양서 열린 '평양특별시선거경축군중대회'의 주석단 모습.

게 몇몇 곳에서는 이에 대한 반대가 거세어 복수후보자가 나선 곳도 있다. 대개 이런 곳은 민주당이나 청우당의 지역세가 강하였고 열 곳 남짓 되지 않았나 싶다. 투표장에 꽃 장식을 하는 등 신경을 많이 썼는데 어떤 곳에서는 투표장에 포목을 깔기도 했다. 김일성이 강동군 삼등면에서 입후보한 것을 비롯해 중앙의 모든 지도자들이 각지의 입후보자가 되어 인민위원으로 선출되었다. 이 선거는 투표참가율 99.6%, 찬성투표율은 도 인민위원의 경우 97%를 기록했다. 선거가 끝난 뒤 11월 8일에는 중앙선거지도위원회가 각도 인민위원 당선자명단을 발표하였고 임시인민위원회가 "민주선거 종결을 승인하는 결정서"를 공포함으로써 선거의 대단원은 막을 내리게 된다. 선거과정에서 열성적으로 참여했던 선전원을 비롯한 많은 사람들이 북로당에 입당하기도 하였다.

1947년 1월 7일에는 북조선임시인민위원회가 면·리(동) 인민위원회 선거에 관한 결정과 시행세칙을 발표하였고 뒤이어 북조선민전이 이를 지지하고 곧이어 선거지도위원회가 다시 조직되는 등 말단 단위의 선거사업이 진행되었다. 2월 24~25일에 리(동) 인민위원회 선거가, 3월 5일에 면 인민위원회 선거가 각각 실시된다. 이때 선거를 따로따로 실시한 것은 1946년 11월에 도·시·군 인민위원회 선거를 한꺼번에 치르는 과정에서 혼란과 부작용이 약간 발생했기 때문이었다. 면·리(동) 인민위원회 선거는 도·시·군 인민위원회 선거의 경험이 있었기 때문에 선거선전사업에서 큰 어려움은 없었지만 입후보자 추천과정은 더 복잡하였다. 면·리(동) 인민위원의 숫자가 많은데다 씨족감정을 비롯한 과거의 감정에 얽힌 대립이 적지 않아 일부 혼란이 있었던 것이다. 특히 일제 때 행적과 '투전(도박)'에 대한 밀고가 많았던 기억이 난다.

북조선인민회의 · 북조선인민위원회 구성

한편, 1946년 11월에 선출된 도·시·군 인민위원들 속에서 '북조선적인'

1947년 2월에 구성된 북조선인민회의와 북조선인민회의 상임위원회 건물. 제2차 미소공동위원회 기간에 평양에서 열린 미소공동위원회 회의 장소로도 사용된 곳이다.

인민회의를 구성하고 북조선인민위원회를 구성하는 절차가 필요해졌다. 이에 따라 1947년 2월 초에 열린 북로당 정치위원회·조직위원회 회의에서 2월 17일에 도·시·군 인민위원회대회를 소집할 것을 결정하였다. 대회 소집 결정서가 발표된 것은 2월 4일이다. 2월 17일 대회에 참가한 대의원수는 도·시·군 인민위원회 위원 총수의 3분의 1에 해당하는 1천 1백 59명이었다.

도·시·군 인민위원회대회는 2월 17일부터 20일까지 나흘 간 진행되었다. 이 대회에서 김일성 위원장은 인민위원회 선거총화, '북조선적'인 합법적인 중앙집행기관으로서의 북조선인민위원회 구성 등에 대하여 보고하였다. 토론과정에서 미소공동위원회를 통해 앞으로 조선의 통일임시정부가 수립될 때까지 북조선인민위원회를 존속시키고 북조선인민위원회의 기능과 권한 일체를 통일임시정부에게 넘기는 문제가 중요하게 검토되었다. 일각에서 통일임시

1947년 2월 북조선인민위원회 주요 간부들이 북조선민주주의민족통일전선 청사 앞에서 기념촬영을 하고 있다. 1열 왼쪽에서 세 번째부터 김책 부위원장, 김일성 위원장, 홍기주 부위원장, 허정숙 선전부장, 이강국 외무국장, 2열 첫 번째 박일우 내무국장, 네 번째 장시우 상업국장, 다섯 번째 정준택 기획국장, 3열 왼쪽부터 김정주 총무국장, 최창익 검열국장, 다섯 번째 한설야 교육국장.

정부가 수립되면 기능과 권한을 넘길 것이라면 굳이 북조선인민회의와 인민위원회를 지금 수립할 필요가 있느냐는 문제를 제기하기도 하였다. 주류적 견해는 미소공위가 휴회된 상태에서 언제 가서 통일임시정부가 수립될지 모르는 판에 팔짱만 끼고 있어서야 되겠는가, 북조선만이라도 정권기관을 만들어 혁명과업을 전진시켜야 한다는 것이었다. 결론적으로는 통일임시정부가 수립되는 날 북조선인민회의와 인민위원회는 그 기능과 권한을 통일임시정부에 넘기고 발전적으로 해체하기로 하였다. 이에 따라 2월 19일에 북조선인민회의 창립에 관한 결정서가 채택되었고 2월 20일에는 인민회의에 관한 규정, 대의원 선거 수속에 관한 규정도 채택되었다.

도·시·군 인민위원회대회에서 다룬 중요한 내용의 하나는 1946년 2월 8일 이후 북조선임시인민위원회가 제정했던 각종 법령들을 사후 승인했던 것이

1946년 10월 16일 평안남도 강동군 선거구에서 인민회의 대의원에 출마한 김일성 북조선임시인민위원회 위원장이 선거구 모임에 나와 연단에 앉아 있다. 연단 아래에는 '김일성 장군 만세'라고 적힌 플래카드가 걸려 있다.

다. 이 대회에서는 1947년도 인민경제계획에 관한 결정서도 채택하였다. 대회 마지막 날인 2월 20일에는 북조선인민회의 대의원선거를 실시하였다. 북조선 민전 중앙위에서 전형위원회를 구성하고 전형위원회가 도·시·군 인민위원 회 위원들 가운데 입후보를 선정하여 선거하는 독특한 방법으로 진행되었다. 북조선인민회의 대의원 입후보자는 인민위원회대회 참가자 5명에 1명 꼴로 해 서 2백 30여명이었다. 이들 입후보자 전체를 발표하고 찬반토론과 찬반투표 를 실시하였다. 특별히 낙선한 사람 없이 2백30여명이 그대로 북조선인민회 의 대의원으로 선출되었다. 이로써 도·시·군 인민위원회대회는 종료되었고 다음날인 2월 21일에 북조선인민회의 제1차 회의가 개최되었다.

북조선인민회의 제1차 회의의 첫날(2월 21일)에는 북조선인민회의 상임위 원회를 구성하고, 이어서 최고집행기관인 북조선인민위원회에 관한 규정을 채 택하였다. 북조선인민회의 상임의원회 의장에는 김두봉, 부의장에는 최용건·김달현, 서기장에는 강양욱, 의원에는 김창만 ·강진건·박정애·최경덕·이 기영·김제원·김상철 등이 각각 선출되었다. 그리고 북조선인민위원회에 관 한 규정을 통과시키면서 인민위원회 조직 구성은 김일성에게 위임할 것을 결 의하였다.

제1차 회의의 둘째날(22일)에는 북조선인민위원회가 수립되었는데 김일성 이 위원장으로 추대되었고, 그는 북조선인민회의의 위임에 따라 위원회 간부 들을 선임하였다. 부위원장에 김책과 홍기주가 임명되었고 사무장은 김일성의 비서실장이던 한병옥이 맡았다. 그밖에 기획국장 정준택, 산업국장 이문환, 내 무국장 박일우, 외무국장 이강국, 농림국장 이순근, 재정국장 이봉수, 교통국 장 허남희, 체신국장 주황섭, 상업국장 장시우, 보건국장 이동영, 교육국장 한 설야, 노동국장 오기섭, 사법국장 최용달, 검열국장 최창익, 총무국장 김정주, 간부부장 장종식, 양정국장 송봉욱, 선전부장 허정숙 등이 선출됐다. 이런 과정을 통해 북조선인민회의와 북조선인민위원회가 만들어졌다. 북조선인민위원회 출범일은 1947년 2월 22일이다.

왜 선거를 실시했나?

그러면 무엇 때문에 이북에서 1946년 11월 시점에 인민위원회선거라는 정치수순을 밟기 시작했는지를 들여다 필요가 있다. 왜 이 무렵에 선거가 실시됐는지, 도·시·군 인민위원회 선거의 성격을 어떻게 볼 것인지 하는 것이다. 이 선거는 어디까지나 합법적인 정권기관을 창출하기 위한 절차였다고 할 수 있는데 1946년 11월에 가서야 그러한 조치를 취하게 된 이유가 있었다.

이북에서는 1946년 3월부터 민주기지 노선에 따라 토지개혁, 노동법령, 중요산업 국유화, 남녀평등권법령 등의 제반 민주개혁 조치가 취해졌고 1946년 말에 이르면 그 토대가 공고해졌다고 할 수 있다. 즉 정권을 창출해나가던 공산주의자들은 1946년 말에 이르러 이북에서 친일파·민족반역자 제거와 봉건잔재 일소 등의 과제에서 상당한 진척이 있었다고 판단했다. '인민민주주의혁명' 과정을 통해 공산주의자들이 생각하는 민주제도의 틀이 어느 정도 짜여졌다고 본 것이다. 이에 따라 초보적인 민주제도를 바탕으로 이를 법적, 제도적으로 공고화해야겠다는 생각을 하게 된다. 민주제도를 법적, 제도적으로 공고히 하는 데서 가장 중요한 과제는 합법적인 절차를 밟은 인민정권기관을 탄생시키는 일이었다. 합법적인 인민정권기관을 출범시키고 이를 바탕으로 민주제도를 더 공고히 하지 않으면 여전히 취약한 이북의 사회체제가 예상치 못한 변화를 맞이할지도 모르는 상황이었다. 민주개혁을 통해 그 나름의 인민민주주의의 기초는 마련하였으나 이를 더욱 발전시키려면 인민정권기관을 합법적으로 출범시키지 않을 수 없었다는 것이다.

1946년 11월에 선거가 실시된 또 다른 이유는 정권기관 형태와 관련이 있다. 그때까지만 해도 모든 민주개혁 조치의 추진체는 '임시인민위원회'였다. 정권기관의 자기 발전의 요구에 따라 임시인민위원회에서 '임시' 자를 떼어내야 할 때가 왔던 것이다. 당시의 정세로 보아 이북에서는 인민민주독재를 실시할 합법적인 정권기관을 출범시키는 것이 주요 과제로 등장하였다. 사실 임시인민위원회는 합법적인 절차에 따라 인민의 의사를 물어 출범시킨 정권 형태는 아니었다. 위원회를 출범시킨 뒤 군중집회를 통해 대중의 지지를 확인하는 형식을 밟았을 뿐이었다.

이북 공산당은 1946년 초만 해도 인민들의 수준이 민주제도를 요구하거나 이를 실시하는 주체가 될 정도는 아니라고 보았다. 이 때문에 인민의 의사를 묻는 절차를 생략하고 북조선임시인민위원회를 먼저 만들어 제반 민주개혁을 실시했던 것이며, 그 과정을 통해 인민을 의식화하고 나중에 인민정권을 합법화하려고 했던 것이다. 인민정권을 창출하자면 그에 맞는 합법적인 절차가 필요하였고 선거는 그 전제조건이었다고 할 수 있다. 이에 따라 1단계로 선거를 통해 각급단위, 즉 도·시·군 인민위원회를 구성하고, 2단계로 선거에서 선출된 인민위원들 전체를 소집한 '전 북조선적인' 인민위원회대회를 소집하고, 3단계로 이 대회에서 북조선인민회의를 구성하고, 4단계로 이 인민회의에서 북조선인민위원회를 출범시키는 과정을 거쳐 북조선인민위원회를 합법화하였던 것이다.

선거를 치른 속사정에는 이북 주민들이 해방된 조국의 주인임을 피부로 느낄만한 정치행사가 필요했던 점도 일정하게 작용하였다. 주민들은 8·15해방 뒤 일제가 물러났다는 것만 실감하다가 1946년 3월 토지개혁이 실시되자 비로소 해방이 피부에 와 닿았다고 할 수 있다. 토지개혁의 실시에 따라 주민의 대다수였던 농민들, 특히 빈농·고농들이 민주개혁의 실천주체로 활동할 수 있었다. 토지개혁 과정에서 노동자들도 선전대로 농촌에 파견되는 등 이북의 대다수 주민들이 혁명적 변화의 소용돌이에 빠져들면서 해방을 실감하게 되었던 것이다. 여러 가지 민주개혁 조치들이 잇달았지만 주민 전체가 참가해 해방된 조국에서의 정치생활을 실감할 수 있었던 것은 어디까지나 선거였다고 할 수 있다. 전 주민이 자신의 대표를 선출하여 정권기관을 창설하는 절차는 이들에게 나라의 주인임을 일깨워주는 계기가 되었다.

선거 전에도 각 지역에 인민위원회가 있었고 중앙에 북조선임시인민위원회가 존재했지만 주민들 자신이 뽑은 정권기관은 아니었기에 선거 행사는 주민들로 하여금 정권기관을 자기 손으로 만든다는 느낌을 줄 수 있었다. 선거 행사는 투표에 국한된 것이 아니라 주민들에 대한 정치교양사업과 함께 진행되었다. 각급 인민위원들의 선출에 앞서 후보자를 내세우고 군중토론을 벌여 정치학습장을 방불케 하는 것이었다.

북조선공산당과 이를 이은 북조선로동당은 이북에서의 혁명단계를 토지개혁, 인민위원회 선거, 건국사상총동원운동의 수순을 밟아 나갔으며 선거는 둘째 단계였다고 할 수 있다. 처음부터 그런 단계를 염두에 두고 순서대로 나아갔다고 하기는 어렵지만 정책을 추진하다보니 그러한 단계로 진행됐던 것이다.

>>>
북조선로동당 2차대회

북로당 2차대회는 1948년 3월 27일부터 30일까지 평양에서 개최되었다. 1946년 8월말에 마련된 당규약에 따르면 당대회가 1년에 한차례씩 열리기로 되어 있었지만 당대회는 예정보다 반년 가량 늦어졌다. 이는 1947년 하반기 정세가 2차 미소공위 마저 수포로 돌아가고 미국이 조선문제를 유엔에 상정하고 소련은 미·소 양군의 철퇴를 주장함에 따라 정세가 매우 유동적이었기 때문이다.

2차 당대회의 개최 시기는 1947년 11월의 당 중앙위원회 전원회의에서 결정되었다. 미국의 제안에 의해 1948년 2월 26일 유엔 소위원회에서 '가능한 지역에서의 선거 실시' 결정이 내려졌고, 이는 이남 단독선거가 기정사실화하려는 쪽으로 방향이 잡혔음을 보여주었다. 이에 북로당은 3월로 예정된 2차 당대회를 예정대로 개최하기 위해 본격적인 채비에 들어갔다. 2차 당대회 개최 시기는 남과 북에 단독정부가 들어설 것인지, 통일임시정부가 들어설 것인지의 귀로에 들어선 때였다.

북조선민전(민주주의민족통일전선)은 북로당 2차대회가 열리기 20여일 전인 1948년 3월 9일 중앙위원회 25차 회의를 열었으며, 북조선인민위원회 위원장 김일성은 이 자리에서 단독선거 절대반대와 자주정부 수립의 필요성을 역설하였다. 이때는 이미 이남의 김구·김규식이 남북협상을 제의하는 서한을 김일성·김두봉에게 보냄(2월 16일)에 따라 남북협상의 분위기가 무르익은 상황이었다. 북조선민전은 3월 25일 오전에 중앙위 26차 회의를 열었고 이 자리에서도 자주적 통일정부 수립에 관한 보고가 있었다. 북조선민전 중앙위 26차 회의에서 남북협상에 관한 최종 결정을 내리고 이날 오후 남북협상을 제의하는 방송을 내보내게 된다.

북로당은 1948년 2월에 들면서 2차 당대회를 개최하기 위한 절차를 밟아나갔다. 면당에서부터 결산선거를 시작했던 것이다. 결산선거는 각급 단위의 당세포 활동을 총괄하고 새로운 지도기관을 선거하는 동시에 군당대회에 참가할 대표들을 선출하는 행사였다. 중앙에서 당대회를 개최하기 위해 면당-군당-도당 대회를 단계적으로 소집하게 되어 있고 이 절차는 늘 마찬가지이다. 2차 당대회를 소집하기 위한 각급 당대표자들의 대회는 2월부터 3월 중순에 걸쳐 진행되었다.

　　북로당이 2차대회를 소집할 즈음에 당원수는 75만명에 이르렀으며 당대회 참가대표는 1천명에서 한 사람이 모자라는 9백 99명이었다. 당대회 의제는 당 중앙위 결산보고, 당규약 개정에 관한 보고, 지도기관 선거, 남조선로동당에게 보내는 편지 등이었다. 당규약 개정에 관한 보고는 주영하가 했는데 1차대회의 규약 내용이 약하여 이를 강화하는 것이었다. 당원의 임무에서 개인은 조직에 복종한다는 중앙집권제 원칙과 당원은 '전위분자' 역할을 수행해야 한다는 것 등을 새로 넣었다. 당규약 개정에서는 토론 없이 바뀐 내용에 관한 보고가 그대로 통과되었다. 그밖에 1년에 한 차례 열기로 되어 있던 당대회를 2년에 한 차례로, 3개월에 한 차례 열기로 되어 있던 당중앙위원회 전원회의를 4개월에 한 차례로 각각 수정하였다.

당내에서 '반종파투쟁' 공식 제기

　　당 중앙위원회 결산보고의 한 부분은 경제문제였다. 그동안의 민주개혁의 성과를 전반적으로 검토했다. 1947년에 1개년 계획경제를 수행한 바탕 위에서 1948년에도 1개년 계획이 진행되고 있었고 1949~50년의 2개년 계획이 예정되어 있었다. 결산보고에서는 인민경제계획과 관련하여 이미 사회주의로의 이행을 위한 과도기적 경제과업이 제기되고 있었다. 구체적으로는 협동조합 조직문제가 결산보고에서 언급됐던 것이다. 그밖에 건국사상총동원운동이나 증산운동에 관한 언급도 있었다.

　　결산보고의 둘째 부분은 통일문제였다. 유엔조선임시위원단과 이남 단독선거를 반대하고 자주적 통일정부를 수립하는 문제, 그리고 이를 위해 남북조선 제정당·사회단체들의 협상을 진행하는 문제 등이 언급되었다.

　　결산보고의 셋째 부분은 당조직들의 지도적 역할을 높이는 문제, 조직규율을 강화하는 문제였다. 이 부분에서는 당내의 종파주의적 경향에 대한 비판이 높았는데 대표적으로 거명됐던 인물은 이남에서 올라온 최용달·이강국이었다. 이북에서 활동해오던 국내파 공산주의자 오기섭·정달헌도 문제되었다. 1947년 2월에 출범한 북조선인민위원회에서 최용달은 사법국장을, 이강국은 외무국장을 각각 맡았었다. 이들이 월북할 때 따라온 사람들이 몇몇 있었고, 당시 박헌영도 이북에서 남로당을 지도할 때여서 이남에서 올라온 사람들의 숫자가 늘기 시작하였다. 이들은 1946년 8월 말의 북로당 창립대회에서는 당 중앙위원이 될 수 없었고 북로당 내에서 위상이 낮을 수밖에 없었다.

그런데 이남에서 올라온 사람들이 서로 자주 만나 북로당에서의 대접 소홀에 대해 공공연히 비난하는 경향이 나타났다. 일찍 월북한 사람들은 북로당의 당적을 갖고 있었는데 후일 남로당에서 월북한 사람들과 어울리면서 파벌행동을 하는 일이 있었다.

당대회에서는 바로 이남에서 올라온 사람들의 파벌행동을 문제삼았다. 그리고 오기섭·정달헌 같은 이들의 좌경적 분파행동도 있었기에 이것도 부분적으로 문제 삼았다. 결산보고 후 토론 과정에서 다른 부분은 지지찬동 토론이었지만, 조직규율에서만은 최용달·이강국 등의 종파행동을 겨냥한 비판이 있었던 것이다. 최용달·이강국은 솔직히 자기비판했으나 오기섭은 자기비판인지 아닌지 모르게 말을 빙빙 돌렸던 기억이 난다. 북로당 2차대회가 끝난 뒤 최용달·이강국은 직위에서 물러나게 된다.

그리고 중앙지도기관 선거에서는 당 중앙위원 67명, 후보위원 20명이 선출되었다. 당 중앙위원들의 구성을 보면 1차대회와 마찬가지로 연안파가 가장 많았고 소련파도 적지 않았다. 당대회의 다음날 열기 2기 1차 중앙위원회 전원회의에서는 정치위원 7명이 선출되었다. 이 가운데 연안파는 김두봉·최창익·박일우, 항일빨치산파는 김일성·김책이 각각 포함되었고 소련파의 허가

이와 국내파의 주영하도 정치위원이 되었다. 1기에 비하여 연안파의 박일우와 항일빨치산파의 김책이 추가된 것이다.

조직위원은 1기보다 2명이 늘은 15명이 선출되었다. 당위원장에는 김두봉, 부위원장에는 김일성·허가이가 각각 선출되었다. 1기 때는 김일성·주영하가 부위원장이었는데 2차 때 주영하가 빠지고 허가이가 포함된 것은 당의 현실을 반영한 것이었다. 당위원장 김두봉은 북조선인민회의 상임위원장을, 부위원장 김일성은 북조선인민위원회 위원장을 각각 맡고 있었고, 허가이는 1차 당대회 이후 당비서로서 당조직문제 전반을 책임져왔기 때문에 사실상 당권을 쥐고 있었다.

허가이의 부상

허가이는 당실무를 장악한 것이지 독자적인 조직기반을 갖고 있지는 못했는데 2차 당대회 이후 허가이의 세력이 실제로 커지고 이것이 새로운 불씨가 된다. 허가이는 훗날 6·25전쟁 시기에 당사업에서 관료주의를 부렸다는 비판에 직면한다. 김일성이 김두봉에 이어 당위원장에 선출되는 것은 1949년 6월에 남로당과 북로당이 연합중앙위원회를 열어 양당이 합당하면서부터이다. 이때부터는 박헌영과 허가이가 부위원장을 맡게 된다.

2차 당대회의 마지막 날에는 남조선로동당에 보내는 편지를 채택하였다. 이 편지는 단독선거를 반대하고 자주적 통일정부 수립을 위해 매진하자는 내용을 담고 있었다.

북로당 2차대회는 1차대회에 비해 반종파투쟁 문제가 당내에서 공식적으로 제기됐다는 특징을 보인다. 그리고 인민경제계획 문제가 언급되면서 사회주의로의 이행을 위한 과도기적 조치가 구체적으로 언급됐던 것도 특징의 하나이다. 또한 자주적 통일을 위한 남북 정당·단체들의 협상문제가 제기된 점도 중요하다. 그밖에 지도집단 구성 면에서는 일부 인원이 보충됐지만 그 성격 면에서는 거의 변화가 없었다. 2차대회가 끝나고 인민경제계획 추진, 남북협상 추진, 당내 조직규율 강화 등에 박차를 가하게 된다. 당생활과 관련하여 당증을 새로 교부하기도 하였다.

조선민주주의인민공화국 수립과정

헌법제정과정
남북연석회의
제2차 정당단체지도자협의회
해주 인민대표자대회와 지하선거
8 · 25선거
최고인민회의 준비와 진행
공화국 수립 이후 움직임

9월 9일 정권 창건일을 맞아 평양시내 각급 학교 학생들이 '조선민주주의인민공화국' 이라고 쓴 피켓을 들고 시가행진을 하고 있다.

헌법제정과정

1947년 11월, 이북에서 헌법제정에 착수한 것은 당시의 정세와 밀접한 관계가 있다. 제2차 미소공동위원회가 결렬되자 미국은 조선문제를 유엔에 상정하는 방향으로 나간 반면에 소련은 미·소 양군의 동시철수 주장을 폈다. 미국은 1947년 11월 14일 유엔총회에서 임시한국위원단 설치안을 통과시켰고 이북에서는 이를 미국의 '남조선단독정부 수립' 계획의 실행 과정으로 보았다.

이에 대한 대응은 두 갈래로 진행되었다. 하나는 유엔 임시한국위원단에 의한 단정·단선 진행에 저항하는 것이었고, 다른 하나는 통일전선에 기초하

미·소의 대립이 이어지는 가운데 10월 21일 소련대표단의 철수로 2차 미소공동위원회는 해산됐다. 이로써 미국과 소련이 전후 한국문제를 처리할 방침으로 합의한 모스크바삼상회의 결정과 그에 따른 협상이 완전히 파기됐다. 미국의 하지 중장과 소련의 스티코프 중장이 미소공동위원회에서 협의하는 모습.

여 통일임시정부를 수립하기 위한 노력을 기울이는 것이었다. 후자에서 중요한 것이 통일임시정부 수립에 필요한 법적 기초를 마련하는 일이었다. 임시헌법 제정은 이런 맥락에서 제기된 것이다.

통일정부 수립 위한 법적 기초

북로당 지도부는 1947년 11월 16일에 정치위원회·조직위원회 회의를 열고 임시헌법제정이 필요하다는 결론에 도달하였고 남로당의 박헌영도 이에 뜻을 같이하였다. 이 자리에서 임시헌법제정위원회와 법전작성위원회를 구성하기로 결정한다. 그리고 11월 18일 제3차 북조선인민회의에서 토의를 거쳐 '조선임시헌법 제정 준비에 관한 결정'이 채택되었다. 이 결정에는 헌법제정기구를 만들고 헌법초안을 작성한다는 내용이 담겨졌다. 다음날 인민회의에서 임시헌법제정위원회와 법전작성위원회를 조직했는데 제정위원회 위원장에는 김두봉, 부위원장에는 김책·주영하·홍기주가 선출되었고 위원은 17~18명쯤이었다.

작성위원회의 위원장은 제정위원의 한 사람인 소련파의 김택영(당시 북조선인민회의 상임의원회 법정부장, 소련에서 법과대학을 나온 검사 출신)이 맡았고, 북조선인민위원회 사법국장 최용달을 비롯해 이남에서 올라온 헌법 학자를 포함한 7명이 작성위원회에 소속되어 임시헌법의 기초작업을 하였다. 이어서 11월 20일에는 임시헌법제정위원회 회의가 열렸고 이 자리에서 법전작성위원회로 하여금 12월 15일까지 헌법초안을 작성하게 한다는 결정이 내려졌다.

헌법초안 작성과정에서 소련방에서 나온 사람들과 국내파 사이에 견해차가 심하였다. 소련서 나온 사람들은 헌법의 체계와 내용 면에서 소련방에서 체험한 스탈린헌법을 염두에 두고 '소련방 헌법의 틀'을 고집하는 경향이 있었다. 그러다 보니 국내의 실정을 중시했던 국내파의 최용달, 유원식 등과 의견이 같을 수가 없었다. 자연히 논란이 뒤따랐다. 소련파들은 소련방 헌법 외에는 잘 몰랐던 게 사실이다. 반면에 최용달 등 국내파는 공산주의자로서 소련방 헌법을 접해본 것은 물론이고 일제 때 각국의 부르조아 헌법을 공부할 기회가 있었기 때문에 여러 모로 융통성도 있었고 현실에 맞는 헌법이 요구된다고 주장하였다. '헌법의 체계'는 쉽게 의견접근을 보았으나 내용에서 토지소유, 중소상공업 허용여부 등을 둘러싸고 논쟁을 벌였다.

아무래도 소련파는 소련에서의 부농 청산의 경험을 예로 들면서 부르조아가 다시 등장할 소지를 애초부터 없애야 한다는 좌경적인 주장을 폈다. 소련파는 농촌에서는 부농, 도시에는 중소상공업자들을 그대로 두고 발전시킨다면 결국 '부르조아공화국'을 만들자는 것이 아니냐는 주장이었다. 국내파와 항일 빨치산파 등은 소련방에서는 부르조아를 청산하는 사회주의 혁명단계에 있지만 조선의 현실은 친일파 민족반역자들을 숙청하고 봉건유제를 청산해 진정한 민주주의제도를 정착시켜야 하는 단계라고 주장하였다. 신앙의 자유 문제도 논란의 불씨였다. 이북에서 종교 탄압이 벌어진 데는 소련에서 나온 사람들의 영향이 적지 않았다. 이들은 종교를 허용치 않는 스탈린체제에서 살다가 조선으로 들어왔기 때문이다. 불가피하게 논쟁이 벌어졌고 절충 끝에 초안이 확정되는데 이 초안을 둘러싼 논쟁은 그 뒤에도 계속되었다. 결국 스탈린헌법과는 상당히 거리가 있는 헌법이 만들어진다.

북로당은 1947년 11월 중순에 임시헌법 제정문제가 일정에 오르면서 남로당 뿐 아니라 이남의 일부 정치세력과 활발하게 이 문제를 논의하였다. 이 무렵에 근로인민당의 백남운, 민주독립당의 홍명희, 인민공화당의 김원봉, 민족자주연맹의 박건웅 등이 비공개로 월북해 평양에서 북로당 지도부와 임시헌법 제정문제를 논의했던 것이다. 대체로 통일전선에 입각한 통일임시정부를 수립하는데 있어서 임시헌법 제정이 필요하다는데 인식을 같이하는 접촉이었다.

임시헌법 초안은 예정대로 12월 중순에 완성되었다. 이때부터 1948년 1월 말까지 북로당과 북조선민전이 중심이 되어 이북 전역에서 직장·단체 별로 임시헌법 독보 및 토론모임이 열렸다. 북로당은 1948년 2월 7일에 중앙위원회 전원회의를 열어 임시헌법 초안을 최종적으로 토의하였다. 이 회의에서 임시헌법 초안의 일부 내용을 둘러싼 논란이 약간 일기도 하였다. 1946년 3월의 토지개혁 당시에는 토지소유의 최대한도를 5정보로 제한했던 데 비해 초안 제6조에는 20정보로 규정되어 있어 논란을 일으켰다. 토론과정에서의 의견차이를 반영해 "토지소유의 최대한도는 5정보 또는 20정보로 한다. 토지소유의 최대한도는 지역 및 조건에 따라서 따로 법령으로 규정한다"고 바꾸게 된다. 20정보를 소유할 수 있는 특별한 경우는 법률로 다시 정하자는 것이었다. 그 예로 학교·병원·법인단체·사회단체 등이 해당된다고 할 수 있다.

논란이 된 또 다른 부분은 '공민의 기본적 권리 및 의무'와 관련한 제19조의 규정이었다. 이 조항은 "공민은 중소산업 또는 상업을 자유로 경영할 수 있다"는 것으로 매듭지었다. 토론과정에서 일각에서는 이 조항이 너무 우경적인 것이라며 반박하였다. 상공업을 자유롭게 보장하면 부르조아를 양산하게 된다는 주장이었다. 그러나 임시헌법이 '진보적 민주주의국가'를 건설하려는 법적 기초이라는 점을 감안해 공산주의 냄새를 덜 피우는 것이 바람직하다는 결론이 내려졌다.

태극기를 그대로 쓰자는 주장 돌출

그밖에 소유형태, 국기·국장문제에서도 다소 논란이 있었다. 태극기를 그대로 쓰자는 주장이 돌출되기도 했지만 '인공기'를 사용하기로 결정하였다. 태극기의 사용을 주장한 사람들은 두 가지 이유를 들었다. 태극기가 오랫동안 국기가 사용되어온 데다가 태극기 밑에서 민족해방투쟁을 전개하지 않았는가,

그리고 통일정부 수립을 위한 임시헌법에 국기 규정을 넣는 만큼 이남 인민들을 의식해야 하지 않는가 하는 것이었다.

북로당 중앙위원회 전원회의가 열린 이틀 뒤, 1948년 2월 9일에 북조선인민회의 제4차 회의가 소집되었고 이 회의에서 임시헌법 초안을 놓고 재토의를 가졌다. 이 회의에서는 북로당회의 때보다 국기문제가 더욱 논란거리였다. 함경남도 대표인 임아무개 대의원을 비롯해 몇몇 대의원들이 나서 통일국가 헌법이니 국기만은 태극기로 해야 한다고 끝까지 주장했지만 '인공기'로 낙찰되었다. 상임의원장 김두봉이 새로 민주주의국가를 수립하는 마당에 봉건시대의 국기를 그대로 쓸 수는 없지 않은가 하는 주장을 펴 공감을 얻었기 때문이다.

이날 회의에서 헌법 초안이 통과되었고 2월 10일에 헌법 초안이 공식으로 발표되었다. 2월 13일에는 북조선민전이 회의를 소집하여 헌법초안의 지지 및 인민들에 대한 광범한 선전사업의 전개를 결정하였다. 이어서 민전 산하의 각 단체들이 지지성명을 발표하였고 헌법 초안을 지지하는 군중토의 모임이 곳곳에서 열렸다. 이 움직임은 4월에 평양에서 남북연석회의가 열릴 때까지 계속된다. 헌법 초안에 대한 군중토의는 이남에서도 진행되었던 것으로 안다. 북에서는 헌법 초안을 지지하는 군중토의 모임이 공개적으로 진행되었지만 이남에서는 민전이 주축이 되어 비합법·비공개로 군중토의가 진행되었다. 남로당은 헌법 초안을 지지하는 연판장을 돌리기도 했고 이를 박헌영에게 올려 보내기도 했으며, 남로당이 주도한 '2·7 구국투쟁' 때의 각종 성명서·요구서에도 임시헌법 지지의 뜻을 포함시켰다.

북조선인민회의는 1948년 4월 28일~29일에 특별회의를 열어 조선민주주의인민공화국 헌법 초안을 가결시킴으로써 1947년 11월에 시작되어 5개월 이상을 진행해온 헌법제정과정을 모두 마치게 된다. 당시는 남북협상 대표들이 평양에 와있을 때였고 일부 거물 정치인을 제외한 상당수의 남측 대표들이 인민회의 특별회의를 방청하였다. 북조선인민회의는 이어서 7월 10일에 제5차 회의를 열어 이북 전역에서 헌법을 실시하기로 결정하는 한편, 헌법에 따라 최고인민회의 대의원선거를 실시하기로 결정하였다. 또한 7월 18일에는 김두봉이 북조선인민회의를 대표하여 태극기의 폐지 및 새 국기 제정에 관한 담화를 발표했다. 그리고 8월 25일에는 최고인민회의 대의원선거를 실시함으로써 정권 창립을 마지막 발걸음을 재촉하게 된다.

전 10장으로 구성된 조선민주주의인민공화국의 첫 헌법은 근본원칙, 공민의 기본적 권리 및 의무, 최고주권기관(최고인민회의, 최고인민회의 상임위원회), 국가중앙집행기관(내각, 성), 지방주권기관, 재판소 및 검찰소, 국가예산, 민족보위, 국장 국기 및 수도, 헌법수정의 절차 등을 포함하고 있다. 이 헌법은 봉건유제와 일제잔재를 타파하고 민주주의국가의 정치 · 경제 · 사회구조를 규정한 것이라 할 수 있다.

이 단계에서만 해도 헌법이 자본주의 자체의 발전을 억제한 것이라고 보기는 어렵다. 생산수단의 소유 형태를 보더라도 국가소유도 있지만(5조), 개인소유도 인정되었으며(8조), 상공업의 자유경영을 허용했으며(19조), 토지소유의 상한선(5정보 또는 20정보, 6조)도 이미 실시된 토지개혁보다는 탄력적인 것이었다. 또한 신앙의 자유와 종교의식 거행의 자유도 인정하는 것이었다(14조). 그래서 당시에 이 헌법의 성격을 '반제반봉건민주주의헌법'으로 규정하였던 것이다.

남북연석회의

(1) 미소공위의 결렬과 미·소의 한반도정책 변화

1945년 말의 모스크바삼상회의 결정이 나온 이래 1947년 상반기까지 1~2차 미소공동위원회가 진행되던 시기는 한편에선 냉전의 분위기가 형성되어 나가기는 했지만 미국과 소련이 조선문제를 협의를 통해 해결하려는 움직임을 보였다. 당시만 해도 우리 민족의 통일과 독립이 미·소의 한반도정책에 달려 있었고 미·소는 자신에 유리한 통일임시정부를 탄생시키는데 관심을 집중하였다. 남북의 정치현실은 미·소의 태도에 영향을 받았고 남북의 정치세력들은 미·소 간의 협의를 통한 통일임시정부 수립을 대비하면서 움직였다. 그러나 1947년 중반 이후 제2차 미소공위의 결렬과 함께 미·소의 한반도정책은 급변하였고 이는 한반도의 분열을 영구화하는 방향으로 나아갔다.

제2차 미소공위의 결렬

이러한 변화에 따라 이남에서는 '단정·단선'의 움직임이 노골화되었고, 이북은 '인공 수립'으로 치달았다. 미·소의 한반도정책 변화는 우리 민족과 국토의 영구분단을 가져왔다. 왜 이 시기에 미국과 소련이 한반도정책을 바꾸게 됐는지를 먼저 살펴볼 필요가 있다. 그리고 이들의 정책 변화를 야기한 민족 내부의 요인도 함께 살펴보아야 한다.

제2차 미소공위의 결렬은 한마디로 조선문제의 해결을 모스크바삼상회의의 결정(참고: 4개 항= 임시조선민주주의정부 수립, 임시정부 구성을 위한 미소공동위원회 설치, 4개국 신탁 후견의 협약작성, 미·소 양군사령부 대표회의 소집)에 따라 협의하기로 한 약정을 미국과 소련이 포기했음을 뜻한다.

미국은 이남에서라도 단독정부를 수립해야 한다고 판단해 유엔에 조선문제를 상정하였고 소련은 소련대로 이북에 인민정권을 수립할 기반이 충분히 갖춰졌다고 보고 미·소 양군의 철수와 한민족의 자주적 결정에 의한 조선문제 해결을 내세웠다. 이것은 미국과 소련이 전후 처리과정에서 조선문제를 한민족의 의사에 맞게 정당하게 처리하는데 신경을 쓰기보다는 처음부터 자국의 이해관계에 따라 움직였음을 보여준다. 식민지에서 해방된 한민족이 미·소의 각축 속에서 희생양이 됐던 것이다. 미국과 소련은 1947년 중반에 이르면 더이상 조선문제를 남북의 정치세력 간의 협의를 통해 해결하려고 하지 않게 된 것이다.

미국이 대외정책을 근본적으로 수정하고 국제상황을 새로운 시각에서 인식하게 된 데에는 제2차 세계대전 후 소련군이 진주한 동유럽의 여러 나라들에서 공산당이 집권당으로 등장하고 사회주의정권이 출현하던 사정이 깔려 있었다. 동유럽 나라들에서 정도의 차이는 있었지만 전반적으로 급속한 '인민민주주의혁명'이 전개되었고 이는 사회주의혁명으로 나아가는 수순이었다. 이와 함께 서유럽 나라들이나 세계 각지에서 공산당의 진출이 과거 어느 때보다도 활발해졌다. 미국은 소련이 진주한 동유럽 나라들 뿐 아니라 그 인근의 터키·그리스 등에서도 공산당이 집권하게 될지 모른다는 우려에 빠져들었다. 1946년~47년 초반까지 이러한 현상이 두드러졌다. 미국은 이에 대해 소련의 팽창주의 정책의 결과로 보고 심각히 우려하였다. 미국은 이를 막기 위해 대외정책을 시급히 전환해야겠다는 판단을 내리게 된다.

미국은 뿐만 아니라 한반도에서도 소련군이 진주한 이북에서 '소비에트화'가 급속히 진전되고 있는 것으로 보았다. 소련군이 이북에서 공산당 정권을 수립하기 위해 민족주의세력을 제거하고 친소 공산주의자인 김일성에게 당·정·군의 모든 권력을 집중하고 있다고 본 것이다. 또한 이북에서 민주기지 노선에 입각한 제반 '민주개혁'이 1946년 3월부터 급속히 전개되자 미국은 이북지역에서 소비에트화가 급속히 진행되고 있다고 판단하였다. 이에 미국은 이남에서 친미적인 단독정부를 세워 소련의 팽창정책을 막아야 한다는 결론에 이르게 된다. 미국이 대외정책 전반을 새로 조정하는 가운데 한반도정책도 바꾸게 된 것이다.

'트루만 독트린', 냉전의 구체화

미국의 대외정책 전환의 첫 신호는 1947년 3월 12일에 발표된 '트루만 독트린'이었다. 트루만 독트린의 주 내용은 공산화될 위험에 처해 있던 터키와 그리스에 강력한 경제·군사지원을 하고, 이를 통해 이 지역에서 공산당의 집권을 막으며 자유민주주의체제를 유지하게 한다는 것이었다. 그리고 세계 각국에서 공산주의에 반대하는 나라들에게 경제·군사지원을 함으로써 소련의 팽창주의를 막는다는 내용도 포함되었다. 미국은 이 시점에서 지난날의 동맹 소련의 팽창주의과 정면으로 대결하겠다고 선언한 것이다. 그 뿐 아니라 1947년 6월 초에 미 국무장관 마샬이 유럽경제부흥안(마샬플랜)을 발표하였다. 이것은 트루만 독트린의 연장선에서 유럽 나라들을 경제·군사적으로 지원하는 구체적 방도를 제시한 것이었다.

소련의 팽창정책을 저항하는 미국의 정책이 구체화되자 1947년 9월 말~10월 초에 소련공산당을 비롯한 세계 각국의 공산당 대표들이 폴란드 바르샤바에서 모임을 갖고 국제공산주의운동·노동운동에서 서로 연대하고 상호 지지하는 연락기구인 '코민포름'을 결성하기에 이른다. 코민포름 창설대회에 소련방 대표로 참가한 쥬다노프는 「세계평화와 민주주의를 위하여」라는 연설로 주목을 끌었다. 그것은 국제적으로 공산주의운동과 노동운동을 한층 강화하고 연대를 강화하며 새로운 세계전쟁에 반대하고 세계혁명을 더욱 촉진시킬 데 대한 것이었다. 이는 당시 소련방의 대외정책을 총괄적으로 보여주는 것이었다.

이때부터 대립적인 동·서 블록이 형성되기 시작했던 것이다. 이전에도 미국과 소련이 세계질서의 개편과정에서 갈등이 없었던 것은 아니나 과거의 동맹으로서 양자가 협의한다는 자세를 견지하였다. 그러나 1947년 10월에 이르면 이전과는 판이하게 달라져 미국 중심의 서방 블록과 소련 중심의 사회주의 블록이 형성되어 서로 대치하게 된다. 그 결과 자주적인 힘으로 조선문제를 해결하지 못하던 우리의 처지에서는 미·소 양국의 극단적 대치의 영향을 그대로 받게 되었다. 즉 조선문제의 해결에서 그들의 결정에 따르지 않을 수 없었다. 두 진영의 형성과 대립이라는 객관적 정세는 한반도의 분단을 영구화하는 방향으로 치달았다.

이북에서는 1947년 상반기까지 당·정·군의 권력 측면에서나 민주기지 노선에 입각한 제반 '민주개혁'의 측면에서 보나 좌익 일색화로 흘렀다고 할 수 있다. 이것은 미국으로 하여금 위협을 느끼게 하였고 종전의 한반도정책을 수정하게 하도록 작용하였다. 즉 미국은 소련과의 협의를 통해 한반도에 통일 임시정부를 수립하는 것 자체가 소련의 한반도 '소비에트'화 야욕을 충족시키게 될 것으로 우려하여 정책을 전환하였다고 할 수 있다. 미국은 소련이 이북 지역을 소비에트화하려는 마당에 이남 지역만이라도 자유민주주의체제를 견지하는 단독정권을 수립해야 한다는 결론에 이르렀던 것이다.

여운형 암살사건 발생

미국은 또한 이남 내부의 정세가 자신에게 결코 유리하지 않다는 판단을 내리게 된다. 2차 미소공위 때는 1차 미소공위 당시에 모스크바삼상회의 결정을 반대하는데 앞장섰던 한국민주당까지 통일임시정부 수립의 협의 대상에 참가할 정도로 상황이 바뀌고 있었다. 다만 통일임시정부 수립에 반대하고 이남의 단독정부 수립을 시종일관 주장한 것은 독립촉성회를 주도하던 이승만이었고, 그는 미 국무부가 단독정부 수립으로 정책을 전환하도록 외교활동을 펼쳤다. 이승만 중심의 단정세력은 2차 미소공위가 열리는 동안에 일관되게 통일임시정부 수립을 반대해 나섰다. 미국이 유엔을 통한 단정 수립에 적극적인 뜻을 갖게 된 것도 이승만세력의 활동이 작용했기 때문이라고 할 수 있다.

그 과정에서 이승만과 연대하던 한민당이 정책 선회를 하면서 양자간에 갈등이 발생하고 1차 미소공위 결렬 이후에 좌우합작운동을 전개해온 여운형과 김규식이 2차 미소공위가 재개되자 다시금 광범하게 우익들을 끌어들이기 위해 노력을 기울였다. 상당한 우익계 정당·사회단체들이 좌우합작운동에 관심을 보이고 통일임시정부 수립 방향으로 전환하기 시작하자 이승만세력은 이에 대한 방해활동을 본격화하였다. 이 시기에 미국은 좌우합작운동을 이끈 온건한 우익인사 김규식이나 단정 수립을 부르짖는 이승만을 선호하는 정책을 전개하였고 완고한 우익 민족주의자 김구와 단정반대 세력을 노골적으로 배제시켜 나갔다. 미군정사령관 하지는 김규식을 선호하였고 미 국무부는 단독정부 수립과 관련해 이승만을 선호하였기 때문에 이승만과 하지 간에도 갈등이 일어났다. 미군정과 김구세력의 갈등이 심화되고 이승만과 김구 간에도 대립이 표면화하기 시작하였다. 우익진영 내의 분열이 노골적으로 드러난 것이 당시의 분위기였다.

또한 미군정과 좌익진영 간의 갈등, 좌우익간의 갈등은 더욱 심화되었고 좌익진영 내의 남로당과 근로인민당 간에도 갈등의 씨앗이 싹트고 있었다. 이전에 민주주의민족전선 내에 포함되어 있던 인민당과 남조선신민당의 일부 정치세력이 근로인민당으로 빠져나간 만큼 민전 자체는 약화된 상태였다. 한마디로 1947년 중반에 이남의 여러 정치세력들 간의 갈등은 난마처럼 뒤엉켜 있었다고 할 수 있다.

　　1947년 7월 19일에 일어난 몽양 여운형의 암살사건도 이러한 갈등과 대립의 산물이었다. 여운형의 암살은 그가 좌우합작운동과 민족통일전선의 최전선에 서 있었기 때문에 빚어진 일이었다. 그를 살해함으로써 좌우합작운동을 파탄시키고 남북합작을 방해하려고 했던 것이다. 이것은 미소공동위원회의 협의를 통한 통일임시정부 수립을 저지하기 위한 획책이기도 하였다.

　　미국과 소련은 이 상황을 정치적으로 이용하면서 한반도정책을 조정해나갔다. 어떤 의미에서는 2차 미소공위가 미·소 양국의 명분용 카드에 지나지 않았으며 조선문제를 진정으로 해결하기 위한 자리였다고 보기는 어렵다. 마샬과 몰로토프의 합의에 의해 5월 21일 재개된 2차 미소공위는 8월 20일까지 30여 차례 회의를 열었지만 미국과 소련의 입장 차이를 거듭 확인하는 자리였다고 말할 수 있다. 미국은 미소공위 수준에서의 협상이 더 진척되기 어렵다는 것이 분명해지자 한반도정책의 전환을 공식화하게 된다.

　　미국은 1947년 8월 26일 국무장관대리 로베트 명의로 소련외상 몰로토프에게 보낸 서한에서 조선문제의 새로운 해결책을 내놓았다. 미국은 서한에서 모스크바협정 4개 당사국회의 소집을 제안하면서 ‘유엔 감시하의 남북총선거’안을 포함시켰다. 한반도정책의 전환을 공개적으로 표명한 것이었다. 모스크바삼상회의 결정에 의한 미소공동위원회에서의 조선문제 해결이 불가능하다는 것이 입증됐으니 조선문제를 유엔으로 이관하여 ‘유엔 감시하에 인구비례에 의한 남북총선거’를 실시하여 통일적 임시정부를 수립하도록 하자는 것이었다. 이전에는 미국도 조선문제 해결의 주체를 미소공동위원회로 설정하였으나 이제 그 주체를 4개국 회담으로 넘기자는 것이었고 자신이 주도권을 쥐고 있는 유엔으로 무게중심을 옮기자는 것이었다. 미국의 이 제안에 소련이 동의할 리가 없었다. 몰로토프 외상은 9월 4일 로베트의 제안이 조선문제에 관한 모스크바삼상회의 결정에 위배된다면서 단호히 거부하였다. 이렇게 되자 미소공위는 결렬되는 위기에 놓이게 된다.

조선문제의 유엔 상정

1947년 9월 17일에는 미 국무장관 마샬이 유엔총회 연설에서 유엔에서 조선문제 해결을 위해 토의하자고 소련에 제의하였다. 미국의 제의에 따라 조선문제가 유엔에 상정된다. 소련대표는 9월 26일에 조선문제의 유엔 상정에 반대하면서 "1948년 초까지 남북에서 미·소 양군을 철수시키고 조선인 스스로가 자신의 정부를 수립하게 하자"는 입장을 밝혔다.

미국과 소련의 한반도정책은 당시의 국제정세관에 바탕을 둔 것일 뿐 아니라 더욱 중요하게는 한반도 내의 정치상황에 바탕을 둔 것이었다. 소련의 입장에서는 이북 지역에 확고한 친소좌익정권 수립의 기반이 마련된 데다가 이남에서도 여전히 좌익세력이 우세하다는 것을 고려하였다. 그러니 미국과 소련의 군대가 철수하고 조선문제의 해결을 조선인 손에 맡기면 소련에 유리한 형태의 통일정부가 수립될 것이라고 판단하고 있었다.

이에 비해 미국은 이남 지역의 인구가 더 많고 이남의 반공우익 정당·단체들이 상당한 세력을 유지하고 있는 만큼 인구비례에 의한 총선거가 유리하다고 판단하였고, 이 문제를 자신의 영향력 하에 있는 유엔으로 끌고 가려 했던 것이다. 미국은 남북의 통일정부를 수립하는데 실패하더라도 유엔의 권위 아래 이남에서 만이라도 친미적인 단독정부를 수립하겠다는 의지를 갖고 있었다. 미국은 남북의 좌익세력과 정치판도로 볼 때 이남 단독정부를 수립하지 않으면 안 되겠다는 판단을 내렸으며, 따라서 소련과 이북 좌익세력이 받아들이지 않을 '유엔 감시하의 인구비례에 의한 남북총선거'를 내걸게 되었던 것이다.

미국은 국제기구를 활용해 이남의 단독정부를 수립하려고 움직였고 이를 지지한 이승만 등 이남의 단정세력은 이를 뒷받침해갔다. 그러나 남북의 좌익

은 물론 우익세력의 상당수도 미국의 단선단정노선에 저항하였다. 반면에 소
련은 9월 26일의 입장표명 이후 '양군 철수 및 조선인 손에 의한 정부수립'을
계속 주장한 데서 알 수 있듯이 조선문제 해결의 주체로 나서지 않고 이미 확
고한 기반을 닦은 이북의 좌익과 이와 공조체제를 갖춘 이남의 좌익에게 일을
맡기고 한발 비켜서는 전략을 택하였다. 배후에서 일정한 조정 역할을 하면서
직접 나서지는 않는 고등전술을 사용하였다. 이처럼 미국과 소련의 조선문제
해결방안과 접근방식이 완전히 달랐다.

(2) 국내 정치판도의 변화

1948년 4월의 남북연석회의에 이르는 과정을 이해하려면 미국과 소련의

북한 정부가 수립되자 3년 넘게 38선 이북에 진주했던 소련군이 철수할 준비에 착수했다. 1948년 12월 대대적인 환송대회를 거친 후
소련군은 일부 고문단을 남긴 채 철수했다. 12월 26일 평양시민들이 철수하는 소련군대를 지켜보고 있다.

한반도정책 전환이 남북의 정치세력과 정치상황의 전개에 어떤 영향을 미쳤는지를 검토해야 한다. 미국의 한반도정책이 단선·단정으로 치닫자 우익세력들 가운데 이승만과 한국민주당의 일부를 제외하고는 미국의 정책에 반대하는 분위기가 팽배해졌다. 미군정사령관 하지와 깊은 연계를 맺으며 좌우합작운동을 주도한 우익지도자 김규식은 물론이고 1946년 이래 줄곧 반탁운동을 전개해온 한국독립당의 김구 등도 미국의 정책을 정면으로 비판하고 나섰다.

미국의 의도가 이남만의 단독정부라도 세우겠다는 것이었고 이들 상당수 우익세력은 통일정부 수립에 반대되는 어떤 입장에 대해서도 반대하는 입장을 갖고 있었다. 미소공동위원회가 진행될 때만 해도 미국의 입장을 지지하던 우익세력들의 상당수가 '유엔 감시하의 인구비례에 의한 남북총선거'라는 미국안보다는 '미·소 양군 철수 후 한국인의 자주적 결정에 의한 통일정부 수립'이라는 소련안을 지지하는 바람에 정치판도가 크게 흔들렸다.

단선·단정정책 반대 세력 결집

이남에서는 미국과 이승만 세력이 한 축을 이루고 단선·단정에 반대하는 세력이 다른 한 축을 이루며 날카롭게 대치하는 국면으로 바뀌었다. 정치판도가 재편되기에 이르렀던 것이다. 이북의 좌익세력과 이남의 좌익세력 뿐 아니라 상당수의 우익세력들이 미국의 정책을 한민족과 국토의 영구분단과 동족상잔을 가져올 분열정책으로 규정하고 이를 반대하였던 것이다. 이들은 미국의 단선단정정책에 반대하고 자주적 통일국가의 수립을 주장했던 만큼 자연히 상대적으로 소련안을 지지하기에 이르렀다.

결국 남북의 좌익세력, 즉 북조선로동당과 남조선로동당은 '자주독립과 통일정부 수립'을 정치강령으로 전면에 내걸게 된다. 좌익세력은 이 정치강령에 뜻을 같이하는 이남 우익들과의 연대를 강화하는 방향으로 정책의 가닥을 잡게 된다. 미국의 단선·단정 정책에 반대하는 정치세력을 집결시키는 것이 긴급한 과제로 떠올랐던 것이다.

(3) 정세변화에 대한 북로당의 대응

북로당은 미국의 단선·단정 정책에 반대하고 자주독립과 통일정부를 수립해야 한다는 정치강령을 기본으로 하여 남로당과 공동보조를 취하였다. 북로당은 그뿐 아니라 이남 내에서의 단선·단정에 반대하는 그 밖의 정치세력과도 공조하기 위해 바삐 움직였다. 이 공동보조가 어떻게 이루어졌는지를 보아야 남북협상에 이르는 배경을 제대로 파악할 수 있다. 이 문제는 북로당이 이북에서 인민공화국을 수립하기 위해 첫발을 어떻게 내디딜 지와 직접적인 관련이 있다. 북로당이 통일정부 수립을 정치강령으로 내걸었다는 것은 인민공화국 수립에로 귀결될 수밖에 없음을 말해준다.

북로당은 미소공위가 완전 결렬로 치달은 1947년 9월 17일에 미국이 조선문제의 해결을 유엔에 상정하고 그로부터 열흘 후인 9월 26일에 소련이 미·소 양군의 철수를 주장하면서부터 정세변화에 민감하게 대응하였다. 북로당은 이남에서 미국의 정책에 반대하고 떨어져 나오는 모든 세력을 단선·단정 반대투쟁에 결집시키고 자주독립과 통일정부 수립에 나서도록 하기 위해 모든 노력을 집중하였다. 북로당은 미·소의 한반도정책 변화에 따라 자주독립과 통일정부 수립에 유리한 주객관적 정세가 마련되었다고 판단했기 때문이다.

단선·단정 반대와 통일정부 수립을 위한 대처

북로당은 1947년 6월 17일 중앙위원회 1기 6차 전원회의를 열고 '조선임시정부 수립에 대한 노동당의 요구'를 토의, 결정하였고 7월 1일 7차 전원회의에서는 미소공위에 제출할 회답서를 토의·결정하였다. 8월에 가서 2차 미소공위가 사실상 결렬되고 9월에 미국과 소련의 한반도정책이 바뀌었음이 명백해지자 북로당은 잇달아 8~10차 전원회의를 개최하게 된다. 거의 매월 당 중앙위 전원회의를 개최한 셈이다. 연이은 전원회의에서는 당시 유엔에서 단선·단정을 위한 구체적인 사안이 토의, 결정된데 따라 이남에서 정치세력의 변동이 일어났고 이에 따른 여러 현안들을 능동적으로 다루었다. 이 문제를 협의하기 위한 북로당과 남로당 정치위원회 간의 연석회의도 거의 매월 한차례씩 열렸다. 남로당도 별도의 정치국회의를 열어 이 문제들을 다루었던 것으로 안다. 북로당은 이 시기의 정세변화를 주시하면서 단선·단정 반대와 통일정부 수립을 위해 기동적으로 대처하였다.

미국이 조선문제를 유엔으로 끌고 감에 따라 미소공동위원회는 더 이상 조선문제의 해결 주체가 될 수 없게 되었다. 소련은 양군 철군안을 제시하는 한편에서 북로당·남로당과 빈번하게 접촉하였다. 이 과정에 대해서는 그동안 전혀 드러나 있지 않았다. 소련군부와 북로당 지도부 간의 수 차례에 걸친 협의과정이 있었다. 미국의 정책 변화에 대응하기 위해 소련은 남북의 좌익세력과 긴밀히 협의한 끝에 '미·소 양군의 철수와 자주적 통일정부 수립' 제안을 내놓았던 것이다. 협의는 소련군부 대표들과 북로당 지도부, 소련군부 대표들과 남로당 지도부, 그리고 3자 합동회의 등 여러 형태로 빈번하게 이루어졌다. 소련의 제안은 조선 내부의 힘의 관계를 타산한 결과였다고 보아야 한다.

소련군부 대표들과 김일성을 비롯한 북로당 지도부와의 협의 및 3자 합동회의에서는 남북을 포괄하는 정세 전반과 세력판도, 그리고 대책방안 수립이 주된 의제였고 소련군부 대표들과 박헌영을 비롯한 남로당 지도부간의 접촉에서는 이남에서의 실제적인 세력관계를 깊숙이 협의하였다. 특히 각 정파들의 동향에 관한 논의가 많았다. 전반적인 세력 판도를 옳게 읽어야 소련뿐 아니라 좌익에게 유리한 대응책을 마련할 수 있었기 때문이다. 이러한 협의와 접촉은 소련군의 정치사령부나 북로당 중앙위원회 사무실을 번갈아 가면서 진행되었다. 이 협의는 당초 소련공산당 중앙위원회의 지시에 따른 것이었다.

소련, 양군 철수 주장

소련군부와 박헌영 측의 논의과정에서는 2차 미소공위가 진행되는 동안 미군정사령관 하지와 이승만 간의 갈등에 대한 분석이 매우 중대한 대목이었다. 이것은 남로당의 정보였을 뿐 아니라 북로당의 이남 정보라인 일부에서도 입수한 내용이었다. 이승만이 1946년 12월에 미국을 방문해 이미 미 국무부와 남한단독정부 수립을 논의한 뒤였기 때문에 단정 수립을 위한 정치활동을 활발히 전개하였고 2차 미소공위에서 통일임시정부 수립문제를 협의하는 것에 반대했다는 것이다.

미군 하지사령관측은 이에 반해 미소공위를 통해 통일임시정부를 수립하는 것에 관심을 갖고 있었고 좌우합작운동을 전개하던 김규식을 지지한다는 것이었다. 일부 정보에는 하지가 심지어 이승만을 감금하려 했다는 내용도 포함되어 있었다. 이승만은 미국의 정책 수행에 방해되므로 연금하려 했다는 이야기였다. 미군정과 이승만 간의 갈등을 과대평가한 측은 미국이 설령 조선문제를 유엔에 상정하더라도 미군정과 우익과의 갈등관계로 보아 미국의 의도가 현실화되기는 어렵다는 것, 그리고 유엔의 이름 하에 이남에 단독정부를 수립하려는 세력은 극소수의 이승만 일파에 불과하다는 판단을 내렸다.

그러나 북로당 지도부와 소련군부 대표들은 이남의 정세를 그렇게 보지 않았다. 즉 하지와 이승만 간에 갈등이 있는 것은 사실이지만 그렇다고 해서 미국의 한반도정책을 파행으로 몰고 갈 만큼의 본질적인 갈등은 아니라고 판단하였다. 이렇듯 전반적인 세력판도를 평가하는데 있어서 견해차가 나타났던 것이다. 수 차례의 긴밀한 협의를 거친 끝에 소련군부는 미 · 소 양군의 철수라는 조건에서 조선인 스스로 정부를 수립하도록 하자는 안을 내놓기에 이르렀다.

북로당이 '단선단정 반대와 자주독립 통일정부 수립' 노선을 논의한 것은 1947년 9월과 10월 중순에 열린 당 중앙위원회 8~9차 전원회의였다. 이 노선을 최종 확정한 것은 11월 16~17일에 열린 당 중앙위원회 10차 전원회의였다. 이 노선은 1947년 11월 초에 열린 남북노동당 정치위원회 연석회의에서 이미 확인된 것이었고, 이보다 앞서 10월 초에 열린 북로당 정치위원회에서 집중 논의되어 채택된 바 있었다. 북로당의 정치노선은 한 차례의 정치위원회 회의와 세 차례의 당 중앙위원회 전원회의, 그리고 한 차례의 남북노동당 정치위원회 연석회의를 거쳐 확정된 것이었다.

북로당은 '단선단정 반대와 자주독립 통일정부 수립'이라는 정치노선을 실천함에 있어 4가지 사업의 추진에 역점을 두었다. 첫째, 임시통일헌법을 제정·공포하는 것이었다. 통일정부를 수립하자면 한민족 전체의 의사를 반영한 임시통일헌법이 필요하다는 판단에서였다. 이것은 통일정부를 위한 법적 기초를 만든다는 취지에 따른 것이다. 이 사업에서는 하루속히 임시통일헌법을 만들어 남북 전체 인민의 토의에 붙이는 것이 중요한 과제로 떠올랐다. 둘째는 유엔의 결의와 활동을 반대·분쇄하는 것이었다. 유엔에 조선문제가 상정되고 토의되는 단계에서 유엔결의에 따른 유엔한국위원단의 활동 및 단선에 의한 단독정부 수립의 움직임에 대한 투쟁을 전개한다는 것이었다. 이 투쟁에 모든 정치세력들과 군중들을 조직·동원하는데 주력했던 것이다.

셋째로는 이남에서 "단정을 반대하고 남북합작을 통해 통일정부 수립해야 한다"는 분위기를 조성하는 것이었다. 남북의 모든 정치세력들의 연합을 통해 자주독립과 통일정부 수립 투쟁을 실천해야 한다는 정치선전사업과 동시에 이를 위한 조직사업을 전개하는 일이었다. 여기서 남북의 모든 정치세력들을 결집시키고 연합하는 구체적인 방안으로 '남북협상' 안이 제기되었다.

넷째는 통일정부를 수립하기 위한 구체적인 조치를 마련하고 실천해나가는 것이었다. 그 구체적인 실천지침은 남북 전체의 총선거를 실시하는 것이었다. 이 네 가지 사업을 실천하는 과정은 결국 인민공화국 수립에로 향하는 길이었다고 할 수 있다.

노동당 내부의 논란과 갈등

이러한 정치노선을 확립하는 과정이 순탄한 것만은 아니었다. 노선의 설정 과정에서 뿐 아니라 이 노선을 구체적으로 실천하는 과정에서도 적지 않은 우여곡절과 갈등을 겪었다. 객관적인 정세에서 야기된 갈등이라기보다는 실천주체의 내부적인 갈등이 있었던 점이 두드러진 특징이었다.

갈등의 하나는 미군정사령관 하지와 이승만 간의 갈등관계를 확대 해석하는 데서 오는 것이었는데 이것은 이남에서의 정치세력 관계를 주관적으로 판단·과장하게 만들었다. 남로당을 비롯해 북로당 일부에서까지 이남에서 단독정부 수립을 지지하고 이를 추진하는 정치세력이 미미하다고 판단하였다. 따라서 미국이 유엔결의를 근거로 이남에서 단독선거를 통한 단독정부의 수립에 나서려고 해도 제대로 실행할 수 없을 것이며, 단선·단정의 시도를 쉽게 파탄시킬 수 있다는 주장이었다. 이런 입장을 취한 사람들은 북로당의 '단선단정 반대와 자주독립 통일정부 수립'이라는 정치노선에 사실상 반대하는 것이어서 많은 논란을 유발시켰다.

이를테면 이들은 임시통일헌법을 서둘러 제정할 필요가 없다고 주장으로 나아갔다. 이들의 논리는 "헌법을 제정함으로써 이북에서 단독정부를 먼저 수립하려고 서두른다는 비난에 직면할 수 있고, 따라서 통일정부 수립을 희망하는 대다수 군중으로부터 이탈될 수 있다"는 것이었다. 또한 "자칫하면 남조선의 이승만 등 단정세력들로부터 역공세를 당할 수도 있다"고 우려하였다. 결국 "미국과 이승만세력의 단선단정 시도를 파탄시키고 나서 통일헌법을 제정해도 늦지 않는다"는 것이었다. 이를 둘러싸고 1947년 11월 16~17일에 열린 북로당 중앙위원회 10차 전원회의에서 심각한 논란이 벌어졌다.

그러나 미국은 11월 14일 유엔총회에서 임시한국위원단 설치안을 통과시켰고 북로당은 이를 미국의 '남조선 단독정부 수립' 계획이 착착 실행에 옮겨지는 것으로 보았다. 북로당 지도부는 11월 16~17일의 중앙위원회에서 임시헌법제정이 필요하다는 결론에 도달하였고 남로당의 박헌영도 이에 뜻을 같이하였다. 북로당의 결정이 내려진 뒤 곧바로 11월 18일에는 제3차 북조선인민회의가 열렸고 이 자리에서 "조선임시헌법 제정 준비에 관한 결정"이 채택되었다. 그 뒤 일련의 헌법제정 과정을 거쳐 1947년 12월 중순에 마련된 헌법초안을 12월 23일에 열린 북로당 중앙위원회 1기 11차 전원회의에서 한 차례 논의하였고, 북조선민주주의통일전선의 토의를 거친 뒤 1948년에 들어서 헌법초안에 관한 전 군중적 토의를 본격적으로 진행하였다. 그리고 1948년 2월 9일의 12차 전원회의에서 '조선임시헌법 초안' 문제가 최종 검토·채택되었고, 2월 10일에 '조선민주주의인민공화국 헌법초안'의 정식 공포과정을 밟게 된다. 헌법에 관한 전 군중적 토의는 이북에서만 진행된 것은 아니었다. 이남에서도 남로당이 주축이 되어 비공개적인 방법으로 헌법초안에 관한 토의를 진행하였다. 지하조직을 통해 여러 가지 형태로 헌법초안에 대한 군중적 토의를 전개했던 것이다. 남로당은 또 유엔 감시하의 단선과 단독정부 수립에 대한 반대투쟁을 전개하는데 있어서 임시헌법 초안을 지지하는 정치적 구호를 내걸기도 하였다.

북로당에서 채택된 정치노선에 이견을 보였던 지도자들은 연안파와 소련파 중에서 남로당과 친화력을 갖고 있던 사람들이었다. 이들은 1946년 8월 북로당이 창당된 뒤에 당 지도부에서 점차 소외되었던 그룹이라고 할 수 있다.

소련파 중에는 박창식 · 김영태 등과 연안파 중에서 한빈 · 박효삼 등이 당 중앙위원회 1기 10차 전원회의에서 "임시헌법 제정의 필요성이 없다"는 주장을 편 대표적인 인물이었다. 김일성 · 김책 · 허가이 등이 나서서 이들의 반대를 무마하기 위해 임시통일헌법의 채택이 필요하다고 설득하였다. 그 논거는 헌법을 통해 통일정부 수립을 위한 법적 기초를 마련함은 물론, 통일헌법에 대한 군중토의를 이끌어냄으로써 어떤 정부를 수립할 것인가에 대한 투쟁강령을 제시해야 하며, 또한 이북에서 이룩한 민주개혁의 성과를 법적으로 공고히 하고 이에 바탕을 둔 통일정부가 수립되어야 한다는 것이었다.

이 문제에 관한 토의가 얼마나 격렬했던지 당초 11월 16일 당일로 마칠 예정이던 전원회의가 하루 연장되어 17일까지 진행되는 우여곡절이 있었다. 남로당에서 유독 북로당의 정치노선에 반대하면서 발언권을 높이려고 했던 사람들 가운데는 공산당 대회파 출신으로 박헌영과 대립하여 남로당 창당 때에는 당에서 이탈했다가 훗날 북로당의 권유로 남로당에 들어간 사람들도 포함되어 있었다. 대체로 보면 정치적 소외그룹이 정세변화기에 자신의 판단을 앞세우며 발언권을 높이려 하는 경향이 나타났다.

또 다른 갈등은 통일정부 수립에서 자기 파벌의 영향력을 어떻게 하면 더 관철시킬 것인가를 둘러싼 것이었다. 이 과정에서 남로당과 북로당의 갈등도 있었지만 북로당의 연안파 · 소련파 · 빨치산파 간의 갈등도 내연되고 있었다. 당시 북로당 중앙위원회는 연안파 · 빨치산파 · 소련파 · 국내파로 구성되어 있었는데 연안파의 숫자가 가장 많았다. 숫자는 작았지만 김일성을 중심으로 한 빨치산파는 오랜 동지관계여서 구심력이 강하였다. 김책 · 김일 등 당 중앙의 빨치산파는 하나같이 김일성을 떠받들었고 김일성이 북로당의 명실상부한 최고지도자라고 공연히 주장하였다.

소련파의 경우는 허가이가 당조직 문제를 맡아 두각을 나타내었지만 소련파 내부의 응집력은 빨치산파에 비교가 안 될 정도로 떨어졌다. 이는 소련방 각지에서 활동하던 재소 고려인들이 여러 차례에 걸쳐 입북해 이북 정계에 발을 들여놓아 제각각일 수밖에 없었던 사정과 관련이 있다. 연안파는 당 지도부에 가장 많은 인원을 갖고 있었지만 김두봉·최창익·무정·한빈 등의 사이에 이질적인 면이 있었고 이들 가운데 절대적인 권위를 갖고 있는 사람은 없었다. 국내파 역시 구심점이 없이 제각각이었다. 당시 당 중앙위원회의 4대 파벌 가운데 한 사람의 수장을 중심으로 단결해 있는 쪽은 항일빨치산파 하나였다.

그렇다고 해도 당시의 4대 파벌의 관계는 '도토리 키재기' 식으로 우위가 분명치는 않았다고 할 수 있다. 당 중앙위원회에서 핵심권력기구라고 할 정치위원회에는 당위원장 김두봉(연안파)·부위원장 김일성(빨치산파)·주영하(국내파), 그리고 당비서 최창익(연안파)·허가이(소련파) 등 다섯 명이 들어 있었다. 4대 파벌이 골고루 균형 있게 배치된 것이다. 이는 당시의 세력판도를 그대로 보여준다. 김두봉이 당 위원장이라 해도 절대적인 권위를 갖고 있지 못하였다. 당내의 세력판도가 이렇다 보니 당 중앙위원회 전원회의가 열리면 토의가 자유로울 수밖에 없었다. 제각기 나름대로 정치적 견해를 표출하려고 애를 썼고 발언에 적극적으로 나서려고 하였다. 토의과정에서 못마땅한 점이 있으면 개별적으로 자유롭게 비판했다. 1947년 11월 16~17일의 당 중앙위원회 1기 10차 전원회의에서 통일정부 수립의 정치노선과 그 구체적 실천 방침의 하나인 임시통일헌법 제정을 둘러싸고 활발한 토의가 벌어졌던 것도 당시의 세력판도가 이를 가능하게 하였기 때문이다.

다음으로 북로당이 '단선단정 반대와 자주독립 통일정부 수립'이라는 정치노선을 실천하기 위해 전개한 사업은 '유엔 감시하의 남북총선거와 정부수립'과 이를 위한 '임시한국위원단 설치'라는 조선문제에 관한 유엔의 결의에 대한 반대 투쟁을 전개하는 것이었다. 이 투쟁방침 역시 1947년 11월 16~17일에 열린 북로당 중앙위원회 1기 10차 전원회의에서 채택되었다. 10차 전원회의에서는 이에 대해 이견이 없었다. 그런데 1947년 12월 23일에 열린 11차 전원회의에서는 사정이 달라졌다. 11차 전원회의에서 일부 당 중앙위원들은 이북에서는 이미 좌익 일색인 데다가 이남에서도 남로당 세력이 최대 정치세력이며 중간파나 우익 일부도 이승만의 단정 추진에는 반대하고 있어 남북 정치세력의 절대다수가 남조선 단독정부 수립에 반대한다는 점에 집착하고 있었다.

이들은 "유엔이 나서서 남북총선거를 실시한다고 하니 이 선거에서 통일정부를 추구하는 정치세력들이 절대 다수의 의석을 차지하면 되지 않겠는가"라는 주장을 폈다. 이들은 또 "모스크바삼상회의 결정에 참가한 4개국 결의에 의해 통일정부를 수립하든 유엔의 결의에 의해 통일정부를 수립하든 결국 마찬가지가 아닌가"라고 주장하기도 하였다. 다시 말해 "유엔의 결의를 인정하고 유엔 감시 하에 남북조선에서 자유로운 총선거를 실시해도 북로당의 입장에서는 불리할 게 없고 남북조선에서 모두 좌익세력이 절대 우세를 차지해 통일정부의 주도권을 장악할 수 있다"는 식의 이야기였다. 요컨대 유엔 결의를 무조건 반대할 필요는 없다는 것이었다.

이러한 생각에 사로잡혀 있던 사람들은 10차 전원회의에서 임시통일헌법을 제정할 필요가 없다고 주장했던 인물들과 겹친다. 그러나 대부분의 중앙위원들은 유엔 결의에 대해 반대투쟁을 전개해야 한다는 쪽으로 기울었고, 일부는 유엔 결의의 수용 입장을 보인 연안파의 한빈ㆍ박효삼 같은 사람들을 '우경 기회주의자'라며 출당시켜야 한다고 주장하기도 하였다.

유엔 결의 반대 투쟁 전개

북로당은 1947년 12월 중순 임시통일헌법 초안을 제정하고 이를 전 군중적 토의에 붙이는 한편, 유엔 결의를 반대하는 투쟁을 벌여나갔다. 이런 투쟁을 전개하는 것이 이북에서는 그렇게 어려운 문제도, 심각한 것도 아니었지만 이남에서는 사정이 달랐기 때문에 북로당은 남로당과의 긴밀한 협의로 공조를 취해나갔다. 유엔임시한국위원단은 1948년 1월 8일 서울에 도착하였으며, 1월 23일 이북주둔 소련군은 위원단의 입북을 거부하였다. 독립촉성회의 이승만은 1월 25일 유엔임시한국위원단과의 협의에서 소련군이 북에 있는 이상 이남만이라도 단독선거를 치러야 한다고 주장하였고, 한국독립당의 김구는 1월 27일에 남한 단독선거에 반대하고 '미 · 소 양군의 철수 후의 남북 자유총선거'를 주장하였다. 이런 가운데 남로당과 민주주의민족전선 주도아래 남조선 단독선거를 반대하기 위한 '2 · 7 구국투쟁'이라는 대규모 폭동 형태의 투쟁이 전개되었다.

단선단정 반대투쟁에서 가장 중점을 둔 것은 남과 북의 모든 애국세력의 공동투쟁을 전개하여 유엔결의 자체를 파탄시키려는 것이었다. 이남에서 이승만을 중심으로 한 단정세력에 반대하는 광범위한 정치세력들을 한데 묶어 내는 것이 특히 중요하였다. 이남에서의 투쟁은 직접적이었지만 이북에서는 이남의 투쟁을 원호하는 방향에서 움직였다. 북로당은 이남에서의 군중투쟁은 남로당과 민전이 직접 담당할 수 있다고 파악하였고, 한편에서 이 공동투쟁에 이남의 광범위한 정치세력을 끌어들이는 일을 맡기로 하였다. 이로써 연합투쟁 분위기를 조성하고 조직사업을 전개해나가게 된다. 이것은 북로당이 새로운 정세 하에서 전민족적인 통일전선을 형성하는 운동을 적극화하기 시작했음을 뜻한다. 이것은 종국적으로 남북협상문제, 즉 남북연석회의의 개최로 귀결되도록 되어 있었다.

그러나 1948년 1~2월의 단계에서는 이남에서 단선단정 반대세력을 결집시키는 과제가 중요하다는 판단을 내리고 있었다. 남북연합의 전 단계로 우선 이남에서 이승만을 중심으로 한 단정세력에 반대하는 모든 정치세력들을 하나의 조직체로 결집시키는 것이 중요하다고 판단했던 것이고, 이에 따라 구체적인 조직정치사업을 전개할 방침을 마련하였다. 이러한 결정과 실천지침이 마련된 것은 북로당 중앙위원회의 11차(1947.12.23), 12차(1948.2.9) 전원회의 때였다. 그리고 1948년 3월 27일에 열린 13차 전원회의에서는 남북연석회의 개최 방침과 이에 따른 구체적인 지침이 최종적으로 논의되었다. 13차 전원회의는 「남북조선 정당 사회단체 대표자회의 소집에 대하여」라는 결정을 채택하였다.

북로당은 당시의 정치세력 판도로 보아 단선단정 반대세력을 결집시킬 수 있는 조직정치사업을 전개할만한 상황이라고 판단하였다. 당시에 유엔결의는 남북총선거였지만 그 본질은 남조선 단독선거 실시가 분명해졌고 이남의 정치세력들도 이 점을 점차 깨닫게 되었던 사정이 있었다. 북로당은 단선 · 단정에 반대하는 자주독립과 통일정부 수립 지지세력을 한데 규합하기 위한 조직정치사업에 착수하게 된다. 1947년 12월 23일의 당 중앙위원회 1기 11차 전원회의에서 이 방침이 최종적으로 확정되었고 전원회의가 끝나자마자 이를 수행하기 위해 당 대남연락부를 대대적으로 확대 개편하였다. 임해가 대남연락부 부장은 맡았고 대남연락부를 확대하였으며, 이미 대남사업을 깊숙이 전개하던 성시백선(線)에 대한 지도를 강화하기로 결정하였다. 그리고 북로당 대남연락부와 남로당 간의 연계를 강화하는 한편, 이남의 개별적인 양심적 인사들과의 연합을 모색하는 등의 여러 가지 조치들이 강구되었다.

북로당이 이남의 단선 · 단정 반대세력을 끌어들이는데 관심을 집중한 것은 당 중앙위원회 1기 10차 전원회의가 열렸던 1947년 11월 16~17일 무렵부터였다. 12월 말에 들어 이것이 더욱 구체화되었다. 북로당이 관심을 기울였던 인물은 김구 · 김규식 · 김창숙 · 유림 등이었다. 북로당이 이남의 우익세력들과 조직적인 연합전선을 수립하는 것은 쉬운 일이 아니었다. 정치활동의 궤를 달리해오면서 적대적 입장을 표명해왔기 때문이다. 이남에서 연합전선을 구축하는 것은 사실 남로당이 맡았어야 했지만 그럴 여건이 아니었기 때문에 북로 당이 남로당을 대신했다고 할 수 있다.

"중간파나 우익세력의 힘을 보태면 더 좋지 않겠는가"

이 과정에서 평양에서는 북로당과 남로당의 정치위원회 연석회의를 열어 여러 문제들을 토의했다는 사실이 중요하다. 연석회의라고 해서 많은 사람들이 참가하는 자리는 아니었다. 북로당에서 정치위원인 김두봉·김일성·주영하·최창익·허가이 등 5명이 참석하였고, 남로당에서는 박헌영은 늘 참석했으나 이승엽·허헌·이기석·허성택·김삼룡 등은 번갈아 참석하였던 것으로 안다. 김삼룡은 한 차례 밖에 참석하지 않았고 다른 사람들은 여러 차례 참석하였다.

1947년 12월 초와 1948년 1월 말에 열린 연석회의에서 이승엽·허성택 등은 남로당의 힘이 강하기 때문에 유엔임시한국위원단의 활동과 유엔 결의를 파탄시킬 수 있다고 큰 소리를 쳤다. 남로당의 힘을 과대평가해 호언장담했던 것이다. 이남에서 지하활동을 전개하던 남로당측은 북로당이 주장하던 이남에서의 광범위한 단선·단정 세력과의 연합의 필요성을 과소평가했었다. 남로당측은 단선·단정 반대를 위한 군중투쟁에서 우익세력들이 별 역할을 하지 못할 것으로 보았고 오히려 방해만 될 뿐이라는 식으로 말하였다. 남로당이 피 흘리며 투쟁하면 우익 지도자들이 성명서나 읽다가 나중에 투쟁의 대가를 차지하려 할 것이라는 등 우익세력에 대한 강한 불신을 드러내었다. 남로당 허헌 위원장과 이기석 부위원장은 토의 과정에서 수동적인 태도를 보였지만 박헌영·이승엽 등은 남로당세력에 대한 과대평가에서 벗어나는 일이 없었다. 북로당 측은 "남로당이 유엔임시한국위원단의 활동과 유엔 결의를 파탄시킬 수만 있다면 그것은 좋은 일이다. 그렇지만 남로당의 역량에 단선·단정을 반대하는 중간파나 우익세력의 힘을 보태면 더 좋지 않겠는가” 하는 입장을 취하였다.

북로당과 남로당 간의 의견차이가 존재하는 가운데 이남의 중간파나 우익계열의 단선단정 반대세력과의 연합은 북로당이 떠맡는 식이 되었다. 이것은 통일적 임시정부 수립에서의 남북 노동당 사이의 주도권 장악과 맞물려 있었다고 할 수 있다. 이문제에 대해서는 북로당·남로당뿐 아니라 소련군부도 중요성을 간파하고 있었다. 남로당은 이남에서 단선단정 반대투쟁의 주도권을 쥐고 나감으로써 자주독립과 통일정부 수립에서 주도권을 잡으려고 했다고 할 수 있다. 북로당은 이북에서 이미 완전히 영도권을 장악한 바탕 위에서 이남의 중간파나 우익세력과의 민족통일전선을 형성함으로써 명실상부하게 남북 전체의 영도권을 확립하려 했던 것이다. 이런 입장 차이는 논쟁을 유발시킬 수밖에 없었다. 제2차 미소공동위원회 때 북로당과 남로당이 공조를 취하던 것과는 사뭇 다른 양상이었다.

남로당은 ‘2.7 구국투쟁’을 통해 유엔임시한국위원단의 활동이나 유엔 결의를 파탄시키고 이 과정에서 이남에서 뿐 아니라 북로당에도 남로당의 세를 과시하려고 하였다. 그러나 투쟁의 결과, 성과는 일정하게 올린 것으로 확인됐지만 그 정도로는 미국과 이승만 세력의 단선·단정 추진을 파탄시키기는 힘들다는 것이 분명해졌다. 이로써 ‘2·7 구국투쟁’ 이후에는 남로당이 자신의 힘을 과대평가해 호언장담하는 식으로 정세를 판단하는 일이 없어졌다. 1948년 3월 중순에 열린 남북 노동당의 정치위원회 연석회의에서 남북협상을 성과적으로 진행할 데 대해 토의하는 자리에서 허가이 등이 박헌영과 이승엽에게 “남로당 지도부가 자체 역량을 과대평가해서는 안 된다”고 노골적으로 비판하기도 하였다.

(4) 북로당의 단선단정 반대세력의 연합 추진

북로당은 남북의 단선단정세력의 연합전선을 형성하는 문제에 깊은 관심을 갖고 정책을 전개해나갔다. 이에 대해서는 남로당이 소극적으로 대하는 만큼 북로당은 주동적으로 나서기로 하였다. 이 과제가 본격적으로 검토된 것은 1947년 10월 중순의 북로당 중앙위원회 1기 9차 전원회의와 11월 16~17일의 10차 전원회의였다. 북로당은 1947년 10월 중순부터 단선단정을 반대하는 이남의 정치세력 및 정당·개인들을 개별적으로 접촉하는데 주력하게 된다. 이 과정에서 이남의 정치지도자들이 평양을 방문하는 일이 잦아졌다. 민주독립당의 홍명희, 근로인민당의 백남운과 이영, 인민공화당의 김원봉 등이 이 무렵에 남북을 오갔다. 북로당이 이들 정치지도자들과의 접촉을 확대 강화한 것은 이남의 단선단정 반대세력과의 연합전선을 실현하기 위한 전제를 마련할 필요가 있었기 때문이다.

북로당이 이남의 단선단정 반대세력과의 연합을 실현하기 위해 조직정치적 대응책을 마련해나간 것은 몇 갈래로 살펴볼 수 있다. 우선 앞에서 지적한대로 북로당은 대남연락부를 확대 개편하여 활동의 기초를 마련하고 서울에서 활발하게 활동하고 있던 성시백에 대한 지도를 강화하였다. 그리고 이남의 단선단정 반대세력의 지도자들과 북로당 지도부 간의 실질적인 제휴를 모색하였다.

이남의 중간정당에 주목

북로당은 이 과정에서 근로인민당·민주독립당·인민공화당·민주한독당 등을 끌어들였다. 이것은 한독당의 김구 세력이나 민족자주연맹의 김규식 세력과 단선단정 반대를 위한 연합전선을 형성할 수 있는 토대를 갖추려는 것이었다. 북로당은 중도좌파나 중도우파적 성격을 갖고 있으면서 김구·김규식 세력과 긴밀한 협의가 가능한 근로인민당·민주독립당·인민공화당 등과의 협력제휴 관계를 우선적으로 모색했던 것이다. 이 정당들과의 동맹제휴 관계가 실현된 바탕 위에서만 우익의 김구·김규식 세력과도 정치적 연합을 실현할 수 있을 것으로 내다보았기 때문이다. 1947년 10월 이후부터 1948년 2월 사이에 백남운·홍명희·김원봉 등이 38선을 왕래한 것은 이러한 사정 때문이었다.

또한 각 당의 실무자들도 서울에서 연합전선운동을 전개할 뿐 아니라 38선을 빈번히 오갔다. 근로인민당의 최백근, 민주독립당의 강병찬, 인민공화당의 염아무개, 민주독립당의 황아무개, 한독당의 안우생, 민족자주연맹의 권태양, 조소앙의 비서 김흥곤 등이 그들이었다. 이들은 대체로 북로당의 대남연락부에 직속되어 이남에서 정치공작을 해온 성시백과 긴밀히 협조하는 관계였다.

이들을 단순히 북로당의 프락치로 보아서는 안 된다. 이들은 1947년 10월 중순 이후부터 1948년 초에 이르는 기간에 전개된 미국과 이승만 세력의 단선·단정 수립 움직임에 반대하면서 통일정부 수립을 위해 남북의 단선단정 반대세력의 정치적 연합을 실현하는데 앞장선 활동가들이었다고 할 수 있다. 이들은 자신의 정치적 주견에 따라 북로당과 제휴했던 것이다.

물론 이들 중 일부는 1948년 8월에 대한민국 정부가 수립된 뒤에 북로당의 프락치로 활동하게 되지만, 적어도 1947년 말과 48년 초의 단계에서는 그렇게 볼 수는 없다. 북로당은 각 당의 실무자들과 연계하여 이남에서 단선단정 반대세력의 연합전선을 형성하려고 하였다. 북로당은 이들 실무자들이 자기 당 지도자들의 정치적 신임을 얻고 있음을 십분 활용하였다.

북로당은 이러한 정치공작을 실천하는 과정에서 불가피하게 남로당과 갈등을 빚었다. 남로당은 이남의 중간파 정당들이나 우익세력들과는 돌이킬 수 없을 정도로 나쁜 관계였고 이들 정당 역시 남로당에 대해서는 부정적인 생각을 갖고 있었다. 북로당이 이 사이를 비집고 이남 정치세력과 제휴하는데 대해서 남로당은 자신의 주도권을 침해당하는 것으로 이해할 소지가 있었으며, 실제로 이 때문에 갈등이 적지 않았다. 남로당의 일부 편협한 사람들은 북로당의 연합전선을 위한 활동을 은근히 방해하기도 하였다. 특히 근로인민당이나 민주독립당, 인민공화당 등에는 남로당 프락치들이 활동하고 있었는데 남로당 지도부 일각에서는 이들을 통해 이 당들의 북로당과의 제휴를 방해하기도 하였다.

(5) 이남의 정치상황과 남북협상 분위기 조성

1947년 9월 중순에 조선문제가 미국에 의해 유엔에 상정된 이후 11월 중순에 유엔임시한국위원단 설치안이 가결되고 '유엔 감시하의 인구비례에 의한 남북총선거' 결의가 채택되는 등의 일련의 과정을 거쳐 단선·단정 수립으로 치달을 당시의 이남 정세를 약간 더 구체적으로 살펴볼 필요가 있다. 이 정세가 남북협상의 출발점이 되었기 때문이다.

이승만 세력이 한편에서 단독정부를 수립하기 위해 활발하게 움직이는 가운데 다른 한편에서 우익 한독당을 비롯해 중간파 정당들이 통일정부 수립과 이를 위한 남북연합의 실현 방침을 제기하기 시작하였다. 1947년 10월 15~16일에 열린 한국독립당 중앙집행위원회는 남북제정당대표자회의 소집문제, 양군 철군문제, 38선 철폐문제, 남북총선거 실시문제, 중앙정부 수립문제 등을 논의하고 결의를 채택하였다. 북로당은 한독당의 이러한 결의에 접하고 한독당의 정치노선을 상당히 높이 평가하게 되었다.

며칠 뒤에 근로인민당을 비롯해 여운홍의 사회민주당·홍명희의 민주독립당·이용의 신진당·김원봉의 인민공화당 등 중간파 5개 정당들이 한데 모여 소련이 내놓은 미·소 양군 철수안을 지지하는 한편, 한독당과 유사한 입장을 결의한 뒤 이를 공동성명으로 발표하기도 했다. 이남의 단선단정 반대세력들 속에서 남북연합의 필요성을 강조하는 새로운 분위기가 형성되기 시작했던 것이다. 이들 정당들은 자신의 당 노선에 따라 이러한 행동을 취하였지만 그 이면에는 북로당의 조직정치적 공작도 부분적으로 작용했다고 할 수 있다.

그리고 1947년 11월 초에는 한독당·근민당·민주독립당·민주한독당·사회민주당·신진당·민중동맹·천도교청우당·인민공화당 등 13개 정당이 간담회를 열어 10월 중순의 한독당 결의와 그 뒤의 5개 정당의 결의를 거듭 확인하고 미·소 양군 철수와 남북제정당대표자회의 소집, 남북총선거 준비기구의 결성 등 여러 문제를 협의하였다. 그 며칠 뒤에는 13개 정당의 대표들이 다시 만나 남북제정당대표자회의를 준비하기 위해 이남에서 만이라도 협의기구를 구성하고 민족자결의 원칙에서 민주적인 선거기구를 만들어야 한다는 공동결의를 채택하였다. 이러한 협의체 형태의 정당간담회에는 우익정당과 중도좌파정당이 광범위하게 포함되어 있었다. 이들 정당들은 한마디로 이남만의 단선단정에 반대하고 통일정부를 수립해야 한다는 입장에서 뭉쳤던 것이다. 또한 이들은 남북연합이 반드시 필요하다는데 인식을 같이하였다.

1948년 4월의 남북연석회의의 동향을 파악하는데 있어서 이들 정당들의 1947년 10~11월의 동태를 빠뜨려서는 안 된다. 남북연석회의가 사전의 분위기와 무관하게, 준비가 갖춰지지 않은 상태에서 뜬금 없이 나온 것이 아니기 때문이다. 남북연석회의에 이르기까지 단선단정에 반대하는 이남의 정치세력들의 공동투쟁을 위한 움직임이 활발하였고 내적으로는 북로당과도 협력제휴 관계가 형성되어 왔다는 사실이 매우 중요하다. 여러 정당의 활동가들이 통일정부 수립과 남북협상의 성사를 위해 비공개적으로 38선을 활발히 오간 것이 당시의 현실이었다. 이러한 분위기 속에서 조직정치적인 준비가 계속되어왔기 때문에 남북연석회의를 개최할 수 있었다고 생각한다. 일부 알려진 주요 정치지도자들의 서신왕래만으로 남북연석회의가 개최될 수 있었다고 하는 것은 당시의 사정을 모르고 하는 소리이다.

한편 남북협상이 이뤄지기까지 38선을 오간 정당 지도자들이나 실무자들은 여러 가지 곤란을 무릅쓰고 서울과 평양을 왕래하였다. 이 과정에서 미군정과 단선단정 세력의 방해가 극심했을 뿐 아니라 남로당에서까지 알게 모르게 방해하는 실정이었다. 미군정은 이들 제 정당들의 협력관계를 무너뜨리기 위해 내부와해 공작을 펼쳤던 것으로 안다. 남북협상 분위기의 진작은 어려운 조건에서 전개됐다고 할 수 있다.

1947년 말의 이남의 좌익 상황에서 눈여겨볼 대목은 과거에 공산당 대회파 출신으로 박헌영에게 반기를 들었다가 집중적으로 비판받은 뒤에 개별적으로 자기비판하고 남로당에 참가한 사람들의 동향이었다. 이들은 이남에서 단선단정 반대투쟁의 필요성이 높아지고 북로당과의 연계가 중요해지자 남로당 중앙과는 별도로 북로당과 활발히 접촉하기 시작한다. 이들이 이렇게 된 데에는 박헌영 일파의 편협한 당 운영에도 책임이 있었다. 과오가 있었다 해도 과거에 공산주의자로서 어느 정도 명성을 갖고 있던 대회파 출신 지도자들을 배척하는 분위기가 계속되었기 때문이다.

남로당 중앙의 박헌영 그룹으로부터 배척된 이들은 활동공간을 잃은 거나 다름없었고 일을 찾자니 자연히 북로당에 선을 댈 수밖에 없는 사정이었다. 이들은 1946년 11월에 결성된 남로당이나 당 밖에서 별다른 활동을 하지 않다가 거의 1년 만에 단선단정 반대운동의 흐름에서 활동을 재개하게 된다. 강진·이영 등 공산당 대회파 출신 지도자들은 부지런히 38선을 넘나들며 북로당의 연안파, 즉 최창익·한빈 등을 만나 협력관계를 구축하였다. 이들은 또한 과거에 공산주의운동에 가담했다가 민족자주연맹을 비롯한 중간파 정당·단체들에서 일하는 사람들과도 광범하게 접촉하면서 단선단정 반대운동을 펼쳐나갔다.

이들은 그 과정에서 박헌영의 남로당을 반대하는 태도를 보여 물의를 빚기도 하였다. 북로당으로선 이들에게 남로당과도 긴밀하게 단결해서 단선단정 반대투쟁을 전개해야 한다고 설득했지만 이들의 반(反)박헌영 태도는 뿌리깊은 것이었다. 남로당은 이들의 활동을 못마땅하게 여겨 적대감을 보였다고 할 수 있다. 북로당은 반박헌영 세력들도 포용하여 단선단정 반대투쟁에 참여하도록 독려할 수밖에 없었다.

북로당은 1948년에 들어서면서 임시헌법 제정문제를 전 군중적 토의에 붙여 마무리하면서 한편에서는 이남에서 유엔임시한국위원단의 활동과 단독선거 움직임에 대한 반대투쟁을 지원하였다. 당시에 공개되지는 않았지만 북로당은 이남의 노동조합전국평의회나 전국농민조합총연맹 등의 단체에 지원금을 보내 군중투쟁을 독려하기도 하였다. '2·7 투쟁', '3·1 투쟁' 등의 군중투쟁과 병행하여 이북에서 만든 임시통일헌법에 대한 군중토의도 전개하였다. 그리고 1948년에 들어 이남에서 남북연합 추진의 분위기가 무르익는 가운데 조직적 연합을 실현할 전환점이 마련되었다. 북로당은 남북연합운동이 한 단계 더 발전하고 있음을 중시하여 구체적인 대책을 세워나갔다.

(6) 남북협상 제의와 북로당의 대응

민족자주연맹은 남로당이 '2·7 투쟁'을 전개하기 직전인 1948년 2월 4일에 정치위원·상무집행위원 연석회의를 열어 남북통일문제를 논의하기 위한 남북요인회담을 개최할 필요가 있다고 결의하였고 김일성과 김두봉 앞으로 서한을 보내기로 결정하였다. 2월 10일에는 김구가 "3천만 동포에게 읍고함"이라는 단독정부 수립의 반대 성명을 발표하였다. 민족자주연맹을 이끌던 김규식과 한독당을 이끌던 김구는 남북정치지도자회담을 개최하기로 합의하였고 김일성·김두봉에게 2월 16일자로 서한을 보내게 된다. 이것은 남북협상이 실행단계에 접어들었음을 뜻한다.

북로당 지도부는 민족자주연맹과 한독당의 이 결정에 접하고 그 나름의 대책을 세우게 된다. 이 서한은 외교경로와 서울주재 소련대표부를 통해 공식적으로 이북에 전달되었는데 북로당은 민족자주연맹의 결의, 김구의 성명, 김구·김규식의 서한 내용 등을 사전에 이미 입수하였다. 서울에서 활발하게 활동하던 북로당 정치공작원 성시백이 민족자주연맹과 한독당에 선을 대고 있었기 때문에 이 동정을 즉각 북로당 중앙에 무전으로 보고했던 것이다. 곧바로 성시백과 홍명희의 특사 격인 강병찬이 서울을 출발해 2월 17일 평양에 도착하였고 김구·김규식의 남북협상 제의 움직임을 상세히 보고하였다.

김구, 김일성·김두봉에게 서한

이 소식을 접한 북로당 중앙은 약간은 놀랐다. 이남의 우익 지도자들이 "단선단정을 반대하고 남북의 정치지도자들의 정치협상을 통해 통일정부를 수립하자"는 결정을 그렇게 빨리 내리라고는 생각하지 않았기 때문이다. 당시 분위기로 보아 김구는 미국과 적대적인 관계에 접어든 데다가 엄항섭·안우생 등 한독당계열 인물들과 북로당의 비밀접촉이 상당히 늘어나 남북협상에 적극적으로 나올 수 있는 토대는 마련됐다고 판단하였다. 다만 김규식은 미군정과의 관계가 상당히 좋은 상태였기 때문에 그가 남북협상을 본격적으로 제기하려면 시간이 다소 걸릴 것으로 내다보았다.

북로당의 이러한 판단은 빗나갔다. 김규식이 몸담은 민족자주연맹은 2월 4일에 이미 남북요인회담 개최에 관한 결의를 채택하였고 2월 16일에는 김구와 합작으로 대북서한을 보내왔기 때문이다. 남북협상을 통한 통일정부 수립운동이 예상보다 빠르게 급진전되자 북로당 지도부는 이에 대한 긴급대책을 수립하게 된다. 북로당은 2월 18~20일에 정치위원회 확대회의를 열어 이 문제를 집중적으로 논의하였다.

북로당 정치위원회 확대회의는 1948년 2월 초부터 전개되어온 김구·김규식 등 주요 정치세력의 남북협상 제의 동향문제, 남로당을 중심으로 한 유엔임시한국위원단의 활동을 방해하기 위한 '2·7 구국투쟁' 결산문제를 의제로 삼아 사흘 간 열띤 토의를 벌였다. 이 가운데 핵심 논점은 2월 4일에 열린 민족자주연맹의 정치위원·상무집행위원 연석회의에서 남북요인회담 개최 및 대북서한 발송에 대한 결의를 어떻게 평가할 것인가 하는 것이었다. 북로당의 일각에선 김규식의 의도를 의심해 오히려 남북협상의 움직임을 깨려는 미군정의 공작에 놀아나는 것이 아닌가 하고 우려하기도 했다. 미군정이 남북협상을 다른 방향으로 끌고 가기 위한 배후 공작을 전개하는 것이 아닌가 하는 우려였다.

이 우려는 미군정이 김규식을 이남의 최고지도자로 내세우려고 집요하게 노력하였고, 미군정사령관 하지의 정치고문 노블이 뻔질나게 김규식의 사무실에 들락거렸기 때문이다. 미군정은 이전에도 여운형과 김규식이 주도하던 '좌우합작운동'을 미국의 의도대로 끌어가기 위해 집요하게 노력했었고 이를 어느 정도 관철시켰던 경험이 있다.

"미국의 작용을 무시할 수 없다"

그러니 북로당 일각에서 미국이 이번에는 '남북협상'을 자신의 의도대로 왜곡시키려고 할 것이라는 판단을 내렸던 것도 무리는 아니었다. 그래서 김규식의 남북협상 제의를 놓고 "독자적인 애국적 결단이다", "미국의 입김이 작용한 것이다"는 양론이 맞붙어 숙의를 거듭하였다. 허가이·김열 등 소련파는 김규식을 의심하는 견해를 펴면서 "북로당의 정치노선을 파탄시키려는 미 제국주의자들의 음모를 경계해야 한다"는 입장을 보였다. 김두봉과 최창익은 "미국의 작용을 무시할 수는 없겠으나 김구·김규식의 애국적 결단이라는 측면도 중요하게 보아야 한다"고 주장하였다.

이 과정에서 김일성, 김책 등 항일빨치산파는 연안파의 판단을 지지하면서 "경계를 늦춰서는 안 되지만 김구·김규식의 애국적 행동에 대해서는 적극적으로 지지해줘야 한다"는 입장을 펼쳤다. 그리고 주영하·최경덕 등의 국내파는 "무조건 지지해줘야 한다"는 입장이었다. 연안파·빨치산파·국내파는 대체로 김구·김규식의 애국적 행동을 지지하자는 견해였고 소련파는 미국의 작용을 경계하자는 쪽이었던 것이다.

이전에는 북로당이 이처럼 결론을 내리지 못해 사흘 간이나 같은 문제를 계속 토론한 예가 없었다. 그만큼 이에 관해서 의견이 분분했다고 할 수 있다. 강병찬이 2월 17일에 서울에서 올라와 토의에 필요한 이남 정세에 관한 보고 자료를 제출하였지만 이것만으로는 부족해 18일에 정치위원회 확대회의를 열면서 공작원 현우철을 급히 남파하여 성시백과 만나 남북협상 제의를 둘러싼 이남의 상황을 다시 알아보도록 조치한 일도 있었다.

김규식이 미군정과의 관계 때문에 의심을 샀다면 김구는 과거의 반공행적 때문에 약간의 논란을 일으켰다. 일제 시기 중국에서 활동할 때 공산주의자들과는 타협의 여지가 전혀 없었던, 또한 1946년부터 반탁운동을 벌이면서 좌익들과 격렬히 대치하였던 김구가 과연 단정세력인 이승만과 결별하고 공산주의자들과의 협상을 통해 통일정부를 수립하는 길에 나설 수 있겠는가 하는 것이었다. 김구·김규식의 과거 경력에 대해서는 빨치산파나 소련파는 아는 바가 없어 경청하는 편이었고 이들과 일제 때부터 접촉이 있었던 김두봉·최창익 등 연안파 지도자들이 주로 발언하였다.

다른 한편 정치위원회 확대회의에서는 남로당의 '2·7 구국투쟁'에 대해서는 높이 평가하면서도 '남로당의 힘'의 실체에 대한 판단이 새롭게 내려졌다. 투쟁의 실제 상황으로 보아 남로당의 박헌영이 호언장담하는 것처럼 남로당의 힘만으로는 유엔임시한국위원단의 활동과 남조선 단독선거를 막을 수 없다는 판단이 내려진 것이다. 남로당으로선 현실적으로 '역부족'이라는 것이었다. 이에 대한 토의는 남북협상 제의에 대한 토의에 비하면 비교적 이견 없이 간단히 매듭지어졌다.

2월 18~20일의 정치위원회 확대회의에서 남북협상 제의에 대한 평가를 놓고 갑론을박을 계속한 결과, 대세는 이를 지지하고 호응하자는 쪽으로 기울었지만 20일까지 최종 결론을 내리지는 않았다. 2월 20일에 내려진 결정은 이남의 정치상황을 보다 정확하게 알아보기 위해 대남연락부장 임해를 서울로 급파해 백남운(근로인민당), 홍명희(민주독립당), 김원봉(인민공화당), 엄항섭(김구의 한독당), 박건웅(김규식의 민족자주연맹) 등과 접촉하도록 하자는 것이었다. 임해가 이남의 정치상황을 보다 정확히 파악하고 돌아온 뒤에 최종 결론을 내리자는 것이 정치위원회 확대회의의 결정사항이었다.

임해는 2월 20일 밤 두 명의 수행원과 함께 평양을 출발하였다. 임해 일행이 서울에 도착하여 활동에 들어간 것은 22일이었다. 임해는 성시백을 만난 뒤 그를 통해 백남운·홍명희·김원봉 등을 차례로 만나 이남의 정치상황, 특히 2월 16일 김구·김규식의 남북협상 제의 서한을 어떻게 보아야 하는가를 집중적으로 논의하였다. 김구·김규식의 의도는 무엇이고 대북제의 서한의 배경에 미국이 작용하지 않았는가 하는 것에 관심을 집중하였다.

그리고 2월 4일 민족자주연맹의 정치위원·상무집행위원 연석회의 때의 분위기, 2월 10일의 김구 성명이 남조선 정국에 미친 영향 등에 대해서도 자세히 물어보았다. 임해는 이어서 김구 주위의 인물인 엄항섭·안우생과 김규식의 주변인물인 박건웅·권태양도 만나 같은 문제에 대해 자세한 사정을 알아보았다. 임해가 이들을 접촉한 것은 2월 22일과 23일 양일이었다. 임해는 23일 밤에 서울을 출발해 평양으로 돌아왔다.

임해는 2월 24일 김일성을 비롯한 북로당 정치위원들을 만나 서울 사정에 대해 간략히 보고하였다. 민족자주연맹에서 남북요인회담 결정이 나온 것은 통일정부를 수립하려는 김규식의 애국적 결단에 따른 것이고, 이 결단의 배후에는 당시 민족자주연맹에 소속되어 있던 홍명희·박건웅·권태양 등이 적지 않게 역할을 했다는 것이 보고의 첫 번째 요지였다. 김구의 2월 10일 성명도 역시 애국적 결단에 따른 것이며, 그의 반탁·반공노선이 분단이라는 급격한 상황을 맞이하여 연공통일정부 수립노선으로 돌아서게 됐다는 징표라는 것이 보고의 두 번째 요지였다. 김구가 특히 이러한 입장을 표명한 것은 미군정 측이 그를 배제하고 적대적인 태도를 취한 것과 관련이 있다는 것도 임해를 통해 확인되었다. 즉 김구는 미국이 단선·단정을 주장해온 이승만을 지원하는 것에 명백히 반대하고 있다는 것이었다. 김구가 이러한 정치적 판단을 내리게 된 데에는 엄항섭을 비롯한 몇몇 주변인물들이 적지 않게 영향을 미쳤다는 것도 확인되었다.

임해가 북로당 정치위원들에게 귀환 보고를 한 2월 24일 오후 늦게 북로당 정치위원회 확대회의가 다시 열렸다. 그는 이 자리에서도 서울에 가서 보고 듣고 느낀 대로를 그대로 보고하였다. 그 요지는 첫째, 김구·김규식의 남북협상 제의는 그들의 애국적 결단에 의한 것이라는 점, 둘째, 당시 조성되어있던 민족분열의 조짐이 이들에게 영향을 미쳤다는 것, 셋째, 이들의 배후에는 북로당의 정치공작원 성시백과 계속 연계되어 활동하던 몇몇 개별적 인사들의 노력이 적지 않게 작용했다는 것 등이었다.

그리고 김구의 경우는 미국 측의 '임정 부인 및 한독당 배제' 태도가 크게 작용했다는 점도 거듭 확인되었다. 이렇게 볼 때 김구·김규식의 남북협상 제의는 미군정의 입김에 의한 것으로 보기는 어렵다는 결론이었다. 임해의 보고가 끝난 뒤에 소련파·연안파 지도자들의 질문공세가 이어져 2월 24일의 정치위원회 확대회의는 다음 날까지 이어졌다.

김일성은 2월 25일에 재개된 확대회의에서 임해의 현장보고를 수용하여 김구·김규식의 남북협상 제의는 애국적 결단에 의한 것이고 주변에 북로당 관련 인사들이 포진해 있어 작용한 것이 사실이라고 강조하였다. 김일성은 북로당 중앙의 지도적 간부들이 이런 남조선의 현실을 옳게 보아야 한다고 역설함으로써 2월 18~20일의 확대회의와 2월 24~25일의 확대회의를 결말지었다.

그는 또 북로당의 정치노선을 관철하려면 이남의 우익지도자들의 애국적 결단을 높이 평가하고 환영함으로써 이들과 연합할 수 있는 토대를 만들어야 한다고 지적하였다. 김일성은 "이제 남은 과제는 남조선의 통일정부 수립운동 세력들을 고무해주고 보다 조직화하여 남북정치협상회의를 소집할 수 있도록 조직적 단계로 발전시켜 나가는 일"이라고 선언함으로써 5일에 걸친 북로당 중앙의 열띤 토론을 매듭짓고 '통일전선 구축'이라는 북로당의 정책노선을 재확인하였다.

북로당 회의에서 남북정치협상회의 결정

북로당의 정치노선은 남로당과의 연대를 더욱 강화해가면서 남북정치협상회의의 주요 대상들과의 연합을 적극적으로 모색한다는 것이었다. 여기서 주요 대상은 말할 것도 없이 과거에 반탁진영에 속해 있었던 우익 정치세력 가운데 미국의 단선·단정 움직임에 반대하고 통일정부 수립을 지향하는 세력들이었다. 그리고 긴급한 당면과제로 "남북정치협상회의를 하루빨리 정치적 일정에 올려놓는 것"이 제기되었다. 또한 남북의 모든 단선단정 반대세력이 망라되어 미국의 단독정부 수립 의도를 분쇄하고 유엔임시한국위원단의 단독선거 실시를 위한 움직임에 투쟁한다는 것과 이를 위한 조직정치사업에 박차를 가한다는 점이 거듭 확인되었다.

김일성은 연이은 북로당 정치위원회 확대회의의 결정에 따라 대남공작의 중요성이 한층 높아지자 정치공작원 성시백을 지원할 수 있도록 고위 공작원을 추가 파견하도록 지시하였다. 이 지시에 따라 대남연락부 임해 부장은 당시 부부장이던 김창수와 2명의 공작원을 서울로 급파하였다. 이들은 서울에서 성시백과 보조를 맞추어 이남의 단선단정 반대세력에 접근하였다. 이들은 3월에 접어들면서 북로당 중앙의 지시에 따라 남북정치협상회의가 실현될 수 있는 토대를 구축하는 사업을 전개한다. 이것은 미군정의 정치협상회의 와해정책에 대비해야 했기 때문이다. 정치협상회의의 주요 대상이 남로당 등 좌익진영만 있었다면 사전준비작업이 그다지 필요치 않았으나 우익세력을 정치협상회의에 참가시켜야 하는 만큼 그 기반을 조성하는 과제가 중요하였다.

북로당 중앙이 정치협상회의 소집과 관련하여 우려한 것은 회의에 참가한 일부 정치세력이 '반대토론'을 함으로써 정치협상회의에서 분열을 조장한다면 회의가 소집되지 않는 것만 못한 결과가 나올 수 있다는 점이었다. 또 다른 우려는 남조선의 일부 우익세력이 정치협상회의에 참가할 뜻을 계속 비치다가 마지막 순간에 불참함으로써 협상회의 자체를 무산시킬지도 모른다는 것이었다. 두 가지 우려가 있었기 때문에 북로당 중앙은 남북정치협상회의를 신중하게 준비해야 한다는 입장이었다.

북로당은 1948년 3월 초 정치위원회에서 남북협상의 준비사항에 대해 토의하고 북로당과 연계되어 있던 이남의 일부 정치지도자들과 실무자들을 북으로 불러들여 남북정치협상회의를 성공적으로 치를 수 있는 토대를 갖추는 문제, 남로당도 정치협상회의의 준비에 협력하는 문제 등을 논의하게 된다. 단선단정 반대와 자주독립 통일정부 수립노선도 재확인하였다.

이 결정에 따라 북로당은 1948년 3월 들어 이남의 정치지도자들 가운데 당시 북로당과 연계되어 있던 백남운·홍명희·김원봉·이영 등을 평양으로 불러들어 남북정치협상회의 소집문제에 관한 구체적인 논의를 해나갔다. 그리고 김구·김규식 진영 등 우익세력 내에서 활동하던 성시백선의 실무자들, 예를 들어 권태양·박건웅·안우생·최백근·강병찬 등을 비밀리에 평양에 불러들여 북로당의 입장을 정확히 전달하고 실질적인 사업지침을 제시하기도 하였다. 북로당의 이 같은 활동은 이들을 통해 이남의 정치세력들을 남북정치협상회의에 하나라도 더 끌어들이려는 것이었다.

김일성은 3월 9일에 북조선민전 중앙위원회 25차 회의에 참석해 「반동적 남조선단독정부 선거를 반대하고 조선의 통일과 자주독립을 쟁취하기 위하여」라는 연설을 하였다. 이 연설은 그동안 북로당 중앙에서 토의되고 결정된 내용을 총괄적으로 정리한 것이었다. 정치위원회 확대회의에서 토의되고 결정된 내용이 일체 공개되지 않다가 이때 북로당의 공식적인 입장이 비로소 북조선민전 회의에서 밝혀지게 되었다.

〈자료〉

김일성의 연설 「반동적 남조선단독정부 선거를 반대하고 조선의 통일과 자주독립을 쟁취하기 위하여」(1948.3.9 북조선민전 중앙위 25차 회의)

"조선 인민은 조선 인민의 대표를 참가시키지 않고 또 조선 인민의 의사와 리익을 참작하지 않고 조직된 《유엔 조선위원단》을 인정하지 않습니다. 미국과 조선의 반동분자들은 지금 《선거》라는 희극을 연출하여 미 제국주의자들에게 추종하는 반동분자들로써 《정부》를 구성하려고 합니다. 소위 《자유로운 선거》가 어떻게 실시되리라는 것은 지금 이 《선거》를 《조직적》으로 실시하기 위하여 남조선 경찰이 총동원되였다는 것만으로도 능히 판단할 수 있습니다……

우리 민족이 다시 소생하는 길은 오직 하나이며 그것은 민주주의적 발전의 길입니다. 우리의 요구는 변함이 없습니다. 우리는 일반적, 직접적, 평등적 원칙에 기초하여 비밀투표로써 전 조선 최고립법기관을 선거할 것을 주장합니다. 이와 같이 선거된 진정한 인민의 최고립법기관에서 헌법을 승인하고 나라를 륭성 발전시키며 인민을 행복의 길로 인도하는 진정한 민주주의적 인민정부를 조직하여야 합니다. 이 모든 것은 조선에서 일체 외국군대가 동시에 철거하는 조건 하에서만 가능합니다.

나는 전체 조선 인민과 전체 민주력량과 또 우리 조국의 자유와 독립을 갈망하는 모든 애국적 인사들이 우리나라를 분렬시키고 우리 인민을 또다시 노예로 만들려는 적들의 교활한 음모를 파탄시키기 위하여 전력을 다할 것을 호소합니다.

나는 모든 애국적, 민주주의적 력량이 우리 조국의 자유와 독립을 위한 투쟁에서 더욱 굳게 단결할 것을 호소합니다.

동포 여러분!

우리 민족의 통일과 조국의 자주독립을 침해하는 제국주의적 침략에 항거하여 일어납시다. 우리 조국을 미 제국주의자들에게 팔아먹은 반동분자들과 민족반역자들을 철저히 폭로합시다. 《선거》 희극에 참가하지 말며 《선거》를 배격하는 운동을 광범히 전개합시다. 조선의 애국자들이여! 더욱 굳게 단결하여 조국의 통일과 자유와 독립을 위한 투쟁에 용감히 나섭시다."

이북 전역에서 3월 14일에 각 직장·단체들이 나서 단선·단정을 반대하는 집회를 열었다. 집회들에서는 이남의 '2·7 구국투쟁'과 '3·1 투쟁'을 지지하고 성원하는 뜻에서 모금운동이 전개되기도 하였다. 이북에서 단선·단정을 반대하기 위한 군중운동에 참가한 숫자는 당시에 3백만명 정도였던 것으로 파악되었다.

그리고 3월 8일에 김구의 비서 안우생이 비밀리에 김구의 특사 밀명을 띠고 평양으로 올라와 김일성을 만났던 일이 매우 중요하다. 이 사실은 이전에 공개된 적이 없다. 안우생은 평양에 올 때 2월 10일 김구가 발표한 「3천만 동포에게 읍고함」이라는 성명과 김일성에게 직접 전하는 메시지를 휴대하고 있었다. 이 메시지는 간단한 것이었는데 2월 16일 김구·김규식 양인의 남북요인회담 제의 서한에 대한 응답을 촉구하는 내용이었다. 김일성이 3월 9일에 북조선민전 25차 회의에서 직접 연설을 하게 된 직접적인 계기도 실은 김구가 안우생을 특사로 이북에 파견했기 때문이다. 김일성은 안우생에게서 김구의 의도를 상세히 들을 수 있었고, 따라서 합작의 기운이 현실화될 수 있다고 생각하기에 이르렀다. 김일성은 안우생과 만나 단선·단정에 반대하는 김구의 확고한 의지에 새삼 놀랐던 것이다.

단정반대 '7거두성명' 발표

다른 한편 3월 12일에는 이남에서 김구·김규식·홍명희·조소앙·김창숙·조완구·조성환 등 반이승만 우익 진영의 7인이 단독선거를 반대하는 이른바 '7거두성명'을 발표하게 된다. 이 성명은 우익의 대표적인 정치지도자들이 공조를 취한다는 의사표시였고, 이것은 곧 남북협상을 위한 민족자결에 힘을 합친다는 것을 천명한 것이었다. 즉 남북협상을 전개할 이남의 세력규합을 시사하는 것이었다.

3월 12일의 '7거두성명'이 나온 뒤 3월 중순에 13개 정당협의회(1947년 11월 초 발족)가 남북협상을 추진할 이남의 주체로 본격적으로 움직이기 시작하였다. 남북협상에 보다 적극적인 정당들이 이 협의회에 망라되었다. 협의회에는 근로인민당·민주독립당·인민공화당·신진당·사회민주당 등이 포함되었다. 이 협의회가 중심이 되어 남북협상을 지지하는 세력들을 더욱 조직화하기 위해 3월 26일에는 통일독립운동자협의회 발기인회를 출범시키게 된다. 이 발기인회의 출범은 남북협상을 지지하는 우익 내지 중간파 정치세력의 광범한 결집체의 출범을 알리는 신호탄이었다. 첫 발기인은 엄항섭·유림·여운홍·홍명희·김붕준 등 5 인이었다. 발기인회가 만들어진 이후 통일독립운동자협의회를 조직하려는 움직임이 활발해졌고, 4월 3일에는 협의회를 공식으로 출범시키게 된다. 이 협의회에는 수많은 군소정당들이 참가하였다. 북로당은 통일독립운동자협의회의 출범을 남북협상을 위해 북측과 공동보조를 맞추려는 조직적 토대로 파악하였다.

그런데 이남에서의 이 같은 움직임에도 불구하고 북로당은 김규·김규식의 2월 16일자 서한에 대한 답신을 보내지 않았다. 남북협상의 제기는 단선·단정을 반대하고 통일정부를 수립하기 위한 움직임이었고 각 정치세력들은 자신의 주도권 문제를 생각하지 않을 수 없었다. 김구와 김규식은 그들대로 남북협상을 주도하려고 하였고 북로당은 북로당대로 이를 주도하려 했던 것만은 틀림없다. 다른 한쪽에서는 남로당도 주도권 장악에 관심을 갖고 있었다. 당시의 정세로 보아 어느 정파도 마찬가지였다고 할 수 있다. 이 상황에서 북로당이 김구·김규식의 공동서한에 답신을 보내는 것을 피하고 3월 25일 밤에 평양방송으로 남북연석회의를 제의한 것은 바로 남북협상의 주도권 문제와 밀접한 연관이 있다.

남북협상에 대한 제안이 늦게 나온 또 다른 이유는 남북협상에 대한 미국의 음모를 경계해나가면서 남북협상을 성공시키려면 주체적 요건, 즉 조직적 토대를 닦아야 하고, 그러자면 시간이 필요했기 때문이다. 그리고 1948년 3월 말에 북로당 2차대회를 개최하는 중요한 정치일정을 앞두고 있었던 사정도 작용하였다. 2차대회를 마친 뒤에 남북연석회의를 개최한다는 내부방침이 섰기 때문에 북로당의 제안이 뒤늦게 나온 것이다. 북로당의 입장에서는 남북협상에서 반드시 주도권을 쥐어야 한다는 것, 그리고 남북협상에 성공하자면 분위기가 성숙되어야 한다는 것을 고려했다고 할 수 있다. 북로당은 남로당과 우익 중간파인 남북협상세력 간의 관계가 좋지 않아 속병을 앓고 있었다. 북로당의 주도하에 분열되어 있던 이남의 좌우익을 모두 남북협상에 참가시켜야 하는 만큼 시간이 필요했던 것이다.

(7) 남북연석회의 제의와 그 파장

북로당은 이남에서 남북협상의 분위기가 어느 정도 무르익었다고 판단되자 3월 20일과 24일에 특별 중앙위원회 전원회의를 열게 된다. 두 차례에 걸친 북로당 특별 중앙위원회 전원회의는 남북연석회의 소집과 북로당 2차 대회 개최문제를 함께 다루었다. 남북연석회의를 둘러싸고 이 전원회의에서 논란을 빚은 것은 남북연석회의의 참가대상 초청자문제였다. 이 전원회의에는 남로당의 지도급 인사들도 참석하였다. 박헌영을 비롯해 이승엽, 이기석, 허성택 등이 자리를 같이하였다.

여기서 문제는 북측이 이남의 정당·단체 지도자들을 초청할 때 남로당 지도자들도 초청대상에 포함되어야 한다고 한 대목이었다. 이에 대해 남로당은 초청자를 김일성·김두봉 두 사람으로 할 것이 아니라 김일성·김두봉·박헌영 3인으로 해야 한다는 견해를 개진하였다. 이는 남로당이 남북연석회의의 초청대상이 아니라 초청자가 되어야 한다는 것이었다. 남로당 지도자들 뿐 아니라 주영하·최경덕·김응기·이봉수 같은 북로당의 국내파 인사들 일부도 이에 동조하였다. 그러나 논의를 거쳐 이남의 정당·단체들 가운데 유독 남로당만 초청자가 되는 것은 모양이 우습고 이남의 다른 정당·단체들이 이를 수용하기가 곤란할 것이라는 결론에 도달하였다. 특히 남로당과 사이가 매우 나쁜 김구·김규식 등 우익 정치지도자들을 남북연석회의에 참석시키려면 초청자는 북조선민전 산하의 정당·단체들로 제한하는 것이 옳다는 쪽으로 의견이 모아졌다. 형식이나 명분 면에서 북로당의 판단이 합리적이었지만 남로당 측의 문제제기로 눈에 보이지 않는 주도권 경쟁이 벌어졌던 셈이다.

초청대상 둘러싸고 논쟁

전원회의에서의 다른 논란거리는 남북연석회의의 초청대상을 어떻게 하느냐 하는 것이었다. 이남의 주요 정당·단체들의 지도자들에게만 초청장을 보내자는 견해와 모든 정당·단체들에 다 보내야 한다는 견해로 나뉘어졌다. 그밖에 서한을 지도자 개인 앞으로 보낼 것인가, 단체 앞으로 보낼 것인가도 논란거리였다. 최종적으로는 김구·김규식·조소앙·박헌영·허헌·홍명희·백남운·김원봉·김붕준 등 주요 지도자들과 민족자주연맹·한독당 등을 비롯한 17개 정당들(13개 정당협의회 소속 정당에 4개 추가)에게 초청장을 보내기로 의견이 모아졌다. 다만 그 진행은 단계적으로 하기로 했다. 첫 단계는 3월 25일 북조선민전 26차 회의에서 북조선민전 산하 정당·단체들의 대표 연명으로 결의문을 채택하고 이를 평양방송으로 발표해 이남에 알린다는 것이었다.

둘째 단계로 김일성·김두봉 명의로 김구·김규식에게 공동서한을 보내고 나서 다음 단계로 개별적인 지도자들에게 남북연석회의의 참석을 요망하는 초청장을 보내기로 하였다. 그리고 마지막 단계로 북조선의 정당·단체들의 공동명의로 남북연석회의의 참가대상인 이남의 모든 정당·단체들에게 초청장을 보내기로 했다. 초청장을 이남의 지도자들이나 정당·단체들에 전달하는 과제는 북로당의 대남연락부가 전담하기로 하였다. 전원회의의 이 결정은 그대로 실행에 옮겨졌다.

전원회의에서는 남북협상회의의 명칭에 대한 논란도 있었는데 정치협상회의, 연석회의, 대표자회의 등 여러 명칭이 제기되었지만 '연석회의'로 매듭지었다. 그리고 연석회의의 성과에 기초해서 '지도자협의회'를 연다는 방침도 결정되었다. 정치협상회의를 두 가지 형태로 진행하기로 한 것이다. 첫 단계는 전체가 참석하는 '연석회의'를 열고 다음 단계로 정당 지도자들의 '지도자협의회'를 연다는 것이었다. 연석회의와 지도자협의회의 의제로 단선·단정을 반대하는 투쟁에 남북의 모든 역량을 집중시켜 나가는 문제, 이에 기초하여 남북의 통일정부 수립의 구체적인 방안을 강구하는 문제가 확정되었다. 앞의 의제는 미·소 양군의 철수운동과 5.10 단독선거에 대한 반대 운동을 포괄하는 것이었다. 남북연석회의 개최 일자를 4월 14일로 한 것은 이남에서 실시될 5·10선거를 한 달여 앞두고 단독선거 반대투쟁을 본격화한다는 계획에 따른 것이었다.

그리고 전원회의에서는 연석회의 준비위원회를 구성하는 과제도 논의되었다. 준비위원장은 북로당 부위원장 주영하가 맡기로 하고, 부위원장은 북로당 대남연락부장 임해가 맡기로 하였다. 그밖에 민주당·청우당·직업총동맹·농민동맹·민주여성동맹·민주청년동맹·기독교도연맹·불교연합회 등 북조선민전 산하의 정당·단체들의 부위원장 14명이 준비위원으로 참가하기로 하였다. 준비위원회 아래에 분과를 두었는데 분과의 소속 성원들까지 포함하면 준비위원회 전체 실무진은 90여명쯤이었다. 연석회의를 실제로 운용하는 과제는 임해가 맡기로 하였다. 연석회의에서 채택될 결정서·요청서·성명서·호소문 등 각종 문건의 정리는 북로당의 선전선동부 부부장 고혁이 책임지고, 이문일·기석복·태성수 등 이론진이 뒤에서 협력하기로 하였다.

연석회의에 참가하기 위해 월북하는 인사들을 보호하고 경비하는 역할은 내무성 안전국장 방학세와 그 밑의 김춘삼이 함께 맡기로 하였다. 남북연석회의에 참가하는 인사들의 숙식의 관리 책임자는 양계라는 인물이었다. 교통편

1948년 4월 남북연석회의 때 김구·김규식 선생을 수행했던 측근들이 평양 상수리 특별호텔 정원에서 기념촬영을 하고 있다. 앞줄 왼쪽부터 송남헌 민족자주연맹 비서처장, 엄항섭 한국독립당 선전부장, 선우진 김구선생 수행비서, 뒷줄 왼쪽부터 권태양 민족자주연맹 비서처비서, 여운홍 사회민주당 위원장.

의는 평양시 철도국장 김회일이 맡기로 하였다. 이처럼 3월 24일에 열린 특별 중앙위원회 전원회의에서는 남북연석회의를 소집하기 위한 실제적인 과제를 모두 토의하고 마무리했다. 그리고 남북연석회의 소집과 관련하여 정치정세에 관한 최종보고는 연락부장 임해가 하였다.

대남제의서 채택, 김구 등에 서한 전달

두 차례에 걸친 북로당 특별 중앙위원회 전원회의의 결정에 따라 3월 25일 오전에 북조선민전 중앙위 26차 회의가 열렸다. 이 회의에서는 4월 14일에 평양에서 남북제정당사회단체대표자연석회의를 개최한다는 것을 최종적으로 결정하였고 이 내용을 당일에 평양방송으로 발표하고 이남 정당·단체들에게 초청서한을 보내기로 결의하였다. 평양방송은 3월 25일 오후 7시부터 매 시간대 뉴스시간에 북조선민전이 채택한 "남조선 단독정부 수립을 반대하는 남조선 정당사회단체에게 고함"이라는 대남제의서를 보도하였다.

방송에서는 시한을 명시하지 않았지만 초청서한에서는 "동의하면 3월 31일까지 이에 대한 해답을 해달라"는 단서를 붙였다. 이로써 북측이 공식으로 남북연석회의 개최를 제의하는 형식을 취한 것이었다. 북측은 남북연석회의 개최를 제의하면서 김구·김규식의 '2·16서한'에 대해서는 일절 언급하지 않았다. 실상은 '2·16서한'에 대한 답신이나 다름없었으나 남측에 주도권을 넘기지 않으려는 의도에서 '2·16서한'에 대한 언급을 피했던 것이다.

북로당 특별 중앙위원회 전원회의의 결정에 따라 김일성·김두봉이 김구·김규식에게 보낸 서한이 3월 27일에 전달된다. 북로당의 밀사 한은필과 근로인민당의 최백근이 이 서한을 갖고 3월 26일 평양을 출발하였다. 한은필은 27일 서울에 도착하는 즉시 성시백에게 서한을 건네주었고 성시백은 백남운에게 서한을 건넸으며, 백남운은 27일 밤에 김구·김규식을 만나 서한을 전달한 것으로 안다. 그리고 3월 29일에는 북로당 대남연락부 소속의 정치연락원 최광호 · 현우철 · 김정수 등이 평양을 출발해 30일쯤에는 이남의 각 정당 · 단체들과 그 지도자들에게 보내는 초청서한이 전달되었으며, 늦어도 4월 1일까지는 모두 전달된 것으로 안다. 이들 연락원이 갖고 간 평양의 초청서한은 성시백을 통해 민주독립당의 홍기문 · 강병찬, 민족자주연맹의 박건웅 · 권태양, 한독당 계열의 안우생 · 엄항섭, 근민당의 정백 · 최백근, 사회민주당의 여운홍 등의 협조를 얻어 각각 전달하였다.

김구 · 김규식은 3월 27일 밤에 김일성 · 김두봉 공동명의의 서한을 받고 3월 31일에 북측의 남북연석회의 개최 제의를 지지한다는 성명을 발표하였다. 이에 발맞춰 한독당 · 민족자주연맹 · 민주한독당 · 신진당 등이 남북연석회의 개최에 대한 개별적인 지지 성명이나 연합성명을 잇달아 발표하였다. 이런 분위기 하에서 서울에서는 3월 26일에 발기인회를 출범시켰던 통일독립운동자협의회가 4월 3일에 공식으로 발족되었다. 이 협의회는 남북협상을 지지하고 남북협상에 참가하기 위한 연합체 조직의 성격을 띤 것이었다. 이남에서 이런 과정이 진행되는 동안 이북에서는 3월 27일~30일에 북로당 2차대회가 개최되었다. 이 대회에서도 남북연석회의를 성과적으로 추진하기 위한 대책이 논의됐다.

북로당 2차대회가 3월 말에 끝나자 4월 1일에 남북연석회의 준비위원회가 정식으로 구성, 가동되기 시작한다. 남북연석회의 준비과정에서 이남 인사들이 38선을 무사히 넘을 수 있도록 보장하는 것이 중요한 과제였다. 당시에는 미군과 소련군의 38선 경비가 강화되어 38선을 넘나드는 게 쉬운 일은 아니었다. 따라서 안전루트를 확보하는 것이 중요했다. 김구 · 김규식을 비롯한 우익계 거물 정치인들은 공개적으로 38선을 넘을 수 있었지만 남로당 관계자를 비롯해 비밀리에 넘어야 하는 사람도 적지 않았기에 비밀루트를 제대로 갖춰야 했던 것이다. 북로당이 신경을 쓴 또 다른 문제는 미군정측이 남북연석회의 참가를 위장해 이북에 잠입시킬지도 모르는 파괴분자를 막는 일이었다. 그런 가운데서도 역시 가장 중요한 과제는 남북연석회의에 되도록 많은 참가자들이 참석할 수 있도록 사전작업을 하는 것이었다.

북로당이 남북연석회의 개최 일자를 4월 14일로 잡고 준비하던 중에 남북을 왕래하던 정치연락원들이나 이남 지도자들의 특사들이 이남의 사정을 감안해 연석회의를 한 닷새 늦추는 게 좋겠다는 의견을 보내왔다. 이에 따라 북로당 정치위원회는 긴급히 이 문제를 논의하여 연석회의 개최 일자를 4월 19일로 연기하게 된다.

(8) 남측 지도자들의 북행

김구와 김규식은 김일성·김두봉의 생각을 정확히 알기 위해 1948년 4월 8일에 평양에 특사를 보낸다. 널리 알려져 있듯이 김구의 특사 안경근과 김규식의 특사 권태양이 평양에 파견되었다. 이들이 평양에 파견되기 전에 북로당은 이남에서 활동하던 정치공작원 성시백·김창수 등을 통해 김구·김규식의 특사가 평양을 방문한다는 연락을 받았고 이들을 38선에서 맞이할 준비를 하였다. 2명의 특사의 평양 파견에 대해선 김일성·김두봉도 바라고 있던 바였다. 김일성으로서는 이런 과정을 통해 김구와 김규식이 남북연석회의에 참석한다면 더할 수 없이 좋겠다고 생각하고 있었다.

김구·김규식의 특사들이 4월 8일에 38선을 넘어 평양으로 들어올 때 김일성의 특사로 서울에 다녀온 일이 있는 한은필이 사리원까지 마중을 나갔다. 안경근과 권태양은 한은필의 안내로 평양의 한 초대소에서 여장을 풀고 초대소를 방문한 대남연락부장 임해를 만났다. 권태양은 그 자신이 평양을 비공개로 방문했을 때나 임해가 서울에 파견되었을 때 서로 만난 일이 있어 아는 사이였다. 특사들은 4월 9일 주영하의 안내로 김일성과 김두봉을 만나 김구·김규식의 메시지를 전하고 이들로부터 메시지를 받아 서울로 귀환하였다. 김일성·김두봉의 구두메시지는 대략 "민족 앞에 펼쳐진 엄혹한 정치현실 아래서 남북의 정치지도자들이 한 자리에 모여 단선단정을 반대하는 구국대책을 논의하는 것은 절박한 과제다. 두분 선생이 연석회의에 참가해 논의를 함께 하길 바란다"는 내용이었다. 안경근과 권태양은 통일을 위해 38선을 공식적으로, 공개적으로 넘은 첫 인물이 되었다.

38선을 오고간 특사들

김구는 특사들의 귀환보고를 받고 남북협상의 북행길에 나설 뜻을 선뜻 밝혔는데 김규식은 사정이 달랐다. 북로당은 서울의 정치공작원들로부터 이남 지도자들의 동향에 대해 수시로 보고받고 있었다. 김규식은 4월 10일 권태양의 보고를 받고서부터 열흘 동안 북행 결심을 하지 못하였다. 북로당에서는 김규식이 김구와 달리 북행을 주저하는 것은 미국의 집요한 방해책동 때문이라고 분석했다. 미군정 측이 수시로 김규식에게 정치고문을 보내 "남북연석회의는 공산주의자들의 통일전선전술에 넘어가는 것이니 신중을 기해야 한다"고 충고함에 따라 김규식이 그 영향을 받는 게 아니겠느냐는 것이었다.

이 상황에서 민족자주연맹에 소속된 남북협상파들이 김규식에게 "애국적 결단을 내려 평양회의에 참석해야 한다"고 집요하게 설득한 것으로 안다. 미군정 정치고문이 김규식을 만나 북행 반대를 설득하고 돌아가면 곧이어 박건웅·권태양·송남헌 등이 남북협상에 참가해야 한다고 조르다시피 했다는 이야기를 권태양에게 들은 일이 있다. 김규식은 권태양의 귀환보고를 들은 지 열흘쯤만에 민족자주연맹의 회의를 소집해 남북협상의 참가 여부를 다시 토의하게 된다. 민족자주연맹의 회의에서는 몇 가지 조건을 붙여 북측의 의사를 정확히 재확인하는 절차를 거쳐 북측으로부터 납득할만한 반응이 나오면 남북협상에 참가한다는 결정이 채택되었다. 이 회의는 민족자주연맹 내에서 남북협상에 적극적인 의사를 가진 이들이 김규식을 부지런히 설득했기 때문에 열릴 수 있었던 것이다.

물론 이 과정에서 4월 14일에 발표된 '문화인 108인의 남북협상 지지 성명'이 김규식의 북행 결심을 굳히는 촉진제가 되었다. 문화인 성명은 자연발생적으로 나온 것은 아니었다. 이들 문화인 가운데는 근로인민당·민주독립당·남조선로동당 등의 당적을 가진 지식인들이 섞여 있었고 백남운·홍명희 등의 보이지 않는 작용이 있었다. 남북의 남북협상 세력들이 서둘러 고급 지식인들의 남북협상 지지 성명을 이끌어내려고 배후에서 작용한 것은 김구·김규식을 비롯한 이남의 우익 정치지도자들과 정치세력들에게 남북연석회의 참가를 촉구하는 것이 시급한 과제였기 때문이다. 성명에 참가한 지식인들 가운데 김규식이 신뢰하는, 중립적이고 영향력 있는 인사들이 포함되어 있었던 것이 주효하였다. 좌파 지식인 일색으로 조직된 것이 아니라 중간파적이거나 우파적인 지식인들이 적지 않았던 것이다.

이북의 조선중앙통신은 4월 14일의 문화인성명이 나오기 전날에 이미 4월 14일에 예정되었던 남북연석회의를 닷새 연기해 19일에 개최한다는 보도를 내보냈다. 김구는 남북연석회의가 시작되는 4월 19일에 북행하기로 결심하고 이를 실행에 옮기지만, 김규식은 4월 18일에 열린 민족자주연맹회의의 결정에 따라 이날 북행의 선행조건 5개항을 휴대한 특사를 평양에 급파하였다. 김규식의 2차 특사는 1차 특사였던 권태양과 김규식의 측근이었던 언론인 배성룡이었다. 그런데 김규식이 몇 가지 조건을 내걸고 김일성이 이를 수락하면 북행할 것이라는 내용은 4월 18일의 회의 전에 이미 권태양이 알고 있었던 것으로 안다.

권태양은 이 사실을 북로당 정치연락원 최광호에게 먼저 알렸고 최광호는 권태양과 배성룡이 4월 18일 오전에 특사 자격으로 북행하기 전날 밤에 38선을 넘었다. 최광호는 4월 17일 밤에 38선을 넘자마자 김규식의 2차 특사들이 18일 낮에 38선을 넘는다는 사실을 북로당에 알렸고 북로당 대남연락부는 김규식의 특사를 맞이할 준비를 하였다. 김규식의 특사들이 사리원을 거쳐 평양에 도착한 것은 4월 18일 밤이었다.

특사들은 4월 19일 오전에 북로당 대남연락부장 임해와 남북연석회의 준비위원장 주영하의 안내를 받아 북조선인민위원회 위원장 집무실에서 김일성을 만났고 이 자리에서 5개항 조건을 김일성에게 설명하였다. 김일성은 김규식의 특사들에게 "김규식 선생이 제시한 5개항 조건을 무조건 지지하니 김 선생도 남북연석회의에 참가해 함께 구국대책을 논의하자"는 구두메시지를 전하였다. 권태양과 배성룡은 김일성으로부터 구두메시지를 듣고 평양을 떠나 사리원에서 점심식사를 하고 이날 오후 늦게 38선을 넘었던 것으로 안다. 그리고 김규식과 특사들의 요청에 따라 이날 밤 10시에 평양방송을 통해 사전에 약정된 대로 "모든 게 다 준비됐으니 빨리 오시길 바란다"는 암호방송을 내보냈다.

권태양과 배성룡이 김일성을 만난 4월 19일 오전에는 당일 오후 6시로 예정된 연석회의 본회의 개막을 앞두고 김일성·주영하·임해 등이 눈코 뜰 새 없이 바쁠 때였다. 이날 오전 11시에 연석회의 예비회의가 열렸고 김일성은 그전에 김규식의 특사들을 접견하였다. 이때는 김일성이 이미 김구가 4월 19일에 북행한다는 소식을 접한 뒤여서 어떻게 하든지 김규식까지 남북연석회의에 참가시켜야 한다는 방침을 갖고 있었다.

이때는 이미 이남의 민주주의민족전선 산하의 정당·단체들과 근로인민당, 민주한독당·사회민주당·민주독립당 등의 중간파 정당들, 한독당·민족자주연맹의 몇몇 개별적 인사들 대부분이 평양에 들어와 있었다. 남북연석회의가 어차피 4월 19일에 열리는 마당에 회의의 성패는 김구·김규식의 참석 여부에 달려 있었다고 해도 과언이 아니었다. 김구는 평양에 들어올 것이 확실한데 김규식은 계속 유보적 태도였고 막판에 5개항 조건을 들고나오니 북측으로선 그의 요구를 무조건 받아들여 남북연석회의에 참가시키는 것이 중요하였다. 김규식은 4월 19일 밤 10시의 평양방송을 듣고 북행을 결심했으며 4월 20일에 민족자주연맹 회의를 열어 북행 의사를 최종적으로 결정하게 된다. 남북협상을 위해 김규식이 북행하기까지는 이처럼 우여곡절이 있었다.

한편 평양주둔 소련군사령부는 4월 12일쯤에 남북연석회의 참가를 위해 북행하는 사람들에 대해서는 38선의 월경을 무조건 허가한다는 방침을 발표하였다. 발표 내용에는 남측 인사들이 조직적으로, 단체로 열차편을 이용할 경우 열차가 그대로 38선을 통과할 수 있도록 허용한다는 것도 포함되어 있었다. 남북연석회의에 참가한 정당·단체들의 수는 40개쯤 됐는데 한독당과 민족자주연맹의 일부를 제외하고는 4월 중순에 제각기 38선을 넘었다. 대체로 4월 15일께에는 이북지역으로 넘어 들어왔다. 북로당이 가장 경계한 것은 회의 진행을 방해하거나 파괴공작을 목적으로 연석회의 참가자로 위장, 월북해오는 인물이 있을지도 모른다는 점이었다. 북로당은 남로당이나 그밖의 정당·단체들에게 38선 월경루트와 암호를 사전에 지정해주는 은밀한 작업을 진행하였다. 민주주의민족전선 산하의 단체들은 남로당을 통해 이 작업을 하였고, 근로인민당·민주독립당·인민공화당·신진당 등 중간파 정당들에 대해서는 북로당의 정치공작원으로 서울에 파견되어 있던 성시백 등을 통해 이 작업을 하였다.

그리고 이남의 정당·단체들의 실무자들 일부는 평양에 미리 와서 북측과 38선 월경에 필요한 조치, 이북 체류문제 등을 사전에 협의하였다. 남로당에서는 이주상·서득은 등이, 나머지 당에서는 성시백과 긴밀한 협조 아래 있던 최백근·강병찬 등 몇몇 실무자들이 평양에 먼저 올라와 협의했던 것이다. 남로당과 민주주의민족전선 산하 단체들은 남로당의 개성−금천루트를 사용키로 했으며 암호명은 이를테면 '속리산' '송악산'이라는 식으로 약정하였다. 근로인민당 등의 중간파 정당들은 일부는 개성루트를 사용하기도 했지만 대개는 의정부−연천 방면의 북로당이 사용하던 루트를 이용하도록 하였다. 일부 단체들은 양양−속초 방면으로 월경하도록 분산 조치하였다. 의정부 방면이나 동해안 방면에서는 암호를 '지리산' '한라산' '금강산' 등을 사용했으며 대개가 산이름을 딴 것이었다. 김구·김규식 등 거물 지도자들과 함께 38선을 넘는 인사들은 여현을 경유했고 암호 같은 것은 사전에 약정하지 않았다. 회의 참석자들이 38선을 넘으면 북측의 안내에 따라 자동차와 기차로 이동해 평양에 도착하였다.

김구, 반대 무릅쓰고 북행 결단

38선을 넘는 남측 인사들이 모두 별탈 없이 평양에 도착할 수 있었던 것은 아니다. 38선을 경비하던 소련군이나 보안대원들이 미군정 측이 파괴분자들을 잠입시킬지도 모른다는 것을 지나치게 우려하였던 것도 사실이다. 일부 파괴분자들이 연석회의 참가대표로 위장해 38선을 넘다가 적발된 사례가 있었다. 개성 쪽에서 3~4명이 침투하다 적발되었고 다른 곳에서도 한두 건의 파괴분자 적발사례가 나타났다. 아예 평양까지 잠입해 연석회의장에 들어가려다 잡힌 청년들도 몇 명 있었는데 이들 가운데는 수류탄과 흉기로 무장한 경우도 있었다.

그러다 보니 38선 경비와 남측 인사들의 안내를 맡았던 일부 실무자들이 극도로 긴장해 경직된 태도를 보였고 그 과정에서 연석회의 참가자들과의 마찰도 일부 있었다. 남측 인사들이 38선을 넘으면 암호와 신원 확인 등 약간의

심사가 진행되었는데 그 과정에서 경비 관계자들이 지나치게 꼬치꼬치 캐물어 기분이 상하는 일이 있었던 것이다. 남측 인사들의 불만이 제기됨에 따라 북로당 중앙이 이를 시정하도록 현장에 긴급지시를 내려보내기도 하였다.

김구는 4월 19일에 많은 사람들의 북행 반대를 무릅쓰고 북행 길에 올랐다. 경교장에는 그의 북행을 막으려는 인파가 운집했기 때문에 예정시간보다 훨씬 늦게 출발하게 된다. 나중에 엄항섭·안우생 등에게서 들은 바로는 김구 북행의 반대 인파들 중 일부는 미군정이나 이승만의 사주를 받은 단체의 군중들이었다고 한다. 김구 일행은 아침 9시에 출발하려다 지연되어 오후 2시쯤에야 경교장을 출발할 수 있었다. 북측에서는 이날 아침에 김구 일행이 서울을 출발할 것으로 알고 오후 2~3시에는 38선을 넘을 것으로 보고 준비하였다. 그런데 김구 일행은 나타나지 않았고 긴급히 확인해보니 경교장에 발이 묶여

1948년 4월 19일 남북연석회의에 참가차 북행하던 김구선생이 여현의 38선 푯말 앞에서 비서 선우진(왼쪽), 아들 김신(오른쪽에서 두 번째), 유중렬 기자와 함께 기념촬영을 하고 있다.

출발하지 못하고 있다는 소식이 날아들었다. 그래서 38선까지 마중 나갔던 영접팀과 차량이 38선 인근에서 기다리다가 평양으로 철수해버렸다.

이날 오후 2시쯤 서울을 출발한 김구 일행은 38선을 넘어 오후 7시쯤 여현에 도착하였다. 김구 일행이 38선을 넘었다는 긴급전문이 평양으로 날아들었고 영접팀은 차량을 갖고 다시 급히 여현으로 내려갔다. 그러다 보니 김구 일행은 여현에서 꼼짝없이 3시간쯤 발이 묶일 수밖에 없었다. 김구 일행은 이날 밤 10시쯤 평양에서 온 차를 타고 남천으로 갔고 남천의 여관에서 저녁식사를 하고 1박을 하게 된다. 김구 일행은 4월 20일 아침 9시쯤 남천을 떠나 사리원에서 점심식사를 하고 오후 4시 조금 넘어 평양에 도착하였다. 남북연석회의는 4월 19일 오후에 개회하고 20일 하루는 쉬었다가 21일부터 속개하기로 한 상황이었다. 북로당 대남연락부장 임해는 20일 새벽에 김구를 맞이하러 남천에 급히 내려갔었다. 이날 오후 남북연석회의 준비위원장 주영하가 김구 일행을 맞이하러 평양 교외까지 나가기도 하였다.

김구와 김일성의 첫 만남

20일 오후 4시 조금 넘어 평양에 도착한 김구 일행은 주영하 · 임해의 안내로 상수리초대소로 가 여장을 풀었다. 상수리초대소는 일제 때 조선인 대광산주였던 최아무개의 별장이었던 곳인데 당시 초대소로 사용하고 있었다. 김구 일행이 상수리초대소에 도착했다는 연락을 받은 김두봉이 초대소를 방문해 김구와 만나게 된다. 김일성도 김두봉과 함께 초대소를 방문할 계획이었으나 이 시간에 남북연석회의와 관련한 중요한 회의를 주재해야 할 사정이어서 일단 김두봉만 초대소로 찾아갔던 것이다. 김두봉은 김구에게 "김일성이 연석회의 준비관련 회의로 바빠서 초대소를 방문하지 못한 점을 양해해 달라"고 하였다. 그러자 김구가 "손님이 초대한 주인을 방문하는 것도 괜찮은 일이니 김일성이 있는 곳에 찾아가 인사를 나눠도 좋겠다"고 하였다. 이것은 김구의 단독 판단이라기보다 엄항섭 등 측근들이 김구에게 "남북연석회의에 참가하기 전에 김일성과 단독대좌를 먼저 갖는 게 좋겠다"는 조언을 했기 때문인 것으로 나중에 들었다. 그래서 김두봉은 김구를 북조선인민위원회 위원장 집무실로 안내하였다.

김구가 김일성의 집무실을 예방한 것은 거의 오후 6시가 다 되어서였다. 이 시간에는 북조선인민위원회 사무실에 김일성과 소련군사령관, 남로당 지도자 박헌영, 남북연석회의 준비위원장 주영하, 북로당 조직책임자 허가이 등이 모여 연석회의에 대한 마지막 점검을 하고 있을 때였다. 김구가 김일성을 예방하기 위해 북조선인민위원회로 온다는 연락을 받고 김일성은 임시회의를 서둘러 끝냈고 회의 참석자들은 서둘러 자리를 떴다. 김일성은 문밖에 나와 기다리다가 김두봉의 안내로 북조선인민위원회로 찾아온 김구를 맞이하였다.

김일성과 김구는 사무실에서 40~50 분 남짓 담화를 나누었다. 김일성은 김구에게 "민족의 앞날을 결정하는 구국대책을 논의하기 위해 38선을 넘어 평양까지 오신 노고에 대해 경의를 표한다"고 말문을 연 것으로 안다. 김일성은 김구에게 일제 때 임시정부활동을 통해 독립운동을 줄곧 해온 점에 경의를 표하였고, 특히 2월 10일에 김구가 발표한 성명 「3천만 동포에게 읍고함」을 몇 번이나 읽어보았다는 이야기도 하였다.

그리고 2월 16일의 남북협상 제의 서한과 특사를 평양에 보낸 용단에 대해서도 감사를 표시하였다. 김구는 김일성에게 자신이 남북협상에 참가하게 된 배경과 이남의 사정에 대해 여러 가지 말을 꺼냈다. 김구는 "38선을 베고 죽는 한이 있더라도 통일을 위해 마지막까지 노력하겠다"는 평소의 지론을 거듭 밝혔다고 한다. 김구는 또 "서로 선입관을 버리고 백지상태에서 허심탄회하게 통일정부를 수립할 수 있는 방안을 논의하자"고 했다고 한다. 두 사람의 담화가 끝난 뒤 김구는 김두봉의 안내로 다시 상수리초대소로 돌아갔다. 이날 자리가 김일성과 김구의 첫 대면이었다.

민족자주연맹의 지도급 인사들인 김규식 일행은 4월 21일 아침에 서울을 출발하였다. 김규식의 북행에는 김구의 북행 때와 같은 저지 인파들이 몰려들거나 하지 않았다. 오히려 100여명이 38선 계선에까지 따라와 환송하기까지 한 것으로 안다. 경찰차가 에스코트까지 했다고 하니 김구 일행의 북행 때와는 사뭇 다른 것이었다. 북로당은 나중에 이 사실을 접하고 미군정 측이 김구의 북행과 김규식의 북행을 달리 평가하고 있다는 판단을 내렸다.

김규식 일행이 38선을 넘은 것은 평양에서 둘째 날 회의가 열린 4월 21일 오후 1시가 넘은 때였기 때문에 영접팀은 김규식의 북행 가망성이 없는 줄로 생각해 대기시켰던 특별열차를 남천역으로 철수시켰다. 이 때문에 김규식 일행은 여현역에서 상당 시간을 대기하지 않을 수 없었다. 평양에서는 김규식 일행이 여현에 도착했다는 연락을 받고 급히 소련제 지프를 보냈고 이 지프가 도착해서야 일행은 남천역까지 갈 수 있었고 남천역에서 평양까지 특별열차를 이용하였다. 이들은 4월 22일 새벽 6시 조금 넘어 평양역에 도착하게 된다. 평양역에는 주영하·임해가 마중을 나갔고 일부 이남에서 먼저 올라온 민족자주연맹 관계자들도 평양역에 나갔다.

김규식·홍명희의 북행

김규식도 평양에 도착한 즉시 김구가 머물고 있는 상수리초대소로 안내되어 여장을 풀었다. 상수리초대소 2층에는 김구·김규식·홍명희·조완구가 들어 있었고, 1층에는 이들의 측근 비서인 엄항섭·김신·송남헌·권태양 등이 들었다. 김규식이 평양에 도착한 날에 남북연석회의는 3일째 회의를 진행하고 있었다. 이날 오전 회의에 참석했던 김일성과 김두봉이 오전 11시 조금 지나 상수리초대소에 찾아가 김규식을 예방하였다. 이들은 점심식사 전에 약 30분간 환담을 나누었다.

민주독립당의 홍명희는 자기 당이 속해있던 민족자주연맹의 지도자 김규식이 북행하도록 하기 위해 서울에 남아 있다가 4월 21일 김규식 일행의 출발과 함께 북행길에 오르게 된다. 이것은 홍명희가 김규식을 남북연석회의에 참석시키기 위해 마지막까지 노력했음을 뜻한다.

김구·김규식의 북행 과정에서 우여곡절이 없었던 것은 아니다. 당시에는 북로당의 정치연락원이나 김구·김규식측의 밀사가 활발히 남북을 왕래하긴 했지만 통신수단이 발달되지 않은 상황이었다. 북로당은 이들을 맞이하기 위해 치밀하게 준비했지만 김구·김규식의 북행 때 실수가 벌어지고 말았다.

앞에서도 지적한대로 김구는 4월 19일 밤중에 교통편이 마련될 때까지 여현에서 여러 시간 기다려야 하는 불편을 겪었다. 김규식 역시 4월 21일 밤에 교통편 때문에 여현에서 몇 시간을 기다려야 하였다. 월북한 다른 정당·단체 대표들은 38선을 넘어 남천에서 약간의 심사를 받은 뒤 북로당의 안내로 곧장 평양으로 갈 수 있었는데 오히려 연석회의의 주인공격인 김구·김규식이 38선 인근에서 몇 시간씩 기다려야 하는 실수가 벌어졌던 것이다. 이 일 때문에 평양시 철도국장 김회일과 사리원·남천의 철도 책임자들이 김일성에게 불려가 경위설명을 하고 호되게 비판받았다. 김일성과 김두봉은 교통편 착오로 김구·김규식 양 선생에게 폐를 끼친 점에 대해 정중히 사과했던 것으로 안다.

평양에서는 김구·김규식의 북행이 늦어지자 한때 남북연석회의 개최 일자를 늦추자는 의견도 제기되었다. 특히 김구가 4월 19일에 서울을 출발한다고 알려지자 김구의 참가가 중요한 만큼 2~3일 일정을 늦추자는 것이었다. 반면에 회의는 예정대로 진행하고 이들 지도자들이 북행하면 중간에 참가하도록 하면 된다는 의견도 만만치 않았다. 이남에서의 김구의 정치적 비중을 아는

남북협상을 위해 북행한 김규식 선생.

사람일수록 회의 일정을 늦추자는 쪽이었는데 백남운의 근로인민당 등이 이 입장을 취하였다. 의견이 분분한 가운데 "회의 일정은 가능하면 지키는 게 좋고 김구의 북행 자체는 연석회의 참가나 다름없는 성격도 갖는 만큼 꼭 첫날부터 참석해야 하는 것은 아니다"는 쪽으로 대세가 기울어졌다. 이는 남북연석회의가 몇몇 지도자에 좌우되는 인상을 빚어서는 안 된다는 원칙론이 우세했음을 뜻한다. 이에 따라 4월 19일에 예정대로 남북연석회의가 시작됐던 것이다. 다만 20일 하루는 휴회하고 21일부터 회의를 재개하기로 하였다.

김구·김규식이 평양에 도착함으로써 남북연석회의는 비로소 의미를 갖게 되었다고 할 수 있다. 그런 만큼 북로당은 마지막 순간까지 이들의 북행을 위해 노력했고 이들이 평양에 도착한 뒤에는 극진히 대접하였다. 김구·김규식이 참가하지 않는 남북연석회의는 남북의 좌익세력만의 연합집회라는 성격을 모면하기 어려웠기 때문이다.

때 아닌 벽보지우기 선풍

　　한편 남북연석회의를 앞두고 평양에서는 때 아닌 벽보지우기 선풍이 불었
는데 당시만 해도 반탁의 기치를 높이 든 김구를 비난하는 벽보가 평양 시내
곳곳에 나붙어 있었기 때문이다. 김구와 김규식이 1948년 2월에 남북협상 대
북제의 서한을 보내오고 김구의 단선반대 성명이 발표되자 북로당은 2월 중순
무렵부터 김구를 비난하는 모든 벽보를 제거하도록 지시하였다. 2월에 한차례
벽보지우기 소동을 벌인 뒤에 4월 들어 남북연석회의 일정을 앞두고 미처 지
우지 못한 김구 비난 벽보를 마저 없애고 "남북연석회의에 참가한 남쪽 대표들
을 환영한다"는 벽보를 새로 만들어 붙이는 소동이 있었다. 평양과 평안남도,

평안북도 신의주 남문에 설치된 선전구호들. 성문 왼쪽에 '반동파 김구·이승만을 타도하자'란 문구가 써 있다. 남북연석회의가 결정되
자 북한 당국은 각 지역, 공장 등에 써 있던 김구 선생 관련 비난문구들을 지웠다.

황해도에서 4월 첫째 주에 전 주민들이 벽보지우기와 새 벽보 만들기에 나섰던 것이다. 북로당 중앙은 4월 10일경 검열그루빠를 조직하여 최종 검열을 하도록 지시하였다. 검열그루빠는 38선에서부터 평양에 이르는 구간의 대로변을 철저히 검사하였다. 특히 여현-금천-사리원-평양에 이르는 구간은 대로변뿐 아니라 골목까지도 벽보상태를 모두 검열하였다.

이남 정당·단체 대표들의 북행 과정에서 빚어진 혼선도 적지 않았다. 이남에서 41개 정당·단체의 대표 420명쯤이 남북연석회의 참가를 위해 북행하였는데, 북로당 중앙의 지시를 받던 성시백선, 남로당·북로당의 연안파와 선을 대고 있던 근로인민당(이 중에서도 공산당 대회파 출신) 등이 제각기 나서 정당·단체들을 연석회의에 참가시키기 위해 백방으로 뛰는 과정에서 혼선이 빚어졌던 것이다. 북행루트 확보과정에서 혼선이 있었고 마치 영향력 쟁탈전 같은 분위기도 있었다. 북로당의 연안파 출신들이 북로당의 대남정치공작의 공식 라인인 성시백선과는 별도로 남조선신민당 출신들과 직접 선을 대고 움직임으로써 북로당의 대남활동에 혼선을 주었고 남로당과도 묘한 기류에 빠져들었다. 연안파 측의 명분은 이남에서 일부 기반을 갖고 있는 자신들이 나서면 이남 정당·단체들을 하나라도 더 연석회의에 참가시킬 수 있다는 것이었다.

38선을 넘는 북행루트와 약정된 암호 사용에서 혼선이 벌어진 웃지 못할 이야기도 많았다. 소수의 사례이기는 하지만, 이를테면 암호를 근민당과 성시백선 두 군데서 받은 뒤 38선 루트에서 다른 루트의 암호를 사용해 의심을 사 소련군이나 경비대에 붙들려 유치장에 갇힌 경우도 있었다. 이런 혼선은 일부 정치세력들이 남북연석회의에 참가한 정당·단체들이 자신의 세력권 안에 있다는 식으로 영향력을 과시하려는 데서 빚어진 것이었다고 할 수 있다.

평양에 도착한 이남 대표들이 4백명이 넘었기 때문에 김구·김규식 일행이 묵었던 상수리초대소 같은 특별초대소 2개 외에도 8개의 큰 여관들을 숙소로 사용하였다. 일반 이남 대표들을 8군데에 분산시켰던 것이다. 여관시설이 서로 차이가 났기 때문에 그 배정과정에서도 성시백선·남로당측·연안파측 등이 제각기 좋은 곳을 배정받으려고 애썼다. 이런 사정은 교통시설 이용에서도 마찬가지였다. 이런 실정이다 보니 연석회의 준비위원회의 실무자들이 애를 먹었다. 특히 준비위원회는 남로당 참석자들이야 같은 좌익이고 북로당과 같은 당이나 다름없다고 생각하여 이남의 중간파 내지 우익 정당·단체들의 대표들에게 더 예우를 갖추고 잘 대접하려고 하였다. 이것은 남북연석회의가 통일전선전략에 따른 것이었고, 따라서 중간파·우익과의 합작이 초미의 관심사였기 때문이었다. 그래서 종로여관·제일여관·중앙여관 등 비교적 좋은 여관들을 중간파·우익계 대표들에게 배정하였다.

남로당계나 민전 산하 대표들은 한 급 낮은 여관을 숙소로 배정하게 되었다. 이에 대해 남로당계나 민전 산하 대표들은 그들 자신이 "이남에서 지금까지 단선단정을 반대해 활발히 투쟁해왔는데 북측의 대접이 소홀하다"며 불만을 터트렸다. "서울에서 단선단정 반대투쟁에 참가하지도 않고 팔짱만 끼고 구경하다가 평양에서 연석회의가 열린다고 하니 따라나선 사람들에게 더 대접을 잘하면 어떻게 하느냐"는 것이었다. 남로당계나 민전 산하 대표들 가운데 일부가 이렇게 항의하는 바람에 소동이 일어나기도 했다. 공산당 대회파 출신들과 선이 닿아있던 북로당의 연안파 사람들은 이들대로 자기 사람들을 좋은 여관에 넣어달라고 요청함으로써 혼선을 더하였다. 이런 혼선의 밑바닥에는 자기 세를 과시하려는 의도가 깔려 있었다고 할 수 있다.

남로당의 정치위원들 대부분은 4월 13일까지는 입북하여 평양에 체류하고 있었다. 4월 16~17일 양일간 남북연석회의의 진행에 대한 최종 정리를 위해 북로당과 남로당의 연합정치위원회가 열렸고 17일 오후에는 남북조선 민전의 연합중앙위원회가 열렸다. 이 회의들에서는 연석회의를 성과적으로 진행하기 위한 구체적인 절차를 논의하였다. 예를 들어 회의의 일정, 사회자, 주석단 구성, 보고자 및 토론자 선정, 축사, 각종 결정서문제 등이 토의되었다. 특히 보고자 선정과 관련하여 '남조선 정세보고'를 박헌영이 혼자 할 것인지 백남운도 하도록 할 것인지가 초점이었다. 남로당은 박헌영만 보고할 자격이 있다는 주장을 폈고 북로당은 남북연석회의에 남조선의 정당·단체들이 많이 참석한 배후에서 근로인민당이 큰 역할을 한 만큼 근민당의 백남운도 '남조선 정세보고'를 하도록 기회를 줘야 한다는 입장을 취하였다. 토론자의 선정과정에서도 균형이 필요하였는데 남로당은 자기 쪽에서 토론자를 많이 내려고 하여 약간의 논란이 있었고 결국은 균형을 취하는 쪽으로 매듭지어졌다.

남북연석회의 장소로 사용된 모란봉극장은 1947년 여름에 개관했으며 1천2백여 명을 수용할 수 있는 규모였다. 연석회의에 참가할 대표는 6백여명을 조금 넘는 정도였으므로 빈 좌석을 메우는 방청객 6백명쯤을 동원할 필요가 있었다. 남로당은 강동정치학원에 와있던 4백여 명의 학생들을 모두 방청객으로 참석시키겠다고 제안했지만 북로당의 주장대로 1백명 정도만 참석시키고 나머지는 이북의 정당·단체 사람들로 채우기로 하였다. 남로당의 박승원은 방청객으로 참석하는 강동정치학원 학생들에게 박헌영이 연설할 때 일어서서 기립박수를 칠 것과 '박헌영동지 만세!'를 외치라고 했다고 나중에 들었다. 남로당은 남북연석회의장을 자신의 세를 과시하는 자리로 활용하려고 했던 것이다.

그리고 참가 정당·단체들의 좌석배정 문제도 쉬운 일이 아니었다. 나중에 연석회의를 시작할 때 북조선인민위원회 선전부장 허정숙이 회의장 질서에 대해 언급하면서 박수는 치더라도 특정 지도자에 대해 '만세!'를 외치는 일은 삼가 달라고 특별히 강조하기도 하였다. 남북연석회의를 둘러싸고 물 밑에서 남로당과 북로당의 갈등이 있었고, 특히 남로당이 자신의 세를 과시하려고 백방으로 노력했으며 적잖이 독선적으로 행동하였다.

　남로당의 이러한 행동이 적나라하게 드러난 것은 남북연석회의를 하루 앞
두고 열린 4월 19일 오전의 예비회의 자리에서였다. 예비회의에는 연석회의에
참가하는 각 정당·단체 대표들이 1~2명씩 참석했는데 남로당에서는 이주
상·박승원 등이 참가하였다. 이들은 북로당과 북조선민전에서 구성한 연석회
의 준비위원회까지 무시하고 독단적으로 행동하려고 하였다. 남로당의 이 같은
행동의 밑바닥에는 연석회의가 '남조선 대표들의 참가'로 성립될 수 있었고,
그 배경에는 남로당의 주도적인 노력이 있었다는 자신감이 깔려 있었다. 남로
당은 이남의 다른 정당·단체들을 들러리 정도로 폄하하는 분위기를 보였다.

(9) 남북연석회의 진행과정

　북로당은 4월 19일의 연석회의 개최를 앞두고 이남의 정당·단체들과의
예비접촉을 가졌다. 4월 16~17일의 남북노동당 연합정치위원회, 17일 오후의
남북민전 연합중앙위원회 등 남북의 좌익정당과 통일전선체 조직의 합동모임
이 우선 있었다. 그리고 연석회의를 하루 앞둔 4월 18일에는 북로당의 대남부
문 관계자들이 근민당·민주독립당·인민공화당·사회민주당 등 중간파 정당
들의 대표 인사들과 사전모임을 갖고 연석회의의 진행에 대한 의견을 교환하
였다.

　이어서 4월 19일 오전 11시에는 공식적으로 남북조선 정당사회단체대표자
연석회의 예비회의가 소집되었다. 예비회의는 평양시 인민위원회 회의실에서
열렸는데 각 정당·단체들의 연석회의 대표자 5백여명이 참가하였다. 한독당
의 김구 일행이나 민족자주연맹의 김규식 일행이 평양에 도착하지는 않았지만
연석회의를 더 미룰 수 없다는 판단에서 예비회의를 열게 된 것이다.

예비회담 개최

이날 예비회의가 오전 11시가 되어서야 소집됐던 것은 이남에서 올라온 정당·단체들의 일각에서 김구·김규식측이 연석회의 참가 차 서울을 떠났다는 보도가 있을 때까지 기다리자는 입장을 폈기 때문이었다. 예비회의에 한독당과 민족자주연맹측이 공식으로 참가하지는 않은 상태였지만 이미 평양에 들어와 있던 일부 대표자들은 예비회의에 참가하였다. 예비회의에서 김두봉이 사회를 보았는데 주로 회의 일정, 주석단 선정문제, 토론자와 축하단 문제, 회의 진행 절차 방법 등에 대해 의견을 나누었다. 북로당은 당초 예비회의가 2시간 남짓이면 끝날 것으로 예상하고 준비했었는데 대표자들의 의견이 분분하여 오후 4시까지 계속되었다. 예비회의에서의 진통은 이남에서 참가한 일부 정당·단체들이 몇 가지 사안에 대한 북측 준비위원회의 사전결정에 이의를 제기했기 때문이었다.

약간의 진통은 있었으나 4월 19일 오후 6시부터 모란봉극장에서 연석회의 본회의를 개최키로 하였다. 이날 늦은 시간에 본회의를 시작한 것은 예비회의가 길어진 탓도 있었지만 한편으론 김구 일행이 이날 오후 2시쯤 서울을 출발했다는 연락을 받은 사정도 작용하였다. 당시 성시백 조직이 이남의 긴급 정치 사정에 대해선 수시로 무전으로 북로당에 보고할 때였기 때문에 이때도 무전 연락을 받고 김구 일행이 서울을 출발했다는 것을 알았다.

연석회의 본회의 첫날은 김일성의 사회 하에 개회선언(김월송 노인)이 있었고 28명의 주석단을 선출하였다. 주석단에는 연석회의에 참가한 정당·단체들의 대표급 인사들 28명이 선출되었는데 3일째 회의가 열린 4월 22일에 뒤늦게 참가한 김구·조소앙·조완구·홍명희 등 4명을 주석단에 보선함에 따라 주석단은 32명이 되었다. 먼저 선출된 28명 가운데는 김일성·김두봉·박헌영·허헌·최용건·김달현·백남운·김원봉·여운홍 등이 포함되었다.

주석단 선거에 이어 대표자자격심사위원회, 회의서기부, 문헌편찬위원회 등의 선거와 구성이 있었다. 문헌편찬위원회와 관련하여 사실 북로당의 연석회의 준비위원회에 문헌작성그루빠가 구성되어 이미 사전준비를 했지만 문헌편찬위원회를 공식기구로 구성했던 것이다. 대표자자격심사위원회의 책임자는 연석회의 준비위원장 주영하가 맡았고, 서기부 책임자는 북로당 대남연락부 부부장 고혁과 북조선인민위원회 선전부장 허정숙이 맡았다. 문헌편찬위원에는 주영하·김책·박헌영·허헌 등 각 정당의 책임자급 인사들이 뽑혔다.

이 선거에 이어 각 정당·단체 대표들의 축사가 있었다. 북조선로동당의 김두봉, 남조선로동당의 허헌, 북조선민주당의 최용건, 근로인민당의 백남운, 북조선천도교청우당의 김달현, 인민공화당의 김원봉, 남조선민주여성동맹의 유영준 등이 축사를 하였다. 축사에 이어 연석회의에 답지해온 축문(12,311통)과 축전(43,213통)이 소개되었다. 물론 몇 개의 샘플만 낭독하는 식이었다. 이 축문과 축전은 이북 전역의 정권기관, 정당, 기업소, 농촌, 개별인사들로부터 온 것이었다. 연석회의의 제1일 일정은 이것으로 마쳤고, 연석회의 대표자들은 그 자리에서 북조선 교향악단, 합창단, 최승희무용연구소의 축하공연을 관람하였다. 이날 대표자들은 거의 10시 무렵에야 숙소로 돌아가 저녁식사를 하였다.

우여곡절 끝에 연석회의 개회

남북연석회의 제2일 회의는 4월 21일 오전 11시에 시작되었다. 연석회의 일정에서 4월 20일 하루를 휴회한 것은 한독당과 민족자주연맹이 연석회의에 참가할 수 있도록 하기 위한 조치였다. 제2일 회의에서는 남로당 위원장 허헌이 사회를 보았다. 먼저 북조선 노동자대표단의 축하연설이 있었다. 축하연설을 위해 수십 명의 남녀 노동자들이 플래카드를 들고 입장하였고 축사는 당시 황해제철소의 직장장이던 노동자(홍석려)가 하였다. 곧 이어 주영하가 대표자자격심사위원회의 보고를 하였다. 남북의 46개 정당·단체들의 대표 5백 45명이 참가한 것으로 보고되었다. 그러나 4월 20일 이후에 평양에 도착해 회의에 참가한 대표자들까지 합하면 56개 정당·단체의 6백 95명이 참가한 것이 된다.

대표자자격심사위원회의 보고가 있은 뒤 남북연석회의의 기본의제인 남북에 조성된 정세에 대한 보고가 있었다. 김일성이 먼저 「북조선 정치정세 보고」를 하였고 이어 백남운과 박헌영이 「남조선 정치정세 보고」를 하였다. 홍명희가 남북연석회의 개최 전에 평양에 도착했더라면 그도 남조선정세보고에 나서도록 했을 것이다. 홍명희는 민족자주연맹의 김규식 일행의 북행을 위해 마지막까지 서울에서 노력하다보니 제3일 회의가 열린 4월 22일에야 회의장에 참가할 수 있었다. 「북조선 정치정세 보고」에서는 주로 민주개혁과 인민정권 창출의 기반 확립에 관한 것이 주를 이루었다. 박헌영과 백남운의 정세보고는 대동소이한 것이었다. 유엔 결정과 관련해 미국을 비난하고 단선단정에 반대한다는 입장을 천명한 것이었다. 김일성의 보고와 백남운의 보고가 있은 뒤에 점심식사를 하고 그 뒤 회의를 속개하여 박헌영의 보고가 진행되었다. 그리고 북조선 농민대표의 축사가 이어졌다. 축사에 이어 남북을 망라해 13명으로 이뤄진 정치정세에 관한 결정서 초안작성위원회를 선거하였다. 초안작성위원에는 주영하·김책·박헌영·허헌·백남운·여운홍 등이 선출되었다.

이어서 남북의 정치정세 보고에 대한 토론이 진행되었다. 토론은 보고를 전폭적으로 지지하는 형상이었다. 이날 토론에 북로당·남조선민주애국청년동맹·북조선천도교청우당·남로당·북조선민주여성동맹·북조선민주당 등 6명의 대표들이 발언에 나섰던 것으로 안다. 나머지 토론은 다음날 회의로 넘기기로 하고 제2일 회의를 마친다.

7시 무렵 회의 일정을 마치고 곧바로 북조선인민예술단이 준비한 연극 〈이순신장군〉을 관람했다. 이 날도 연석회의 대표자들은 거의 10시쯤에야 숙소로 돌아가 저녁식사를 하였다. 연극공연은 이남 대표자들로부터 큰 호평을 받았다. 〈이순신장군〉을 통해 선보인 이북의 민족예술 열의가 모두에게 감명을 준 것으로 보인다. 이남 대표자들은 "북조선의 예술이 소련식으로 '붉은 냄새'가 풀풀 날 것으로 생각했다가 합창 무용공연 뿐 아니라 〈이순신장군〉을 보고 그게 기우라는 것을 알게 됐다"고 말할 정도였다. 더군다나 연극의 주요 배역이 모두 해방 후 서울에서 평양으로 올라온 사람들이었으니 남측 대표자들의 감회가 새로웠다고 할 수 있다.

제3일 회의는 4월 22일 오전 10시 반쯤 열렸다. 이날 회의는 근로인민당의 백남운의 사회로 진행되었다. 회의 벽두에 민주청년동맹의 청년대표들이 플래카드를 들고 입장했고, 대표가 축하연설을 하는 것으로 회의가 시작되었다. 그리고 전날 회의에 이어 남북 정치정세 보고에 대한 토론을 속개하였다. 이날 토론은 근로인민당으로 시작해서 인민공화당·북조선문학예술총연맹·전평 대표로 이어졌다.

"김구선생 일행이 회의장에 도착했다"

그러던 중 사회를 보던 백남운이 토론을 중단시키고 "김구선생 일행이 회의장에 도착했다"고 밝히자 장내의 대표자들이 모두 일어나 떠나갈 듯한 환영의 박수를 보냈다. 김구·조소앙·조완구·엄항섭(한독당)·홍명희(민주독립당)·원세훈·김붕준·최동오·윤기섭·신숙·송남헌(민족자주연맹) 등이 우레 같은 박수를 받으며 입장하였다. 백남운은 "집행부의 위임에 따라 김구·조소앙·조완구·홍명희 네 분을 주석단에 추대할 것을 제의한다"고 말하였고, 이에 대표자들이 열렬한 박수로 이를 승인하였다. 그래서 네 사람이 주석단으로 올라와 단상에 자리를 잡았다.

그리고 김구·조소앙·홍명희의 연석회의 축하인사가 이어졌다. 김구는 "조국이 분열될 위기에 직면해있는 엄혹한 시기에 남북의 열렬한 애국적 인사들과 정당대표들이 이 자리에 모여 앉아서 조국의 자주적 통일독립을 쟁취하려는 계획을 짜는 것은 큰 의의가 있다. 조국이 없으면 민족도 없고 민족이 없으면 무슨 정당, 주의가 무슨 소용이 있겠는가. 그러므로 현 단계에서는 우리 전 민족의 과업이 통일독립을 쟁취하는 것이다. 통일독립의 최대 장애는 어느 한쪽이라도 단독선거를 실시하는 것이다. 따라서 우리의 최대 투쟁목표는 어느 쪽이든 단선단정을 막는 일이다"는 취지의 발언을 하였다. 김구의 축하연설 도중에 박수가 여러 차례 터져 나왔다.

다음으로 홍명희는 "회의 참가가 늦어진데 대해 미안하다. 오늘날 우리가

남북협상을 위해 북행한 김구 선생이 1948년 4월 22일 김일성의 안내로 남북연석회의장으로 입장하고 있다.

나갈 길은 민족자결주의에 입각한 민족자주적인 통일독립을 실현하는 것이다. 김구 선생의 축사를 전폭적으로 지지하고 경의를 표한다"는 발언을 하였다. 조소앙은 "승리를 확신한다. 다같이 단선단정을 반대하고 통일독립을 쟁취하는데 매진하자"는 요지의 발언을 하였다. 이어서 이남의 민중동맹 대표의 토론이 있은 뒤 일단 휴회에 들어가게 된다.

이 같은 진행으로 오전 회의가 길어져 오후 2시쯤에 휴회에 들어가 점심식사를 한 뒤 오후 4시가 훨씬 넘어 오후 회의가 속개되었다. 회의가 재개되자 이극로가 인사말을 하고 혁명자유가족학원 학생축하단의 축하연설이 있었다. 이극로는 인사말에서 "남북의 제정당 사회단체 대표들이 한자리에 모여 앉아 국사를 논의하는 이 같은 자리에 내가 참석하게 된 것을 큰 영광으로 안다. 자주독립을 위해 매진하자"고 말한 뒤 '절세의 애국자 김일성장군 만세!'를 외쳐 참석자들의 박수를 받았다. 이날 주목을 끈 행사는 만경대혁명자유가족학원 학생축하단의 연설이었는데 50여명의 학생들이 나와 연창 형식으로 연설을 해 큰 호응을 받았다. 이어서 정치정세에 관한 결정서 초안작성위원회 위원으로 홍명희와 엄항섭을 보선하였다. 그리고 마지막으로 남조선민주여성동맹·남조선기독교민주동맹·북조선민주청년동맹·사회민주당·한국독립당·북조선불교연합회·북조선직업총동맹·신진당·남조선유교연맹 대표들의 토론이 이어졌다.

이로써 4월 22일의 제3일 회의는 막을 내리고 이어서 역시 축하공연이 벌어졌다. 이날 공연은 이색적으로 평양방직공장·평양제사공장·곡산공장 노동자서클의 노래와 춤을 곁들인 연합공연이었다. 이남 좌익출신 대표자들은 노동자서클의 공연을 처음 접했기 때문에 감탄을 하였다. 공연의 수준에서도 손색이 없어 이남 대표자들을 놀라게 했던 것으로 기억한다. 이 날도 본회의가 7시 약간 지나 끝난 데다가 공연이 이어져 대표자들이 숙소로 돌아가 식사를 한 시간은 저녁 9시를 훨씬 지나서였다.

김구는 4시 이후에 속개된 오후 회의에는 참가하지 않았지만 오전 회의 중간에 참석하여 축사를 함으로써 열렬한 호응을 얻었다. 북로당 지도부는 김구에게 워낙 관심이 높았던 터에 축사 내용도 고무적인 것으로 평가하였다.

이에 비해 김규식은 건강이 좋지 않았고 이를 이유로 연석회의장에 참석치 않았다. 북로당 지도부는 김규식의 행동을 두고 몸이 좋지 않은 것은 인정되지만 회의장에 참석하지 않은 것에는 고의성이 있다고 보았다. 북로당과 선이 닿아 있던 김규식의 일부 측근은 그에게 연석회의에 참가하도록 권유했지만 그는 참석치 않기로 결정을 내렸던 것이다. 김규식은 연석회의가 당초 자신이 주장하던 남북요인회담이 아니라 북에서 차려놓은 '잔치'에 불과하다고 판단해 불참했던 것이 분명하다. 북로당은 김규식이 연석회의에 의미를 부여하지 않

남북협상을 위해 북행한 김구 선생이 1948년 4월 22일 모란봉극장에서 열린 남북연석회의에서 연설하고 있다.

고 남북요인회담을 희망한다는 것을 알았다. 다만 김규식이 너무 미국을 의식하면서 행동하는 것이 아닌가 하고 의심하기도 하였다.

제4일 회의는 4월 23일에 열렸고 인민공화당의 김원봉이 사회를 보았다. 이날 회의는 북조선여성대표의 축사로 시작하였다. 이어 홍명희가 '전조선 정치정세에 관한 결정서' 초안을 낭독하였고 이를 만장일치로 통과시켰다. 이 결정서는 결정서 초안작성위원회측에서 마련한 것이었다. 실무자로 참가한 사람은 북로당의 고혁·기석복, 남로당의 조일명·박승원, 사회민주당의 여운홍, 민족자주연맹의 권태양, 한독당의 엄항섭 등이었고, 고혁과 기석복이 초안을 준비했었다. 결정서 초안 작성과정에서 논란이 전혀 없었던 것은 아니다.

일례로 "조국분열과 외국에의 종속에 앞장서는 남조선 내의 민족반역자" 란 대목이었다. "민족반역자가 남조선에만 있고 북조선에는 없다고 못박을 수 있겠는가" 하는 게 남측 인사들의 문제제기였다. 이것은 이북에서 친소적인 단독정부가 수립되는 것을 경계한 것이었다고 할 수 있다.

결정서와 호소문 발표

결정서에는 조선문제가 유엔에서 조선인의 의사와 관계없이 불법적으로 결정됐다는 것, 유엔에서 결정한 남조선만의 단독선거 실시와 단독정부 수립은 한민족의 자주적 통일정부수립 의사에 배치된다는 것, 남북 전체의 정당·단체들은 미국의 단선단정 기도를 용인하지 않고 외국군대를 철거시키고 통일독립을 쟁취하기 위해 투쟁한다는 것 등을 담았다. '전조선 정치정세에 관한 결정서' 채택에 이어 이날 회의에서는 남북조선제정당사회단체대표자연석회의 이름으로 '전조선 동포에게 격함'이라는 호소문을 채택하고 이를 이극로가 낭독하였다. 연석회의에 참가한 남북의 56개 정당·단체 대표자들이 호소문에 서명하는 것으로 제4일 회의는 끝났다.

4월 24일 하루는 휴회한 데 이어 4월 25일 오전 11시에 평양시 인민위원회 광장(현재의 김일성광장)에서 연석회의 경축 평양시민대회가 열렸다. 이날 오후 4시에는 시인민위원회 회의실에서 북조선인민위원장이 주최한 경축연회가 열렸다. 평양시민대회는 30만명 이상의 군중이 운집한 대규모행사였다. 시민대회에서는 연석회의에서 채택된 '전조선동포에게 격함'이라는 호소문이 전달되었다. 이어서 북조선민전 대표 자격으로 최용건이 축사를 하였으며 남측에서는 박헌영·홍명희·이영 등이 축하연설을 하였다. 그런 뒤에 연석회의 지지 평양시민대회 결정서가 채택되어 낭독되었다. 그리고 참가군중의 시가행진이 이어졌다.

연석회의에 참가한 대표자들은 모두 주석단에서 평양시민대회를 지켜보았다. 행사는 시가행진까지 포함해 거의 3시간 가량 진행되었다. 시가행진에 등장한 플래카드에는 "우리 민족의 영명한 지도자 김일성장군 만세!" "남북연석회의 결정을 지지한다!" "5.10 단선을 파탄시키자!" "통일적 민주주의조선 완전독립을 이루자!"는 등의 내용이 담겨 있었다. 김일성이 주최한 경축연회는 당시 이북 형편으로선 최대로 연회였다. 김구와 김규식도 평양시민대회와 경축연회에 참석하였다. 김일성과 김구, 김두봉과 김규식이 헤드 테이블에 나란히 자리잡았다. 경축연회에서 김일성과 김두봉은 38선을 넘는 어려움을 마다하지 않고 연석회의에 참가한 남측 대표들의 노고에 경의를 표하는 축하연설을 하였다. 이에 대해 김구·김규식·조소앙 등의 답사발언이 있었다. 김일성의 초대연은 거의 7시 무렵까지 계속되었고 공연도 진행되었다.

평양시민대회와 관련하여 이 행사에 참석했던 김구가 기자들과 나눈 이야기가 북로당 지도부내에서 논란을 일으킨 일이 있다. 북로당은 김구·김규식·조소앙 등 거물 정치인들이 연석회의 행사와 북측의 태도에 대해 어떻게 생각하는지에 촉각을 세우고 여론 수집을 하고 있었다. 이 과정에서 성시백이 중요한 역할을 했는데 그가 김구측의 안우생이나 김규식측의 권태양, 조소앙 측의 김흥곤 등과 긴밀한 관계를 갖고 있었기 때문이다.

아무튼 김구는 30만명이 넘는 군중이 운집하여 질서정연하게 시민대회를 진행한 데 감탄했다고 하면서, 다만 시민대회에서 스탈린의 초상을 들고 행진한 데에는 불만을 표시하였다는 것이다. 김구는 기자들에게 "서울에서 시민대회를 하면서 미국대통령 트루만의 초상을 들고 행진하는 일은 없는데 평양에선 어째서 스탈린의 초상을 들고 '만세'를 외치며 행진하는가. 친소적인 인상이 들어 기분이 언짢다"고 지적하였다.

북로당 중앙에 이 보고가 들어오자 대개는 김구의 자주독립 주장을 이해하고 그저 듣고 넘어가려 했지만 허가이를 비롯한 소련파가 발끈하였다. 이들은 "김구의 반소분자적 행동이 문제"라고 지적했으나 소련파를 제외한 당 중앙의 지도적 간부들은 "김구가 민족자주를 강조하는 민족주의 지도자인만큼 그의 태도를 이해해야 한다. 만일 그의 태도를 문제삼으면 남북합작에 의한 연석회의 자체에 차질을 초래할지 모른다"는 입장을 밝히면서 무마되었다. 사실 소련파의 생각대로 김구의 태도를 문제삼았더라면 갈등이 빚어졌을지도 모르는 일이었다. 북로당의 남측 인사들에 대한 여론수집 과정이 지나쳐 일부 반발을 사기도 하였다. 남측 인사들의 일거수일투족을 감시하는 것으로 비쳐졌기 때문이다.

4월 24일 연석회의가 휴회한 날, 김구와 안신호의 뜻 깊은 상봉이 있었다 (북측의 기록에 따르면 김구와 안신호가 만난 것은 4월 21일이다). 김구의 옛 약혼녀였던 안창호의 누이동생 안신호가 상수리초대소를 방문해 접견실에서 김구를 만났다. 안신호는 당시 북조선민주여성동맹 남포시위원회 위원장 겸 중앙여맹 부위원장이었고 그녀의 맏아들 김아무개는 남포시 인민위원회 서기장이었다. 24일 오전 11시경 안신호는 맏아들과 함께 김구의 숙소를 찾았다. 김구와 안신호는 이날 점심을 함께 하면서 이야기꽃을 피웠다. 자리를 파하면서 김구가 평양나들이 할 때 안신호가 동행하기로 약속했던 것으로 안다.

남북연석회의 제5일 회의는 4월 26일에 속개되었고 홍명희가 사회를 보았다. 이 날은 5.10 단선에 대한 투쟁을 결의하는 순서로 회의를 시작하였다. 남로당 위원장 허헌이 「남조선단독선거와 단독정부 수립에 대한 반대투쟁대책」이라는 보고를 하였다. 투쟁대책보고는 연석회의에 참가한 정당 단체들의 일치된 결의로 남조선의 5·10단선과 단정수립을 반대하는 전민족적 투쟁을 전개하고 이를 위해 투쟁위원회 조직을 만든다는 것, 전조선 인민에게 남조선 단선을 반대하고 보이콧하도록 호소문을 발표하는 등 각종 형태의 투쟁을 모색한다는 것, 미·소 양군의 철수와 자주적 통일정부 수립을 위해 양국 정부에 요청서를 보낸다는 것 등을 담고 있었다. 이 자리에서 보고 및 토의를 거쳐 '남조선단독선거반대투쟁전국위원회'를 조직하였다.

토의 과정에서 이견은 별반 없었으나 일각에서 "미국이 남조선을 식민지화하려 한다"는 식의 노골적인 표현을 써가면서 연석회의가 미국을 겨냥한 듯한 인상을 줄 필요가 있는가에 의문을 제기하기는 하였다. 단선반대투쟁전국위원회 위원장은 남로당 위원장 허헌이 맡기로 하였고, 부위원장과 위원으로 백남운, 엄항섭 등 연석회의에 참가한 정당·단체들의 지도적 인사들 50여 명을 구성하였다.

미·소 양군 철수 주장하는 요청서 채택

그리고 제5일 회의에서는 미국과 소련 군대의 철수를 주장하는 메시지(요청서)를 채택하였다. 김책이 메시지를 낭독한 뒤 이것을 전달할 방도를 결정하였다. 미국과 소련에 보내는 요청서와 관련하여 여운홍·엄항섭·홍명희 등이 '미 제국주의의 남조선식민지화 기도' 운운하는 노골적인 표현은 미국을 지나치게 자극할 수 있다고 문제를 삼으면서 박헌영 측의 입장에 이의를 제기하였다. 이들은 미국과 소련에 보내는 요청서에는 어디까지나 단선을 반대하고 양군의 '동시철수'를 주장하는 내용을 담으면 된다는 입장이었다. 결국은 북로당 지도부가 이를 받아들여 '미국의 식민지화 기도' 운운을 비롯한 미국에 대한 일방적 비난조는 수정되었고 '미·소 양군 동시철거' 요구 형태의 요청서가 마련되었다.

미국정부에 보내는 요청서는 서울 주둔 미군사령관에게, 소련정부에 보내는 요청서는 평양 주둔 소련군사령관에게 각각 전달키로 하고 미국 측에 전달하기 위해 사회민주당의 여운홍을 비롯해 근로인민당 기관지의 기자 김원일, 남로당의 서아무개 등 3명을 요청서 전달대표로 결정하였다. 이들 전달 대표는 4월 27일 특별열차 편으로 평양을 출발하여 28일에 미군사령관에게 요청서를 전달하기로 결정하였다.

4월 27일 오전 11시쯤 여운홍 등 전달대표 3인이 평양을 출발할 때 김두봉, 박헌영 등 남북의 정당·단체 대표들 일부가 평양역에 배웅을 나가기도 했다. 전달대표들은 이날 오후 서울역에 도착하는 즉시 미군사령부로 가 하지 중장에게 이 요청서를 전달한 것으로 안다. 소련 측에 전달하는 요청서는 주영하가 4월 27일에 소련군사령부를 방문해 전달하기로 했다. 이렇게 하여 남북연석회의의 주요 일정은 모두 끝나게 된다. 회의를 종료하기에 앞서 김일성·박헌영·백남운·홍명희가 나서 회의 마무리 발언을 하였다. 김일성은 결론 발언에서 김구의 회의 참가와 한독당의 적극적인 활동을 높이 평가하였다. 이날 오후 2시쯤 애국가 선창과 김두봉의 만세삼창으로 남북연석회의의 공식일정은 모두 끝나게 된다.

그리고 연석회의가 끝난 며칠 뒤에 투쟁전국위원회가 별도의 회의를 열어 연락통신부·투쟁지도부·교섭부 등의 기구를 설립하고 위원회 본부를 해주에 두기로 결정하였다. 서울에는 현지투쟁 중앙지도부를 두기로 했는데 이승엽이 그 책임자로 임명되었다. 지방의 각 도·군의 투쟁위원회 책임자는 남로당의 도당·군당 책임자가 맡기로 하였다. 참고로 일각에서는 남북연석회의의 일정이 4월 23일에 끝났다고 설명하기도 하지만 이것은 사실과 다르다. 연석회의의 기본토의는 23일로 대체로 매듭지어졌지만 미국과 소련에 보내는 요청서와 5·10단선 반대투쟁대책과 그 투쟁조직을 만든 것은 26일이었고, 따라서 연석회의 일정은 이날까지로 보아야 한다.

남북연석회의에 참가한 남측 대표자들 사이에 좌우익간의 반목과 앙금이 남아 회의장 밖에서 문제점을 노출하기도 하였다. 특히 남로당측 대표자들과 한독당·민족자주연맹측 대표자들 간에 일부 논쟁과 마찰이 있었다. 남로당의 한 간부가 사회민주당의 조 아무개 대표에게 "사회민주당의 위원장 여운홍은 미국의 첩자"라고 말하면서 서로 싸워 병원 신세를 지는 추태도 있었던 것으로 기억한다. 남로당 측의 일부 젊은 대표들 가운데 공식일정을 빠뜨리거나 저녁이나 휴식시간을 이용해 신창리시장이나 가루개시장까지 가 술추렴을 하는 일도 있었다. 당시만 해도 가루개시장 같은 곳은 서울의 시장들과 다를 바 없을 때였다.

남북연석회의의 막후에서는 서울에서 올라온 성시백선의 남측 인사들이 활발하게 움직였다. 이들은 연락 및 조정 업무를 뒤에서 도맡았다. 한독당의 안우생, 민족자주연맹의 박건웅·권태양, 근로인민당의 최백근, 그리고 민주독립당의 강병찬 등이 이들이다. 한독당의 엄항섭이나 사회민주당의 여운홍 같은 인사들도 연석회의가 성과적으로 진행되는데 크게 기여하였다. 북로당의 주영하와 임해는 조소앙·엄항섭·윤기섭·홍명희·김원봉·김붕준·원세훈 등과 막후에서 활발한 개별접촉을 가졌다.

개별접촉은 연석회의를 성과적으로 진행하기 위한 것이었다. 그 방향은 두 갈래였다. 하나는 남조선 단독선거를 막기 위해 공동전선을 이루어 투쟁하는 것이었고, 다른 하나는 미·소 양군의 철수와 그 뒤의 조선문제의 자주적 해결을 위해 공동으로 투쟁하는 것이었다. 따라서 연석회의에서 채택된 결정서, 호소문, 대책자료, 미·소에 보내는 요청서 등에는 이러한 취지가 그대로 반영되었다. 북로당이 남측 인사들과의 막후 접촉에 공을 들인 것도 이러한 공동전선·공동보조를 위해서였다. 북로당 지도부는 연석회의를 성과 있게 진행하기 위해 이 기간에 몇 차례 당 정치위원회를 열어 중간평가를 하기도 하였다. 이 회의에는 북로당 지도자들 뿐 아니라 박헌영·허헌을 비롯한 남로당 지도부 인사들도 참석하였다.

(10) 남북지도자협의회

남북연석회의에 이어 미국과 소련 군대의 철수 이후의 자주적 통일정부 수립문제를 논의하기 위해 지도급인사 15인이 참가한 남북조선정당사회단체지도자협의회가 1948년 4월 24일부터 30일까지 열렸다. 연석회의에서는 단선반대투쟁과 양군철수 요구투쟁을 결의한 만큼 이어서 통일정부 수립방도를 논의하는 자리가 필요했기 때문이다. 지도자협의회에서는 자주적 통일정부 수립투쟁에 관한 합의에 도달해 이를 공동성명으로 발표하게 된다. 이 공동성명은 연석회의에 참가한 정당·단체들의 공동투쟁 강령의 성격을 갖는다고 할 수 있다.

지도자협의회에는 남측의 김구·김규식·홍명희·조소앙·조완구·최동오·이극로·엄항섭 등과 남측 좌익진영의 박헌영·허헌·백남운 등, 그리고 북측의 김일성·김두봉·최용건·주영하 등 15명이 참석하였다. 이들 15인은 통일정부 수립을 위한 방도를 공동으로 협의하였고 그 결과를 공동성명서로 발표하였다. 연석회의에 참가한 56개 정당·단체들이 모두 이 공동성명서의 서명에 참가하였다.

지도자협의회의 개최는 4월 20일 북로당 정치위원회의 사전 결정에 따른 것이었다. 특히 북로당 정치위원회가 4월 24일의 연석회의 중간평가에서 "지도자협의회가 필요하다"는 결정을 내렸다.

지도자협의회 즉 남북요인회담이 열린 4월 24일부터 30일까지 남북의 고위급 지도자들 사이에는 여러 가지 형태의 접촉과 회담이 진행되었다. 15인 회담 외에도 26일과 30일에 김일성·김두봉·김구·김규식 간의 4김 회담도 열렸고, 김일성과 김구의 개별회담, 김두봉과 김규식의 개별회담이 열리기도 하였다. 어떤 의미에서 보면 남북연석회의 보다도 이 기간에 열린 남북요인회담이 정치적인 면에서 더 중요했다고 볼 수도 있다. 연석회의가 사전준비에 따라 진행한 형식적인 성격이 강했다고 한다면 남북요인회담은 남북의 대표적인 정치지도자들이 단독선거를 막고 미·소 양군을 철수시킨 뒤 자주적 통일정부를 수립하기 위한 방도를 구체적으로 협의한 실질적인 의미가 있는 자리였다.

"양군 철수 후에 내란이 일어나서는 안 된다"

김일성을 비롯한 북로당 지도부도 남북요인회담에 더 비중을 두었다. 이것은 남북연석회의에서 얻어진 성과를 공고히 하고, 나아가 통일정부 수립을 위한 투쟁에서 남측의 우익 진영과 공동전선을 형성하는 것이 당면과제라는 사정이 작용했다고 할 수 있다. 남북요인회담의 막후에서 북로당의 정치공작원 성시백과 연계되어 있던 안우생·권태양·김흥곤 등 남측 요인들의 측근 비서인 실무자들도 부지런히 움직였다. 남북요인회담의 남측 대변인을 권태양이 맡았고 북측 대변인으로는 주영하가 선정되었다. 지도자협의회를 성과 있게 진행하기 위해 대변인들은 수시로 접촉하면서 현안에 대한 양측 지도자들의 입장을 전달하고 조율해나갔다. 북로당의 입장에서는 남로당과의 합작은 물론 남측 우익진영과도 협력하여 2(좌익) 대 1(우익)의 역량관계로 통일정부를 수립하려 하였고 지도자협의회에서도 그러한 노력을 계속했던 것이다.

지도자협의회는 4월 27일 오후 2시에 평양시 인민위원회 회의실에서 남북 지도자 15인이 참가한 가운데 열렸다. 협의회에서는 의장 선출이라든가 회의 절차가 따로 있지는 않았다. 회의에서 주로 김일성·김두봉을 비롯한 북측에서 문제제기를 하였지만 합의 형식은 완전합의제로 하였다. 김일성은 회의의 서두에 "연석회의의 성과를 더욱 다지고 미·소 양군의 철수 후에 자주적 통일정부를 수립하기 위한 방도를 무릎을 맞대고 토의, 합의해야 한다"면서 협의회 개최의 의미를 설명하였다. 첫날 회의에서는 합의 내용을 공동성명으로 발표할 것인지, 다른 방식으로 발표할 것인지는 나중에 확정하기로 하고 자주적 통일정부 수립을 위한 방도를 폭넓게 논의하였다.

이 자리에서 특히 "양군 철수 후에 내란이 일어나서는 안 된다"는 원칙이 강조되었다. 미국측이 "미·소 양군이 철수하면 한반도에서는 좌우대립에 의한 내란과 남북 간의 내란이 일어날 것"이라는 입장을 펴왔기 때문이다. 양 군대가 철수하더라도 어느 쪽도 동족상잔의 비극을 초래할 도발을 하지 않아야 한다는 과제가 집중 논의되었던 것이다. 내란에 대한 반대는 김구·김규식의 일관된 요구였고 이들은 협의회에서도 이 점을 매우 강조하였다. 이 원칙은 4월 30일에 발표된 공동성명서의 제2항에 나타나 있다. 김규식은 첫날 회의에서 그가 남북연석회의 참석에 앞서 북측에 요구했던 5개항 선행조건을 거듭 밝혔는데 이 중 독재정치 배격, 사유재산제도 승인, 외국 군사기지 제공불허 등은 통일정부 수립 때의 현안이 될 것이어서 별 토의 없이 넘어갔다. 다만 통일중앙정부 수립방도 및 미·소 양군 철수문제는 어차피 논의되어야 할 과제였다. 미국은 소련의 제안을 받아들여 양 군대를 동시에 철수시키는데 동의해야 한다는 것이 회의에서 거듭 확인되었다. 이 원칙은 공동성명서 제1항으로 구체화되었다.

　이 회의에서는 아울러 자주적 통일정부 수립의 원칙도 중요하게 취급되었다. 이 원칙은 공동성명서 제3항에 밝혀진 대로 첫째, 외국군대 철수 이후 남북연석회의 참가 정당·단체들의 공동명의로 전조선 정치회의를 소집하고, 둘째, 이 회의를 통해 민주주의 임시정부를 즉시 수립하며, 셋째, 이 정부가 모든 정치권력과 정치·경제·문화생활의 모든 책임을 지며, 넷째, 첫 과업으로 일반적·직접적·평등적 비밀투표에 의해 통일적인 조선입법기관의 선거를 실시하며, 다섯째, 선거된 입법기관이 헌법을 제정해 통일적 민주정부를 수립하도록 해야 한다는 것이었다.

　1948년 4월 30일에 발표된 4개항의 공동성명서는 이상의 3개항에다 "남조선 단독선거를 인정하거나 지지하지 않는다"는 제4항을 포함하였다. 4월 27일의 첫날 회의에서 공동성명서의 최종 내용이 결정된 것은 아니었고 2시간에 걸쳐 개략적인 문제제기가 있었다. 그러고서 며칠 간 집중 토의한 결과, 공동성명서를 내놓을 수 있게 되었던 것이다.

　회의 첫날에는 지도자협의회의 결과를 밝히는 문헌의 초안작업을 남측의 홍명희·엄항섭, 남로당의 박헌영·허헌, 북측의 주영하 등 5명과 남측 대변인 권태양이 맡기로 하였다. 북측인사를 한사람만 포함시킨 것은 협의회의 의제를 북로당에서 내놓은 만큼 남측의 의견을 많이 참작한다는 인상을 주기 위한 조치였다. 초안 작성자들이 지도자협의회의 최종 입장을 문안으로 작성하는 동안에 4김회담과 개별접촉들이 한켠에서 진행되었다. 초안 작성자들도 4김회담의 결과를 초안에 반영시키기 위해 노력하였다. 첫 회의날 저녁시간에 평양의 한 요리집에서 남북요인회담에 참석한 15인의 지도급 인사들이 함께 만찬행사를 가졌다.

북한은 남북정치지도자간의 만남이 있었던 쑥섬을 사적지로 지정하고, 이곳에 통일전선탑을 세워놓았다. 통일전선탑 뒷면에는 남북연석회의에 참석했던 남쪽의 정당·사회단체의 이름이 명기되어 있다.

남북 15인 지도자 회동

초안 작성자들은 4월 28~29일에 모임을 갖고 지도자협의회의 결론의 발표 형식과 주요 내용을 검토하였다. 모임에서는 북로당과 남로당이 마련한 초안으로 토의를 진행했다. 이에 따라 공동성명서 형식이 결정되었고, 주요 내용으로는 미·소 양군 철수문제, 내란방지문제, 통일적 임시정부 수립문제, 그리고 5·10단선 보이콧문제 등을 포함하기로 결정하고 문안 정리에 들어갔다. 그리고 지도자협의회, 즉 15인의 남북요인회담은 4월 29일과 30일에 각각 열렸다. 남북요인회담에서는 초안 작성자들이 마련한 문안을 이틀에 걸쳐 토의한 뒤 통과시켰다.

발표된 공동성명서는 간단하지만 구체적 표현을 둘러싼 논의는 심각하였다. 예를 들어 제1항의 미·소 양군 철수문제만 하더라도 "미국에게 소련의 제안을 받아들여 남조선에서 군대를 철퇴시키라"는 표현을 쓸 것인지, 그냥 미·소 양국을 겨냥한 느슨한 표현으로 양 군대의 철수를 주장할 것인지가 논란거리였다. 남측은 미국에 대한 일방요구 형식보다는 양국에 요구하는 식으로 느슨하게 하자는 입장이었지만 토의과정에서 쉽게 결론을 내지 못할 정도로 숙의를 거듭하였다. 이 부분은 4월 30일 오전의 지도자협의회에서도 결론짓지 못해 이날 오후에 열린 4김회담에서 북측의 초안대로 미국이 소련의 제안을 받아들여 군대를 철수해야 한다는 쪽으로 가닥을 잡았다.

또한 제1항에서 "조선 인민의 자력으로 외국간섭 없이 민족문제를 해결할 수 있는 만큼 성장했다"는 부분과 관련해 북로당과 남로당의 초안에는 해방 후 이북에서의 '민주개혁'의 성과가 구체적으로 표현되어 있었는데 남측의 반대에 부딪쳐 논란을 벌였다. 남측의 반대이유는 "북조선의 민주개혁을 이남에서는 북조선의 소비에트화로 파악하는 경향이 지배적이다. 따라서 만일 남북지도자협의회의 공동성명서에서 북조선의 민주개혁을 강조하면 전조선에서의 소비에트화, 즉 좌익정권을 세우는 것으로 오해받을 수 있으니 그런 표현은 삭제하자"는 것이었다. 이 부분도 30일 오후의 4김회담에 가서야 결론이 났는데 북로당과 남로당이 양보하는 방향으로 매듭지어졌다.

공동성명서의 제3항의 통일정부 수립문제에서는 '헌법제정'과 관련하여 이북에서 마련한 임시통일헌법을 새 헌법으로 받아들이는 것이 아니라 어디까지나 이를 참고자료로 삼아 헌법을 새로 제정하기로 4월 29~30일의 지도자협의회에서 비교적 쉽게 합의하였다. 통일정부의 수립 절차와 방도는 앞에서도 언급한 바 있지만 우선 정당·단체 대표들의 정치회의를 소집해 임시정부를 먼저 세우고, 다음으로 임시정부가 미·소 양국의 군정으로부터 정권을 인수받아 빠른 시일 내에 치안을 유지하면서 선거를 치러 통일적 입법기관을 만들고 마지막 단계에서 입법기관이 새로 헌법을 제정하고 이에 기초하여 통일정부를 세운다는 것이었다.

4김회담 두 차례 진행

그리고 김일성·김두봉·김구·김규식 간의 4김회담은 4월 26일과 30일 오후 두 차례 진행되었다. 26일의 4김회담은 김일성관저에서, 30일의 4김회담은 남북연석회의 장소였던 모란봉극장의 응접실에서 각각 열렸다. 한편 김일성과 김구의 개별접촉은 4월 28일 저녁에, 김두봉과 김규식의 개별접촉은 4월 29일 저녁에 각각 있었던 걸로 안다. 4김회담에서 논의된 내용 가운데는 지도자협의회의 현안뿐 아니라 북조선의 전기를 이남에 다시 송전해주는 문제, 연백저수지의 농업용수를 38선 이남의 연백벌에 다시 보내주는 문제, 조만식을 면회할 수 있게 하고 그의 의사에 따라 자유롭게 월남할 수 있도록 보장하는 문제, 만주에 있는 안중근 의사의 유골을 찾아내 조국으로 가져오는 문제, 남북 간에 서신왕래가 잘 되도록 양 군정측에 요구하는 문제 등이 논의되기도 하였다. 송전·송수문제는 북측이 흔쾌히 협조하기로 했고 안중근 의사의 유골 송환문제는 가족들과 협의해 노력해본다는 결론이 내려졌으며, 서신왕래문제도 양측이 공동으로 노력을 기울인다는 쪽으로 매듭되었다.

다만 조만식 문제에 대해서만은 김일성·김두봉이 "이 문제는 소련군정과 관계가 있어 확답이 어렵다"며 확실한 언질을 피하였다. 조만식 문제에 대해선 김구·김규식이 함께 상당히 강하게 요구했으나 김일성·김두봉은 이를 수용하지 못 했던 것이다. 김구와 김규식은 김일성·김두봉에게 이 몇 가지 문제들에 대해 약속사항을 문서화하자고 요구하였으나 김일성과 김두봉이 실무적인 문제들인 만큼 큰 원칙에서 합의가 됐으니 구체적인 사항은 실무자들의 협의를 거쳐 실행될 수 있게 하자고 하여 구두약속으로 매듭지어졌다.

4월 30일 오후의 4김회담이 끝난 뒤 저녁 8시경 열린 지도자협의회에서 김붕준·조완구 등이 공동성명서에 송전문제, 조만식 석방문제를 포함시키자는 이야기를 다시 꺼내 옥신각신하기도 하였다.

남북의 지도자들은 4월 30일 오후의 4김회담에 이르기까지 진통을 겪던 공동성명서 문제를 매듭짓고 나서 저녁 8시경 지도자협의회를 다시 열어 최종 통과절차를 밟았다. 이 자리에서 홍명희가 공동성명서 4개항을 발표하고 남북 지도자 15인의 만장일치로 이를 통과시켰다. 당초에 지도자협의회에서 공동성명서가 통과되면 남북의 56개 정당·단체들의 대표들이 다시 모여 이를 통과시키고 서명하기로 되어 있었다. 이에 따라 4김회담과 지도자협의회가 늦어지자 각 정당·단체의 대표들은 이날 오후부터 저녁 늦게까지 모란봉극장에서 대기하고 있었다.

이날 저녁 9시가 넘어서야 56개 정당·단체들의 대표들의 회의가 시작되었다. 회의에서 지도자협의회(남북요인회담)에서 통과된 공동성명서를 만장일치로 통과시키고 대표 한사람씩 나와 서명하고 도장을 찍는 서명식까지 마침으로써 지도자협의회의 일정을 모두 마치게 된다. 서명식 때는 김일성·김두봉·김구·박헌영·홍명희·조소앙 등이 공동성명서의 중요성에 대해 한마디씩 발언을 하였다. 김구는 특히 "통일되기 전에야 어찌 우리가 만족할 수 있겠는가. 그러나 남북의 정당·단체 대표자들이 만나 통일정부 수립의 방도를 논의해 합의에 도달함으로써 난관을 극복할 수 있는 계기를 만든 것은 매우 유익하고 유쾌한 일이다"라고 말해 많은 박수를 받았다.

지도자협의회가 끝나는 4월 30일 저녁에 연회와 예술공연을 갖기로 계획되어 있었으나 회의가 너무 늦게 끝나 연회행사는 생략하기로 일정을 바꾸었다. 5월 1일에는 연석회의 참가대표자 전원이 5·1절(메이데이) 경축행사장에 참가하기로 되어 있어서 그 전날 너무 늦게까지 행사를 지체할 수 없었던 사정도 있었다.

사실 남북연석회의에 못지 않게 중요한 의미를 지니는 것이 지도자협의회였다. 지도자협의회는 4개항의 공동성명서를 발표하기까지 15인 남북요인회담과 4김회담을 거듭하면서 통일정부 수립방도에 관한 완전한 합의를 도출하기 위해 상당한 노력을 기울였다. 다양한 접촉과 협의 끝에 완전한 합의에 도달할 수 있었고 그만큼 뜻 깊은 것이었다. 특히 남측에서 올라온 김규식은 남북연석회의에 참석하지 않았기 때문에 그가 참가한 지도자협의회는 더욱 중요한 행사가 되었다. 지도자협의회는 연석회의의 성과를 더욱 공고화하고 통일정부 수립방도문제를 다룬 자리였는데 김규식까지 참가함으로써 명실상부한 남북협상이 됐던 것이다.

한편 북로당은 지도자협의회의 진행 기간에 연석회의 남측 대표자들을 한 정치행사에 참석시키기로 결정하였다. 즉 4월 29일에 북조선인민회의 특별회의를 개최하고 이 자리에 남측 대표자들을 방청시키며 2월 10일에 발표된 임시통일헌법(초안)을 통과시키는 행사를 갖기로 하였다. 인민회의 특별회의에서 임시통일헌법(초안)을 통과시키는 의제는 북로당의 사전계획에 의한 것이었다. 다만 특별회의에 남측 대표자들을 전원 방청시킬 것인가, 자유의사에 맡길 것인가를 둘러싸고 논의가 있었는데 남측 대표자들에게 초청장을 보내 자유의사에 맡기되 참석을 종용하기로 하였다.

이에 따라 4월 28일 남측 대표자들에게 북조선인민회의 특별회의의 방청석에 참석하는 초청장을 배부하였다. 초청장에는 의제가 임시통일헌법(초안) 통과문제라는 것을 밝히지 않았다. 의제를 미리 밝히면 남측 대표자들의 불참 가능성이 높다고 보았기 때문이다. 초청장은 김구·김규식에게까지도 전달되었다. 그러나 29일 오전 10시에 개회된 북조선인민회의 특별회의에 김구·김규식·원세훈·조완구 등 일부 지도자들은 참석하지 않았다.

이 회의에 남로당 관계자들은 방청하기로 남북 노동당간에 사전합의가 있었지만 남로당 외의 남측 대표자들을 특별회의에 참가시키기 위해 북로당은 이면에서 활발한 접촉을 전개하였다. 특별회의에 되도록 많은 남측 대표자들

을 참석시키고 싶었으나, 그렇다고 해서 조직적으로 강제성을 띨 수는 없는 노
릇이었다. 결과적으로 박헌영·허헌·백남운·김원봉·홍명희·조소앙·엄
항섭·김붕준 등이 특별초대석에 배석한 것을 비롯해 거의 대부분의 남측 대
표자들이 특별회의를 방청하였다. 회의에서는 남측 대표자들을 환영하는 절차
가 있었고 회의장에는 환영 플래카드가 붙어 있었다. 회의에서는 김두봉이 헌
법초안을 보고하고 이어 찬반토론이 진행되었다.

북조선인민회의 특별회의에서는 남로당 대표가 나와 1948년 초부터 2·7
구국투쟁, 3·1 투쟁과정을 걸쳐 이남에서 진행된 임시통일헌법에 관한 토론
과정과 결과를 소개하는 순서도 있었다. 즉 이남에서 남로당과 민전이 주축이
되어 전개한 임시통일헌법에 관한 '비합법적' 군중토의 정형을 소개하고 이남
에서도 이 헌법초안을 지지한다는 입장을 밝혔다. 군중토의 형식으로는 각종
'비합법' 군중집회에서 헌법초안을 낭독하고 지지하는 결의를 하거나 연판장
을 돌려 서명 날인하는 방식이었던 것으로 소개되었다. 남조선민전을 대표하
여 김오성이 나와 이남 각지에서 모은 헌법지지 연판결의문 등을 쌓아놓고 그
중에서 도별로 한두 개 씩 뽑아 낭독하기도 하였다.

남측 대표자들 가운데 백남운·김원봉·홍기무(홍명희의 둘째 아들) 세 사
람이 나와 이 헌법이 "민주헌법이며 앞으로 통일헌법의 기초가 될 것"이라는
취지의 찬성토론을 하였다. 끝으로 북조선인민위원회 위원장 자격으로 김일성
이 나와 임시통일헌법 초안을 통과시키는 결론을 맺었다. 김일성은 헌법이
"북조선에서 진행된 민주개혁의 성과를 더욱 공고히 하고 이를 토대로 자주독
립과 통일정부를 수립하기 위한 법적 기초"이며 "전 인민들에게 투쟁목표를
명확히 제시하는 노선"이라고 천명하였다. 김일성의 결론을 끝으로 북조선인
민회의 특별회의는 종료되었다.

김구, 안신호 여사와 만나

참고로 김규식은 몸이 편찮았기 때문에 지도자협의회에 참가한 것 외에는 상수리초대소에 머무는 경우가 많았다. 다만 5월 2일이 일요일이어서 김규식은 김구와 함께 강양욱의 안내를 받아 장대재교회에서 예배를 본 일은 있다. 강양욱이나 김아무개 목사가 상수리초대소를 방문해 김규식과 대화를 나눈 일도 있었다. 김규식이 숙소에 머문 데 비해 김구는 여러 차례 평양나들이를 하였다.

김구는 4월 26일 남북연석회의 일정이 끝난 다음날인 27일 오전 평양 근교의 대보산에 있는 영천암을 방문하였다. 김구의 영천암 방문길에는 옛 약혼자 안신호와 그녀의 장남 김아무개(당시 남포시 인민위원회 서기장)가 동행하였다. 남북연석회의 준비위원회측의 강양욱·최경덕 등이 동행했던 것으로 안다. 영천암은 일제 때 일본인 장교를 죽인 김구가 승려 신분으로 잠시 피신해 있던 암자였다. 남북연석회의 참가를 위해 평양에 도착한 김구가 영천암 방문 의사를 미리 밝힌 바 있어 연석회의 준비위원회는 영천암에 사람을 보내 암자를 깨끗이 청소하도록 조치해놓았었다.

준비위원회는 처음에 김구의 영천암 방문의 이유를 정확히 알지 못해 그가 영천암에서 제사지내려고 한다고 판단하였고 이를 김일성에게 보고하였다. 김일성은 김구 선생이 제사를 지내는데 지장이 없도록 음식을 푸짐하게 장만할 것을 준비위원회에 지시하기도 했다. 음식 일부는 김구가 영천암에 가기 전에 미리 갖다 놓기도 했고 일부는 김구가 영천암으로 가는 차편에 싣기도 하였다. 김구는 영천암에 들러 옛 일을 회상하고자 했던 것이기 때문에 제사물품은 쓸 일이 없었다.

대보산 영천암에 갔다가 돌아오는 길에 김구 일행은 만경대의 김일성 생가에도 들렀다. 당시 김일성 생가에는 김의 조부 김보현과 조모 이보익가 살고 있었다. 김구 일행이 만경대생가에 갔을 때는 김보현이 마당에서 수수대로 울바자를 엮고 있었다. 김구와 김보현은 서로 반갑게 인사하고 옛 이야기를 한참 나누었다. 김구는 김보현에게 "손자가 북조선인민위원회 위원장인데 할아버지가 아직 농사를 계속 짓고 있는가"고 묻자 김보현이 "손자가 나라의 국사를 돌보는 것은 손자의 직분이고 내가 농사를 짓는 것은 농군의 직분이 아닌가"고 반문하면서 "농자천하지대본야"라는 말을 하기도 했다. 김구는 돌아오는 길에 주위 사람들에게 김일성의 할아버지를 만나 악수하면서 농군의 거북등 같은 손을 잡고 느낌이 많더라, 김일성을 다시 보게 됐다는 말을 하기도 했다고 한다. 이에 대해선 김구가 평양을 떠나기 전날 김일성과의 단독 접견시에도 한마디 한 것으로 안다.

김구 일행은 만경대생가에 들른 다음 혁명자유가족학원 임시교사에도 들렀다고 한다. 이때 김구가 학원에 들른다는 것을 알고 제복 차림의 학생들이 교정에 정열, 환영하였다. 당시 학생이던 오극렬(전 총참모장, 현 국방위원회 부위원장)이 학생대장 자격으로 환영인사를 하였다. 김구는 학원장으로부터 이 학원이 일제 때 만주 등지에서 독립운동을 하다 희생당한 사람들의 가족을 찾아 민족간부로 양성하는 곳이라는 설명을 들었다. 지금도 만경대학원에는 "1948년 4월 27일 남조선의 한독당 위원장인 김구 선생이 학원을 방문하였다"고 글을 새겨놓은 것이 있다. 김구는 4월 27일 오전부터 오후 5시 남짓 사이에 영천암, 만경대 김일성생가, 혁명자유가족학원 임시교사 등 세 곳을 둘러보고 이날 오후의 지도자협의회에 참석하였다.

김구 일행은 4월 28일 점심 무렵에 평양시장 구경을 겸해 시장에서 냉면을 사먹고 싶다고 밝혀와 준비위원회는 냉면을 시켜드리겠다고 했다가 시장방문을 허용하는 일도 있었다. 김구 일행은 이날 모란봉쪽으로 가 평양시가지를 내려다보고 을밀대에도 들렀다. 그 뒤 신양리시장으로 가 유명한 평양냉면집에서 점심식사를 하였다. 이날 김구 일행의 평양나들이가 갑작스런 일인지라 김일성의 특별지시를 받은 북로당 대남연락부장 임해가 동행하기도 하였다.

남측대표단 산업시설 시찰

북로당은 이북에서 진행된 '민주개혁'의 성과를 연석회의에 참가한 남측 대표자들에게 보여주기 위해 산업시찰 일정을 마련하였다. 남측 대표자들은 수십 명씩 한 조가 되어 황해제철소(일제 때의 兼二浦제철)·평양곡산공장·강선제강소·남포제련소 등의 산업시설과 평남 강서군 청산리의 농촌마을, 그리고 김일성종합대학 신축현장·국립영화촬영소·최승희무용연구소·인민예술극장 등의 교육문화기관을 방문하였다. 김일성대학이나 영화촬영소, 예술극장 등에서는 이남에서 올라온 교수들이나 예술인들이 남측 시찰단을 맞아 안내하였다. 남측 시찰단은 평양 시내에서는 평양곡산공장과 평양방직공장, 평양제사공장에도 들렀다. 시찰단들은 만경대의 김일성 생가, 혁명자유가족학원 임시교사도 방문하였다. 남측 대표자들의 산업시찰 과정에서 전반적으로 이북 노동자들이 공장을 움직이는 것을 보고 감탄하는 편이었으나 일부는 시큰둥한 반응을 보이기도 했다고 한다.

산업시찰 뒤에는 북측의 일부 실무자들이 남측 대표자들의 여론을 알아보려고 종이를 나눠주고 소감을 쓰도록 하여 말썽이 일기도 하였다. 북로당은 실무자들에게 남측 대표자들의 여론이 어떤지 알아보라고 지시를 내리기는 했지만, 종이를 나눠주고 소감을 쓰도록 하라고 사전에 정해준 것은 아니었다. 아무튼 남측 대표자들 일부가 이를 항의하기도 했다. 또한 일부 남측 대표자들은 산업시찰단에서 빠지고 평양의 시장 형편을 알아보거나 술을 마시는 경우도 있었다.

평양나들이 외에도 남측 대표자들 가운데 고향이 이북인 사람들이 고향 방문을 희망하면 북측에서 편의를 제공하였다. 김붕준은 평남 강서군에, 최동오는 평북 의주군에, 김성숙은 평북 철산군에 각각 다녀오는 등 열댓 명의 고향 방문이 이루어졌다. 고향 방문자들은 다른 남측 대표자들보다 서울 귀환이 일주일 정도 늦어졌다. 이 가운데 최동오는 김일성이 만주 화전의 화성의숙을 다닐 때 숙장이었기 때문에 오랜 인연이 있었다. 최동오가 평양에 도착했을 때까지만 해도 김일성은 화성의숙 시절의 은사가 남측 대표자로 평양에 와 있는 줄 모르고 있었다. 최동오는 4월 22일 남북연석회의 제3일 회의에 김구 등과 참석한 뒤 오후에 사석에서 남측 대표자들에게 자신이 화성의숙 책임자로 있을 때 김일성이 학생이었다고 털어놓았고, 이 이야기는 곧바로 김일성의 귀에 들어갔다.

김일성은 최동오의 말을 전해 듣고 1926년에 화성의숙에 다니던 시절을 기억해내고 깜짝 놀랐다. 김일성은 화성의숙 시절에 타도제국주의동맹을 조직한 것으로 되어 있고, 이 조직이 노동당의 뿌리로 취급되는 만큼 김일성의 화전 시절은 이북에서 매우 중요하다. 그러나 당시까지만 해도 그의 화성의숙 시절이 큰 주목거리가 아니었기 때문에 최동오가 김일성과의 관계를 언급할 때까지는 김일성 자신도 주변사람들에게 그 시절을 상세히 밝힌 적이 별로 없었다.

김일성은 이날 저녁 늦게 최동오를 관저로 초청해 옛 스승과의 20여 년만의 상봉을 가졌다. 이날 밤늦게까지 술대접을 하며 화전 시절의 일을 회상하며 대화를 나눴다고 한다. 그 뒤 24일 저녁에 김일성은 홍명희와 최동오를 다시 관저로 초청하였다. 김일성은 최동오와 이야기를 나누다가 그의 고향이 의주라는 것을 알고 "이북에 오신 김에 고향에 한번 다녀오는 게 어떻겠는가"하고 권유했다. 최동오는 남북연석회의 일정이 끝나고 김일성의 지시로 제공된 특별열차편으로 고향 의주로 갔는데 김일성은 그의 친척에게 줄 양복지, 비단옷감, 생필품과 여러 가지 음식들을 제공하는 등 특별배려를 하기도 했다.

김일성은 또 평북도당과 의주군당에 연락해 최동오의 고향 방문을 적극 돕도록 당부해놓았다. 최동오가 특별열차로 신의주에 도착할 때 평북 인민위원당, 도당위원장 등이 영접하였고 도당에서 직접 차량을 제공해 의주군까지 모셨다. 최동오는 고향에서 친척들을 만나고 성묘도 하면서 열흘 남짓 머물렀다. 남측 대표자들이 대개 5월 4일에 평양을 떠나 귀환 길에 올랐는데 최동오는 의주에 열흘쯤 있다가 평양으로 돌아와 이틀인가 더 있다가 서울로 돌아갔다. 김일성은 최동오에게 서울로 돌아가지 말고 평양에서 일하기를 권유하기도 했다고 한다.

한편 김일성과 김두봉은 김구·김규식만 개별접촉한 것이 아니라 이남의 대표적인 지도자들과 두루 개별접촉을 가졌다. 홍명희·조소앙·김원봉·백남운·이영·엄항섭 등과 개별적으로 2~3차례씩은 만나 의견을 나눔으로써 정치적 행동을 통일시켜 나갔던 것이다. 김일성은 통일전선을 실현하는데서 이남 우익지도자들과 자주 만나 의견차이를 좁히고 공감대를 넓히는 일이 중요하다고 생각하였고, 시간이 조금이라도 나면 남측 인사들을 북조선인민위원회의 집무실이나 관저로 초청해 대화를 나누었다. 특히 홍명희는 남북연석회의에서 큰 역할을 하면서 김일성과 긴밀한 유대를 맺었고 결국 평양에 주저앉아 초대 내각의 부수상에 취임하게 된다.

북로당은 4월 27~30일의 지도자협의회를 마치고 5월 1일에 메이데이행사를 대대적으로 치렀다. 이날 행사는 노동자들의 잔치로만 진행된 것이 아니라 2월 8일에 창건된 인민군의 사열식과 분열행진까지 포함한 대대적인 것이었다. 남북연석회의에 참가한 남측 대표자들을 이 행사에 참석시키기로 결정한 북로당은 한켠에서 행사준비에 여념이 없었다. 평양역전 광장에서 치러진 이 행사에 김구·김규식을 비롯한 남측 대표자들이 대거 참석해 연단에 자리잡았다. 인민군 총사령관 최용건이 사열행진의 맨 앞에서 말을 타고 지휘했으며 사열행사의 진행은 군 참모장 강건이 맡았다.

메이데이행사는 남북연석회의에 참가한 대표자들이 연단에서 지켜보는 가운데 3시간 넘게 진행되었다. 행진에서는 인민군 보병부대에 이어 혁명자유가족학원 학생대열, 그리고 기관총부대 포병부대 등이 줄을 이었고 그 뒤에 노동자 · 농민 · 사무원 · 청년학생 · 시민들의 행진이 계속되었는데 30만 명 넘는 인원이 참가해 4월 25일의 남북연석회의 경축 평양시민대회 때보다도 규모가 컸다. 이날 행사가 끝난 뒤 남측 대표자들은 평양시내의 몇몇 유명 음식점에 분산되어 점심식사를 하였다.

1948년 5월 2일 쑥섬회동이 열렸던 장소는 현재 사적지로 지정되어 있다. 이 오두막에서는 남쪽에서 올라간 정치지도자들이 장기를 두며 휴식을 취하기도 했다고 한다.

쑥섬 회동

　5월 2일 일요일에는 앞에서도 밝힌 대로 김구·김규식이 교회 방문을 요청해 장대재교회의 주일예배에 참석하였다. 이 교회의 김아무개 목사는 강양욱 목사와 함께 상수리초대소를 예방해 김구·김규식을 만난 일이 있었다. 북측에서는 김규식이 기독교인임은 알고 있었으나 김구가 기독교인인줄은 몰랐었다. 이날 예배에는 이북에서 활발한 정치활동을 하던 강양욱, 홍기주 두 목사가 이들을 안내했던 것으로 안다.

　그런데 김일성을 비롯한 북로당 지도부는 5월 2일에 경축야회를 여는 것이 좋겠다는 복안을 갖고 있었다. 이렇게 계획된 것이 지도자협의회에 참석했던 15명의 남북 요인들의 5월 2일 쑥섬회동었다. 김구·김규식은 오전에 장대재교회에서 주일예배를 마친 뒤 강양욱, 홍기주 두 목사의 안내로 오전 11시가 넘어서 대동강변에서 나룻배를 타고 쑥섬에 왔다. 두 사람 외의 요인들은 모두 대동강 하류의 쑥섬에 30분전쯤 와 있었다. 이날 회동에는 요인들 15인(남측 우익계의 김구·김규식·조소앙·조완구·홍명희·김붕준·이극로·엄항섭, 남측 좌익계의 박헌영·허헌·백남운, 북측의 김일성·김두봉·최용건·주영하)과 강양욱·홍기주 목사, 그리고 북로당의 대남연락부장 임해와 정치공작원 성시백 등이 자리를 함께 하였다. 이남 인사들의 수행비서들은 아무도 이 자리에 참석하지 않았기 때문에 쑥섬회동 자체를 잘 모른다. 남북의 요인들이 쑥섬에 도착하기 전에 북로당의 대남연락부의 젊은 실무자들이 투망질을 하여 숭어를 잡아서 잔치를 벌일 준비를 갖추었다.

　쑥섬회동은 연석회의와 지도자협의회의 성과를 재확인하는 경축연회 겸 친목회의 성격이 강한 자리였다. 당시 쑥섬에는 유명한 냉면집이 있었던 데다가 낚시터가 있어 친선야유회를 하기에는 안성맞춤이었다. 투망 등으로 숭어를 잡을 수 있는 곳이었다. 이날 정오부터 오후 2시 무렵까지 담소를 나누고 그 뒤에 어죽잔치가 시작되었다. 요인들 가운데 비교적 젊은 분들은 직접 투망을 하기도 하고 일부 요인들은 낚시를 하거나 보트를 타기도 하였다. 야유회를 겸한 쑥섬회동은 오후 4시 넘을 무렵까지 계속되었다. 냉면집 근처에 군 병사들이 큰 텐트를 쳐놓았고 요인들은 이곳에서 휴식을 취하였다. 냉면집에서는 냉면과 쟁반을 준비했고 어죽은 시내에서 별도로 요리사가 와 있었다.

남북 요인들은 평양에 깃든 역사나 유적이야기, 김구 등이 평양나들이에서 보고들은 이야기, 이남 형편에 관한 이야기 등을 나누다가 남북연석회의와 지도자협의회에서 합의한 내용들을 다시한번 확인하기도 했다. 4월 30일에 서명한 공동성명서가 갖는 의의가 거듭 강조되었고 한편으로는 김구·김규식이 줄곧 제기했던 송전·송수문제, 조만식의 월남문제, 안중근의 유골송환문제 등도 다시 언급되었다. 북측은 이날 행사에 대해 통일전선과 관련하여 중대한 의의가 있다고 생각하여 상세한 기록을 남겨놓았다. 김일성은 훗날 통일전선문제를 언급할 때면 두고두고 정치목적의 실현과 친선도모의 좋은 사례로 쑥섬회동을 지적하였다.

이북에서는 1980년대 후반에 1948년 4월 남북연석회의 당시의 쑥섬회동을 기념하고 통일전선의 의의를 강조하기 위해 '통일전선사적지'를 조성하였다. 사적지에는 통일전선탑을 세워놓았다. 이곳은 1948년에 김구·김규식 같은 우익 지도자들이 북측과의 '연공합작'에 나섰다는 것을 강조함으로써 남측 지도자들이 앞으로도 북측과 '연공합작' 해야 한다는 의도를 강하게 품고 있는 사적지이다.

(11) 남측 지도자들의 귀환

남측 요인들은 1948년 5월 2일의 쑥섬회동을 끝으로 공식 일정을 모두 마쳤고 하루 쉰 뒤 5월 4일에 평양을 출발해 서울로 귀환하게 된다. 북로당 지도부는 남측 요인들의 귀환 전날인 5월 3일에 김일성과 김구·김규식 간의 단독 면담 일정을 마련하였다. 당초에는 김일성이 김구를 오전에 만나 단독요담을 갖고 오찬을 함께 한 뒤 오후에 김규식을 접견하기로 했었다. 그러다가 북측의 관심이 김구에게 기운 듯한 인상을 풍기지 않으려고 이날 오후에 각각 접견하는 것으로 조정하였다.

김일성은 5월 3일 오후 3시 무렵 김구를 단독 접견하였다. 주영하와 임해가 상수리초대소로 가서 김구를 모시고 북조선인민위원회 위원장 집무실로 안내하였다. 단독요담은 거의 2시간쯤 진행됐다. 북로당은 단독요담의 내용을 기록으로 남겨두었다. 김일성은 김구에게 "노구에도 불구하고 통일을 위해 어려운 38선을 넘어 평양에 오셔서 남북연석회의와 지도자협의회가 성공적으로 매듭지을 수 있도록 적극 노력해주신 데 대해 감사를 드린다"고 감사의 뜻을 전했다. 김일성은 특히 통일정부 수립방도를 논의하는 과정에서 남측 대표자들이 공감대를 가질 수 있었던 데 대해 김구의 지도적 역할이 컸음에 감사를 드렸다. 그는 "김구 선생님께서 남조선으로 내려가면 미군정과 이승만 세력이 탄압하지 않을까 우려된다"면서 "신변의 염려가 있을 때는 어느 때라도 북으로 오셨으면 좋겠다"는 생각을 밝혔다.

이에 대해 김구는 김일성에게 "서울서 예상했던 것과는 달리 북에 와서 좋은 인상을 받았다"고 밝혔다고 한다. 즉 이북지역이 소비에트화 되고 있다는 선입견을 갖고 평양에 왔는데 염려와 달랐다는 것이었다. 김구는 안창호의 여동생 안신호가 여성단체 활동을 하고 그의 아들이 남포시 인민위원회 서기장으로 일하고 있는 것과 평양나들이, 쑥섬회동 등에서 받은 좋은 인상에 대해서도 언급하였다. 만경대의 김일성 생가에서 김의 조부를 만난 데 대한 소감도 한마디하였다.

김구는 정치 현안과 관련해 "어떤 일이 있어도 이남에서 단독선거를 반대해야 할 뿐 아니라 이북에서도 단독정부를 세워서는 안 된다"는 점을 강조하였다. 김구는 이북에서 이미 인민위원회가 만들어지고 임시통일헌법을 통과시켰다고 해서 이것이 단독정부의 수립으로 나가서는 안 된다는 뜻을 강하게 밝혔다. 그 뿐 아니라 김구는 김일성에게 "동족간에 피를 흘리는 내란이 일어나서는 결코 안 된다. 동족간에 싸움을 통해 통일을 이루려고 시도해서는 안 된다"고 거듭 강조하고 확약을 받았다.

"좌익진영이 지나치게 미국을 자극하는 투쟁일변도여서는 안 된다"

김구는 또 남로당의 미군정에 대한 투쟁활동과 관련하여 "좌익진영이 지나치게 미국을 자극하는 투쟁일변도로 나가서는 안 된다"는 점도 지적했다. 그 밖에 "북측이 송전·송수의 약속을 반드시 지키기를 바라며 안중근 의사의 유해를 찾는 노력을 기울여 달라"고 요구하고 조만식의 자유로운 활동보장 및 서울행 문제도 김일성이 소련군정 측과 적극적으로 논의해 원만히 해결될 수 있게 해달라고 요청하였다.

김일성은 김구에게 "신변의 위험이 있을 때면 북으로 올라와 통일을 위해 활동할 수 있을 것이며 꼭 남조선에 있어야만 민족독립과 통일을 위해 일할 수 있는 것은 아니다"면서 당시 평양과 해주에 근거지를 두고 활동하던 남로당 지도자 박헌영의 예를 들기도 하였다. 김일성이 하도 여러 차례 김구의 신변을 염려하니 김구는 "내가 남쪽으로 되돌아가 정말 활동하기가 어려우면 북으로 올 테니 그때는 과수원이나 하나 가꾸면서 여생을 보내겠다"고 농담 비슷하게 웃으면서 말하기도 했다. 김구가 임시정부의 법통을 상징하는 인장을 김일성에게 넘겨주겠다고 하자 김이 이를 정중히 거절했다는 것도 이때의 이야기이다.

두 사람이 이처럼 우호적인 분위기를 갖기까지는 김구의 옛 약혼자 안신호 여사의 역할이 컸다. 김구는 안신호로부터 김일성에 대한 긍정적인 얘기를 많이 들었고 이것이 중요하게 작용했다. 그리고 김일성이 만주에서 활동한 만큼 민족진영의 독립운동가들에 대해서 잘 알고 있었고 김일성과 김구 간에는 옛날 얘기를 하면서 말이 통했던 부분도 있다. 김구는 대화를 통해 김일성이 생각처럼 '소련의 주구'는 아니라는 느낌을 가지게 됐던 것으로 보인다. 이에 대해서는 뒷날 김구의 측근 엄항섭과 안우생에게서 들은 바 있다. 김일성은 5월 3일 김구와 헤어질 때 북측에서 준비한 벼루·먹과 붓 그리고 한지 등과 한약재를 건네주었다. 김일성은 북조선인민위원회 정문까지 걸어 나와 김구와 작별인사를 하였다. 김구는 그 길로 주영하와 임해의 안내를 받으며 상수리초대소로 돌아가 다음날 귀환 길에 나서기 위해 휴식을 취하였다.

김일성의 김구 접견에 이어 이날 오후 6시 무렵부터 40분 정도 김일성과 김규식의 단독면담이 있었다. 김일성은 김규식에게도 감사인사를 드렸다. 특히 김규식의 건강을 염려하며 어려운 걸음을 해준 데 사의를 표했다. 이 자리에서는 김규식의 주문이 많았다. 내란이 일어나서는 절대 안 된다는 것, 이북에서 단독정부가 들어서서는 절대 안 된다는 것, 북측이 미국을 자극하는 반미행사를 자제하고 남로당도 반미투쟁 일변도에서 벗어나도록 북측이 영향력을 행사해줬으면 좋겠다는 것 등을 주로 요구하였다. 김규식은 또한 자신이 요구했던 5개 항 조건을 북측이 계속 유념해달라는 것도 김일성에게 강조하였다. 김규식은 김구와 마찬가지로 송전·송수문제와 조만식문제의 해결을 김일성에게 거듭 촉구하였다. 김규식은 김구와는 달리 김일성과 사적인 대화는 거의 나누지 않았고 공식적인 입장표명을 마친 뒤 곧장 주영하의 안내로 숙소로 돌아갔다.

당초의 귀환계획은 5월 4일 아침에 김구·김규식을 비롯한 남측 대표자들이 평양에서 특별열차를 타고 38선까지 가기로 되어 있었다. 그런데 갑자기 계획을 바꾸어 김구·김규식 일행은 4일 아침에 자동차편으로 출발하기로 결

1948년 5월 4일 남북협상을 마치고 귀로 중에 김구·김규식 선생 일행이 황해도 정방산성 밑에서 점심식사를 하고 있다.

정했다. 남북연석회의를 방해하기 위해 이남에서 올라온 반공청년들과 테러분 자들의 위협이 있었기 때문이다. 이들 가운데 38선을 넘다가 체포된 사람들도 있었고 일부는 평양까지 잠입하여 "남북연석회의는 공산주의자들의 이용물에 지나지 않는다"는 등의 삐라를 뿌리기도 했으며 일부는 체포되었다. 회의 장 소인 모란봉극장을 폭파하려고 현장에서 얼씬거리다 경비원에게 체포되어 미 수에 그친 사건까지 있었다.

그러다 보니 눈에 보이지 않는 경비가 삼엄하게 펼쳐졌다. 일부 체포된 연 석회의 방해공작대원들을 심문한 결과, 서울 귀환 특별열차를 폭파하려 한다 는 음모가 있음을 5월 3일 저녁 늦게 알 수 있었다. 내무성 정치안전국이 이 정 보를 입수하고 북로당 중앙에 보고했으며 북로당은 이날 밤늦게 5월 4일의 귀 환 일정을 일부 수정했던 것이다. 그래서 한밤중에 김구·김규식 일행의 비서 진을 불러 일정이 변경됐음을 통보하였다.

김구·김규식은 5월 4일 아침에 비서진과 함께 자동차편으로 평양을 출발

하였다. 이날 아침 상수리초대소에서는 주영하와 임해가 배웅을 했고 경호를
위해 내무성 관계자들과 안내원들을 38선까지 수행시켰다. 김구·김규식 일
행은 5월 5일에 38선을 넘어 서울로 돌아갔다. 그리고 김구·김규식은 5월 6
일에 남북연석회의 참가의 성과에 관한 공동성명을 발표하였다. 북로당 중앙
은 공동성명의 내용을 확인하고 내부적으로 만족스럽다는 평가를 내렸다. 김
일성·김두봉 등 북로당 지도자들은 김구·김규식을 연석회의 지도자협의회
에 참가시켜 큰 성과를 거두었다고 판단했던 것이다. 김구와 김규식이 5·10
선거에 대한 반대 입장을 명백히 함에 따라 미군정이나 이승만 측으로부터는
경원시되었다. 이들이 5·10선거에 대한 반대투쟁에 나서지는 않았지만 측근
들을 통해 남로당과 민전 중심으로 조직된 단선반대투쟁전국위원회와 은밀히
접촉하면서 '단선단정 반대' 노선을 지켜나갔다.

홍명희, 이극로 등 평양에 잔류

끝으로 남북연석회의의 남측 대표자들 가운데 북에 잔류한 사람은 민주독
립당 당수 홍명희, 건민회 위원장 이극로, 근로인민당 부위원장 이영, 신진당
부위위장 이용, 민주한독당 상무위원 김일청, 사회민주당 간부 장근 등과 좌익
계 인사들을 포함해 70여명이었다. 근민당과 민주독립당의 간부들도 대체로
평양에 잔류하였다. 근민당에서는 부위원장들 가운데 좌파인 백남운과 이영은
잔류했지만 우파인 장건상은 서울로 귀환했는데 그럴만한 사정이 있었다.

장건상도 당초에는 평양에 주저앉을 생각을 하고 있었는데 김성숙이 고향
(평북 철산)에 갔다가 평양으로 오자 그와 함께 서울로 돌아갔다. 장건상이 서
울 귀환으로 갑자기 선회한 것은 연안파의 최창익·한빈 등의 잘못 때문이었
다. 연안파 지도자들은 근로인민당내에서 남조선신민당의 맥을 이은 부분을
자기 파로 생각해 적극 우대하고 다른 계열은 상대적으로 소외시켰다. 이게 화

근이었다. 근민당의 백남운(위원장대리)과 이영은 김일성과의 개별접견도 몇 차례 가지는 등 우대를 받았으나 장건상에게는 그런 기회가 없었고 일반대표와 같은 대접을 받았다. 이렇게 된 데에는 북로당의 연안파 지도자들의 영향이 있었다. 장건상이 잔류하려고 며칠 간 평양에 더 있는 동안 북로당이 백남운·이영과는 활발히 접촉하면서 그에게는 별반 관심을 보이지 않아 기분이 몹시 상했던 것으로 안다. 그러던 중 장건상은 김성숙이 평양에 오자 평양의 분위기가 자신들에게 우호적이지 않다고 판단해 서울로 돌아갔던 것이다.

평양에 잔류한 근로인민당 사람들과 북로당의 연안파 지도자, 특히 한빈 사이에는 적지 않은 갈등이 표출되었다. 한빈은 예전의 남조선신민당 시절과 관련해 "근민당 사람들은 자신의 지도를 받아야 한다"는 식으로 떠들고 다녀 물의를 빚었다. 한빈은 1948년 3월 말의 북로당 2차대회에서 당 중앙위원에도 들어가지 못한 처지였고 근민당 사람들도 이를 알고 있었다. 한빈이 근민당 사람들을 지도하려들자 근민당 출신의 이만규·최성환 같은 이들이 노골적으로 반발했다. 이들은 "북로당과 근민당이 정치적으로 연합하고 있는 마당에 누가 개별적으로 우리 당에 간섭하는가"라는 주장을 폈다. 백남운과 이영은 김일성과 만난 자리에서 한빈의 잘못된 태도 때문에 근민당 인사들의 불만이 많다는 사실을 전하였다.

이 문제는 북로당 정치위원회에서 토의될 정도로 심각했다. 북로당 중앙은 한빈을 비롯한 일부 연안파 인사들의 종파적 행동을 비판하였고 정치위원회는 근민당과의 당 관계는 북로당 내의 공식기구를 통해 처리해야 한다는 방침을 정하였다. 이에 따라 이러한 문제는 곧 수그러졌다.

남북연석회의에 참가한 남측 대표자들이 귀환한 뒤인 5월 6일에 평양에선 남북노동당 정치위원회 연합회의가 열렸다. 이 회의는 남북연석회의와 지도자 협의회의 진행 정형과 성과를 결산하기 위한 자리였다. 연석회의 개최의 목표가 성과적으로 달성된 것으로 평가되었다. 연석회의에서 채택된 전조선 정치정세에 관한 결정서, 동포에게 보내는 호소문, 미·소 양국에 보내는 요청서 등과 지도자협의회에서 채택된 4월 30일 공동성명서는 큰 의의를 갖는 것으로 확인되었다. 김일성은 이 자리에서 김구·김규식과의 합작은 통일전선사업에서의 역사적 승리라는 평가를 내렸다. 최창익 등 일부 지도자들이 남북연석회의의 성과를 과소평가하려다가 약간의 논란이 빚어지기도 했으나 대세는 큰 성과를 거두었다는 쪽이었다.

이날 회의에서는 또한 나흘 뒤로 바짝 다가온 남조선의 5·10선거를 막기 위한 투쟁지침도 논의하였다. 이남에서 단선반대투쟁전국위원회가 주축이 되어 연석회의에 참가한 남측 정당·단체들과 연계하여 선거거부투쟁을 전개한다는 것, 이북에서는 전국적으로 군중집회를 조직하여 이남에서의 단선반대투쟁을 지지한다는 것, 그리고 정당·단체들의 연명으로 단독선거를 인정하지 않는다는 공동성명서를 발표하는 것 등의 결론이 내려졌다. 그리고 4월 30일의 공동성명서에 명시된 대로 미국·소련 양국 군대의 철수운동을 강력히 전개하고 이를 바탕으로 자주적 통일정부를 수립하기 위한 남북정치협상회의체인 '전조선정치회의'를 소집하는 문제에 대해서도 구체적으로 검토하였다.

'전조선정치회의' 논의

5월 9일 평양에서는 북로당의 지도자들과 북에 잔류한 남측 지도자들 간에 친선을 도모하는 야유회가 열렸다. 친선야유회는 평양에서 100리쯤 떨어진 평남 성천읍을 가로지르는 비류강에서 진행되었다. 비류강이 흐르는 주변에 12봉우리가 솟아 있고 절벽 위에는 정자가 있었는데 절경이었다. 이날 낚시 등으로 여가를 즐기다가 흐르는 강에 사과를 띄워놓고 권총 사격을 한 일도 있었다. 빨치산 출신들이 사격솜씨를 자랑한다고 제각기 권총을 쏘고 일부 이남 출신들도 사격을 해봤는데 이때 김일성과 그의 처 김정숙이 사과를 맞춰 탄성을 자아냈다. 홍명희 같은 이는 즉석에서 시조를 지어 읊어 문학적 재질을 유감 없이 발휘하였다. 야유회는 하루 종일 계속되었다. 이날 야유회에 대해서는 나중에 말이 많았다. "5월 10일의 단선을 막기 위해 이남 각지에서 활발한 투쟁이 시작됐는데 선거일 하루 앞두고 남북의 지도자들의 합동야유회가 말이 되느냐"는 비판이었다.

남북연석회의 남측 대표자들 가운데 이북에 잔류한 70여명은 얼마 뒤 대개 교육기관으로 보내졌다. 상급 간부들은 3개월 동안 교육받는 인민경제대학 특설반에 들어갔고 나머지 일부는 3년 과정의 인민경제대학에 들어갔으며 비교적 젊은 사람들은 북에 잔류한 남로당 출신들과 함께 강동정치학원 정치반으로 보내졌다. 지도급 인사들은 북로당이나 북조선민전과의 협력 아래 정치활동을 전개하였다.

5·10선거 반대투쟁을 위한 본부, 즉 단선반대투쟁전국위원회의 사무실은 박헌영의 활동거점이던 해주에 있었고 서울의 현지 지도부는 이승엽의 책임 아래 있었다. 위원회에는 남로당과 남조선민전 뿐 아니라 남북연석회의에 참가한 남측 정당·단체들도 망라되어 있었지만 성명을 내는데 참가했을 뿐이며 행동투쟁은 남로당과 민전이 맡았다. 각 도·군·면에까지 투쟁위원회가 조직되어 활동했는데 면 단위에는 선전행동대와 같은 실제 투쟁조직이 만들어졌다. 박헌영은 5·10선거 반대투쟁을 위해 해주에서 각 도의 투쟁위원회 책임자를 파견하는 한편, 강동정치학원에 와있던 남로당원들 일부를 군급 투쟁위원회 책임자로 파견하였다. 이들 책임자들과 선전행동대 관계자들이 이남으로 나가면서 해주에서 제작한 5·10선거 반대 삐라를 갖고 갔다. 삐라는 교역물자 속에 숨겨서 서울 등지로 반입되었다. 박헌영은 극비리에 38선을 넘어 개성까지 잠행했다가 다시 월북하기도 하였다. 북로당은 남로당과의 협의 아래

5월 8일에 대남연락부 관계자 3~4명을 서울로 급파하기도 하였다.

이북에서는 5월 8~15일에 걸쳐 각지의 직장·학교·농촌 할 것 없이 전역에서 5·10선거를 반대하는 남조선 인민들의 투쟁을 지지하는 크고 작은 군중집회를 가졌다. 특히 5월 10일 당일에는 평양과 각 도 소재지에서 대대적인 군중집회를 열었다. 한편 이남에서는 단선반대투쟁전국위원회가 5월 5일에 5·10선거 파탄을 위한 총궐기를 호소하는 성명서를 발표하였고 각지에서 동맹휴학·파업·시위·아지프로(agitation propaganda의 줄인 말. '선동을 목적으로 한 선전'이라는 뜻)·선거장 습격·관공서 습격·봉화·철도 파괴, 전신전화국 습격(영등포전화중계소 파괴)·일부 경찰과 군인들 시위 등 여러 가지 형태로 투쟁을 전개하였다. 특히 5월 8일에는 전평 주도하에 총파업이 단행되었고 서울 시내의 각급 학교들이 맹휴에 들어가 단선반대투쟁의 불을 당겼다.

이날부터 이남 전역에서 5·10단선 반대투쟁이 전개되었다. 군이나 면에서 남로당의 조직역량이 있는 곳에서는 단선반대 투쟁역량도 거셌다. 선거 당일인 10일에는 경기·전남·충북·경남·경북·제주 등 이남 전역에서 선거장을 습격하는 사태가 일어났으며 파업이 단행되었고 교통·통신의 두절, 변전소 파괴 등 곳곳에서 선거반대투쟁이 벌어졌다. 일부 지역에서는 경관들이나 선거위원들의 집을 습격하는 일까지 있었다. 제주도에서는 4·3투쟁의 연장에서 투쟁이 더욱 거세었다.

5·10선거가 진행된 다음에는 좌익인 민주주의민족전선을 비롯해 중간파 내지 우익 정당인 한독당·신진당·민족자주연맹·사회민주당·민중동맹 등 남북연석회의에 참가했던 정당·단체들이 "선거를 인정하지 않는다"는 성명을 발표하였다. 정치지도자들의 개별성명도 잇달았다. 김구·김규식 뿐 아니라 독립노농당의 유림, 유교계통의 김창숙 등도 성명을 발표하였다. 훗날 들은 얘기로는 김규식 명의로 발표된 성명은 권태양 등 비서들이 그의 동의를 받기

전에 미리 성명을 발표해 그에게 질책을 받았다고 한다.

전국적으로 5·10투쟁이 결속되자 1948년 5월 22일경에 각 도의 투쟁위원장과 박헌영이 직접 파견한 투쟁지도위원들은 서울에 모여서 5·10단선반대투쟁을 총결산하는 비밀회의를 가졌다. 이 회의에서는 치열한 투쟁으로 일정한 성과를 거두었지만 5·10단선을 전면적으로 저지시킬 수 없었다는 평가가 내려졌다. 회의 다음날인 23일에 단선반대투쟁전국위원회 명의로 5·10선거의 결과를 인정하지 않는다는 성명을 발표하였다. 그 뒤 5월 25~26일에는 평양에서 남북노동당 정치위원회 연합회의가 열려 5·10단선반대투쟁을 총결산하였다. 이 회의에서도 단선반대투쟁이 활발하게 진행되기는 하였으나 단선을 막을 정도는 못됐다는 것, 그리고 5·10선거의 결과로 남조선에서 단독정권이 들어서게 된 상황에서도 계속 통일정부 수립을 위한 노력을 기울여야 한다는 것을 확인하였다.

평양에서는 이어서 남북민전의 연석회의가 열렸고 이 자리에서도 남북노동당 정치위원회 연합회의의 결정사항을 재확인하고 남북지도자협의회의 4월 30일 공동성명서의 결정대로 밀고 나간다는 점이 강조되었다. 공동성명서에는 "외국군대 철수 뒤에 전조선정치회의를 소집하는 것"으로 되어 있는데 외국군대가 철수하지 않은 조건에서 통일정부 수립을 위해 어떤 형태로든지 간에 남북의 제정당단체정치협상회의를 소집해야 한다는 결론이 내려졌다. 민전 연석회의에는 남북연석회의가 끝난 뒤 평양에 잔류한 중간파 정당·단체의 인사들도 참석하였다. 이에 따라 북측은 통일정부를 수립하기 위한 제2차 남북제정당사회단체지도자협의회를 소집하는 과제에 총력을 기울이게 된다.

제2차 정당단체지도자협의회

　5·10단독선거는 이남에서 격렬한 반대가 있었음에도 불구하고 예정대로 치러졌고 5월 31일에는 제헌의회가 소집되어 단독정부 수립을 기정사실화 했다. 이북에서는 이에 앞서 5·10단선 결과를 결산하고 나름대로 남조선 단독정부 수립을 막기 위한 대책을 마련하기는 했지만, 이남에서 제헌의회가 소집되어 대한민국 정부의 수립을 천명함으로써 사태는 급변하였다. 북로당은 이남에서의 사태 진전을 예의주시하면서 6월 2일에 정치위원회 확대회의를 열어 대책을 논의하게 된다.

　이날 회의에는 남로당 정치위원들도 참석했기 때문에 남북노동당의 연합회의의 성격을 띠었다. 회의에서는 남조선에서 단독정부가 들어설 게 분명해진 마당에 반대성명이나 내고 반대시위를 하는 것만으로는 문제가 해결되지 않는다는 결론에 도달하였다. 즉 이남에서 단독정부가 수립되는 데 대한 강력한 저항책이 필요하고 통일정부 수립을 위한 투쟁을 본격화해야 한다는 것이었다. 이에 따라 4월 28~29일 북조선인민회의 특별회의에서 통과된 헌법을 전국적으로 실시하는 동시에 통일적인 최고입법기구를 수립하기 위한 총선거를 실시하기로 결정하였다.

　이날 회의에 이어 북조선민전도 6월 3일에 확대중앙위원회가 열어 노동당의 방침을 거듭 확인했다. 확대중앙위원회에는 당시 평양에 체류하던 남측 민전대표들도 참석하였다. 민전 확대회의에서는 헌법의 실시 및 통일적 최고입법기구 수립을 위한 총선거의 실시에 즈음한 첫 사업으로 제2차 남북조선 제정당사회단체지도자협의회(이하 2차 지도자협의회)를 소집하기로 하였다. 제1차 지도자협의회는 앞에서 설명한대로 남북연석회의가 끝난 다음날인 4월

27일부터 30일까지 평양에서 열렸으며, 미·소 양군 철수, 5·10선거 반대, 통일정부 수립을 위한 4개항의 공동성명서를 채택하였다. 2차 지도자협의회의 목적은 4월 30일의 공동성명의 입장을 재확인하고 이를 집행하기 위한 구체적인 방도를 논의하기 위해서였다. 의제는 이미 통과된 헌법을 전국적으로 실시하는 문제와 최고입법기구 수립을 위한 총선거를 실시하는 문제로 집약됐다.

2차 지도자협의회를 소집하자면 이북의 정당·단체 지도자들은 물론이고 이남의 정당·단체 지도자들도 참가시켜야 했는데 남북연석회의 이후 서울로 돌아간 지도자들을 다시 초청하는 일이 문제였다. 특히 김구·김규식을 비롯한 거물 정치인들을 2차 지도자협의회에 모시는 게 중요했다. 이남으로 귀환한 지도자들이 2차 지도자협의회에 참석하기 쉽게 하기 위해 회의 장소는 평양으로 하지 않고 해주로 잡았다. 이들에게 초청장을 보내기로 하는 한편, 북로당의 정치공작원 성시백을 통해 주요 지도자들의 측근에게 2차 지도자협의회의 참가 의미를 잘 알려서 주요 지도자들이 지도자협의회에 참가할 수 있도록 한다는 지침도 세웠다.

한편 이남에서는 5월말에 단독국회가 소집되자 김구·김규식을 비롯한 남북협상파 세력들은 6월 7일 통일독립촉성회의 결성을 위한 발기모임을 갖고 단독정부 수립에 반대하는 세력을 결집해나갔다. 이는 단선·단정에 반대하고 통일정부 수립을 위해 노력해온 남북협상파 세력이 단독국회가 소집된 뒤에도 물러서지 않고 통일정부 수립을 위해 노력하였음을 뜻한다. 통일독립촉성회의 결성은 남북연석회의에 참가했던 김구의 한독당과 김규식의 민족자주연맹 등이 주도하였다. 촉성회는 제헌의회가 출범된 정세 하에서 조직적인 통일운동을 전개하기 위한 것이었다. 이 과정에서 엄항섭·안우생·박건웅·권태양·강병찬·최백근 등 주요 지도자들의 측근들이 많은 노력을 기울였다. 북측의 입장에서는 통일독립촉성회에 참가한 대표적인 지도자들을 2차 지도자협의회에 참석시키는 것이 당면과제였다. 통일독립촉성회는 7월 하순(21일)에 가서야 결성되지만 6월 초순의 발기모음과 이전의 움직임을 통해 촉성회의 결성이 기정사실화 되어 있었기 때문에 북로당은 촉성회 참가세력을 2차 지도자협의회에 참가시키는 구상을 갖게 되는 것이다.

"이북에서의 단정 수립도 민족분열행위가 아닌가"

북로당이 이남의 남북협상파 지도자들에게 초청장을 보내기로 한 방침에 따라 6월 초순에 김일성 · 김두봉 공동명의로 된 초청장이 한독당의 김구, 민족자주연맹의 김규식, 사회민주당의 여운홍, 근로인민당의 장건상, 독립노농당의 유림, 유교계의 김창숙 등에게 전달된다. 북로당의 대남연락부 간부 최광호 · 김광일이 6월 5일 서울에 급파되어 성시백을 거쳐 안우생, 권태양 등을 통해 이틀 뒤쯤 남북협상파 지도자들에게 초청장을 전달하였다. 초청 서한의 골자는 "남조선에서 단독국회가 소집되어 단독정부가 수립되는 것이 기정사실인 상황에서 이에 반대하는 성명을 발표하는 정도로는 단정을 막기 어렵다. 사태가 돌변한 만큼 시급히 해주에서 2차 지도자협의회를 갖고 4월 30일자 공동성명의 내용을 충실히 집행하기 위한 대책을 논의하고자 한다. 불편하시더라도 해주까지 올라와 주기를 요망한다"는 것이었다.

초청서한에 대한 회신은 일주일 남짓만에 평양에 도착하였다. 김구 · 김규식의 회신에는 "이남에서 선거가 진행되고 단독국회까지 열린 상황이어서 4월의 입북 때와는 사정이 많이 달라 입북하기가 곤란하다. 여러 면에서 북측의 초청 의사가 충분히 납득되지 않으니 북에 체류하는 홍명희 선생이 서울에 와서 충분히 상의할 수 있도록 조치하기를 요망한다"는 내용이 담겨 있었다.

김구 · 김규식의 회신을 놓고 북에서는 약간 논란이 일었다. 홍명희는 서울에 다녀오겠다는 생각을 밝혔고 남로당도 홍명희를 서울로 파견하자고 주장했다. 그러나 북로당 지도부의 생각은 달랐다. 홍명희의 서울 파견에 안전성이 보장되지 않는다고 우려하였다. 홍명희가 서울에 가서 김구·김규식과 만나 성과를 거두고 평양으로 다시 올라오면 다행이지만 미군정이나 이승만의 단정 세력이 그를 그냥 두지 않을 것이라는 우려였다. 북로당은 2차 지도자협의회에 김구, 김규식 등을 참가시키려 하다가 도리어 홍명희마저 잃을 수 있다는 신중론을 폈다. 김일성을 비롯한 북로당 지도부는 남북합작의 입장에서 홍명희를 이남의 다른 어떤 지도자보다도 중시하고 있었는데 이 점에서 남로당과 달랐다. 홍명희는 2차 지도자협의회에 김구·김규식이 참석하도록 노력해볼 생각이었지만 결국 북로당의 입장을 따랐다.

북로당 지도부에서는 김규식에게 미국의 입김이 작용한 게 아닌가 하는 의 구심을 갖고 있었다. 김규식이 평양에 다녀간 뒤에도 미군정의 정치고문들과 빈번하게 만났기 때문이다. 북로당은 김구·김규식의 회신 내용을 미국이 알 고 있을 가능성이 크고, 따라서 홍명희가 비밀리에 서울에 간다 하더라도 억류 혹은 체포될 소지가 있다고 판단했던 것이다. 당시 미군정측은 이남의 단정반 대세력, 즉 통일운동세력이 북측과 연합하는 움직임을 극도로 경계하고 있었 기 때문이다.

다만 북로당 지도부는 이남의 사정을 정확히 알아보는 것은 필요하다는 판 단에서 대남연락부장 임해에게 서울에 연락원을 보내도록 지시하였고, 6월 중 순경에 연락원이 서울로 파견되었다. 이 연락원은 당시 서울서 활동하던 북로 당 정치공작원 성시백을 비롯해 안우생·박건웅·권태양 등을 만나 김구·김 규식의 정황을 포함한 이남 사정을 경청한 뒤 평양으로 되돌아왔다. 연락원의 보고는 북로당 지도부의 예상대로 홍명희가 서울에 내려가 김구·김규식을 만 나는 과정에서 비밀이 보장될 수 없다는 것이었다.

북로당은 홍명희를 서울로 보낼 수 없다는 판단을 내린 뒤 6월 20일경 김구·김규식에게 서한을 보냈다. 북로당은 정치연락원에게 김구·김규식에게 서한을 전달하는 임무를 부여하는 한편, 성시백을 통해 김구·김규식의 주변 인사들, 엄항섭·박건웅 등에게도 북로당의 입장을 전달하도록 지시했다. 북로당이 재발송한 서한에는 "정세가 4월과는 달리 급변했으니 단정반대 성명이나 내는 정도로는 단정을 막을 수 없다. 변화된 정세는 남북의 제정당사회단체의 지도자들이 한자리에 모여 통일정부를 수립하는 투쟁을 요구한다. 남북의 정당단체지도자협의회를 다시 열어 통일적 입법기구를 구성하기 위한 통일선거를 실시하는 문제를 토의하고자 한다. 협의회의 토의를 거쳐 통일선거를 실시해 정부를 수립하고자 하니 두 분 선생께서도 이에 적극 호응해주기를 요망한다"는 내용이 담겼다. 이것은 사실상 이북에서 통과된 헌법을 실시하고 최고입법기구 선거를 하겠다는 것이었고, 이를 김구·김규식에게 통보하면서 호응해달라는 요청이었다.

이 서한을 갖고 서울로 급파된 연락원은 대남연락부의 박정수와 송용이었다. 이들은 서한 전달의 임무와 함께 김구·김규식의 측근 인사들 가운데 비밀 월북이 가능한 사람들이 2차 지도자협의회에 참가할 수 있도록 설득하라는 과업을 부여받았다. 이들은 6월 25일께 김구·김규식의 답신을 가지고 평양으로 돌아왔다. 성시백도 함께 평양으로 되돌아왔다. 김구·김규식의 답신은 "국토양단과 민족분열을 막자고 4월에 평양회담을 가졌고 앞으로도 계속 통일을 모색하자고 약속해놓고 이제 와서 이남에서 단정이 수립되니 이북에서도 단정을 수립하겠다는 것은 민족분열행위가 아닌가" 하는 책망조였다. 김구·김규식이 "홍명희를 만나 논의하고 싶다"고 했으나 북로당이 이에 호응하지 않고 정치일정을 일방적으로 진행하면서 호응해달라고 한 것에 대해 반감을 보였던 것이다.

이 답신을 받은 북로당은 준비된 정치일정에 따라 김구·김규식이 불참하더라도 2차 지도자협의회를 밀고 나가기로 결정하였다. 즉 6월 29일부터 7월 5일까지 일주일간 남북조선 제정당사회단체지도자협의회를 열기로 확정했던 것이다. 김구·김규식뿐 아니라 여운홍·장건상 등 이남의 정당·단체 대표들의 회의 참가가 불가능해진 상황이어도 회의를 그대로 밀고 나갈 수밖에 없다고 판단했기 때문이다. 다만 성시백을 통해 북로당과 긴밀한 관계를 맺어왔던 안우생·박건웅·권태양 등 김구·김규식의 일부 측근들은 2차 지도자협의회에 참가하기 위해 비밀리에 38선을 넘어 6월 27일께 평양으로 올라왔다.

평양에서 열린 2차 지도자협의회에는 이북의 모든 정당·단체 대표자들은 물론 남북연석회의 뒤에 이북에 잔류한 이남의 정당·단체 대표자들, 그리고 비밀리에 38선을 넘은 일부 대표자들이 참가하였다. 참가 정당·단체 수는 남북연석회의 때의 56개에 훨씬 못 미치는 40개 미만이었다. 이북의 정당 3개와 사회단체 12개는 그대로였지만 이남의 정당·단체가 20여 개로 줄어들었다.

2차 지도자협의회의 의제는 "남조선 단독선거 실시와 관련하여 우리 조국에 조성된 정치정세와 조국통일을 위한 장래 투쟁대책"이었다. 지도자협의회가 진행된 일주일 가운데 실제로 회의가 열린 것은 나흘 간이었는데 단일 의제로 긴 회의 일정을 치른 까닭은 충분한 토의, 이남의 유동적인 정세 파악, 이남 대표 참가자수 늘이기 등을 위해서였다. 29일의 첫날 회의에서는 북조선민전을 대표하여 김일성이 "남조선 단독선거와 관련하여 우리 조국에 조성된 정치정세와 조국통일을 위한 투쟁대책"이라는 보고를 하였다. 그리고 남조선민전을 대표해서 박헌영이 보고했으며, 민주독립당의 홍명희, 근로인민당의 이영 등의 연설이 이어졌다. 참가대표들의 토론이 이틀 진행된 뒤에 결정서를 채택하였다. 지도자협의회의 마지막 날인 7월 5일에는 조선민주주의인민공화국 수립을 위한 선거의 절차 문제를 토의하고 합의서를 채택하였다. 이 합의서에

각 정당·단체 대표들이 서명하고 주요 지도자들(김일성·박헌영·홍명희·
백남운·이영·김원봉 등)이 결론 발언을 하는 것으로 2차 지도자협의회를 마
치게 된다.

참고로 2차 지도자협의회가 열리기 전에 남북로동당의 연합회의와 남북민
전의 연합회의가 열려 지도자협의회에 대해 사전에 논의했었다. 그리고 지도
자협의회에서의 토론과정이 당시에 공개되지는 않았지만 한독당이나 민족자
주연맹의 중견간부들은 "왜 홍명희를 서울로 보내 김구·김규식 양 지도자가
지도자협의회에 참가할 수 있도록 설득하지 않았는가. 홍명희의 서울파견에
안전문제가 고려되었다는데 미군정이나 단정세력이 설마 홍명희 선생의 신분
에 위해를 가하였겠는가"라고 지적한 일도 있었다.

이들은 "홍명희가 김구·김규식을 만났더라면 두 분 선생이 지도자협의회
에는 참석하지 못하더라도 인공 수립에 참여하도록 할 수 있지는 않았겠는가"
하는 아쉬움을 토로하였다. 이들이 지도자협의회에 참석했음에도 불구하고 대
표성에 문제가 있었기에 공식적으로는 한독당과 민족자주연맹이 지도자협의
회에 참가하지 않은 것으로 처리하였다. 북로당 측은 홍명희의 안전뿐 아니라
그가 지도자협의회를 준비하는 이남 중간파세력의 대표였기 때문에 평양을 비
우기가 어려웠다는 사정을 설명하기도 했다.

2차 지도자협의회가 끝나고 이틀 뒤인 7월 7일에는 남북노동당 정치위원
회 연합회의가 다시 열렸다. 이 회의에서는 7월 9~10일에 북조선인민회의 제
5차회의를 개최하고 7월 12일에 북조선민전 중앙위원회(사실은 남조선민전도
참가하는 연합회의)를, 7월 12~13일에 북조선로동당 중앙위원회(사실은 남로
당도 참가하는 연합회의)를 각각 개최하기로 결정하였다. 이러한 정치일정은
2차 지도자협의회의 결정사항, 즉 헌법실시와 선거진행에 대한 준비를 갖추기
위한 것이었다. 지도자협의회에 참가하기 위해 38선을 넘은 사람들 가운데 일

부는 회의가 끝난 7월 5일 이후 곧바로 서울로 돌아갔고 일부는 평양에 남아 7월 12일에 열린 북조선민전 중앙위원회 회의까지 참가한 뒤 서울로 귀환하기도 하였다.

북, 최고인민회의 선거 실시 결정

북조선인민회의 제5차 회의의 의제는 지도자협의회의 결정사항을 집행하는 문제였다. 7월 9일의 첫날 회의에서는 김일성이 「조선민주주의인민공화국 헌법실시에 관하여」라는 보고를 하였다. 첫날 회의는 김일성의 보고에 대한 토론으로 끝났다. 이틀째 회의에서는 강양욱이 최고인민회의 선거실시에 관한 보고를 하였고 선거일(8월 25일) 결정, 대의원선거에 관한 규정 승인, 중앙선거위원회 조직문제 등을 심의하고 각각에 대한 결정을 채택하였으며, 최종적으로는 조선민주주의인민공화국 헌법실시와 최고인민회의 선거실시에 관한 결정을 채택하였다.

〈자료〉

김일성의 보고 「조선민주주의인민공화국 헌법실시에 관하여」의 주요 내용(『김일성선집』, 조선로동당출판사, 1964년)

"6월 29일부터 7월 5일까지 조국의 통일을 위하여 투쟁하는 남북조선정당, 사회단체 지도자들의 협의회가 또 다시 평양에서 진행되었습니다. 이 협의회는 조선민주주의인민공화국 헌법에 의한 자유선거의 실시에 기초하여 진정으로 민주주의적인 전조선 립법기관인 조선 최고인민회의를 창설하고 남북조선 대표들로 전조선 중앙정부를 수립할 데 대한 중요한 결정을 채택하였습니다. 이 협의회는 또한 조선 최고인민회의와 중앙정부의 중요과업은 조선에서 모든 외국군대를 동시에 철거시키는데 있다고 지적하였습니다…

미제국주의자들과 그의 앞잡이들에게 결정적 타격을 가하고 조국의 통일을 촉진하기 위하여서는 지체 없이 조선민주주의인민공화국 헌법을 실시하여야 합니다. 조선민주주의인민공화국 헌법초안은 전체 조선인민의 일치한 찬동을 받았습니다. 공화국 헌법초안은 북조선에서 실시한 민주개혁의 성과들을 정확히 반영하고 있으며 나라의 통일독립과 민주화에 대한 전체 조선인민의 지향을 표현하고 있습니다…

남북조선 정당, 사회단체들의 대표자련석회의는 조국분렬의 위기에 직면하여 남북조선 애국인사들이 취한 구국대책의 첫 걸음이였습니다. 조선민주주의인민공화국 헌법의 실시는 조국통일을 위한 우리의 투쟁의 두째번 걸음으로 될 것입니다. 그러나 공화국 헌법의 실시를 선언하는 것만으로는 아직 부족합니다. 우리는 한 걸음 더 나아가서 전조선의 유일한 립법기관과 유일한 정부를 세워야 합니다.

지금 우리에게는 전체 조선인민의 의사를 대표할 수 있는 립법기관이 없습니다. 그렇기 때문에 우리는 전체 조선인민의 립법기관으로 될 조선 최고인민회의를 선거하여야 하겠습니다…

우리가 이러한 립법기관을 창설할 시기는 닥쳐왔습니다. 이 립법기관은 장차 수립될 통일적 민주주의정부와 함께 조국의 통일을 위한 조선인민의 투쟁을 더욱 힘차게 추동할 것입니다.

최고인민회의의 창설은 통일적 민주주의 독립국가 건설을 위한 조선인민의 투쟁에서 결정적 전진으로 될 것입니다."

북조선인민회의 제5차 회의가 끝난 다음날인 7월 11일에는 이북 전역에서 인공 헌법실시와 선거실시를 전폭적으로 지지하는 군중집회가 열렸다. 도시나 농촌을 가릴 것 없이 각 지역과 각 직장별로 열린 군중대회에서 인공 헌법실시와 선거실시를 지지하는 결의문을 채택해 이를 인민회의 앞으로 보냈다. 선거

캠페인이 진행되는 한쪽에서는 "북에서도 단독정부를 세우려 한다"고 보고 이에 저항하는 움직임도 있었다. 저항활동은 주로 선거 반대를 주장하는 삐라 살포, 벽보붙이기 등의 형태로 나타났다. 해주·신의주·함흥 같은 일부 대도시와 당시 기독교세력이 강세를 보인 농촌지역 일부에서 이런 일이 있었다. 저항활동의 주도 세력은 이북에서 여전히 활동하던 반공청년들의 비밀조직들과 월남했다가 선거방해를 위해 재차 월북한 반공청년들이었다. 특히 서해안을 끼고 황해도와 평안남북도 쪽으로 들어온 반공청년들이 선거방해에 나선 사례가 많았다.

한편 북조선인민회의 제5차 회의에서는 선거가 통일적 입법기관을 구성하기 위한 것이니 만치 이남에서도 실시한다는 결정을 내렸다. 다만 미군정이 5·10선거를 치른 뒤이므로 지하활동을 전개하던 남로당과 전평·농맹·민애청 등 단체들이 나서 이북의 합법적인 선거와는 다른 별도의 방법으로 선거를 치르기로 하였다. 비합법적인 군중대회가 가능한 지역에서는 집회를 갖고 북조선인민회의 제5차 회의의 결정을 지지하는 결의문을 채택해 이북으로 올려보내고 최고인민회의 '남측 대의원'을 선거할 인민대표자들을 선출하도록 했던 것이다.

4월 남북연석회의와 1차 지도자협의회에 참가한 이남의 정당·단체들도 북조선인민회의의 결정을 지지하는 결의문을 채택하도록 유도한다는 방침도 마련하였다. 한독당·민족자주연맹 등의 개별적인 정당·단체 뿐 아니라 6월 7일에 발기하여 조직 결성을 향해 활발히 움직이던 통일독립촉성회도 북조선인민회의 결정에 대한 지지 결의문을 채택하도록 노력하는 내용도 포함되었다. 실제로 한독당과 민족자주연맹이 보낸 결의문이 평양에 도착하게 되는데 김구·김규식 등 지도자들은 모른 채 몇몇 실무자들이 비밀리에 결의문을 작성해 평양으로 보낸 것이었다.

　　1948년 7월 12일 오전에는 북조선민전 제31차 중앙위원회가 열렸는데 회의에서는 북조선인민회의의 결정을 지지하고 이를 실천함에 있어 민전 측이 해야 할 과제를 중점적으로 논의하였다. 의제는 "조선민주주의인민공화국 헌법실시와 최고인민회의 대의원 선거진행에 있어서의 북조선민전의 과업"이었다. 이날 회의에는 남조선민전의 중앙위원들도 대거 참가했기 때문에 사실상 남북민전 중앙위원회 연합회의나 마찬가지였다. 이날 북로당위원장 김두봉이 보고를 한데 이어 각 정당 단체들의 대표들이 간단한 토론에 나섰고 회의 말미에 결정서를 채택하였다.

〈자료〉
북조선민전 중앙위원회 결정서 요지(『민주건국에 있어서 북조선민전의 역할』)

"조국을 영원히 분열하려는 남조선단선을 무효로 인정하며 반동국회를 여하한 조건 아래서든지 절대 부인하며 매국단정이 수립되더라도 이를 끝까지 견결히 배격할 것이다.

　△ 북조선 제5차 인민회의에서 채택된 인민공화국 헌법실시에 대한 결정은 자주독립을 위한 가장 옳은 노선이므로 이를 전적으로 지지한다.

　△ 인민회의 선거규정을 찬동하며 이 규정에 의거하여 유일한 행동으로써 그 실시를 보장할 것이다.

　△ 선거위원의 사업을 적극 협조할 것이다.

　△ 각 정당, 사회단체는 우수한 선전원들을 선발하여 통일적으로 선거실시에 대한 강습을 조직할 것. 이에 대한 계획과 실시는 북조선 인민위원회 선전국과 중앙민전 서기장에게 일임한다."

　7월 12일 오전에 북조선민전 제31차 중앙위원회가 열린데 이어 이날 오후부터 다음날까지 북로당 제2차 중앙위원회가 열렸다. 북로당 중앙위원회에도 남로당 중앙위원들이 참석했기 때문에 사실상 남북노동당 중앙위원회 연합회의격이었다. 회의에서는 김두봉의 사회 아래 주영하가 「인공 헌법실시와 최고인민회의 선서진행에서의 당단체들의 과업」에 대해 보고한데 이어 대책을 토의하였다. 보고와 토의내용을 기초로 13일에 당조직들의 과업에 대한 결정서를 채택하고 김일성의 결론 발언이 있었다. 7월 13일에 북로당 중앙위원회가 끝나자 그 다음날부터 북조선민주당(15차)·천도교청우당(12차)·직업총동맹·농민동맹·여성동맹·민주청년동맹 등도 중앙위원회를 열어 헌법실시와 선거실시를 지지하고 적극 추진시킨다는 결정서를 채택하였다. 이처럼 2차 지

남조선로동당 소속 특공대원들이 1948년 8월 초 지하선거에서 주민들로부터 받은 연판장을 윗옷으로 싸들고 38선 부근 강을 건너고 있다.

도자협의회에 이어 북조선인민회의·북조선민전 중앙위원회와 북로당을 비롯한 각 정당 단체들의 중앙위원회가 잇달아 열려 인공 헌법실시와 최고인민회의 대의원선거실시를 진행하기 위한 준비를 갖춰나갔다.

해주 인민대표자대회와 지하선거

1948년 6월 29일부터 7월 5일까지 평양에서 열린 제2차 남북조선 제정당 사회단체지도자협의회에서는 이북에서뿐 아니라 이남지역에서도 최고인민회의 대의원선거를 실시하기로 결의하였다. 이남에서는 합법적인 선거가 불가능한 조건이었기에 '별도의 방법'으로 선거를 진행하기로 했다. '별도의 방법'의 구체적인 지침은 7월 7일에 열린 남북노동당 정치위원회 연합회의에서 결정된다. 비공개·비합법으로 선거를 실시하며 산간오지 같은 미군정의 통치가 미치지 않는 지역에선 반합법적인 방법도 병행하기로 했다.

최고인민회의 대의원선거는 이북에서의 직접선거와는 달리 2단계를 거쳐 대의원을 선출하는 간접선거방법을 택하기로 하였다. 첫 단계로 최고인민회의 대의원을 선출할 '인민대표'들을 각 군 단위의 선거구에서 먼저 선출한 뒤 다음 단계로 이들 인민대표들이 참가하는 '남조선인민대표자대회'를 해주에서 개최하여 인민대표 선거를 총화하고 인민대표들 중에서 최고인민회의의 남측 대의원을 선출한다는 것이었다. 남측 대의원수는 인구 5만 명에 한 명꼴로 쳐서 3백 60명으로 확정했다. 북측 대의원수는 2백 12명이었다. 대의원 선출을 위한 인민대표들은 군 단위로 5~6명꼴로 선출하기로 하였고 도시에선 구역에 따라 인구가 많은 경우 7명까지도 뽑을 수 있게 하여 전체 인민대표 수를 1

천 80명으로 확정하였다.

남쪽에서도 간접선거 실시

이남에서의 지하선거를 성과적으로 진행하기 위해 중앙적인 선거투쟁지도위원회를 구성하고 각 도·시·군의 선거투쟁지도위원회를 구성하며 면 단위로 전권위원회를 조직하기로 하였다. 모든 면 단위에 전권위원회를 조직하지는 않으며 남로당의 조직이 면 단위로 살아있는 곳에서만 그 조치를 취하기로 했다. 이남 각지에서의 비합법·반합법 지하선거는 이 전권위원회가 책임지고 진행하도록 한 것이다. 이에 따라 7월 중순까지 15~16개의 도·시 선거위원회가 구성되었고 1백 70~80명의 위원들이 선정되었으며 360개의 선거구위원회(대개 군 단위)가 구성되고 2천 5백여 명이 선거위원으로 선정되었다. 전권위원회 수는 5천 개 이상이었고 실제로 선거를 진행하는 행동대원인 전권위원은 8만 여명으로 집계되었다. 중앙적인 선거투쟁지도위원회의 위원장은 남로당의 서울지도부를 이끌던 이승엽이 맡았고 도·시·군의 선거투쟁지도위원회 위원장은 남로당의 각 단위 위원장이 맡았다. 위원들은 남로당뿐 아니라 2차 지도자협의회에 참가했던 이남의 각 정당·사회단체들의 각 단위의 책임자급 인사들로 채워졌다. 각급 조직들이 구성된 7월 중순부터는 이남에서 지하선거를 실시하기 위한 움직임이 활발해졌다.

이남에서의 지하선거를 진행하기 위한 다른 한 가지 과제는 당시 이북에 있던 남로당의 정치·군사간부양성소인 강동정치학원의 학생들을 선거투쟁에 동원하는 것이었다. 이들은 남로당의 핵심당원들로서 이남에서 국대안반대투쟁, 1946년 '10월인민항쟁', 1948년 '2·7 구국투쟁' 때 선두에 서서 활동하다가 노출되어 미군정으로부터 수배 당한 청년들이었다. 1948년 4월의 남북연석회의에 참가했다가 북에 주저앉았던 남로당 출신의 젊은이들도 강동정치학원에서 재교육을 받고 있었다. 이 학생들 가운데 2백 여명을 선거를 진행하는 전권위원으로 임명해 각지로 파견했다. 이들에게는 파견에 앞서 3일간 집중적으로 선거투쟁에 대한 강습을 실시하였다. 이들은 7월 10일쯤부터 닷새에 걸쳐 개성 방면이나 연천·양양 방면으로 38선을 넘어 담당지역에 잠입하였다. 각자 2~3개 군을 담당하거나 도시 지역에 파견되기도 했으며, 일부는 도급의 선거진행을 책임지기도 했다. 이들은 선거행동대로서 실제로 큰 역할을 하였다.

한편 남로당은 해주의 삼일출판사 등을 통해 선거투쟁에 필요한 각종 선전물을 대량 제작해 남북교역 루트나 비합법루트를 통해 이남으로 보냈다. 선전방향은 이북에서 채택된 헌법을 해설·선전하고 통일정부를 수립하기 위한 최고인민회의 대의원선거의 정당성과 비합법적으로 선거를 치르게 된 이유와 선거방법 등을 해설·선전하는 것이었다. 중앙적인 선거투쟁지도위원회는 서울에 있었지만 사실상 해주에 있던 박헌영이 지하선거를 총지휘하지 않을 수 없었다. 박헌영은 수시로 개성 인근까지 내려가 이승엽과 김삼룡을 만났고 간혹 김삼룡이 38선을 넘어 금천까지 들어오기도 하였다. 서울의 현지지도부와 각도·시·군의 선거투쟁 지도위원회들은 수시로 비밀회합을 갖고 선거를 성공적으로 치루기 위한 대책들을 마련하였다.

그리고 북로당도 이남에서의 지하선거를 잘 치르기 위해 나름대로 움직였다. 이북지역에서 8·25선거를 잘 진행하는 것도 중요했지만 통일정부의 수립을 위한 최고인민회의 대의원선거인만큼 비합법적으로 치러지는 남조선선거가 성공적으로 진행되어야 했기 때문이다. 당시 성시백과 같은 북로당 정치공작원들이 서울에서 활동을 계속하고 있었지만 북로당은 추가로 대남연락부의 핵심간부들을 정치공작원으로 남파하기도 했다.

지하선거가 천편일률적으로 같은 방법으로 진행된 것은 아니었고 지역에 따라 세 가지 방법이 사용되었다. 우선 경찰관서나 면사무소 등의 통치력이 덜 미치는 지역, 낮에는 미군정 치하이지만 밤이면 좌익세상인 지역에서는 선거가 반(半)공개적으로 진행되었다. 주로 경남·경북·전남·강원 등지의 산간부락이 이에 해당된다. 이런 곳에서는 밤에 마을 주민들을 한자리에 모아놓고 전권위원들이 선거에 대해 해설·선전하고 '인민대표'로 선출될 후보들이 어떤 투쟁을 해온 사람이라는 것을 설명하였다. 전권위원들의 후보 소개가 있은 뒤 그 지역의 남로당원이나 좌익계 인사가 나서 후보에 대한 지지토론을 하고 곧바로 전권위원이 갖고 간 투표용지를 나눠주고 투표함에 용지를 넣는 식의 선거가 진행되었다.

둘째로, 반공개적으로 투표를 진행하기 어려운 곳에서는 마을 주민들을 한자리에 모아놓고 전권위원들이 선거해설과 후보천거의 변을 한 뒤 금방 연판

1948년 8월 20일 해주 남조선인민대표자대회 행사장을 방문한 김일성이 허가이 등과 함께 들어서고 있다.

1948년 8월 20일 개최된 해주 인민대표자대회에 참가한 인민대표들이 인민회당 대강당 1층에 앉아 있다. 2층 방청석에는 북의 정당·사회단체 회원들이 참석해 앉아 있다(위). 1948년 8월 20일 개최된 해주 인민대표자대회 주석단 모습(아래).

장을 돌려 서명을 받는 방식으로 선거를 진행하였다. 얇은 미농지의 연판장에
는 헌법실시를 지지하고 최고인민회의 대의원선거를 위한 인민대표 선출을 지
지하며, 해당지역의 후보자를 지지한다는 내용이 적혀 있었다. 연판장에는 이
름을 적고 도장을 찍게 되어 있었으며 곤란한 경우는 무인을 찍도록 하였다.
주민들을 한자리에 모을 때 선거실시 사실을 미리 밝히지 않고 구장 같은 마을
책임자·좌익동조자들에게 부탁하여 다른 명목으로 주민들을 모이게 하는 경
우가 많았다. 지하선거가 기습적으로 치러졌던 것이다.

셋째로, 집회를 열기가 곤란할 때는 전권위원들이 연판장을 가지고 가가호
호 개별 방문하여 서명·날인을 받는 방식으로 선거가 진행되었다. 서명·날
인을 받는 과정에서 이에 응하지 않는 사람들을 협박하는 등의 위협적인 방법
이 동원된 곳도 있었던 것으로 안다.

지하선거가 지역사정에 따라 달리 진행됐기 때문에 전권위원들에게 사전
에 선거강습을 시키는 문제가 중요하였다. 이 때문에 먼저 강동정치학원 학생
들 가운데 전권위원으로 남파된 2백여 명에게 세 가지 선거방법을 전술적으
로, 기동적으로 잘 배합해 진행하도록 집중적으로 교양시켰다. 이들이 이남 각
지에 파견되어 각지의 전권위원들에게 선거방법에 대한 강습을 진행하였다.
이들은 또한 38선을 넘을 때 선거선전물 등을 배낭에 가득 담아 날랐다. 지하
선거에서 이들의 역할이 지대하였다. 이들은 자기가 맡은 지역에 도착하자마
자 전권위원들의 비밀회합에 참석하여 선거방법에 대해 강습하였고 그들 자신
도 전권위원 자격으로 선거진행을 맡았다. 강동정치학원 학생들 가운데 38선
을 넘다가 체포된 사람은 20명쯤 됐던 것으로 안다. 좌익세가 강하고 남로당
조직이 튼튼한 곳에서는 7월 중순에 선거투쟁위원회와 전권위원회가 조직되
어 선거에 들어갔다. 대체로 7월 20일쯤에는 각지에서 지하선거가 시작되어 8
월 10일까지 20여일 이상 선거투쟁이 조직·전개되었다. 면 단위까지 전권위

원들이 파견되어 각 부락을 돌아다니면서 비합법적인 지하선거를 실시했던 것이다.

　이남에서의 지하선거에서 선출된 인민대표 1천 80명 가운데는 남로당뿐 아니라 민주주의민족전선, 그리고 남북연석회의와 제1차 지도자협의회에 참가해 4월 30일의 공동성명에 날인한 정당·단체들의 대표들도 포함되어 있었다. 이들 인민대표 가운데는 각 지역에서 일제 때부터 독립운동가나 공산주의 운동가로 알려진 사람들이 많았지만 계중에는 일반 주민에게 생소한 사람들도 다수 있었다. 인민대표로 뽑힌 사람의 3분의 1 이상이 월북한 상태여서 선거지역의 현장에 없는 경우가 허다하였다. 남로당 출신이나 다른 당의 출신으로 남북연석회의를 전후하여 월북했다가 이북에 주저앉은 사람들은 이남에서의 지하선거 당시 자기 선거구에 내려와 얼굴을 내미는 것이 위험했기 때문이다. 특히 이들 가운데는 강동정치학원이나 인민경제대학에서 교육받고 있던 사람들이 적지 않았다.

인민대표 후보들의 이름이 적혀 있는 연판장.

선거 전권위원 가가호호 방문, 가짜 연판장도

선거를 치르기 어려운 일부 지역에서는 전권위원들이 가가호호 방문하지도 않고 골방에 앉아 연판장에 주민들의 이름을 임의로 열거한 뒤 무인을 멋대로 찍고는 선거가 치러진 것처럼 위장한 사례도 있었다. 지하선거를 치르기에 위험이 너무 컸던 일부 지역에서 전권위원들이 선거방법을 제대로 수행치 않고 멋대로 연판장을 만들어 중앙에 올려 보낸 경우가 있었던 것이다. 심지어 군중집회를 연 적이 없는 곳에서 "군중집회를 열어 서명·날인을 받았다"는 연판장이나 "선거를 치렀다"며 투표용지를 중앙에 올려 보낸 거짓사례도 나타났다. 남로당의 군당만 있고 예하의 면당이 전혀 없어 선거실시가 어려운 지역의 군당이 실적보고를 위해 그런 짓을 했던 것이다. 그러나 당시에 이러한 선거 '위장' 사례를 일일이 가려내어 비판하거나 재선거를 치를 형편은 아니었기에 그냥 묵인하고 넘어갔다.

당시 지하선거의 모든 결과물, 즉 투표용지나 서명·날인한 연판장은 군당

박헌영 남로당위원장이 1948년 8월 21일 해주 남조선인민대표자대회에서 남조선인민대표 선거실시에 대한 보고를 하고 있다.

단위의 각 선거구에서 남로당의 도당을 거쳐 서울의 남로당 현지지도부(중앙적인 선거위원회)로 보내졌고, 이것은 주로 개성 루트를 통해 다시 해주의 박헌영에게로 보내졌다. 선거결과만 상급단위에 보고하는 형식이 아니라 연판장이나 투표용지 등 선거의 증거물을 그대로 상급단위에 보냄으로써 모든 것을 해주로 집결시켰던 것이다. 이 과정에서 남로당의 비밀연락원들이 활발히 움직였다. 이것은 이남에서 비합법적인 지하선거가 실시되었다는 증거를 남기기 위한 것이었다.

또한 각 지역의 선거결과를 숫자로만 보고받으면 전권위원들이 지하선거를 치르지도 않고 숫자놀음을 할 가능성도 있었기 때문이다. 아울러 박헌영을 비롯한 남로당 지도부의 입장에서는 이남에서 치러진 지하선거를 통해 남로당의 '세'를 북로당에 과시하려던 측면이 있었다고 할 수 있다. 지하선거 증거물을 해주에 집결시킴으로써 "남조선에서 여전히 남로당의 정치적 영향력이 대단하다"는 것을 증명하려고 했던 것이다. 남로당과 북로당 지도부의 협의과정에서는 "남조선에서의 비합법적 투쟁조건에서는 투표용지나 연판장을 해주로 집결시키려면 위험이 따른다"는 논란이 없지 않았으나 박헌영 측이 한사코 이를 주장하여 그대로 실현되었다. 박헌영 측은 지하선거의 증거물을 중앙으로 집결시키지 않으면 하급단위에서 선거가 실제로 치러지지 않고 허위보고의 소지가 있다는 이유를 들었다.

한편 인민대표로 선출된 사람들 가운데 당시 이남에 있던 대표들은 각 군단위로 지하선거가 끝나는 대로 입북하게 되어 있었다. 입북절차가 복잡했다. 우선 서울에 있던 선거투쟁지도위원회에서는 각 군별로 인민대표들에게 서울의 접선장소와 암호를 각각 다르게 내려보냈다. 선거가 끝나는 대로 군의 인민대표들은 일단 서울로 와서 암호와 접선장소를 이용해 중앙적인 선거투쟁지도위원회의 연락원과 접선하였다. 각 군별로 월북해야 할 인민대표의 수가 달랐기 때문에 서울의 연락원은 몇 개 군의 인민대표들을 한 팀으로 묶어 38선을 넘기 전에 아지트까지 안내할 남로당 안내원을 한 사람씩 붙여 개성, 의정부·동두천, 속초·강릉의 남로당 아지트까지 일단 보냈다. 인민대표들은 이 아지트의 연락원의 도움을 받아 38선을 넘었다.

대체로 인민대표들은 서울까지는 각자가 간 뒤 접선장소와 암호에 따라 선거투쟁지도위원회와 접선하고 그 다음부터는 서울 아지트에서 개성 등의 38선 인근 아지트까지, 그리고 38선 인근 아지트에서 38선 넘어서기까지의 두 단계에 걸쳐 남로당 안내원의 안내를 받으면서 월북하였다. 8월 10일쯤에는 인민대표들이 거의 대부분 넘어왔다. 월북과정에서 체포되거나 노출되어 월북을 단념한 사람도 수십 명에 이르렀다. 아주 늦은 경우 8월 20일쯤에 해주에 도착한 인민대표도 있었다.

1948년 8월 20일 해주에서는 남로당 정치국회의가 열렸다. 이 회의에는 이승엽은 물론 김삼룡, 이주하 등 이남에서 활동하던 남로당 지도자들이 모두

민주주의민족전선 정운영 상임위원이 1948년 8월 25일 대의원 선거에 참가해 투표하고 있다.

참석하였다. 같은 날 이남 지하선거를 위한 중앙선거투쟁지도회도 해주에서 열려 선거를 총화(결산)하였다. 지금도 기억에 남는 것은 선거총화보고서가 5백 쪽이 넘는 책 2권의 분량이었는데 지하선거 투쟁의 모범사례가 상세히 나열되어 있었다. 이를테면 어느 군의 전권위원 누구는 가가호호를 방문하는 방식으로 1천 수백 명의 서명·날인을 받았다는 식이었다. 모범사례 뿐 아니라 일부에서 자행된 골방에서의 서명·날인 조작 사례도 적시되어 있었다. 이 선거총화보고서가 인민대표자대회에서 박헌영의 선거총화보고의 기초가 된다.

아무튼 이남에서 지하선거에 참가한 유권자는 총유권자의 77.74%로 파악되었는데 이 숫자에 골방에서 임의로 만들어낸 것들도 포함되었을지라도 해주에 최종 도착한 투표용지나 연판장에 기초해 파악한 것임에는 틀림이 없다. 김일성은 북로당의 대남부서에 "해주인

경제학자이자 남조선신민당 위원장을 역임한 백남운이 1948년 8월 25일 해주인민대표자대회에서 최고인민회의 대의원선거에 참가해 투표 하고 있다(위). 8월 25일 제주도 4.3항쟁을 주도했던 김달삼이 최고인민회의 대의원 선거에 참가해 투표하고 있다(아래)

민대표자대회에 참석키 위해 월북한 이남의 인민대표들이 회의가 열릴 때까지 편히 쉴 수 있도록 조치를 강구하라"는 특별지시를 내렸다. 이에 따라 개성 루트로 월북한 인민대표들은 황해도의 신천휴양소(온천)로, 중부와 동부 방면으로 월북한 인민대표들은 강원도의 삼방휴양소(약수터), 함경도의 주을휴양소(온천)로 각각 분산되어 휴식을 취하였다. 절대 다수는 개성 방면으로 넘어왔기 때문에 신천휴양소에 많은 인민대표들이 집결되어 있었는데 신천에 여관이 모자라 일부는 인근의 재령군까지 분산시키기도 했다.

8월 10일 전후에 월북을 완료한 대부분의 인민대표들은 휴양소에서 열흘 남짓 휴식을 취할 수 있었다. 이들의 숫자는 6백명이 넘었는데 북측은 이들 손님을 접대하기 위해 음식 준비에 만전을 기하였다. 이남의 어려운 여건에서 통일정부 수립운동을 위해 투쟁해온 남측 대표들에 대한 북측의 배려였다고 할 수 있다. 닭·소·돼지고기를 충분히 공급하는 한편 술도 제공했다. 그런데 지방의 남로당 대표가 술추렴을 하다가 같은 지역의 다른 정당·단체 대표들에게 안하무인격으로 행동해 눈살을 찌푸리게 하는 일도 있었고 싸움이 벌어진 예도 있었다. 이들이 모두 해주에 집결한 것은 8월 18일이었다. 해주에 있는 여관만으로는 1천여 명을 수용할 수 없어 일부는 학교 기숙사를 이용하기도 하였다.

조선최고인민회의 남측 대의원의 선출은 이남 지하선거의 1단계로 끝나는 것이 아니라 2단계로 인민대표자대회를 열어 인민대표들 가운데 대의원 3백 60명을 뽑는 수순이 필요하였다. 이것이 8월 21일부터 26일까지 해주에서 열린 '남조선인민대표자대회'이다. 당초 회의를 25일까지로 예정했었다가 첫날 회의를 열어보고는 회기를 하루 연장키로 하였다. 인민대표자대회의 의제는 이남에서 인민대표 1천 80명을 선출한 지하선거를 총화하고 이 가운데서 최고인민회의 대의원 3백 60명을 선거하는 것이었다.

김일성은 해주에서의 남조선인민대표자대회가 성과적으로 치러질 수 있도록 보장하기 위해 해주시에서 가장 전망이 좋은 남산 기슭에 1천 5백석 규모의 인민회당을 새로 짓도록 특별지시를 내렸다. 해주의 노동자들이 20여 일만에 전격적으로 인민회당 건설을 마쳐 회의에 차질을 빚지는 않았다. 김일성의 북로당은 8월 25일의 북측 최고인민회의 대의원선거 못지 않게 남측에서의 인민대표 선출을 위한 지하선거와 인민대표자대회에서의 대의원 간접선거가 중요하다고 보고 지원을 아끼지 않았다.

그리고 이남 지하선거를 진두지휘한 중앙선거투쟁지도위원회는 인민대표자대회를 성과적으로 치르기 위해 박승원을 책임자로 한 대회준비위원회를 조직하였다. 인민대표자대회는 남측이 주체가 되어 진행되어야 했기 때문에 준비위원회가 대회진행, 인민대표 장악, 문건의 사전준비 등의 대책을 마련하였다. 물론 평양의 중앙선거위원회가 배후에서 인민대표자대회가 제대로 치러질 수 있도록 지원을 아끼지 않았고 이를 위해 지원위원회를 조직하기도 했다.

남로당 주도에 일부 반발

대회준비위원회는 8월 21일의 대회 개최를 앞두고 19, 20일 양일 간 인민대표 1천여 명을 인민회당에 모아놓고 예행연습을 하기도 하였다. 아마도 김일성을 비롯한 북로당 지도자들이 회의를 참관할 것이고 북측에서 5백여 명 정도가 방청할 것으로 예견되었기 때문에 남로당측은 일사불란한 회의 진행으로 남측의 '세'를 과시하려고 하지 않았나 생각한다. 인민대표들이 제각기 회의장에 입장하는 것이 아니라 지역 연고를 바탕으로 한 조·반 편성에 따라 줄지어 입장하도록 예행연습을 시키기도 했다. 회의 도중에 요란하게 박수치며 '박헌영 동지 만세!' 외치기를 유도하는 경우가 많았는데 사전연습 때 박수연습까지 시켰다. 남로당이 인민대표자대회를 마치 박헌영 지지대회처럼 끌어

나가는데 대해 1946년 가을의 3당합당과정에서 반(反)박헌영 입장을 펴다가 사회노동당, 나중에 근로인민당으로 간 인민대표들은 박헌영 일파의 행동에 거부감을 느낄 수밖에 없었다.

인민대표자대회에 참가한 인민대표 1천 80명의 출신 정당·단체를 보면 남로당·민주독립당·근로인민당·인민공화당·사회민주당·신진당·민족자주연맹·민주한독당·전평·농맹·여맹 등이 30명 이상의 대표를 내었다. 최고인민회의 대의원선거가 통일정부를 수립하기 위한 절차를 밟는 것이었기에 인민대표들도 이남의 각 정당·단체들을 포괄적으로 대표하도록 안배했다고 할 수 있다. 이들은 대체로 남북연석회의에 참가하고 제1차 지도자협의회에서 통과된 4월 30일의 공동성명서에 서명한 정당·단체들이었다. 이것은 이북에서 탄생할 정권이 '통일정부'라는 명분을 획득하기 위한 것이었다고 할 수 있다.

남조선인민대표자대회는 8월 21일 오전 10시 해주시 인민회당에서 개최되었다. 개회선언은 박헌영이, 개회사는 민주독립당의 홍명희가 각각 하였다. 다음으로 주석단(35명)과 서기국 성원을 선거했다. 서기국 성원은 이호제(책임자)·박치우·유원식 등 남로당 서기국원 출신과 강동정치학원의 교원 등이 맡았다. 그리고 회의순서 통과에 이어 김두봉이 북조선민전을 대표해 축사를 했는데 이날 북로당의 김일성, 김책, 허가이 등 고위 지도자들은 인민대표자대회의 명예주석단으로 추대되어 개회 행사에는 참가하였다.

첫날 회의의 마지막에 가서 박헌영이 "조선 최고인민회의 남조선 대의원선거를 위한 남조선인민대표자대회 대표 선거에 대한 보고"를 하였다. 한마디로 '남조선 지하선거 결과에 대한 보고'였는데 박헌영은 장장 3시간에 걸쳐 보고문을 읽어나갔다. 그러는 동안에 박헌영 일파는 그가 투쟁사례를 언급할 때마다 박수를 치며 '박헌영 동지 만세!'를 연발하였다. 인민대표들은 박수소리에

끊어졌다 다시 이어지는 3시간의 보고 동안에 자리 이탈이 허용되지 않았다. 이날 회의가 끝난 뒤 같은 자리에서 황해도 예술단의 공연이 있었다.

박헌영의 보고에 대한 토론은 22일에 집중적으로 진행됐는데 약 30명의 토론자들이 나서서 지지토론을 하였다. 남로당의 김오성, 민애청의 조희영, 사회민주당의 장권, 민중동맹의 나승규, 근로인민당의 최성환, 민족자주연맹의 이용선과 제주도 출신의 김달삼 등이 대표적인 토론자들이었다. 토론과정에서도 박헌영을 추켜세우는 것은 여전했고 노골적인 우상화 분위기가 유치할 정도였다. 22일 회의에서는 토론 외에도 축전 소개나 축하 연설들이 있었다. 이남 각지에서 보내온 축문 낭독, 북조선직맹 황해도위원장 문창원의 이북 노동자들을 대표한 축하 연설, 김일성대학 학생의 축하 연설과 이북 각지에서 보내온 축전 소개 등이 이어졌다. 이 날은 회의 종료 뒤 최승희무용연구소의 공연이 열렸다.

8월 23일 회의는 이북 농민대표의 축하 연설로 시작하여 곧바로 박헌영의 보고에 대한 토론결과를 박헌영이 정리해 발표하였다. '토론에 대한 결론' 도 통상의 결론보다 길어 1시간 반쯤 진행되었고 이 때도 중간 중간에 '박헌영 동지 만세!' 소리와 박수가 터져 나왔다. 이어서 보고에 대한 결정서가 채택되었고, 다음으로 대표자 자격심사 결과를 보고하고 이에 대한 결정서를 통과시켰다. 중간에 이북 여성대표와 문화인대표의 축하 연설이 있었다. 이날 회의의 말미에 최고인민회의 남측대의원 3백 60명을 선출하는 선거절차를 통과시켰다. 23일에는 황해제철소인지 어느 공장 노동자서클의 공연이 있었다.

인민대표자대회 진행을 맡았던 준비위원회는 3일째 회의까지 진행하고 나서 인민대표들에게 박헌영의 보고와 토론, 토론에 대한 결론에 이른 과정을 어떻게 생각하는지 감상을 써내도록 했다. 이것은 박헌영에 대한 반향을 확인하려는 조치였는데 이에 대해 극히 일부에서 반발하기도 했다. 느낌을 써내기로 한 쪽지를 내지 않은 대표들도 있었고 일부는 "별로 할 얘기가 없다"는 식으로 간단히 쓰기도 하였다. 남로당 집행부 측은 감상문 제출에 미온적인 대표들을 닦달하였고 이 때문에 남로당 출신과 다른 당 출신들 사이에 시비가 일기도 하였다. 북로당은 남로당과 다른 당들 간에 갈등이 없기를 바랐고 남조선인민대표자대회가 성공리에 끝날 수 있도록 배후에서 노력했지만 남로당 관계자들은 박헌영의 헤게모니를 확립하려고 분주히 몰아치느라고 이남의 다른 정당·단체들과 갈등을 빚는 상황이었던 것이다.

8월 24일 회의는 만경대혁명자유가족학원 학생대표(20여명)의 축하로 시작되어 최고인민회의 대의원 입후보자 3백 60명에 대한 일괄 추천이 이어졌다. 입후보자 추천 명단은 '어느 당 몇 명에 누구누구이다, 누구는 어느 지역구 입후보'라는 식으로 쭉 불러나갔다. 입후보자 추천명단은 이승엽이 발표했고 예정대로 형식적으로 통과됐다. 곧이어 투표계산위원 9명을 선거함으로써 24

해주 인민대표자대회 대회장 앞에 쌓여 있는 연판장 뭉치. 남로당 측은 남쪽에서 선거가 정상적으로 진행됐다는 증거인 연판장들을 해주까지 옮겼다.

일 회의는 간단히 매듭지어졌다.

그런데 최고인민회의 대의원 입후보자에 대한 토론에 들어가기로 한 8월 25일 회의를 앞둔 24일 오후에 입후보자를 둘러싸고 분위기가 술렁거렸다. 입후보자 중에는 자연히 남로당 출신만이 아니라 남북연석회의와 지도자협의회에 참가한 이남의 20여개 정당·단체 출신들이 어느 정도 골고루 포함되었기 때문에 일부 지역에서 투쟁 경력이 화려한 남로당 출신이 입후보자에서 누락되었다. 이에 해당되는 군 단위의 남로당 간부들이 "자기 지역에서는 적어도 자신에 비할만한 '애국투사'가 없는데 다른 정당·단체 출신이, 그것도 다른 군 출신이 대의원 입후보자로 추천된 것은 부당하다"고 주장하였다. 이들은 8월 25일 회의에서 집단적으로 불만을 터트릴 기세였다.

이런 지역이 한두 곳이 아니었기 때문에 남로당의 일부 지역간부들이 도 단위로 작당하여 다른 정당·단체 출신의 입후보자들을 보이콧하려는 움직임이 있었던 것이다. 이들의 명분은 "특정 지역에서 남로당 출신의 진정한 대표가 있는데 왜 그런 인물을 입후보자로 추천하지 않고 반탁진영에 가담한 적이 있는, 명망성도 그리 높지 않은 우익 인물을 추천하는가"하는 것이었다.

한편에선 반박헌영파들이 이 분위기에 편승해 남로당 지도부에 대한 비판에 가세하려는 움직임도 나타났다. 24일 오후 이같은 해주의 분위기를 전해들은 평양의 북로당은 대남연락부장 등이 해주에서 활동하고 있었지만 급히 최창익·주영하·김응기 등 연안파·국내파 지도자들을 추가로 해주로 보내 남로당 지도부를 도와 사태를 수습하도록 조치하였다. 남로당과 북로당 지도부는 최고인민회의 대의원 입후보자 추천에 불만을 품은 남로당원들을 설득하기 위해 24일 저녁 늦게까지 분주했고 가까스로 이를 수습할 수 있었다. 사실 8월 25일의 회의에서 공개적으로 불만이 터져 나오면 상황이 걷잡을 수 없이 악화될 소지가 있었고 그럴 경우 남조선인민대표자대회 자체의 위기로까지 치달을 수 있었다. 상당한 곡절 끝에 25일 새벽에 가서야 조기 진화작업은 성공한다.

이러한 사정이 있었기 때문에 8월 25일 회의에서는 입후보자에 대한 토론, 투표, 대의원선거 투표결과의 발표에 이르기까지 대의원선거를 마무리하기로 했던 당초 일정을 변경해 투표결과의 발표만은 26일 회의로 미루었다. 이것은 일부 인민대표들의 불만이 투표과정에서 어떻게 나타날지 몰라 다소 의구심이 들었기 때문이었다. 8월 25일에 투표를 한 것은 이북에서의 최고인민회의 대의원선거일과 같은 날에 선거를 실시하기 위해서였다. 25일 회의가 시작되면서 곧바로 입후보자에 대한 토론에 들어갔는데 약정 토론자들은 찬성 토론을 했지만 도중에 불만이 있는 사람들이 손을 들고 발언권을 신청하거나 반대의사를 중구난방으로 떠드는 바람에 회의장이 소란하였다. 애초에는 오후 2시까지 토론하고 점심식사를 한 뒤 오후 3~4시쯤에는 투표를 하려고 했지만 잦은 휴회로 예정과는 달리 거의 7시 무렵이 되어서야 투표에 들어갈 수 있었다.

'박헌영 동지 만세!'

8월 26일의 마지막 회의에서는 앞에서 소개하지 못한 이남에서 온 축전과 축문을 한 시간 남짓 발표하고 이어 3백 60명의 최고인민회의 남측 대의원이 당선됐음을 알리는 투표결과의 발표가 있었다. 대의원 당선자 발표는 박헌영이 하였는데 이 때도 남로당의 박헌영 지지자들이 박수를 치며 '박헌영 동지 만세!'를 외치기는 마찬가지였다. 박헌영의 투표결과의 발표에 이어 "김일성 동지와 북조선 인민들에게 보내는 감사의 메시지"를 통과시킨 뒤에 허헌의 폐회사로 남조선인민대표자대회는 끝을 맺었다.

남로당의 박헌영 지지자들은 회의 기간에 박헌영이 이남 주민들의 절대적 지지를 받는 것처럼 보이려고 노력하였다. 특히 김일성을 비롯한 북로당의 지도부가 회의를 방청한 날에는 더욱 기세를 높여 '박헌영 동지 만세!'를 외쳤

다. 이원조는 "박헌영 동지에게 드리는 헌시"를 만들어 회의 도중에 낭독하는
가 하면 인민대표들의 숙소에 헌시를 배포해 시낭송모임을 갖도록 종용하였
다. 시 낭독에 그친 것이 아니라 작곡가 김순남이 "박헌영 동지에게 드리는 노
래"를 작곡해 회의 기간에 짬짬이 부르도록 하였다. 휴식시간에 인민대표들에
게 이 노래를 가르쳤고 숙소에서도 이 노래가 불려지도록 종용하였다.

심지어 숙소에서 회의장으로 오고가는 도중에도 박헌영을 찬양하는 노래
를 부르도록 했으니 대회 기간에 남로당의 '박헌영 우상화'가 절정에 달했다
고 해도 과언이 아니다. 대회 기간에는 또한 이남 빨치산의 투쟁모습을 그린
'산사람'이라는 연극이 공연되기도 했는데 여기서도 빨치산이 죽는 순간에
'박헌영 동지 만세!'를 부르도록 하는 등 공공연히 박헌영을 우상화하는 분위
기를 연출하였다.

그밖에 남조선인민대표자대회를 방해하기 위한 움직임도 있었다. 해주로
비밀리에 잠입해 들어온 일부 월남 반공청년들이나 황해도 일대에 남아 활동
하던 반공 지하조직들이 해주시 인민회당에 대회를 반대하는 낙서를 하거나
벽보를 붙이고 삐라를 뿌렸다. 그 내용은 대체로 "이남에서 올라온 인민대표
들은 소련과 김일성의 주구가 되려고 하는가"라는 것이었다. 이남에서 밀파된
테러단도 2개 적발되었던 것으로 기억한다.

남로당 출신의 인민대표들 가운데 최고인민회의 대의원이 아닌 사람들은
인민대표자대회가 끝난 즉시 거의 모두 강동정치학원으로 보내졌다. 다른 정
당·단체 출신들 가운데도 일부는 강동정치학원이나 인민경제대학(당시 정치
경제아카데미)으로 갔다. 1천여 명의 인민대표들 가운데 이남으로 돌아간 사
람은 다른 정당·단체 출신들로 40여 명쯤이었던 걸로 안다. 그리고 최고인민
회의 대의원으로 선출된 3백 60명은 최고인민회의가 열리는 9월 2일까지 시
간이 남았기 때문에 거의가 신천휴양소로 가서 사나흘 휴식을 취하고 8월 30

일 평양에 집결하게 된다. 일부 주요 정치지도자들은 곧바로 평양으로 와 북로당 · 북조선민전측과 함께 최고인민회의 개최의 준비과정에 참가하였다.

남조선인민대표자대회 이후에 나타난 후유증은 두 가지였다. 하나는 대의원이 되지 못한 일부 인민대표들이 강동정치학원 등에 배치된 뒤에도 자기 지역에서 대의원으로 뽑힌 사람을 모해하는 투서를 보내거나 공공연히 떠들고 돌아다니는 것이었다. 최고인민회의 대의원이 되지 못한 인민대표들이 어떻게 하든지 이미 선출된 대의원을 내몰려던 것이었다. 그렇다고 해서 대의원이 바뀐 경우는 없었다.

다른 하나는 대회 이후부터 최고인민회의 제1차 회의를 앞둔 기간에 남로당의 박헌영 일파가 대의원 3백 60명을 대상으로 박헌영에 대한 지지공작을 활발히 전개한 것이었다. 이것은 최고인민회의 대의원수에 있어 남측이 3백 60명으로 북측의 2백 12명을 넘어서고 있었으므로 조선 '중앙정부'에서 남로당이 유리한 입장에 있다고 판단한 데 따른 것이라 할 수 있다. 남로당의 이러한 이면공작에 대해 홍명희의 민주독립당, 백남운 · 이영의 근로인민당, 김원봉의 인민공화당 등의 대의원들이 넘어갈 리가 없는 상황이었다. 그 과정에서 약간의 갈등이 불가피하였다.

>>>
8 · 25선거

1948년 7월 9∼10일에 열린 북조선인민회의 제5차 회의에서는 최고인민회의 대의원선거를 8월 25일에 실시한다는 결정을 내렸다. 이 회의에서는 선거규정을 마련해 선거절차를 확정하는 한편, 선거담당기구인 중앙선거위원회를 조직하였다. 북조선인민회의에서 뿐 아니라 북조선민전과 북로당 중앙위원회에서도 8·25선거를 성과적으로 치르기 위한 대책이 토의됐고, 이어서 이북의 각 정당·단체의 중앙위원회도 선거대책을 논의했다. 북로당을 위시한 각 정당·단체에서는 각 도·시·군·면 단위에 이르기까지 8·25선거를 성과적으로 보장하기 위한 과업을 토의하였다. 또 중앙선거위원회 밑에 시·군 단위의 구선거위원회(2백 12개)와 분구선거위원회(8천 3백여개)를 조직해 선거를 직접 주관하도록 준비하였다.

한편에서는 2백 12개 선거구의 입후보자 추천사업이 활발하게 진행되었다. 형식상으로는 군 단위의 민전 조직에서 대의원 입후보자를 선정해 북조선민전 중앙에 추천하고 민전 중앙이 토의해 입후보자를 최종적으로 확정하게 되어 있었다. 실제로는 이에 앞서 북로당 중앙의 조직부와 사회부가 민주당·천도교청우당과 협의하여 선거구별로 입후보자를 내정하고 내정된 입후보자 명단을 군 단위의 민전 조직에 통보한 뒤 형식적인 입후보자 추천사업의 절차를 밟도록 하였다. 군 민전은 주민총회를 열어 사전에 내정된 입후보자를 공개적으로 추천하는 행사를 가졌다. 선거구 단위로 추천된 입후보자에 대해 민전 중앙이 토의를 거쳐 입후보자를 확정하면 각 선거구별로 추천된 입후보자의 등록사업이 진행되었다. 입후보자 추천사업과 등록사업은 8 월 5일 이전에 마무리되었고 중앙선거위원회는 2백 12개 선거구에서 2백 27명의 입후보자가 등록했음을 8월 5일에 공시하였다.

일부 복수 입후보자, 15명은 탈락

입후보자의 등록 상황에서 알 수 있듯이 몇몇 선거구에서는 입후보자가 복수였고 15명은 대의원에서 탈락하도록 되어 있었다. 일부 선거구에서 복수 입후보자가 나온 것은 북로당과 민전이 나서 입후보자를 조정하다가 실패한 경우이다. 예를 들어 특정 선거구에서 북로당 출신을 입후보자로 추천했을 때 민주당·청우당 소속 혹은 무소속의 특정인이 추천사업 자체에 승복하지 않고 독자적으로 입후보자로 선거구에 등록한 사례가 있었기 때문이다. 민전 자체가 입후보자의 조정에 실패해 두 사람을 추천한 선거구도 있었다. 입후보자가 복수로 등록된 곳은 평남의 덕천, 평북의 선천·정주, 황해도의 안악, 함남의 홍원 등지였다. 이 현상은 천도교청우당과 민주당의 당세가 센 곳에서 나타났다. 처음에는 복수 입후보자 선거구가 70여 곳이었는데 북로당과 민전의 조정을 거쳐 단일 입후보자를 내도록 조치했지만 마지막까지 조정되지 않은 선거구가 15개였던 것이다.

입후보자 추천과 관련하여 최용달·이강국처럼 서울의 조선공산당 출신으로 1946년 초부터 이북에서 활동해오고 선거 당시에는 북로당의 당적을 갖고 있던 인물을 둘러싼 약간의 잡음이 일었다. 남로당의 박헌영은 최용달·이강국이 일찍부터 이북에서 활동한 만큼 최고인민회의 대의원 입후보자로 추천될 것을 기대하였다. 박헌영은 이들을 대의원으로 선출해줄 것을 북측에 요구했지만 북로당은 이에 응하지 않았다. 북로당은 1948년 3월의 제2차 당대회에서 집중적으로 비판받은 이들을 최고인민회의 대의원으로 추천하지 않았다. 결과적으로 최용달과 이강국은 이북의 선거나 이남의 간접선거 대의원명단 양쪽에서 모두 빠져버렸다.

북로당은 반공 지하단체나 월남청년들이 8·25선거를 방해하기 위해 암해·파괴활동을 할 수도 있다는 판단에서 주요 직장의 핵심 노동자들과 대학생들로 구성된 선거선전원들을 편성해 각 군에 파견하였다. 명목은 선전원이었지만 실제로는 선거방해 활동을 막기 위한 행동대였다. 선전원들은 군 내무서의 협력 아래 비밀리에 북로당의 지역 핵심당원들을 동원해 선거분구 단위로 선거보위대를 조직하였다. 실제로 반공 지하단체나 월북한 월남청년들이 선거를 반대하는 삐라 살포, 벽보 부착, 분구선거위원회 사무실 습격 등의 활동을 전개한 곳도 있었다. 대개는 당국의 통제가 덜 미치던 묘향산 일대의 산간지역과 해안을 끼고 있는 황해도와 평안도 지역에서 그런 일이 벌어졌다.

8 · 25선거가 합법선거라고 해서 순탄하게 진행된 것만은 아니었던 것이다. 선거방해 활동 외에도 입후보자의 조정과정에서 북로당과 다른 당의 불화, 심지어 지역에 따라서는 씨족 간의 갈등까지 나타난 복잡한 국면이었다. 최고인민회의 선거과정에서 분구선거위원장, 선거선전원 등 사망자가 7명이나 됐던 것을 보더라도 8 · 25선거가 순탄하게 치러진 것이 아니었음을 알 수 있다.

1946년 11월에 도 · 시 · 군 인민위원회 선거를 치를 때 문맹퇴치사업을 병행한 바 있지만 8 · 25선거를 앞두고 이북에서는 문맹퇴치사업이 본격적으로 전개되었다. 백함(찬성)-흑함(반대) 선거를 치르도록 규정되어 있어 선거실시 자체에 큰 어려움은 없었으나 입후보자 이름 정도는 옳게 읽도록 가르쳐야 했기 때문이다. 지방에서는 선거를 성공적으로 실시하기 위해 선거선전원들이 나서 '모의선거'를 치르기도 했다. 또 각지에서 8 · 25선거를 지지하는 군중집회를 갖고 이남에서 치른 '5 · 10선거의 무효' 및 7월 중순부터 치러진 '인민대표를 선출하는 지하선거 지지'를 표명하는 동시에 이북 선거를 결부시키는 투쟁을 전개하였다.

그리고 최고인민회의 대의원 입후보자 등록이 완료된 8월 5일 이후, 대체로 8월 10일부터 20일 무렵까지 각 선거구에서 입후보자의 정견발표가 진행되었다. 김일성은 각지에서 정견 발표가 끝난 뒤인 8월 23일에 자신이 등록된 평남 강동 승호지구에 가서 선거연설을 했다. 당시 북조선인민위원장이던 김일성이 승호선거구에 와서 연설한다는 것을 알고 강동군에 잠입한 테러분자가 사전에 발각되어 체포되는 일도 있었다. 김일성이 연설하기로 되어 있던 인민학교 운동장에는 8월 23일 당일에 선거반대 삐라가 뿌려지기도 하였다. 이런

1948년 8월 25일 실시된 최고인민회의 대의원 선거에서 한 노인이 선거를 하고 있다.

현상은 강동군 승호선거구에서 뿐 아니라 주요 정치지도자들이 입후보자로 등록된 여러 선거구에서 일어났다. 특히 해주시의 한 선거구에 등록된 최창익은 연설하다가 저격당했으나 총을 맞지는 않아 무사할 수 있었는데 이럴 정도로 험악한 분위기에서 선거가 치러졌다.

당일 오전 6시부터 시작된 8·25선거는 방해활동을 차단하기 위해 각 직장·부락별로 집체적으로 투표에 참가하는 방식으로 진행되었다. 환자를 비롯한, 투표장에 나오기 어려운 일부 사람들에 대해서는 선거선전원들이 투표함을 갖고 개별 방문을 함으로써 투표율을 높이려고 하였다. 선거를 축제 분위기로 치르기 위해 선거장을 화려하게 장식하고 주민들에게도 좋은 옷을 입고 나오도록 독려했다. 농악대를 조직해 동네 어귀를 돌게 하고 선거장에서도 농악을 울리는 등 잔치분위기를 연출했다. 거의 모든 선거분구에서 오전에 선거가 끝났다. 선거 당일에도 불상사가 전혀 없었던 것은 아니다. 삐라가 뿌려진다거나 "입후보자가 마음에 들지 않는다"며 선거에 참가하지 않으려는 주민들을 선거선전원이 강제로 투표에 참가시키려다가 싸움이 벌어진 사례도 있었다. 다만 불상사는 극히 일부의 현상이었고 전체적으로는 선거가 계획대로 무난히 치러졌다고 할 수 있다.

남로당 출신 1/4에 불과

중앙선거위원회는 각지에서 집계된 선거 결과를 8월 28일에 공식적으로 발표하였다. 투표참가율은 99.97%, 이 가운데 찬성율은 98.49%였다. 이로써 이북지역에서 2백 12명의 대의원이 선출됨에 따라 남측의 3백 60명과 합쳐 5백 72명으로 제1기 최고인민회의를 구성하게 된다. 대의원에서 탈락된 15명 가운데 순순히 물러나지 않고 선거 결과에 불복하는 소동도 있었지만 큰 분위기에 묻혀 지나갔다. 2백 12명의 정당별 구성을 보면 북로당이 1백 2명으로 거의 절반을 차지했다. 민주당과 천도교청우당이 각각 35명씩이었고 나머지 40명은 사회단체 소속이거나 무소속이었다. 남북을 통틀어 5백 72명의 대의원 가운데는 무소속이 1백 14명이 포함되어 있었다. 무소속으로 분류된 북측 대의원들 가운데는 북로당 비밀당원이 다수 포함되어 있었고 이런 사정은 남측 무소속 대의원들도 마찬가지였다.

북측 대의원에서 북로당 출신이 절반이 넘었던데 비해 남측 대의원들 가운데 남로당 출신은 타당으로 위장된 프락치까지 합쳐도 4분의 1에도 못 미치는 정도였다. 북로당이 숫자 면에서도 남로당을 능가함으로써 절대적 우위를 차지하게 된 것이다. 이것은 제1기 최고인민회의 대의원의 비율로 보아 30여개의 정당·단체들 중에서 북로당의 영향력이 절대적일 수밖에 없었음을 뜻한다. 북로당의 대의원 의석수가 압도적으로 많은데 대해 남로당이나 근로인민당 등에서 불만을 터트리는 사람들도 있었다. 이 문제는 본격적인 논쟁으로 발전되지는 않았지만 이러한 모순을 안은 채 최고인민회의가 출범하게 된다. 어떤 면에서 보면 6·25전쟁 기간에 터진 박헌영·이승엽사건도 실은 잠재되어 있던 세력관계의 모순이 폭발한 것이라고 할 수 있다.

한편 북로당은 8월 27일 정치위원회 확대회의를 열어 선거진행 정형과 결과를 총화하였다. 확대회의에서는 9월 2일로 예정된 최고인민회의 제1기 1차 회의 소집에 따른 준비사업도 논의했다. 1차 회의에서 토의·결정할 정부구성, 정강 발표, 통일정부 천명, 최고인민회의 상설회의 구성 등 제반 문제들에 대해 북로당이 사전에 결정했던 것이다. 확대회의에서는 또한 최고인민회의 준비사업과 함께 이북의 다른 정당·단체 및 남로당을 비롯한 남측의 정당·단체들과도 협의하는 문제도 논의하였다.

>>>
최고인민회의 준비와 진행

1948년 9월 2일~10일(3일, 5일 휴회)에 평양에서 열린 최고인민회의 제1기 1차 회의의 정치의제는 조선민주주의인민공화국 헌법 채택, 인공수립 선포, 정부구성, 정부정강 발표 등이었다. 이 회의를 통해 북측 정권의 창립을 선포했던 것이다. 따라서 조선민주주의인민공화국의 창건에서 최고인민회의는 매우 중요한 정치행사였다.

북로당은 8월 27일 정치위원회 확대회의에 이어 8월 31일과 9월 1일 양일에 걸쳐 당 중앙위원회 제2기 3차 전원회의를 열어 다시 8·25선거를 총화하고 최고인민회의 진행에 대한 구체적인 대책을 토의하였다. 이 자리에서는 이북의 8·25선거 뿐 아니라 이남의 지하 간접선거도 함께 총화했으며, 남로당 중앙위원들도 참석한 남북노동당 연합회의였다고 할 수 있다. 전원회의에서는

8월 27일 정치위원회 확대회의에서 이미 논의한 바 있는 정부구성, 정강, 검찰
소·재판소 구성, 최고인민회의 상임위원회 구성, 헌법실시 등 최고인민회의
에서 처리될 현안들을 성과적으로 매듭짓기 위한 대책들을 집중적으로 논의하
였다. 8월 31일과 9월 1일에 당 중앙위원회 2기 3차 전원회의가 진행되는 한편
에서는 최고인민회의 대의원들에 대한 강습회가 진행되었다. 강습과 동시에
대의원 등록사업도 있었다.

당시 30여개의 정당·단체들과 무소속 출신의 대의원들 5백 76명 가운데
5명 이상의 대의원을 낸 정당·단체를 '의회그루빠'로 불렀는데 8월 31일 전
에 각 정당·단체의 의회그루빠 책임자들의 협의회가 두 차례 열리기도 했다.
이 협의회에서도 최고인민회의 제1차 회의의 진행절차와 경과에 대해 논의하
였다. 이러한 준비과정을 거쳐 9월 2일에 최고인민회의가 열리게 된다.

내각 구성에서 인선문제로 갈등

몇 차례에 걸친 회의와 협의에서 가장 중요한 현안은 중앙정부 구성의 인
선문제였다. 내각수상은 북조선인민위원장으로 일해 온 김일성이 맡기로 하고
내각 구성은 김일성에게 위임하기로 하고, 이를 최고인민회의에서 김두봉이
제의하기로 결정하였다. 내각 각 성의 상(장관)들을 결정하는데서 진통을 겪었
으며, 특히 북로당과 남로당의 비율을 어떻게 할 것인가가 논란거리였다. 김일
성은 남로당의 박헌영이나 여타 이남의 주요 정당 지도자들과 공식협의를 가
지는 외에도 자주 비공식접촉을 갖고 협의하였다. 여러 가지 논의 끝에 구성
비율상으로 북조선민전과 남조선민전을 각각 5대 5로, 즉 각 10명씩 임명하기
로 합의했다.

남측의 경우 민전 10명으로 할 경우 남로당이 10명을 다 가져갈 수 없어 남
로당 5명, 기타 정당 5명으로 하게 된다. 북측은 민전 10명 중 9명은 북로당 출

신이었기 때문에 결과적으로 북로당과 남로당은 정부 구성에서 세력 차이를 보이지 않을 수 없었다. 논의과정에서 남로당 측 일각에서는 최고인민회의 대의원 숫자에 입각해 정부 구성에서도 남북의 비율을 6대 4로 해야 한다는 주장을 폈지만 받아들여지지 않았다.

이처럼 비율도 문제였지만 더 진통을 겪은 것은 구체적인 인선문제였다. 문제가 된 인물은 이승엽과 최용달이었다. 남로당의 박헌영·이승엽·허헌·이기석 등은 최용달을 사법상에 추천했다. 이에 대해 북로당이 강력히 반대해 최용달은 제외되었다. 남로당은 애초에 무임소상에 내정된 이승엽에 대해서는 남로당의 현지지도부를 책임졌던 지도자이니 만치 권위 있는 자리로 올려야 한다는 주장을 폈다. 북로당은 이승엽이 남로당 쪽에서 할 일이 많기 때문에 무임소상 정도가 적당하다고 응수했으나 남로당의 요구가 거세 그를 사법상으로 조정하게 된다.

무임소상에는 남측 지분으로 이극로를 내정하게 된다. 북로당은 당초 외무상으로 주영하를 내정했는데 남로당이 북조선인민위원회에서 외무국장을 지낸 이남 출신 이강국을 적극 추천함에 따라 논란이 일었다. 남로당은 이강국을 외무상에 임명치 않으려면 이 자리가 남측 지분임을 인정해 부수상인 박헌영이 겸직하도록 해야 한다는 타협책을 내놓았고 북로당도 이를 받아들였다. 주영하는 당초 외무상 내정자에서 교통상으로 바뀌게 된다. 그밖에 신진당 출신의 이용이 도시경영상으로 내정됐는데 근로인민당이 자신의 지분으로 요구해 실랑이를 벌이기도 하였다.

최고인민회의 제1기 1차 회의는 9월 2일 오전 10시30분에 모란봉극장에서 개회되었다. 첫날 회의 서두에 함북 출신 대의원으로 최고령자인 정운영(79세)이 개회사를 했다. 개회사에 이어 최고인민회의 의장·부의장 선거가 있었는데 주영하가 임시의장인 최고령자에게 발언권을 얻어 의장에는 남로당 위원장 허헌을, 부의장에는 북조선천도교청우당 위원장 김달현과 근로인민당 부위원장 이영을 각각 추천하였다. 임시의장이 그 자리에서 거수 형식으로 대의원들의 의사를 물어 만장일치로 가결시켰다. 그 뒤 의장으로 뽑힌 허헌에 의해 최고인민회의가 진행된다. 다음으로 대의원 자격심사위원회를 구성하는 절차를 밟아 위원 19명을 선출하였다. 자격심사위원장은 남로당의 구재수가 맡았으며 나머지 위원들은 각 정당 출신들을 골고루 포함시켰는데 이것도 모두 북로당 중앙위원회 제2기 3차 전원회의에서 결정한 대로였다.

그 다음으로 세번째 의제인 조선민주주의인민공화국 헌법위원회 구성문제를 처리하였다. 사전결정에 따라 최고인민회의 의장 허헌이 헌법위원회 위원장 김두봉을 포함해 김일성 · 허헌 · 최용건 · 김달현 · 홍명희 · 최경덕 · 김원봉 · 백남운 · 이영 · 박정애 · 이극로 · 강양욱 · 허성택 등 49명의 위원을 추천했고 역시 거수로 만장일치 가결되었다. 위원들은 이북 정권에 참가한 남북의 정당 · 단체들의 대표를 거의 망라했다고 할 수 있다.

네번째 의제는 '대의원의 의무와 권리에 관한 규정' 작성위원회를 구성하는 것이었다. 작성위원장은 당시 북조선인민위원회 서기장이던 강양욱이 맡고 그 밑에 김열 · 최용달 · 장해우 등 6명의 위원을 두었다. 최고인민회의 제1일 회의는 이것으로 끝맺고 그 자리에서 인민예술단의 종합축하공연이 있었다.

한편 최고인민회의 제1일 회의가 끝난 뒤 헌법위원회의 첫 회의가 열렸다. 이 회의에서는 이미 마련된 임시헌법을 '헌법초안' 으로 삼아 심의할 것을 가결시켰다. 9월 3일은 휴회에 들어갔는데 이날 하루는 대의원 자격심사위원회가 회의를 열어 대의원 자격에 대한 종합적 심의를 끝내는 한편, 헌법위원회에서도 헌법초안 심의를 위한 준비를 갖추었다.

9월 4일에 열린 최고인민회의 제2일 회의에서는 대의원 자격심사위원장 구재수가 연단에 나와 심의를 마친 대의원 자격에 관해 보고하였다. 여기서는

최고인민회의 대의원 구성
『최고인민회의 제1차 회의 문헌집』, 263~275쪽

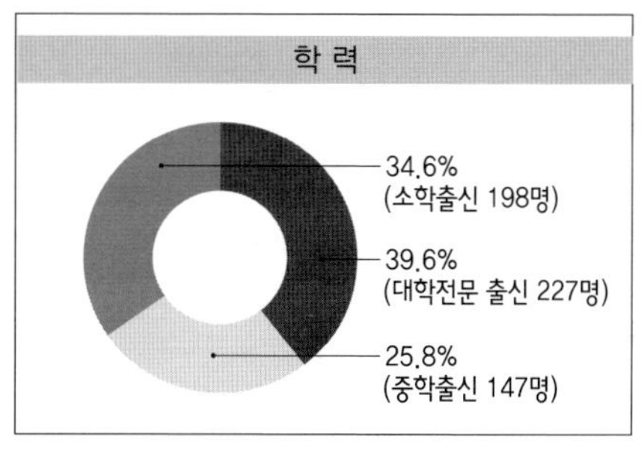

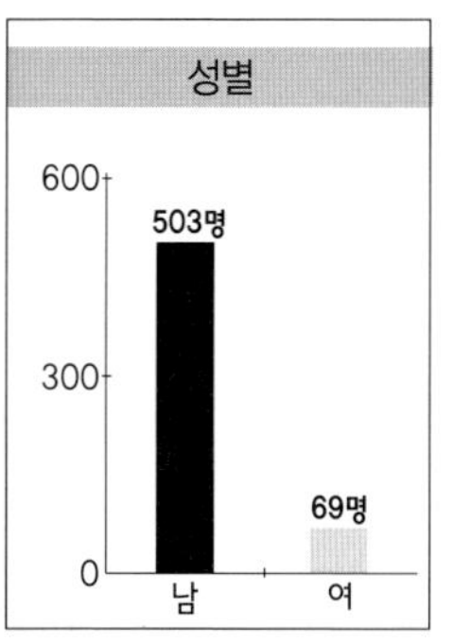

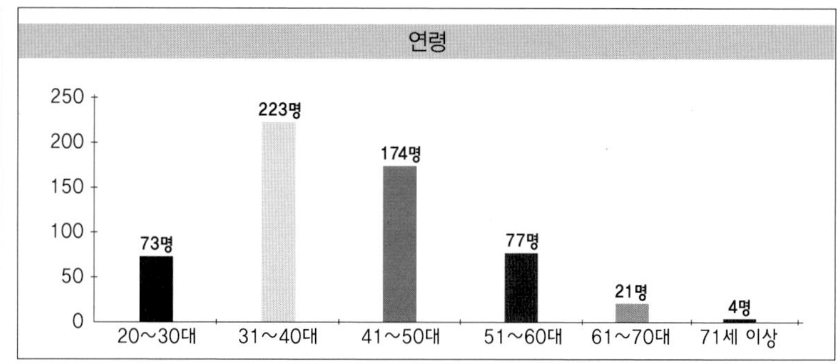

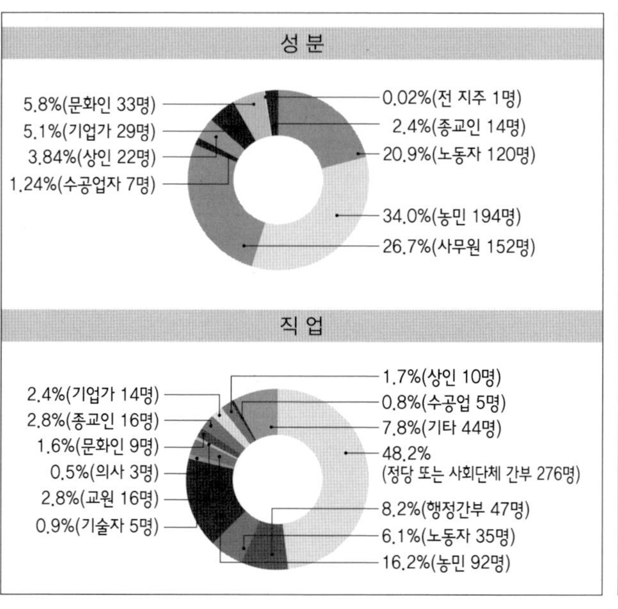

대의원 5백 72명에 대해 학력별·성분별·연령별·직업별·정당사회단체별로 구성 비율을 상세히 밝혔다. 이날 회의에서는 자격심사보고에 이어 남북에서 보내온 축전 축문을 낭독하고 이북의 노동자·농민대표 등 각종 축하단이 축하연설을 하는 것으로 일정을 마쳤다.

대의원 구성에서 특기할 일은 북로당 1백 2명, 남로당 55명으로 양당의 우열이 뚜렷해진 사실이다. 다른 정당·단체나 무소속 가운데는 남로당 프락치들도 있었으나 북로당도 상당수 포함되어 있어 전체적으로 보아 북로당의 숫자가 남로당의 2배가 넘었다고 할 수 있다. 자연히 남로당은 불만을 갖게 되었고 이것이 1953년의 박헌영·이승엽사건의 불씨가 되었다고 할 수 있다.

사실 남로당은 해주의 남조선인민대표자대회에서 '박헌영 우상화·절대화'에 열중하는 등 이북 정권 창립에서 박헌영과 남로당의 목소리를 높이려는 노력을 계속해왔다. 남로당은 조선민주주의인민공화국 수립 때 박헌영이 내각 수상이 되거나 남북노동당의 합당에서 그가 당위원장이 될 것으로 기대하였다. 정부든 당이든 어느 한쪽은 장악할 것이라는 기대를 갖고 있었던 것이다. 만일 남로당이 이남에서의 단독선거를 막는데 성공했더라면 남로당의 요구가 받아들여질 수 있었을지도 모를 일이다. 그러나 남로당은 단독선거를 막지 못했고 제2차 지도자협의회의 결론에 따라 진행된 이남에서의 지하선거도 남로당이 큰 소리를 친 것만큼은 성과를 거두지 못하였다. 그런데다 최고인민회의 대의원선거에서 남로당 출신이 북로당 출신에 비해 숫자상으로 워낙 열세여서 세력의 불균형이 뚜렷하였다. 대의원자격심사가 발표될 때까지는 정확한 숫자가 파악하지 않은 상태여서 잠잠했는데 이 발표가 있자 남로당 출신들이 공공연히 불만을 터트렸던 것이다.

9월 4일의 제2일 회의가 끝난 뒤에는 '의회그루빠(그룹)'별로 헌법에 대한 토의 겸 학습이 진행되었다. 의회그루빠에서 빠진 대의원들은 몇몇 정당·

단체를 묶어 팀을 짜서 마찬가지로 헌법토의와 학습에 참가시켰다. 그루빠별 책임자들을 한자리에 모아 대의원자격심사 뒤의 잡음과 관련하여 '입조심' 하도록 특별조치하기도 했다. 9월 5일은 또 하루 휴회했다. 이날 헌법위원회는 회의를 열어 마지막으로 헌법초안에 대한 심의에 들어갔다. 제3일 회의에서 헌법에 관한 공식보고와 토론이 있을 예정이었기 때문에 헌법위원회에서 헌법 조항을 하나하나 검토하는 게 필요했기 때문이다. 헌법위원회는 헌법초안의 일부 조항의 자구 수정을 최종적으로 마쳤다. 이날도 한쪽에서는 의회그루빠 별 헌법 강습과 토의는 계속되었다.

9월 6일에 열린 최고인민회의 제3일 회의에서는 우선 헌법위원장 김두봉이 헌법위원회에서 검토한 인공 헌법의 전반적 상황에 대해 보고하였다. 이 보고에서는 헌법작성과정, 헌법의 근본원칙, 대한민국 헌법에 대한 비판과 조선

1948년 9월 10일 김일성 수상이 최고인민회의 제1차 회의에서 조선민주주의인민공화국 정부 정강을 발표하고 있다.

민주주의인민공화국 헌법의 비교, 인공 헌법의 필연성 등을 차례로 밝힌 뒤에 인공 헌법만이 '전민족적이고 전조선적인 유일한 헌법'임을 강조하였다. 이 헌법이 조국통일의 기초가 된다는 점도 강조했다. 이 보고에 이어 헌법조항을 하나하나 낭독하는 순서가 이어졌다.

헌법보고와 조항낭독 뒤에 점심식사를 하고 오후 회의에서는 각 정당·단체를 대표하는 대의원들이 차례로 등단해 "인공헌법을 지지한다"는 뜻을 밝히는 지지토론이 있었다. 지지토론은 제4일 회의인 9월 7일에도 계속됐는데 토론자는 줄잡아 30여명쯤 되었다. 토론자들은 한결같이 토론 말미에 "인민공화국 만세!", "인공헌법 만세!", "인민위원회 만세!", "스탈린 동지 만세!", "절세의 애국자 김일성 동지 만세!" 등을 외쳤다. 허헌·백남운·이극로를 비롯한 남측 대의원들도 모두 "김일성 만세!"에서 '우리 민족의 영웅', '절세의 애국자', '빨치산영웅' 등 수식어를 붙였는데 박헌영만은 그냥 수식어 없이 "김일성 동지 만세!"라고 하였다. 해주 남조선인민대표자대회에서는 "박헌영 동지 만세!"가 메아리쳤지만 최고인민회의에서는 "박헌영 동지 만세!"는 나오지 않았고 그럴 형편이 아니었다. 오히려 박헌영조차도 회의장 분위기 때문에 "김일성 동지 만세!"를 부르지 않을 수 없는 상황이었는데 수식어만은 빼버렸던 것이다.

"박헌영을 문제삼아야 한다"

당시에 최고인민회의의 그날그날 일정이 끝나면 여론조사 평가쪽지에 의견을 쓰는 게 관례였는데 북측 대의원들과 '반박헌영 입장'을 취해온 남측 대의원 일부가 그 쪽지에 박헌영이 "김일성 동지 만세!"에서 수식어를 붙이지 않은 것은 문제가 있다고 쓰는 등 트집을 잡기도 했다. 특히 강진건이 나서 김책·허가이에게 "박헌영을 문제삼아야 한다"는 입장을 전하기도 했으나 김일성은 이런 일로 문제를 일으켜서는 안 된다고 막았던 일이 있다.

9월 8일에 열린 제5일 회의에서는 우선 이틀에 걸친 헌법 지지토론을 결속 짓고 헌법승인에 대한 결정서를 채택하였다. 결정서는 헌법 승인과 함께 이날부터 "전 조선지역에서 인공 헌법을 실시한다"고 천명하였다. 이남에서 대한민국 헌법이 실시된 뒤에 인공 헌법의 정통성을 주장하는 모양새를 갖춘 것이다. 이어서 최고인민위원회 상임위원회 선거가 진행됐는데 말은 선거지만 사실은 사전준비에 따라 김책이 상임위원 18명의 명단을 쭉 부르며 추천 제의를 하였고 이를 만장일치로 가결시키는 식이었다.

상임위원 가운데는 6대 4의 비율로 이남 출신이 많았다. 이 상임위원들이 한 자리에 모인 첫 상임위원회에서 박정애의 구두제의에 따라 김두봉을 위원장으로, 남로당 출신 홍남표와 북조선민주당 출신 홍기주를 부위원장으로, 그리고 북조선민주당 출신 강양욱을 서기장으로 각각 선출하였다. 이 구성도 사전에 이미 조정된 인선 각본에 의한 것이었고 형식적인 회의절차로 이를 추인하는 것이었다.

다음 의제로는 북조선인민위원회 위원장이던 김일성이 "새로 구성된 입법기구와 중앙정부에게 정권을 이양한다"는 성명을 낭독했고 이어서 "이를 접수한다"는 결정서를 채택하였다. 제5일 회의의 끝에 가서 최고인민회의의 핵심 의제의 하나인 중앙정부 구성문제를 다루게 됐는데 김두봉은 사전계획에 따라 "김일성을 수상으로 선임하고 그에게 내각조직을 위임하자"고 제의하였다. 김두봉의 제의는 만장일치로 거수 가결되었고 이에 대한 결정서가 채택되었다. 이로써 제5일 회의는 끝나고 예술공연으로 마무리된다.

조선민주주의인민공화국 수립을 선포한 9월 9일의 최고인민회의 제6일 회의에서는 먼저 전날 회의에서 내각 조직을 위임받은 김일성 수상이 내각성원들의 명단을 발표하였다. 앞에서 밝힌대로 남로당은 초대 내각구성에서 열세

(남로당 5명, 북로당 9명)로 기울어지자 불만을 갖게 된다. 내각 구성이 이루어진 뒤에 김일성 수상은 인공 정부의 수립을 선포하게 된다. 내각 구성에 이어 최고재판소 선거(소장 김익선), 검사총장 임명(총장 장해우), 최고인민회의의 분과위원회인 법제위원회 조직(위원장 허헌) 등의 인선이 있었다. 제6일 회의의 말미에는 "최고인민회의 대의원의 의무 및 권리에 관한 규정"(9개항) 승인과 미·소 양군 철퇴 요청 기초위원회 선출(위원장 주영하)이 각각 있었다. 이 날 회의에서 인공 수립을 선포하고 정부를 구성했기 때문에 최고인민회의 일정에서 가장 중요한 날이었다.

인공 수립 무렵에는 이미 김일성에게 당·정·군권이 집중되어 있었기 때문에 소련의 지시 그대로 내각을 구성했다고 볼 수 없다. 김일성이 물론 소련 군정 측과 인사문제를 협의하기는 했으나 내각 구성은 인공에 참가한 남북 정당들의 세력관계를 감안해 정당 지도자들과의 협의를 거친 결과였다. 그 과정에서 소련파 지도자들이 입각 대상에서 제외된 데 대해 불만을 터트려 문제가 되기도 했다. 새나라 정부를 구성하는데서 소련출신 조선인들을 각료로 임명하는 것은 대외적인 명분이 별로 없는 일이었다. 남북노동당 연합회의 석상에서 각료인선 문제가 논의될 때 허가이를 비롯한 소련파 지도자들이 자신들을 열외로 하는 것을 문제 삼아 격론이 벌어지기도 하였다.

김일성은 이남출신 지도자들을 우대하자면 소련파는 불가피하게 뺄 수밖에 없다는 고충을 소련군정 측에 밝혔다. 군정측은 소련출신 조선인들의 각료 임명은 미국이나 남조선 인민들을 고려할 때 이미지가 좋지 않을 것으로 보고 김일성의 판단을 지지하였다. 소련군정은 이 문제를 모스크바당국과도 긴밀히 협의했던 것으로 안다. 당시 소련은 인공 수립 때 소련출신 조선인들은 정부의 '부상' (차관) 정도로 참가하거나 당이나 군대 건설 등에 참가함으로써 국가건설의 실무를 관장하는 것이 바람직하다는 결론을 내린 것으로 안다. 그 결과

수상
김 일 성

부수상
박헌영(남)

부수상
홍명희(남)

부수상
김책

국가계획위원장
정준택

민족보위상
최용건

국가검열상
김원봉(남)

내무상
박일우

외무상
박헌영(겸직)

산업상
김책(겸직)

농림상
박문규(남)

상업상
장시우

교통상
주영하

재정상
최창익

교육상
백남운(남)

체신상
김정주

사법상
이승엽(남)

문화선전상
허정숙

노동상
허성택(남)

보건상
이병남(남)

도시경영상
이용(남)

무임소상
이극로(남)

내각 각료 중에는 소련 출신이 한 명도 포함되지 않게 되었다.

내각 '부상' 임명문제를 둘러싸고 소련파와 남로당이 많은 지분을 요구해 문제를 일으키기도 하였다. 아무튼 내각 각성의 부상으로는 소련파가 가장 많이 임명됐다. 남로당은 조일명·강문석·김오성·권오직·이강국·이주상 등 10여명을 부상으로 추천하였다. 박헌영은 특히 자신의 직계인 조일명을 문화선전성 부상으로 추천했는데 남로당 일각에서는 이 자리에는 김오성을 임명해야 한다는 입장이었다. 부상 임명이 조일명 쪽으로 기울자 김오성 측이 나서서 조일명의 '과거' 문제(일제 말기에 감옥에서 나와 전향서를 쓰고 대화숙에 관계하면서 일제에 협력한 전력)를 들고 나왔다. 그러나 결국 이 자리는 조일명에게 넘어가고 김오성은 다른 성의 부상으로 임명되었다.

남로당 내부에서 '과거' 문제가 불거지자 소련출신 조선인들은 일제 때 변절한 사람들을 정부 요직에 앉힐 수 없다면서 자신의 지분을 늘이려고 시도하기도 했다. 이강국의 경우 부상 임명과정에서도 논란을 일으켰다. 외무상을 겸하게 된 박헌영은 이강국을 부상으로 임명해 자기 밑에 두려했지만 북로당이 워낙 완강하게 반대해 외무성 부상에는 권오직을 임명하고 이강국은 나중에 상업성 국장급 임명에 그쳤다.

최고인민회의 제1기 1차 회의의 마지막 날인 9월 10일의 제7일 회의에서는 김일성 수상의 조선민주주의인민공화국 정부정강 발표와 미·소 양군 철퇴요청서 채택이라는 두 가지 의제를 다루었다. 김일성이 정강을 발표한 뒤 곧바로 박헌영·홍명희·백남운·이극로·이용·김창준 등 정당·단체 대표들이 나서 정강지지 연설을 하기도 했다. 이날 회의는 유엔에 대한 대표파견 권한을 인공 정부에 위임하기로 결정하고 허헌의 폐회사로 최고인민회의를 모두 마쳤다.

<자료>

김일성이 1948년 9월 10일 최고인민회의 제1차 회의에서 발표한 「조선민주주의인민공화국 정부의 정강」의 주요 부분(『김일성선집』2, 조선로동당출판사, 1964년)

"...남북조선 인민의 총의에 의하여 수립된 통일적 조선 중앙정부인 조선민주주의인민공화국 정부는 나라의 완전한 통일을 실현하며 부강한 민주주의 자주독립국가를 건설할 목적으로 아래와 같은 과업을 실현하기 위하여 투쟁할 것입니다.

첫째, 공화국 정부는 전체 조선인민을 정부의 주위에 튼튼히 단결시켜 조국통일을 위한 투쟁에 동원할 것이며 국토완정과 민족통일의 선결조건으로 되는 쏘미 량국 군대의 동시철거에 관한 쏘련 정부의 제의를 실현시키기 위하여 모든 힘을 다할 것입니다.

둘째, 공화국 정부는 우리나라의 정치, 경제, 문화생활에서 일제통치의 악독한 결과를 숙청하기 위하여 온갖 필요한 대책들을 취할 것이며 조선인민의 리익을 배반하고 일본 제국주의자들에게 적극적으로 협력한 친일파, 민족반역자들을 공화국의 법령으로써 처벌할 것입니다.

정부는 일본 제국주의자들이 남겨놓은 노예적 사상잔재와 우리나라를 또 다시 외래 제국주의의 식민지로 팔아먹으려는 민족반역자들을 반대하여 강력히 투쟁할 것이며 북조선에 수립된 민주주의제도와 경제문화건설의 성과를 파괴하려는 적들의 온갖 시도를 철저히 폭로 분쇄할 것입니다.

세째, 조선민주주의인민공화국 정부는 과거 일본 제국주의자들이 만들어놓은 모든 법률과 괴뢰정부의 온갖 반민주주의적, 반인민적 법령들을 무효로 선포할 것입니다. 공화국 정부는 북조선에서 실시한 토지개혁, 산업국유화, 로동법령, 남녀평등권법령과 같은 민주개혁들을 더욱 공고 발전시킬 것이며 그것을 전조선적으로 실시하기 위하여 투쟁할 것입니다.

네째, 조선을 부강한 민주주의 독립국가로 건설하기 위하여 공화국 정부는 우리 경제의 식민지적 예속성을 청산하며 외래 제국주의자들이 경제적 예속화정책을 반대하고 조선인민의 복리를 부단히 향상시키며 우리 조국의 독립과 번영을 보장할 수 있는 자주적 민족경제를 건설할 것입니다.

다섯째, 정부는 교육, 문화, 보건사업의 발전에 커다란 힘을 돌릴 것입니다. 교육 분야에서는 현재 학교에 못간 아동들을 최대한으로 취학시키며 초급중학교와 고급중학교 진학률을 높이기 위하여 학교망을 대대적으로 확충할 것이며 1950년대에 가서는 초등의무교육제를 실시할 것입니다.

여섯째, 공화국 정부는 각급 인민정권 기관들을 백방으로 공고 발전시킬 것입니다. 정부는 조선민주주의인민공화국의 정치적 기초인 지방 인민위원회들이 이미 조직된 북조선지역에서는 그것을 더욱 강화할 것이며 조직되였다가 반동세력에 의하여 해산당한 남조선지역에서는 그것을 복구하기 위하여 투쟁할 것입니다.

일곱째, 대외정책에 있어서 공화국 정부는 우리나라가 세계 민주주의진영의 동등한 성원으로서 우리 민족의 자유와 독립을 존중히 하며 평등한 립장에서 우리를 대하는 여러 자유애호국가들과 친선적 관계를 맺도록 하기 위하여 노력할 것입니다.

여덟째, 외래침략세력으로부터 국토를 보위하며 북조선에서 이미 쟁취한 민주개혁의 성과들을 보위하기 위하여 정부는 인민군대를 백방으로 강화할 것입니다."

>>>
공화국 수립 이후 움직임

남북노동당은 최고인민회의 제1기 1차 회의를 통해 조선민주주의인민공화국을 수립한 뒤 인공지지 투쟁을 전개하게 된다. 9월 10일 회의가 끝나고 이날 저녁에 최고인민회의 대의원들 전원이 참가한 인공 수립을 경축하는 연회가 열렸다. 9월 12일에는 평양을 비롯한 각 도·시·군 소재지에서 '인공수립경축대회'가 대대적으로 열렸다. 각지에서 열린 경축대회에서는 각 정당·단체 대표들의 축사와 인민위원장의 연설이 있은 뒤 김일성과 스탈린에게 보내는 편지가 채택되었다.

대회에서는 또 최고인민회의에서 김일성 수상이 발표한 중앙정부 정강을 백방으로 지지한다는 결의문이 채택되기도 했다. 경축대회에 이어 이북 전역에서 인공 수립을 축하하는 인민체육대회와 각종 서클의 예술공연이 대대적으로 진행되었다. 평양에서는 9월 12일의 중앙 '인공수립경축대회'에 이어 13일부터 닷새 간 중앙인민체육대회가 열렸다. 이 대회는 각 도에서 각종 경기의 선수들이 선발되어 참가한 전국체전 같은 것이었는데 강동정치학원에 와있던 이남출신 학생들로 남조선선수단을 구성해 참가하였다.

한편 이남에서는 남로당이 주체가 되어 비합법적 방법으로 인공지지 투쟁을 벌렸는데 특히 10월 초에 '인공기 게양투쟁'을 중심으로 하면서 벽보·삐라를 광범하게 살포하였다. 그리고 인공지지 투쟁의 일환으로 '스탈린에게 드리는 감사문 서명투쟁'과 11월 말의 '2시간 총파업투쟁'을 전개하기도 했다. 이남에서의 인공지지 투쟁은 남로당 지하조직을 노출시키는 계기가 되어 성과보다도 당의 조직역량을 약화시키는 계기가 되었다.

일각에서의 과격투쟁은 오히려 남로당의 군중기반을 약화시키는 결과를 낳았다. 12월 초에 평양에 올라온 김삼룡은 인공지지 투쟁과정에서 벌어진 좌경적이고 모험주의적인 투쟁이 당 하부조직을 파괴했다면서 박헌영의 지시에 이견을 제기한 일이 있었다. 12월에 열린 남북노동당 정치위원회 연합회의에서 좌경투쟁노선이 남조선 혁명역량의 보존에 심각한 타격을 준 사태에 대한 엄정한 비판이 있었다.

인공 수립 뒤에 가장 입에 많이 오르내린 인물은 최용달이었다. 최용달은 인공 수립과정에서 헌법 제정의 주동적인 역할을 한 인물이었는데 그를 초대 내각 사법상으로 임명하자는 남로당의 요구를 북로당이 거부함으로써 사법상 자리는 이승엽에게 돌아갔고 최용달은 사법성 부상(차관)에 임명되었다. 이승엽은 남로당 부분에 상당한 책임을 지고 있었으므로 사법성 업무는 자연히 부상인 최용달이 맡아보는 형편이 되었다.

남로당 측 홀대에 불만 쌓여

인공 수립 후에 북에 남아있던 남로당 출신들은 박헌영을 비롯한 남로당 측이 북로당 측에 비해 홀대를 받고 있다고 생각 때문에 불만이 쌓여간 것도 사실이다. 남로당 출신들이 집중적으로 모여 있던 강동정치학원 학생들 사이에서 이러한 불만이 높았다. 이것은 남로당 지도부 일각에서 불만을 확산시킨 데에도 원인이 있었다. 당시 지하투쟁을 위해 이남으로 파견되는 강동정치학원 학생들 사이에서 "남조선을 꼭 해방시켜 남로당의 정치적 위상을 높이고 박헌영 동지를 통일정부의 수상이나 남북통합 노동당의 위원장이 될 수 있도록 하자"는 분위기가 팽배해 있었다. 박헌영과 이승엽 자신도 인공 내각에서의 활동보다는 '남조선해방'을 위해 해주에서 활동하는 일이 잦았다. 이북 정권에 참가하면서도 헤게모니를 쥐지 못한 박헌영그룹이 헤게모니를 장악한 김일성그룹에게 불만을 갖고 은연중에 이를 드러낸 것은 인공 수립 후의 일이다.

남로당계열의 불만은 강동정치학원 학생들의 난동사건에서도 확인된다. 학생들이 9월 20일께 평양에서 열린 인공수립 관련 행사에 참가하고 학원으로 돌아와 교실에서 연회를 가졌다. 푸짐한 음식과 술까지 마련된 연회였는데 술자리에서 인천 출신들이 주동이 되어 "남로당 위원장 박헌영 동지 만세!"를 외치며 박헌영 숭배의 분위기를 연출했다. 교실 연회가 이 때문에 난장판이 되자 강동정치학원 군사교원들이 학생들을 만류하고 나섰다. 군사요원들 가운데는 의용군이나 빨치산 출신들이 많았는데 이들을 말리자 일부 학생들이 군사교원들에게 폭력을 행사하고 기물을 파손하기까지 했다. 비록 일과성으로 끝난 소동이었지만 이것 역시 뒷날 박헌영·이승엽사건의 배경이 되었다고 할 수 있다.

인공 수립과정과 그 뒤에 남로당의 박헌영그룹이 불만을 가진 데에는 자기들보다 연안파, 즉 신민당 출신들이 더 높은 대접을 받은 점도 작용하였다. 연안파의 대표적 인물인 김두봉이 최고인민회의 상임위원장으로 선출되고 최창익이 내각 재정상, 박일우가 내무상, 허정숙이 문화선전상으로 각각 임명되고, 남조선신민당 출신의 백남운이 교육상을 맡음으로써 남로당과 비율 면에서 차이를 보이지 않았기 때문이다. 남로당 출신은 내각에서 사법상·노동상 등 비중이 낮은 각료를 차지한데 비해 연안파 출신은 치안을 담당하는 내무상이나

조선민주주의인민공화국 정부 정강을 지지 환영하는 평양시 군중대회의 모습.

돈줄을 쥐는 재정상을 맡게 된 것에 불만을 가졌던 것이다.

남로당은 "인공 수립이 성공할 수 있었던 결정적 계기는 남조선에서의 지하선거와 360명의 최고인민회의 대의원 간접선거였고 여기서 가장 큰 역할을 한 것은 자신들"이라고 생각하고 있었다. 그런데 대의원 숫자나 정부구성의 비중에서 그에 상응하는 대접을 받지 못하고, 제대로 역할을 하지 못했던 그룹들이 정부 수립에서 남로당보다 대접받는 것은 곤란하지 않느냐는 것이었다. 남로당으로서는 지하선거와 인민대표자대회를 치를 때만 해도 앞장서서 이남의 여러 정당·단체들을 지도하는 형편이었는데 최고인민회의가 출범하고 내각이 구성되면서부터 이남의 정당·단체들에 대해서조차도 지도력을 발휘할 수 없는 처지에 빠졌다.

북로당이 이북의 정당·단체들을 여전히 지도하는 지위에 있었음에도 불구하고 남로당은 이남의 정당·단체들에 대해서 그럴 수 없었던 것이다. 그렇게 된 데에는 최고인민회의에 5명 이상의 대의원을 갖고 있는 정당·단체들이 '의회그루파'를 만들어 어느 정도 독자성을 가졌기 때문이다. 남측은 북측에 비해 정당·단체의 수가 월등히 많았고 그만큼 의회그루빠 수도 많아 남로당이 남측 정당·단체들에 대해 지도기능을 갖는다는 게 현실적으로 불가능해졌다. 이남의 다른 정당·단체 대표들이 남로당의 뜻에 따르지 않게 되자 남로당은 불만을 갖게 됐다.

이에 비해 북측의 정당·단체들은 숫자가 적기는 했지만 여전히 북로당의 영향력 아래 있었다. 특히 내각에 들어간 이남의 비남로당계 지도급 인사들인 홍명희·이극로·백남운 등은 김일성 수상과 밀접한 관계를 갖게 됨으로써 남로당이 이들에게 영향력을 발휘하는게 더욱 어려워졌다. 이같은 관계가 조성되었기 때문에 1953년의 박헌영·이승엽사건 때 남로당 출신 이외의 이남 지도자들 중에 사건에 휩쓸려 들어간 사람은 아무도 없었던 것이다.

주영하를 둘러싸고도 내각 구성의 후유증이 남았다. 주영하는 인공 수립의 중요한 공로자였다. 인공 수립을 위한 남북협상·헌법준비 과정에서 그는 실제로 발로 뛰면서 많은 역할을 하였다. 1948년 3월의 북로당 제2차 대회에서 창당 당시의 부위원장 자리도 내놓은 상태여서 초대내각에서 부수상 정도는 될 것으로 자타가 공인했다. 국내파 공산주의자들인 최경덕·오기섭 등은 그런 여론을 형성해나갔다. 그런데 부수상의 세 자리에 대해 남측의 박헌영과 홍명희가 임명되었고 북측 지분에는 주영하가 빠지고 김책이 들어갔다. 주영하는 교통상에 머물렀다. 이것 때문에 뒷 얘기가 많았고 심기가 불편해진 주영하가 남북노동당 정치위원회 연합회의에도 불참하는 등 한동안 주요 정치모임에 얼굴을 내밀지 않았다. 그러다가 주영하는 곧 초대 소련대사로 임명된다. 그역시 이때의 불씨 때문에 일찍 정치무대에서 사라지게 된다.

조각에 관한 논란이 끊이지 않는 가운데 9월 20일경 각료들과 최고인민회의 대의원들이 참가한 야유회에서도 소동이 벌어졌다. 남로당 출신의 홍증식 대의원(당시 남조선민전 사무국장)이 술을 한 잔 한 김에 내각구성 문제를 둘러싼 남로당의 불만을 터트렸다. 이 자리에서 이남 출신의 농림상 박문규가 나서서 말리다가 홍증식에게 멱살이 잡히는 소란까지 있었다.

한편 최고인민회의를 열어 인공 수립의 일정을 착착 밟아 나갈 무렵 인공 수립을 막으려는 저항 움직임도 적지 않았다. 최고인민회의 대의원선거(8.25) 때도 저항이 일었지만 그것으로 그친 게 아니라 9월 2일 최고인민회의의 첫 회의를 소집하여 인공 수립의 절차를 진행해나가던 무렵에도, 9월 12일 '인공 수립경축대회' 때도 저항운동은 계속되었다. 저항운동으로는 삐라살포가 주를 이뤘고 일부 지역에서는 면인민위원회가 습격당했으며 간혹 방화·폭파사건도 일어났다.

10월 소련방·동유럽 국가들 '인공' 승인

저항운동의 주체는 여전히 이북지역에서 지하활동을 하던 반공 청년단체들이나 월남했다가 저항운동을 위해 일시 월북한 청년들이었다. 그밖에 민주당과 천도교청우당의 지방조직에서 일부 청년들이 당 중앙의 노선을 부정하거나 비판하고 인공 수립에 반대하는 경우도 있어 긴장감을 주기도 하였다. 특히 평북 정주, 황해도 재령, 강원도 문천 등지에서 민주당과 천도교청우당 소속의 젊은 당원들이 도당이나 중앙당을 배척하는 움직임을 보였다. 이들은 지방 정치무대에서 북로당이 전권을 틀어쥐자 자기 정당의 중앙이 인공 정부 조직 때 북로당 앞잡이 노릇을 해서 당의 영향력을 축소시켰다고 비난하였다.

그리고 인공 수립 후 한쪽에서는 초대내각의 이남출신 상(장관)들을 비롯해 당시 이북에 있던 이남 인사들의 가족들을 월북시키는 공작도 진행되었다. 지하활동을 하던 남로당과 성시백선이 합동으로 홍명희·백남운·이극로 등의 가족 전부 또는 일부를 비밀리에 월북시켰다. 다만 백남운의 가족 월북과정에서 뒷말이 좀 있었다.

인공 수립의 절차를 마무리한 뒤인 9월 20일경 남북노동당 확대정치위원회 연합회의가 열려 그동안 진행된 인공 수립과정을 총결산하였다. 이 회의에서 남로당은 김구·김규식의 2차 지도자협의회 제의에 대한 회신, 즉 "홍명희를 남쪽으로 오게 하여 남북협상문제를 논의하자"는 입장을 밝혀왔을 때 이에 응했어야 하는데 홍명희를 서울로 보내지 않은 것은 오류라고 지적하였다.

이때 홍명희를 서울로 내려보냈더라면 김구·김규식도 인공에 참가시킬 수 있지 않았겠는가 하는 것이었다. 남로당 측은 "김규식은 몰라도 김구만이라도 2차 지도자협의회에 참가시키고 인공에도 참가시킬 수 있지 않았겠는가" 하는 평가를 내렸다. 사실 이것은 박헌영·이승엽이 홍명희의 서울행을 반대했던 김일성을 겨냥한 것이었다. 김일성은 "당시 김구·김규식이 미국으로부터 감시당하고 있었는데 홍명희를 서울로 보내 비밀리에 이들을 접촉할 수 있었겠는가”하고 반문하였다. “미군정이 과연 홍명희를 그냥 두었겠느냐, 홍명희의 안전문제는 생각하지 않고 김구의 협상 참여에만 눈을 돌려서는 사태를 올바로 본 것이라 할 수 없다”고 반론을 폈던 것이다.

연합회의에서 남로당은 “북로당의 연안파 지도자들이 남북연석회의나 지도자협의회, 해주 인민대표자대회 등의 과정에서 분파행동을 감행했다”고 지적하였다. 남로당은 “정치적 중요성이 막대한 주요 행사에서 어떻게 분파행동을 할 수 있는가”라며 연안파를 문제삼았고 “이를 교훈 삼아야 한다”고 주장했다. 남로당의 이 문제제기는 연안파인 최창익 · 한빈 등이 북로당의 조직적 행동에 의거하지 않고 신민당 출신들에게 개별적으로 접근해 세력을 확대하려고 했기 때문이었다. 이에 대해 최창익은 “남로당측이 과거 신민당 출신들을 배려하지 않아 이들이 제대로 정치적 역할을 하지 못하니까 북로당의 신민당 계통의 사람들이 나서서 남조선신민당 출신들도 제 역할을 하도록 도와준 것이 아니냐”고 반박하였다.

1948년 9월 9일 인공이 수립되고 열흘째 되는 9월 18일에는 소련방 정부가 인공 최고인민회의의 소 · 미 양군의 동시철수 요청을 받아들인다는 전문을 보내왔고 20일에는 중국공산당 주석 모택동과 인민해방군 총사령 주덕이 김일성과 김두봉 앞으로 인공 수립의 축하전문을 보내왔다.

그리고 10월에는 소련방을 비롯한 동유럽 국가들이 잇달아 조선민주주의인민공화국 정부와 외교관계를 갖겠다는 회신을 보내왔다. 이로써 국내외적으로 조선민주주의인민공화국의 탄생이 기정사실화 되었다.